海南之路

ROAD OF HAINAN

钟业昌 著

海南出版社
·海口·

图书在版编目（CIP）数据

海南之路 / 钟业昌著. --海口：海南出版社，2023.4

ISBN 978-7-5730-1109-1

Ⅰ. ①海… Ⅱ. ①钟… Ⅲ. ①改革开放—成就—海南 Ⅳ. ①D619.66

中国版本图书馆CIP数据核字(2023)第055938号

海南之路

HAINAN ZHI LU

作　　者：钟业昌
策划编辑：杨国祥
责任编辑：姜　嫚
封面设计：柏拉图
印刷装订：湛江南华印务有限公司

海南出版社　出版发行

地　　址：海口市金盘开发区建设三横路2号
邮　　编：570216
电　　话：0898-68567076
网　　址：http：//www.hncbs.cn
开　　本：889 mm×1 240 mm　1/32
字　　数：340千字
印　　张：13.75
版　　次：2023年4月第1版
印　　次：2023年4月第1次印刷
书　　号：ISBN 978-7-5730-1109-1
定　　价：68.00元

“1348”，相当于浙江的八八战略。关键是形成了共识，升华了认识水平。过去吵来吵去的事情，现在统一了。知道了哪个是人间正道，就这么坚定走下去。

序　言

又是人间四月天，琼州大地春意闹。

2022年4月10日至13日，习近平总书记先后来到海南省三亚、五指山、儋州等地，深入科研单位、国家公园、黎族村寨、港口码头等进行调研。

4月13日上午，习近平在参观海南全面深化改革开放和中国特色自由贸易港建设成果展后，听取了海南省委和省政府工作汇报，对海南各项工作取得的成绩给予肯定，希望海南以“功成不必在我”的精神境界和“功成必定有我”的历史担当，把海南自由贸易港打造成展示中国风范的靓丽名片。

《人民日报》4月14日以《习近平在海南考察时强调 解放思想 开拓创新 团结奋斗 攻坚克难 加快建设具有世界影响力的中国特色自由贸易港》为题突出报道，向世界传递了在世界百年变局叠加世纪疫情、经济全球化遭遇逆流的背景下，中国加快中国特色自由贸易港建设、不断扩大开放的强烈信号和坚定信心，给我们海南人民以极大鼓舞。

《人民日报》4月15日又在头版以《“探索试验蹚出来一条路子”——记习近平总书记赴海南考察调研》（简称《“探索试验蹚出来一条路子”》）为题发表长篇通讯，详细披露了习近平总书记在海南考察调研的前后经过，背景深厚，思想深刻，情怀浓郁，细节生动，我们读后深受教育，思想认识得到了升华。

《“探索试验蹚出来一条路子”》通讯讲述四个故事——光和热的故事、人和自然的故事、向海和向陆的故事、海南昨天和明天的故事，完整串起习近平总书记考察海南的行程安排和关注问题所在，由此聚焦“探索试验蹚出来一条路子”这个主题，传递出习近平总书记这次考察海南的重要讯息。

《“探索试验蹚出来一条路子”》这篇通讯，除了报道习近平考察海南的“同期声”，还特别交代了三个背景：一是20世纪80年代习近平在厦门工作期间就在研究自贸港问题；二是1979年在清华大学读书的习近平寒假期间陪同父亲习仲勋调研来到海南；三是2018年习近平总书记那次来海南，回忆起邓小平同志说的“海南岛好好发展起来，是很了不起的”这句话。

穿越厚重的历史时空，习近平总书记的自贸港情结、海南情缘，以及他对实现邓小平同志“海南岛好好发展起来”愿望的情怀，让人感怀，催人奋进，给实现把海南更好发展起来的美好愿景增添了坚定信心。

习近平总书记对海南省委提出的“一本三基四梁八柱”战略框架（简称“1348”战略框架）表示赞许，指出：“‘1348’，相当于浙江的八八战略。关键是形成了共识，升华了认识水平。过去吵来吵去的事情，现在统一了。知道了哪个是人间正道，就这么坚定走下去。”这是希望海南的干部群众沿着知道了的“人间正道”，“就这么坚定走下去”，把海南自由贸易港打造成展示中国风范的靓丽名片。

以历史观照未来。习近平总书记这次考察海南，从宏观上说，赋予了海南更重要的历史使命，即加快建设具有世界影响力的中国特色自由贸易港；而从根本上说，则表达了对海南总结吸取几十年改革开放经验和教训走出一条新路子的美好期许，即聚焦发展旅游业、现代服务业、高新技术产业、热带特色高效农业，加快构建现代产业体系。这昭示的正是海南“人间正道”的重要方面。

2022年是党的二十大召开之年。为了筹备好这件大事，确保党的二十大胜利召开，习近平总书记全程领导了二十大报告等文件起草工作，倾注了大量心血，展开了深入思考。“这一年，从雨雪交加的太行山腹地，到暑气升腾的新疆吐鲁番，从连通世界的海南自贸港，到辽沈战役的战略要地锦州，习近平总书记步履不停，深入调研、反复思考。正是这些沉淀在广袤土地上的深刻思考和实践，为起草党的二十大报告提供了丰厚依据。”（《对百年奋斗历史最好的致敬 是书写新的奋斗历史》，央视新闻客户端2023-01-01）

习近平总书记2022年4月考察海南，海南之南、之中、之西北、之东北，一路疾驰，调研足迹环岛一周。从《人民日报》的报道中，我们可以读懂总书记的“海南之行”为起草党的二十大报告提供了丰厚依据。本书根据报道提炼出18个题目，并从历史和战略角度深入解读，由此对“丰厚依据”的感受是更加强烈了。

2022年10月16日，中国共产党第二十次全国代表大会在北京人民大会堂开幕。习近平总书记在报告中讲到“过去五年的工作和新时代十年的伟大变革”时指出：“我们实行更加积极主动的开放战略，构建面向全球的高标准自由贸易区网络，加快推进自由贸易试验区、海南自由贸易港建设，共建‘一带一路’成为深受欢迎的国际公共产品和国际合作平台。”在讲到“加快构建新发展格局，着力推动高质量发展”时，又强调：“加快建设海南自由贸易港，实施自由贸易试验区提升战略，扩大面向全球的高标准自由贸易区网络。”

凝聚全党共同意志，奋进美好的新时代。海南，正阔步走在加快建设具有世界影响力的中国特色自由贸易港的人间正道上！

目　录

一、这件事有养育中华民族的战略意义

10日下午，习近平首先来到位于三亚市崖州湾科技城的崖州湾种子实验室考察调研。习近平听取了科技城规划建设和实验室总体情况介绍，察看了实验室搭建平台支持种业创新成果展示，对海南省探索农业科技创新模式、支撑保障国家粮食安全的做法表示肯定。习近平先后走进大型仪器公共服务中心、精准分子设计育种中心，同科研人员深入交流。习近平指出，中国人的饭碗要牢牢端在自己手中，就必须把种子牢牢攥在自己手里。要围绕保障粮食安全和重要农产品供给集中攻关，实现种业科技自立自强、种源自主可控，用中国种子保障中国粮食安全。要继承和发扬老一辈农业科研工作者胸怀祖国、服务人民的优秀品质，拿出十年磨一剑的劲头，勇攀农业科技高峰。（**《习近平在海南考察时强调 解放思想 开拓创新 团结奋斗 攻坚克难 加快建设具有世界影响力的中国特色自由贸易港》，《人民日报》2022年4月14日**）

10日下午，考察第一站，三亚。

宁远河东侧，地处北纬18度的冲积平原聚满光和热。

“过去这块地打算用于旅游开发，您在2018年讲话要求集聚创新要素，那之后花了很多心思转型发展。”海南省负责同志向习近平总书记汇报。

2019年启动建设，布局南繁科技和深海科技两大板块。在这里，总书记细致端详规划布局：“一个立足温度，一个立足深度。

方向选得好。”

一栋栋不起眼的小楼，揭榜挂帅，酝酿着一场静水深流的变革。

习近平总书记走进其中一栋，崖州湾种子实验室。60后的院士和90后、00后的高校学子在同一个屋檐下钻研，新时代的育种人来自大江南北。

自上世纪50年代建立全国育种基地，如候鸟迁徙的老南繁人都吃过当年的苦，“一边当农民，一边搞科研”“躬身背麻袋，返乡路迢迢”。

种子是我国粮食安全的关键，也是农业的“芯片”。刚到梁家河，年轻的习近平就被派往制种站学习良种繁育，“农民说，‘好儿要好娘，好种多打粮’，‘种地不选种，累死落个空’”。再后来到正定工作，“每年正定都到这里繁育种子，现在种子谱系更全面”。

从单纯育种向种业全产业链转变，共享平台也日臻完善。现场介绍情况的杨维才院士生动形容，种业从1.0发展到了3.0阶段。

“我一直关注南繁科研育种，要科学谋划加快推进，建设成服务全国的南繁硅谷。”习近平总书记语重心长，“这件事有养育中华民族的战略意义。”

谁来养活中国，曾是昨天的难题，也是今天和明天须臾不可松懈的重大课题。总书记谈到这件事：“只有用自己的手攥紧中国种子，才能端稳中国饭碗，才能实现粮食安全。种源要做到自主可控，种业科技就要自立自强。”

同一片田野上，播撒着一代代的希望。4年前深入南繁，习近平总书记在田垄上听袁隆平老先生讲稻谷。往事历历在目。“我们要弘扬老一代科技工作者的精神，袁隆平同志是一个楷模。实际上像他这样的还有很多人，埋头苦干、默默耕耘、十年磨一剑，久久为功。”

杂交水稻之父袁隆平、植物遗传育种学家谢华安、玉米育种专家程相文、中国紧凑型杂交玉米之父李登海、中国抗虫棉之父郭三堆、甜瓜大王吴明珠……个个怀揣热情，在这里留下足迹。

参观结束即将上车离开，总书记对杨院士说：“担子很重，成功啊！”（《“探索试验蹚出来一条路子”——记习近平总书记赴海南考察调研》，《人民日报》2022年4月15日）

2021年5月12日，海南省崖州湾种子实验室在三亚崖州湾科技城揭牌。此举通过搭建此公共科研平台，聚焦国家战略、科技前沿、海南急需开展的重大技术攻关，突出实现体制机制创新，打造科技管理改革创新的试验田。为此，崖州湾种子实验室在科研任务组织方面，实行“揭榜挂帅”和“军令状”等项目实施模式。

种子是农业的“芯片”，关系着国家的粮食安全。海南省崖州湾种子实验室是“南繁硅谷”的龙头，2022年4月10日习近平总书记到这里考察，发表了意味深长的讲话。“用中国种子保障中国粮食安全”，一句话深刻阐述了南繁科研育种这件事所包含的养育中华民族的战略意义。

2022年，我国粮食产量再创新高，已连续八年保持在1.3万亿斤以上，迎来“十九连丰”，粮食供给总量充足，粮食安全问题有保障。但作为人口大国，中国粮食供求中长期仍处于紧平衡态势，加上国际复杂环境的影响，我们更要从战略高度认识粮食安全问题。种业科技要自立自强，种源才能自主可控，想要端稳端牢“中国饭碗”，必须用自己的手攥紧中国种子，才能真正实现粮食安全。

“杂交水稻的成功，一半的功劳应该归功于南繁”

“这件事有养育中华民族的战略意义。”这是从养育中华民族这个前所未有的高度，来认识南繁科研育种的重大战略意义。

海南岛南部的三亚、陵水、乐东等三个市县，由于特殊的地理位置和气候条件，成为我国得天独厚的南繁育种和农业科学研究试验基地。每年冬季，除西藏和台湾外，国内各省、市、自治区的农业部门、大专院校和科研单位都组织科技人员来这里，进行农作物品种选育、杂交配制、加代繁殖等农业科研活动。据不完全统计，从1965年至1993年，南繁育种面积累计227万多亩，南繁人员40余万人，共收获杂交水稻、玉米及油、棉、麻、烟、菜、瓜、果等28种农作物种子2.77亿公斤，其中水稻、玉米等杂交种子约占80%。到1993年，南繁的总体规模也发展到面积20万亩，范围包括上述三个市县的21个乡镇和6个国营农场。

从1976年到1987年，中国的杂交水稻累计增产一亿吨以上，每年增产的稻谷可以养活6000多万人。杂交水稻种植面积的推广，为我国粮食增产作出了巨大贡献。我们可以豪迈地宣布：中国用不足世界10%的耕地，解决了占世界22%人口的粮食问题。

2019年12月9日，“杂交水稻之父”、中国工程院院士袁隆平在三亚举行的全国现代种业发展暨南繁硅谷建设工作会议上说：“杂交水稻的成功，一半的功劳应该归功于南繁。南繁可将育种周期缩短50%，使超级稻单产不断取得突破，时间至少提前12年。”他表示，海南气候独特，特别是位于三亚、乐东、陵水等地的南繁基地，是冬季育种制种不可替代的宝地，为我国种业发展特别是保障粮食安全作出了巨大贡献。

南繁是如此重要，它托稳了中国人的饭碗，以至于被写进2021

年出版的《中国共产党简史》之中："在生物技术方面，1972年，中国中医研究院成功提取出一种新型抗疟药青蒿素，在全球特别是发展中国家挽救了数百万人的生命。1973年，我国在世界上首次培育成功强优势的籼型杂交水稻。"我国生物技术的这两个方面的重大成就，都与海南密切相关。

1972年，屠呦呦带着她研发的青蒿素，在海南疟区进行了半年多的临床试验观察，此后多次因防治疟疾工作来到海南。她在海南迎战疟疾，开展青蒿素科研攻关，以身试药，置生死于度外，事迹很感人。青蒿素是治疗疟疾耐药性效果最好的药物，2015年10月，屠呦呦因创制新型抗疟药——青蒿素和双氢青蒿素的贡献，与另外两位科学家获2015年度诺贝尔生理学或医学奖。

1973年10月，在苏州召开的全国水稻科研会议上，袁隆平正式宣告中国籼型杂交水稻"三系"配套成功。这一成果是以袁隆平为代表的科研人员多年来潜心研究的结晶。1960年7月，时任湖南黔阳农校教师的袁隆平在试验田里发现一株天然杂交稻，萌发了研究杂交水稻、提高粮食产量的念头。1970年秋，根据袁隆平"用远缘的野生稻与栽培稻进行杂交"的设想，他的学生李必湖在海南找到一棵雄性不育株。这转育出来的三粒雄性不育种子被命名为"野败"，为"三系"配套打开了突破口。1973年，在突破了"不育系"和"保持系"的基础上，张先程等在东南亚品种中找到了一批优势强、花药发达、花粉量大、恢复度在90%以上的"恢复系"。"三系"终于配套成功了！1974年湖南开始试种杂交水稻。1976年全国示范推广面积扩大到208万多亩，全部增产20%以上。1976年全国粮食总产量达到28631万吨，比1965年增长47.2%。

老一辈农业科研工作者的优秀品质

每年秋冬时节，在海南岛南部的三亚、陵水和乐东等市县的田间地头，时常可看到一些像农民一样劳作的人们，打听之后，令人大吃一惊：他们或是大学教授，或是中外闻名的科研专家。这片神奇的热土，不仅吸引了成千上万的科学精英，还诞生了无数推动中国农业进步的科研成果，因而被称为中国农业绿色革命的摇篮。

几十年来，全国大批农业科研工作者如候鸟一般进入海南，他们将农作物品种带到这里，利用热带地区适宜的光温条件，从事农作物品种选育、种子生产加代和种质鉴定等南繁活动。从杂交水稻、高产玉米到抗虫害的棉花，我国已育成的农作物品种中，有七成以上经过了南繁基地的培育。

20世纪70年代初，世界“杂交水稻之父”袁隆平以在三亚南繁育种基地发现的“野败”不育株为突破口，培育成功三系法杂交水稻，使水稻产量成倍增长，确立了中国在这一领域的绝对领先地位。20世纪90年代初，两系法杂交水稻的研制成功，再次令世人瞩目，主持该项目的专家吴让祥在南繁基地连续度过了30个冬天。棉花专家陈正华、园艺专家吴明珠、玉米专家李登海、蔬菜专家杨芳根等都是在极其艰苦的条件下，在各自的研究领域取得了骄人的成果，为中国农业科学的进步作出了重要贡献。当时基地的一副对联表达了他们的心声：“不惧难烦敢行万里路，偏爱南繁勇闯千重关。”

有“天然大温室”之称的海南，从1965年起就是中国得天独厚的南繁育种和农业科研试验基地。每年秋冬季节，国内各省、市、自治区的农业部门、大专院校和科研单位都组织科研人员到这里，进行农作物品种选育、杂交配制、加代繁殖等农业科研活动。

据不完全统计，迄1998年南繁育种面积累计近20万公顷，参与人员45万人，共收获杂交水稻、玉米及棉、麻、烟、菜、瓜、果等28种农作物种子3亿多公斤。

他们筚路蓝缕的事迹非常感人。1998年12月25日出版的《海南内参》，刊出新华社记者周长新、邓全施写的《国家南繁育种基地科研专家寻访》，聚焦他们的先进事迹。我们加以整理如下。

“甜瓜王”吴明珠

吴明珠已记不清这是第几次来三亚南繁育种基地了，但她却清楚地记得第一次到这个被人们称为“天涯海角”的地方是在1973年，她还记得1986年的春节是她最后一次在南京与全家人一起过团圆年，次年老伴不幸病逝，此后的每年春节，吴明珠都是在基地度过。她说她真像一只候鸟，每年秋天来，第二年春天回，一待就是半年，都习以为常了。

国家南繁工作领导小组负责人在介绍吴明珠时，冠之以“甜瓜王”的称号，记者还以为是一个身强力壮的男专家。相见之下，头发斑白、年近古稀的吴明珠令记者吃了一惊。走进育种大棚，一阵清香扑鼻而来，整齐的瓜架上结满了各色各样的甜瓜。长的哈密瓜、圆的白兰瓜，还有“金雪莲”“金皇后”等，令人目不暇接，更多的因为是新培育的品种，还没来得及取名，只能暂时以编号标明所属品系。

作为新疆农业科学院园艺作物研究所的研究员，吴明珠从事甜瓜育种已有40多个年头了。刚开始搞常规育种，那时培育一个新品种需要8到10年。从1973年起，吴明珠就到海南，利用这里的气候条件进行加代育种，培育一个新品种的时间缩短为2到3年。迄今，她领头培育成功的甜瓜新品种已有20多个。新疆每年种植的商品瓜中有85%是她培育的新品种，年产值3亿多元。她培育成功的“早佳”西瓜，以其早熟、抗病、品质佳成为在上海、浙江被广为推广的当家品种。由此看来，“甜瓜王”名不虚传。

按说，吴明珠早已功成名就，她拥有“全国有突出贡献的专家”“全国先进科技工作者”“全国三八红旗手”等一大堆荣誉，68岁的她应该安享晚年了，但她说忙碌惯了，享受不了这份清闲。以吴明珠的资历和在所研究领域的威望，她完全可以让助手和学生做一线工作，自己居后指导就行了，但她却事必躬亲，而且事事干在前头，时常冒着40摄氏度的高温在大棚里观察记录。就说三亚基地吧，课题组的年轻人都是轮流来，而她却是每年必到，她说搞科研就得有股较真的劲头。

都说新疆的瓜好吃，但储运是个难题。吴明珠近几年开始把眼光投向全国，将新疆瓜改良后引种到各地。于是，“金雪莲”开在了东北，“金皇后”落户在江南。当然，她不会忘记海南，由她培育的几个抗病、耐雨的哈密瓜品种已成功在大田种植，并获得了好收成，正在大面积推广。

“一半时间花在推广上”的陈正华

最近4年，为进行棉花转基因抗病育种，中国科学院遗传学所的研究员陈正华在北京、新疆、海南这个大三角上来回奔波，春节自然只能在三亚的南繁基地过了，好在她丈夫是做人类群体遗传学研究的，海南黎族的繁衍习俗正是其研究课题之一，夫妻双双相聚“天涯”，其乐融融。

说起陈正华和海南的渊源，要追溯到“文化大革命”十年。在那个知识和科学被遗弃的年代，遥远的三亚基地成了科学研究的世外桃源。10年中，陈正华和几个同事在这里潜心钻研了7年，主要研究橡胶树和甘蔗等热带经济作物的花粉植株。“文化大革命”一结束，他们就推出了一系列研究成果，令同行们羡慕不已。可以说，海南是陈正华科研事业的初始地。

“克隆”是生物工程领域的一项高新课题。陈正华就是利用克隆技术将两个抗真菌基因植入棉花，通过加代提纯后，形成抗病、抗虫、抗旱、抗寒的优良棉花品种，这种基因也可广泛用于其他植物。目前，棉花转基因已培育到第4代，采用该品种进行种植的棉花已连续3年没有发生病虫害。这项高新技术经过鉴定后将首先在新疆棉区大面积推广。

不少人把学术论文的发表当作科研成功的标志，陈正华却坚持把推广应用效果作为检验自己科研成果的标准，只有当她培育的新品种由大棚走向大田，达到预期的科研效果，并取得良好的经济效益，她才认为自己真正成功了。为此，她的时间一半用于科研，一半花在推广上，她成了新疆农科院和石河子大学农学院的编外教师，也成了一些棉花农场的技术顾问。她说，仅仅在实验室里，是搞不好农业科研的。

天南海北，东奔西走，已经66岁的陈正华仍然不改这样的生活节奏。她迷恋海南的冬天，这里得天独厚的气候条件，不仅使她充分体会到事业的成功与充实，也使她忘却了“老之将至”的感觉。她说：“只要能走得动，我还会经常来海南，一来继续我的科研，二来享受这里的阳光。”

科学的“朝圣者”吴让祥

一个比当地农家还显破旧的住所，吴让祥和他的助手们住了足足20个秋冬，当年栽在门前的两棵椰子苗现在已长成参天大树。吴让祥满足地告诉记者：有这房住就不错了，到海南育种的头10

年，还只能住茅棚，基本上不避风雨。这就是说，已到花甲之年的吴让祥有半辈子都在海南耕耘、播种、收获。

提起杂交水稻，人们会很自然地想到“杂交水稻之父”袁隆平，吴让祥正是在袁教授的引领下进入这一研究领域的，最早参加了全国杂交水稻的协作攻关，并培育成功两个优良保持系用于全国杂交水稻配套。20世纪80年代初，吴让祥主持选育成功“矮败型”水稻新品种，成为杂交水稻的第二代产品，打破了“野败型”杂交水稻在生产应用上一统天下的局面，在全国推广面积占三分之一以上，覆盖20多个省市，还远植菲律宾、越南等国，为国家创效益40多亿元，巩固了中国杂交水稻在国际上的领先地位。吴让祥主持培育的两系法杂交水稻已获突破性进展，并选配出一批超高产的新组合。鉴于吴让祥所取得的成就，农业部于1996年将他所在的安徽省广德县农科所列为杂交水稻科研示范基地。

吴让祥分析说，中国农业形势面临三个不可逆转：耕地减少的趋势不可逆转、人口增加的趋势不可逆转、人们生活消费水平不断提高的趋势不可逆转。这一形势驱使着中国的农业专家们必须在高新技术领域勤耕苦挖，提高单位面积产量，提高粮食的品质和科技含量。而这关键就在于种子革命。

吴让祥感慨道：“种子革命对于我们这些研究者来说，是一场不断否定自我、否定过去的过程，这大约就是大多数农业专家不敢懈怠、不敢停顿的主要原因，我们的课题永远没有完结的时候。”

他几乎把半个家都搬到了海南，两个儿子和一个儿媳跟着他一起育种，女儿也在三亚安家落户。已过退休年龄的吴让祥1998年向县政府打报告要求延迟五年退休，为的是最后完成两系法杂交水稻的成果鉴定和安全应用。

30年的风雨历程，吴让祥就像一个虔诚的“朝圣者”，每年如期来到心中的圣地，许下不舍的信念。

杨芳根的“人生三味”

一个辣椒从头到尾截成三段，能吃出三种味道：辣、甜、微辣。“三味辣椒”投放市场后，在想吃辣又怕太辣的上海、江苏、浙江等地大受欢迎，一时供不应求。在记者品尝这种辣椒时，培育者杨芳根讲述了他在海南23年育种生涯中所体会到的人生三味：成功时的喜悦、失败时的酸楚、期待中的寂寞。

在三亚南繁基地的育种专家中，杨芳根可算是一个杂家。1975年至1978年他从事水稻育种，1979年至1987年他又转而从事棉花育种，1988年他才正式搞起蔬菜育种。前两项科研他没有搞出名堂，后一项研究则使他名声大噪，在南繁基地和广大菜农中赢得了“辣椒王”的美称。他把他培育成功的“三味辣椒”命名为“余椒3号”。

抗病性差，是国内辣椒品种的普遍缺陷。从1989年开始，杨芳根反复对国内外的辣椒品种进行筛选，采用地理差培育成高产优质的新品种，再选用多抗品种进行杂交，终于培育成功多抗、高产、优质的“余椒3号”。从海南、安徽、黑龙江等地的引种效果看，各地亩产量均在5000公斤以上，不仅没有产生病虫害，在发生灾害性天气和管理失误后，只要加强水、肥、药的补充，仍能获得高产。

杨芳根培育“三味辣椒”花了整整5年时间，也几乎耗尽了他的全部家产。在他最需要援助的时候，他投工投劳平整的100亩地被转包给了别人。他感到无助，甚至想到了放弃，但他最终还是挺过来了，坚持到了成功的这一天。

经历了许多困难，杨芳根仍不改乐于助人的秉性。对一些贫困的黎族同胞，他免费上门服务，送种苗，教技术。在他的支持下，从来不种蔬菜的黎族乡亲有的成了辣椒种植专业户，走上了富裕之路。

“杂交水稻之父”袁隆平、植物遗传育种学家谢华安、玉米育种专家程相文、“中国紧凑型杂交玉米之父”李登海、“中国抗虫棉之父”郭三堆、“甜瓜大王”吴明珠……个个怀揣热情，在这里留下足迹。

“要继承和发扬老一辈农业科研工作者胸怀祖国、服务人民的优秀品质，拿出十年磨一剑的劲头，勇攀农业科技高峰。”习近平总书记发出了时代强音，老一辈农业科学家胸怀祖国、服务人民、艰苦奋斗、勇于创新的精神，将得到发扬光大。

南繁情缘

在当地秋季收获后，冬季将水稻、玉米、棉花等夏季作物的育种材料，拿到我国南方亚热带或热带地区进行繁殖和选育的方法叫南繁育种，简称“南繁”。这样一年可繁育2—3代，加速育种过程，缩短育种年限，且能鉴定育种材料的抗病性及对湿、光的反应等，提高竞争力。

习近平与良种繁育、南繁育种的缘分很早就开始了。

当年刚到陕西梁家河，年轻的习近平就被派往制种站学习良种繁育，他还记得这些生动比喻：“农民说，‘好儿要好娘，好种多打粮’，‘种地不选种，累死落个空’。”

那个时候，南繁正进入兴起阶段，高峰时到海南开展南繁育种的曾达到上万人。他们的精神和干劲，曾经鼓舞着海南干部群众打好粮食“翻身仗”。

1970年3月，时任海南行政区公署主任魏南金在一次讲话中说：“多产粮食是战争的需要、人民生活的需要，和开发海南岛的需要。来海南育种的辽宁省同志介绍了培育良种的经验，使大家受到很大震动和启发。大家了解到：每年冬季全国除西藏外，各省（区、市）都有同志来海南培育旱粮杂交良种，约有1万多人，培育良种2000多万斤运送至各省份。他们为我们提供发展粮食的精神、良种与技术，何乐而不为？所以，大家都表示决心：不解决粮食翻身问题死不瞑目。有的同志说：'宁愿掉几斤肉，也要大干一场！'有的同志说：'要层层落实，让毛主席指示深入人心，帮助困难队打好粮食"翻身仗"。'我们要求条件好的多贡献，条件差的也不吃回销粮（经作区、灾区例外），海南抓自给，说明我们进一步提高了觉悟。"

当时建立全国育种基地，如候鸟迁徙的老南繁人都吃过很多苦，"一边当农民，一边搞科研""躬身背麻袋，返乡路迢迢"。此情此景，就是那时海南以南繁精神来激励抓好粮食生产的时代背景。

再后来习近平任河北省正定县委书记，公社领导根据他的建议，到石家庄的农科所请了一些农技专家过来指导科学种田。他们请来种子专家，帮助改良小麦、玉米、棉花品种；请来植物保护专家，给农作物治病、治虫；还请来施肥专家指导，合理施肥，让社员能够少花钱，提高产量。

"每年正定都到这里繁育种子，现在种子谱系更全面。"那时正是南繁进入稳定发展的阶段，1983年农牧渔业部颁布了《南繁工作试行条例》。

到中央工作后，习近平每次来海南考察工作必讲"南繁"。

2010年4月，习近平在海南调研时指出，海南热带农业资源处于全国其他地区不可替代的位置，海洋资源开发潜力巨大。这些年，海南农业实现了连续多年高速增长，但还有很大潜力。要充分利用资源优势，围绕做好"热"和"海"这两篇大文章，通过加快农业发展方式转变，促进农业结构优化升级，把海南农业的特色优势充分发挥出来。这次我们到乐东县卧龙岭现代农业生产基地，实地了解了该基地积极探索新型合作发展形式、大力推广先进生产技术、形成规模化和产业化发展的情况；刚才三亚市田独镇同志也介绍了他们围绕“设施农业”“南繁育种”这两大内容调整产业结构的情况，听下来、看下来，深感海南发展现代农业条件很好、前景广阔。

2013年4月，习近平总书记在海南考察时强调，海南热带农业资源十分丰富，全国热带土地面积近一半在海南。独特的地理位置、丰富的作物资源、优越的自然环境，为海南发展热带特色农业提供了得天独厚的条件。要加快农业发展方式转变，促进农业结构优化，推动传统农业向标准化、品牌化、产业化的现代农业转型升级，做强做精做优热带特色高效农业，使热带特色农业真正成为优势产业和海南经济的一张王牌。工作上，应该紧紧抓住基地、机制、体系建设三个方面。所谓基地，就是要打造国家热带现代农业基地，重点建设好“五基地一区”，即国家冬季瓜菜生产基地、天然橡胶等热带经济作物基地、南繁育制种基地、热带水果和热带花卉基地、水产养殖与海洋捕捞基地、无规定动物疫病区。国家南繁科研育种基地是国家宝贵的农业科研平台，一定要建成集科研、生产、销售、科技交流、成果转化为一体的服务全国的“南繁硅谷”。所谓机制，就是要建立现代农业经营体制机制，着力培育新型经营主体，构建集约化、专业化、组织化、社会化相结合的新型农业经营体系，提高现代农业经营水平和效率。所谓体系，就是要完善农业社会化服务体系，特别要集中力量抓好大型热带农产品物流中心建设，完善农产品流通体系，构建稳定安全的农产品产销渠道，提高农产品市场流通效率和竞争力。

2018年4月12日下午，习近平总书记冒着30多摄氏度的高温来到国家南繁科研育种基地。海南是我国重要的农作物种子繁育基地。每年冬春季节，数以千计的科学家、技术员从全国各地聚集到这里育种、制种。习近平总书记沿着田埂走进“超优千号”超级杂交水稻展示田，察看水稻长势，同袁隆平院士等农业科技人员亲切交谈，了解水稻育制种产业发展和推广情况。听到我国科研人员培育的超级杂交稻品种屡创世界水稻单产最高纪录，习近平总书记十分高兴。

他强调，十几亿人口要吃饭，这是我国最大的国情。良种在促进粮食增产方面具有十分关键的作用。要下决心把我国种业搞上去，抓紧培育具有自主知识产权的优良品种，从源头上保障国家粮食安全。海南热带农业资源十分丰富、十分宝贵。国家南繁科研育种基地是国家宝贵的农业科研平台，一定要建成集科研、生产、销售、科技交流、成果转化为一体的服务全国的“南繁硅谷”。

“习近平总书记看到我，第一句话就说：‘你身体还很硬朗啊！’”中国工程院院士、“杂交水稻之父”袁隆平后来告诉新华社记者，他为总书记介绍了我国超级杂交水稻的最新科研创新情况，“总书记问了很多问题，超级稻的米质怎么样，在国外推广了没有，海水稻怎么样了……”

“我在田头看见了总书记，迎上去跟他握手，总书记第一句话就是‘你也来啦’，非常亲切，让我非常感动。”福建省农业科学院学术委员会主任谢华安院士对新华社记者说，“总书记在福建工作的时候，我是福建农科院院长，他那时就非常重视农业科技工作。总书记到南繁基地和水稻展示田考察，说明他对国家的粮食生产和粮食安全非常重视，时时记在心上。”

武汉大学生命科学学院教授、水稻育种专家朱仁山对记者说：

"习近平总书记对我们提出了具体要求，我们将继续扎根一线，努力将科研工作做得更好，育出更切合实际，更易于大面积推广、生产的品种，为国家的粮食安全作出新的贡献。"

2018年4月13日，习近平总书记在庆祝海南建省办经济特区30周年大会上的重要讲话中提出，围绕种业、医疗、教育、体育、电信、互联网、文化、维修、金融、航运等重点领域，深化现代农业、高新技术产业、现代服务业对外开放，要加强国家南繁科研育种基地（海南）建设，打造国家热带农业科学中心，支持海南建设全球动植物种质资源引进中转基地。

海南借势东风，加快创建崖州湾国家实验室，打造集种源、种业和市场三大核心功能为一体的"南繁硅谷"。自此，"南繁硅谷"声名鹊起。

"综合性的育种基地"的远见

我国南繁育种始于20世纪50年代，至今已走过60多年的风雨历程，先后培养了袁隆平、李登海等一大批享誉国内外的育种专家。现在，每年有来自全国29个省份、700多家单位的近7000名科研人员从事南繁工作，育成的新品种占全国农作物新品种数的70%以上。60多年来，南繁为保障国家粮食安全、推动农业科技创新作出了重要贡献，已成为我国新品种选育的"加速器"、农业科技创新的"孵化器"，被喻为中国种业的"硅谷"。

其实，到了20世纪80年代初，海南就已经成为我国南繁育种的最大基地了。为什么呢？光能和热量也是重要的农业自然资源，是加速植物能量交换和转化的根本因素。海南岛地处北回归线以南，一年中有两次太阳直射机会，光能充足。多数地区年太阳总辐射量多于120千卡每平方厘米，绝大部分地区年日照时数在2000小时以上，南部沿海地区年日照时数为2400—2500小时，西部地区年日照时数在2700小时以上，只有中部山地日照时数较少。由于光能丰富，植物光合潜力大。据测定，海口年光合潜力为15410公斤干物质每亩，崖县（今三亚市）为16560公斤干物质每亩，东方更高达17290公斤干物质每亩。海南岛也是全国热量最丰富的地区，年活动积温（>10℃）大都超过8400℃，南部地区更高达9000—9200℃。水稻安全生长期长，大部分地区可满足三熟的要求。适于橡胶生长的月份长达9—10个月，是我国发展以橡胶为主的热带作物的理想地区，也是我国南繁育种的最大基地。

1983年1月15日，在海南考察工作的广东省委第一书记任仲夷谈到海南“潜力大”时说：“杂优稻，全国都到这里来制种。搞个种子公司作用会更大。海南这个优势，全国其他地方没法比。”用搞种子公司的办法发展我国的南繁事业，是十分有创新性、前瞻性的想法。

为了加强对南繁育种工作的组织协调，改造南繁基地的科研和生活条件，国家科委、农业部和海南省联合于1995年在三亚成立国家南繁工作领导小组，并共同组建中国海南南繁种子基地有限公司，投资4亿元进行基地建设。2000年，位于三亚的南繁科研开发中心首期工程初步建成，分布在三亚、乐东、陵水三个市县的育种基地，按边建设边生产、滚动发展的原则逐步建设，3000公顷育种基地和引种示范园、种子加工厂、科研培训基地、市场服务中心等已投入生产。广大南繁科研工作者开始有一个像样的“家”了。

海南南繁育种的独特优势与价值被不断发现。1987年7月10日，著名经济学家童大林等在《人民日报》上发表文章《科学地开发海南岛优势资源产业》，提出了海南“完全有条件成为一个综合性的育种基地”的远见：“我们知道，菲律宾是世界著名的水稻育种基地，我国的台湾省也是世界蔬菜育种基地。海南岛不但拥有丰富的热带作物资源，而且由于冬季没有极端低温，阳光充足、雨量丰沛、土质适宜，全年都可培植热带、亚热带地区的绝大多数品种的作物，因此完全有条件成为一个综合性的育种基地。”以被称作“天涯海角大菜园”的三亚市为例，近几年来，南瓜、冬瓜、黄瓜、丝瓜、西红柿、洋葱等100多种反季节瓜菜已繁育成功。在北方隆冬时节，宝岛的瓜菜结出累累果实，车载船装，运往东北、华北等地区，每年春节前后运销香港的瓜菜就有两三千吨。再以花卉为例，全岛野生花卉资源相当丰富，既有供观叶、观花、观果的品种，也有供赏形、闻香的品种，还有供制作盆景的品种。人工栽培的花卉也具有比内地各地生长快、长势好的优势。如果建成花卉、盆景的栽培基地，经济效益将十分可观。如何把海南岛作为综合育种基地的潜在优势转变为现实，如何使世界各地多种奇花异卉、珍瓜美果荟萃宝岛，是需要集中多方面的智慧（包括引进最新科研成果）才能解决的课题。

令人高兴的是，童大林等在1987年提出的那些“课题”，在习近平总书记的高度重视下，如今正在走向破题。比如，海南已将26.8万亩适宜南繁育制种的耕地划定为南繁科研育种保护区，正在以南繁科技城为核心，加快打造“南繁硅谷”。

曾经的南繁育种是由各个科研机构、高校“各自为战”，但是2021年5月成立的海南省崖州湾种子实验室，让各科研单位打破边界、联合攻关成为现实。把南繁的工作和种业的科研攻关结合起来，打造一个种子科研攻关高地，推进国家种子育种的发展、育种产业化进程，有利于保证我国的粮食安全。

海南正以南繁科技城为核心，加快打造“南繁硅谷”：海南省崖州湾种子实验室、国家耐盐碱水稻技术创新中心挂牌成立；国家南繁生物育种专区一期投入运行；精准设计育种中心等12个公共性、开放性科研平台正加快建设。

海南推动《国家南繁硅谷建设规划（2021—2030年）》出台，确保以三亚为中心、乐东和陵水为两翼，一体两翼形成的“南繁硅谷”，能为国家的种业振兴提供有力保证。

加快推进世界同纬度热带果蔬引种展示推广计划工作也在行动中。2022年4月召开的海南省第八次党代会对此的部署是：“要做强做优热带特色高效农业，积极引进和培育热带果蔬优质品种，大力发展林下经济，做足‘季节差、名特优、绿色有机’文章，加快建设国际热带农产品加工、储藏、冷链物流和交易中心。”

2022年7月9日，中国科普作家协会会员、“科普中国”合作创作者、“水果猎人”杨晓洋，现身海南自贸港大讲堂做专题讲座。杨晓洋以“世界热带果蔬资源的引进与开发”为题，结合自身经历，梳理了热带水果资源种类，解读了引进同纬度国家热带果蔬资源的利和弊，回答了政府、科研单位、企业在热带果蔬资源引进中应该担任何种角色，资源引进后，如何选育、驯化、推广及如何深耕产业、搭建产业链条、形成规模、产生效益等内容，还就如何利用海南自由贸易港建设、区域全面经济伙伴关系协定生效等红利，建立热带果蔬引进和利用机制提出了很多有参考价值的建议。讲座给海南的各级领导干部呈现了一场精彩纷呈的“热带果蔬盛宴”，为海南加强世界热带果蔬资源的引进与开发、高质量建设全球动植物种质资源引进中转基地、加快热带特色高效农业发展带来新的启发。

以“热带果蔬”为内容的讲座还不多见。这其实是海南落实习近平总书记2022年4月在考察调研中所提出“根据海南实际，引进一批国外同纬度热带果蔬，加强研发种植，尽快成规模，产生效益”的要求的一个实际行动。

立足温度，建设成服务全国的“南繁硅谷”

习近平总书记2022年4月10日下午在三亚考察，细致端详南繁科技和深海科技两大板块规划布局，指出：“一个立足温度，一个立足深度。方向选得好。”方向选对，就是走人间正道。因此，海南要立足于大做“温度”文章，加快建设服务全国的“南繁硅谷”。

充分发挥温度优势，加快建设“南繁硅谷”，这是海南为构建国家战略科技力量作出贡献的重要方面。

海南拥有我国独一无二的热带气候资源，是我国唯一适宜大面积冬季作物南繁的区域，全国约70%的农作物新品种都经过南繁选育。牢记习近平总书记“实现种业科技自立自强、种源自主可控，用中国种子保障中国粮食安全”“要科学谋划加快推进，建设成服务全国的南繁硅谷”的重要嘱托，以南繁科技城为核心，积极服务国家打好种业“翻身仗”重大战略。成立海南省崖州湾种子实验室，国家耐盐碱水稻技术创新中心在三亚挂牌，成为全国19个国家技术创新中心之一；国家种子精准设计育种中心、国家南繁作物表型研究设施等一批重大创新平台加快建设；全球动植物种质资源引进中转基地实现首单大豆、玉米种质资源引进，已汇聚引进国内涉农大院大所17家、涉农企业415家，南繁基地成为全国种业力量最主要的集聚地、最知名的种业“打卡地”。（沈晓明：《为构建国家战略科技力量作出海南贡献》，《光明日报》，2022年6月29日）

党的二十大报告指出，全面推进乡村振兴。坚持农业农村优先发展，巩固拓展脱贫攻坚成果，加快建设农业强国，扎实推动乡村产业、人才、文化、生态、组织振兴。全方位夯实粮食安全根基，牢牢守住十八亿亩耕地红线，确保中国人的饭碗牢牢端在自己手中。

我们欣喜地看到，海南南繁元素闪耀在党的二十大上。2022年10月22日，在党的二十大闭幕后的“党代表通道”上，二十大代表、海南省崖州湾种子实验室规划发展部负责人杨新泉这样深情告白：

大家好，我叫杨新泉，来自海南省崖州湾种子实验室，我与种业有不解之缘。我从小就是在农村长大的，后来又上了农业大学，学的也是遗传育种专业，毕业后在这个领域工作了20多年。我为什么对种子情有独钟呢？因为种子是农业的“芯片”，要想解决好我们国家的粮食安全问题，就必须解决好种业核心关键问题。三年前，“海南自贸港将建设南繁硅谷，致力于解决我们国家的种源自主可控，实现种业科技自立自强”这一消息深深吸引了我。

2021年年初，我来到这里，从零开始，经过一年多的时间，我们崖州湾种子实验室的建设取得了显著成效。目前已经进驻76个“揭榜挂帅”项目团队和22个院士创新团队。

今年4月10日，习近平总书记来到我们实验室。总书记指出，要弘扬袁隆平等老一辈科技工作者的精神。

袁隆平先生对我们国家的粮食乃至世界的粮食安全作出了巨大贡献。他的试验田就在南繁科研育种基地。榜样就在眼前，我们一定要充分发扬老一辈农业科学家的艰苦奋斗、勇于创新的精神，把我们种子实验室建设成为种业创新高地。

在二十大报告中，习近平总书记指出，坚持创新在我国现代化建设全局中的核心地位。还指出，确保把中国人的饭碗牢牢端在自己手中。这为我们进一步指明了方向，给了我们极大的鼓舞。在今后的工作中，我们种业人定要不懈奋斗，努力为打赢种业翻身仗，解决保障我们国家的粮食安全作出更大的贡献。

确保中国人的饭碗牢牢端在自己手中，要靠把种子牢牢攥在自己手里来保障。“用中国种子保障中国粮食安全”，这是国之大者，是海南人民重大而光荣的历史任务。

海南，把“养育中华民族”这件有战略意义的事放在心上、扛在肩上，必将在积极服务中华民族端牢自己饭碗的重大历史使命中，作出无愧于中华民族的伟大贡献！

二、这是一件具有战略意义的事情

随后，习近平来到中国海洋大学三亚海洋研究院，了解海洋观测设备与信息服务系统研发应用情况，连线“深海一号”作业平台。前方工作人员向总书记汇报了一线工作情况。习近平向他们表示诚挚问候，嘱咐他们注意安全、保重身体。习近平强调，建设海洋强国是实现中华民族伟大复兴的重大战略任务。要推动海洋科技实现高水平自立自强，加强原创性、引领性科技攻关，把装备制造牢牢抓在自己手里，努力用我们自己的装备开发油气资源，提高能源自给率，保障国家能源安全。

考察途中，习近平下车察看沿海生态环境保护工作，并为他在12年前种下的一棵不老松施肥浇水。习近平叮嘱当地负责同志加强陆海统筹，把生态保护工作作为一项重要任务抓紧抓好。（《习近平在海南考察时强调 解放思想 开拓创新 团结奋斗 攻坚克难 加快建设具有世界影响力的中国特色自由贸易港》，《人民日报》2022年4月14日）

不远处的一栋楼，是中国海洋大学三亚海洋研究院。习近平总书记在这里见到了一群深海人。

空、天、地、海，驰骋才干。埋头科研的他们，向总书记汇报了推动民族复兴的深海力量。

“深海一号”作业平台，茫茫大海上的“舟楫”。视频连线时，高悬的“碧海丹心　能源报国”横幅，昭示着深海人的热血。

“海洋，我历来是关心的”。在福州，习近平同志提出建设“海上福州”战略构想，到福建省后提出了“海洋强省”战略。再后来到中央工作以后，提出建设海洋强国。习近平总书记思虑深远：“现代化的国家是什么样的，不仅是一个陆地强国，也是一个海洋强国，一个陆海兼修的现代化强国。”

“用我们自己制造的装备，开发我们的油气，提高我们的能源自给率，保障我们的能源安全。这是一件具有战略意义的事情。”

“制造水平体现在海洋装备上。中国一定要把制造业抓在自己手里。14亿多人口的大国，靠别人是不行的，只能靠我们自己发扬自力更生的精神。”

百年变局之下，粮食安全、能源安全，举足轻重。“靠自己”的战略定力，是在“改革开放试验田”考察首日，传递的一份鲜明讯息。

习近平总书记语重心长：“我们开放的大门永远是敞开的，同时一定要定下心来，一心一意走自己的路，而且要建立这样的一种自信，就是我们一定会把自己的事业办好，屹立于世界民族之林。”（《“探索试验蹚出来一条路子”——记习近平总书记赴海南考察调研》，《人民日报》2022年4月15日）

海南岛有石油天然气

改革开放以来，中央对加快开发建设海南非常重视，一个重要原因是海南岛自然资源非常丰富，发展潜力巨大，发展前景广阔。

1987年6月12日，邓小平在北京会见应邀来访的南斯拉夫共产主义者联盟中央主席团委员科罗舍茨时宣布：“我们正在搞一个更大的特区，这就是海南岛经济特区。海南岛和台湾面积差不多，那里有许多资源，有铁矿、石油，还有橡胶和别的热带、亚热带作物。海南岛好好发展起来，是很了不起的。”

邓小平的上述谈话，最早见于人民出版社1987年10月出版的小册子《邓小平同志重要谈话（一九八七年二月—七月）》中。1993年，邓小平逐篇审定《邓小平文选》第三卷时，对上述谈话做了三处修改：一是把“铁矿”改为“富铁矿”且加逗号，变为“有富铁矿,”；二是在“石油”后边加上“天然气”，变为“有石油天然气”；三是去掉“热带、亚热带作物”一句中的顿号，变为“热带亚热带作物”。这就是：“我们正在搞一个更大的特区，这就是海南岛经济特区。海南岛和台湾的面积差不多，那里有许多资源，有富铁矿，有石油天然气，还有橡胶和别的热带亚热带作物。海南岛好好发展起来，是很了不起的。”

邓小平所做的这些修改，是非常准确的。就“铁矿”改为“富铁矿”而言，据当时的背景材料，海南岛石碌铁矿，储量有近4亿吨，占全国富铁矿储量的71%，平均品位51.1%，最高品位达68%，品位居全国第一。且是低硫低磷微锰的优质矿，20世纪80年代前期年开采量近400万吨，分配到全国60多个钢铁厂使用。而在“石油”后边加上“天然气”，又更全面准确。

邓小平很看重资源在经济发展中的作用。1986年9月2日，他在答美国记者迈克·华莱士问中，提出大陆的发展速度在若干年内至少不会低于台湾，道理就是台湾资源缺乏，而大陆有丰富的资源。

海南岛的石油天然气资源非常丰富，南海三大油田，有两个就在海南岛附近海域。邓小平对海南岛天然气资源的了解，源于1983年12月1日他在会见美国大西洋富田（阿科）公司董事长安德森时，就海南岛莺歌海合同区天然气的合资开发利用问题交换过意见。是年4月，中国海洋石油总公司和阿科公司合作发现崖13–1气田。它位于南海西南部莺歌海盆地，是国内发现的最大的海上天然气田。12月，邓小平在听取阿科公司董事长安德森对崖13–1气田的情况介绍时又表示：“应坚决地干，一年可以增加不少化肥，还可以发电。”

1984年4月29日，邓小平在北京会见美国著名企业家哈默率领的美国西方石油公司代表团，哈默说：“现在做成了一个大项目，我的注意力转到另一个方面：肥料、海洋石油等。阿科石油公司在南海发现了大气田，运到海南岛建立合成氨厂。我将用磷、钾肥同你们交换，进行新的合作。”邓小平说：“我们决定开发海南岛。利用天然气还可带动其他行业。这里铁矿丰富，可以发展钢铁工业。”邓小平还指出：“海南岛自然条件不比台湾差，面积相当于台湾。”

此前的1984年1月10日，海南岛石油化工资源利用技术论证会在海口召开，多位专家教授来琼为加快开发宝岛献策。这次论证会历时10天，于1月19日结束。与会专家学者经过实地考察和技术论证，认为海南岛陆地和海域的石油、天然气资源丰富，具备建立大型现代化石油化工基地的良好条件。

专家学者们认为，海南岛陆、海油气资源有广阔的开发前景。附近海域分布着老第三纪以来的张裂性盆地，基本石油地质条件优越，油气资源丰富。自我国对外合作勘测海上油气资源以来，区内基本完成了大规模物探普查工作，获得了一批工业油气流井，并且已经控制部分油气储量。据预测，不久的将来，海南岛陆海区域将成为我国重要产油气区之一。

海南岛具备利用油气资源建立大型石油化工基地的良好条件。专家学者建议，应该实行就地利用、就地加工、就地出产品的方针，大力发展海南的化肥工业以及化工、轻工、建材、电力、炼铜等工业，建立起一个设备装置配套成龙、工艺技术先进的石油化工基地。他们还建议，上下有关部门要通力合作，协同作战，组织专门的统一机构，积极而稳妥地进一步做好开发利用海南油气资源的前期准备工作。

1984年4月16日，国务院领导会见安德森时，就阿科公司在海南岛附近中美合作区发现的天然气的开发利用问题交换了意见。他说，中国沿海地区将进一步对外开放，在海南岛建立中外合资经营的化肥厂，可以得到各种优惠条件。

1984年5月间，《经济日报》记者报道了对海南区公署领导的采访，说海南岛石油资源丰富。属南海三大油田的北部湾、莺歌海两大油田处在海南岛的海域，现已打出了高产油气井。海南岛不仅海上有油，陆地上也有油，琼北几口小井已在出油。只要能够抓住大好时机，进一步发挥海南岛的优势，在未来20年中把海南岛建设成为世界上经济较发达、生活较富裕的地区，是完全有可能的。

回想当年一个年近90岁高龄的老人，对自己在6年前关于海南岛问题的一段谈话，做如此细致、认真、准确的修改，甚至连标点符号也不放过，怎能不让人感动和钦佩？那段谈话不到百字，但言简意赅、话中有话，所包含的内容是如此丰富，所寓意的思想是如此深刻，所蕴含的情感是如此饱满！邓小平是何等倾情海南啊！

可以告慰邓小平的是，2004年也就是他100周年诞辰的时候，一座规模化、现代化、具有国际竞争力的国内一流的天然气综合化工基地——东方化工城在海南岛西部崛起，这里已建起全国规模最大的天然气尿素生产装置。利用崖13-1天然气发电的南山电厂，在1996年就已成为我国第一个天然气发电厂。天然气化工业也已发展成为海南省的支柱产业。

“用我们自己制造的装备，开发我们的油气”

2022年4月考察海南期间，习近平总书记特别连线的“深海一号”作业平台，是由我国自主研发建造的全球首座10万吨级深水半潜式生产储油平台。这一最新海洋工程重大装备，实现了3项世界级创新、运用了13项国内首创技术，被誉为迄今我国相关领域技术集大成之作。

“深海一号”能源站尺寸巨大，总重量超过5万吨，最大投影面积有两个标准足球场大小；总高度达120米，相当于40层楼高；最大排水量达11万吨，相当于3艘中型航母。“深海一号”能源站将用于开发我国首个1500米深水自营大气田——陵水17-2气田。该气田投产后，将依托海上天然气管网，每年为粤港琼等地供应30亿立方米深海天然气，可以满足大湾区四分之一的民生用气需求。

2021年6月25日，该平台正式投产，标志着中国从装备技术到勘探开发能力全面实现从300米到1500米超深水的跨越；9月6日，最后一口生产井成功开井，实现全面投产。2022年2月13日，中国海洋石油集团有限公司对外宣布，该平台自正式投产以来，累计生产天然气超10亿立方米。

习近平还关心我国研发的万米载人潜水器“奋斗者”号。

“奋斗者”号于2016年立项，由“蛟龙号”、“深海勇士”号载人潜水器的研发力量为主的科研团队承担。2020年6月19日，中国万米载人潜水器被正式命名为“奋斗者”号。

2020年10月27日，“奋斗者”号在马里亚纳海沟成功下潜突破10000米，达到10058米，创造了中国载人深潜的新纪录。11月10日8时12分，“奋斗者”号在马里亚纳海沟成功坐底，坐底深度10909米，刷新中国载人深潜的新纪录。11月13日8时4分，“奋斗者”号载人潜水器在马里亚纳海沟再次成功下潜突破10000米。11月17日7时44分，“奋斗者”号再次下潜突破万米。11月19日，“奋斗者”号再次突破万米海深复核科考作业能力。11月28日，在马里亚纳海沟结束科考任务的“探索一号”科考船，在海南三亚南山港码头靠泊下锚，成功实现10909米坐底纪录的“奋斗者”号随船胜利返航。

习近平在贺信中指出，“奋斗者”号研制及海试的成功，标志着我国具有了进入世界海洋最深处开展科学探索和研究的能力，体现了我国在海洋高技术领域的综合实力。

2021年3月16日，“奋斗者”号全海深载人潜水器在三亚正式交付。7月18日，“奋斗者”号全海深载人潜水器的研制项目成功收官，并顺利通过综合绩效评价。10月，“奋斗者”号已在马里亚纳海沟正式投入常规科考应用。10月8日，“探索一号”科考船搭载“奋斗者”号载人潜水器抵达三亚锚地。

习近平对“深海一号”与“奋斗者”号的关心，充分体现了他对我国自己制造的海洋装备的高度重视。

“用我们自己制造的装备，开发我们的油气，提高我们的能源自给率，保障我们的能源安全。这是一件具有战略意义的事情。”“制造水平体现在海洋装备上。中国一定要把制造业抓在自己手里。14亿多人口的大国，靠别人是不行的，只能靠我们自己发扬自力更生的精神。”这些谆谆教诲，都在强调要把制造业抓在自己手里，保障我们的能源安全，“这是一件具有战略意义的事情”。

这样的重要思想，也体现在党的二十大报告中：增强维护国家安全能力。坚定维护国家政权安全、制度安全、意识形态安全，确保粮食、能源资源、重要产业链供应链安全，维护我国公民、法人在海外合法权益，筑牢国家安全人民防线。设备制造，也是统筹发展和安全、能源安全和产业链供应链稳定的重要内容。

最初的“海洋经济强省”

自海南1996年提出实施“一省两地”发展战略以后，有识之士就看到，这个战略还缺少了一个重要内容，就是发挥海洋优势，发展海洋经济。因此，在“一省两地”中充实海洋经济内容，势在必行。

1998年是联合国确定的国际海洋年。是年，海南省委提出，即将到来的21世纪，是人类开发利用海洋资源的新世纪。海南的最大优势在海洋，最大的希望也在海洋。海洋经济的兴起，将给海南新一轮体制创新、产业升级、扩大开放带来新的生机和活力。要实现海南开发建设的跨世纪发展目标，必须把建设海洋经济强省作为一项长期的战略任务。

建省以来海洋产业的高成长性，展示了海南经济增长的巨大潜力。10年间，全省海洋产业产值的增长速度是同期GDP增长速度的3倍。1997年全省海洋产业总产值首次突破百亿元大关，达116.49亿元，约占全省同期GDP的1/4。可以肯定地说，只要把海洋经济尽快地发展起来，形成新的经济增长点，就能掌握跨世纪发展的主动权。

当时，海南省开展了为海南发展献计献策活动，使大家形成了一个基本共识，那就是要从省情实际出发，全力推进海洋经济发展，用海洋产业增长的高速度、高效益和较大的拉动力，打破几年来困扰海南经济发展的沉闷局面，努力把海南建设成为我国的海洋经济强省。未来的实践将证明，关于发展海洋经济的决策和选择是正确的。

当时明确，在实施“一省两地”的发展战略中，要进一步强化海洋产业的重要作用。“一省两地”发展战略，是海南建省办经济特区10年来所取得的重要成果。要珍惜这个重要成果，坚定不移地实施这个发展战略。但这并不意味着探索到此为止，“一省两地”的发展战略就不再需要充实和完善了。在继承中发展，在发展中创新，到什么时候都是必需的。

实施“一省两地”的发展战略，需要充实海洋经济的内容，进一步强化海洋产业的作用，具体明确四个与海洋产业有关的着眼点：一是要把海南省建设成为海洋渔业资源开发基地；二是要把海南省建设成为海洋油气资源开发加工基地；三是要把海南省建设成为热带海岛旅游基地；四是要把海南省建设成为海洋资源综合开发基地。总之，要充分发挥海南省的海洋资源优势，使海洋产业成为实施“一省两地”战略的重要推动力量。

建设这四个“基地”，是“一省两地”发展战略题中已有之义。海洋产业有很强的融合性及产业关联性，它渗透于一二三次产业之中，随着现代经济的发展，农业、工业、旅游业中的海洋产业份额还会不断加大。海南省经济发展有一个明显的趋势，就是海洋资源作为最具活力的生产要素，在“三足鼎立”产业格局中的地位越来越重要。这种趋势反映了海南经济发展的客观规律。

海南经济发展战略的海洋定位，对于未来跨世纪的发展将产生重大的积极影响，它预示着海南省开发建设的热点正在从约3.4万平方公里陆地国土，向200多万平方公里的海洋国土推进。这是既有重要操作价值，又有深远影响的战略推进。要因势利导，全力加速这个战略推进。

在选择发展海洋经济的先导产业上，从海洋捕捞和海水养殖突破，迈出建设海洋经济强省的第一步。海南岛有1528公里的海岸线，5万公顷的滩涂，20万公顷的10米等深线以内的浅海。建设海洋经济强省，首先就是要在这里迈出坚实的步伐。建设海洋经济强省的突破口是滩涂开发和近海养殖，加快海洋水产业的发展。

在推动海洋产业升级方面，不断扩大综合开发利用海洋资源新领域，实行两项基础性调整和一个战略性转变：由以近海捕捞为主向近海捕捞与外海远洋捕捞相结合调整；由以海洋捕捞为主向海洋捕捞与海水养殖相结合调整；由以海洋渔业为主向海洋资源综合开发、海洋产业全面发展转变。从某种程度上说，两项基础性调整和一项战略性转变的实现之日，就是海洋经济强省建成之时。

为了实现这个战略性转变，要全方位、多产业开发海洋资源。重点是要把海洋渔业资源开发、海洋油气资源开发加工、海岛旅游资源开发这三项重点工作切实抓在手上。加强港口建设，发展港口经济和海运事业。努力争取部分海洋油气开发权、海洋油气加工项目。狠抓滨海旅游产品的开发，搞好滨海旅游骨干项目的建设。合理开发滨海砂矿，积极发展海洋药物和盐化工业，构建独具特色的海岸产业带。

从一定意义上讲，海洋经济是战略经济，海洋产业是决定海南发展前途和命运的朝阳产业。抓住了发展海洋经济的机遇，某种程度上就等于抓住了世纪性发展的机遇。要全力推进海洋经济的发展，经过三至五年的努力，使海南省的海洋经济跨入全国先进行列，为建设海洋经济强省奠定坚实的基础。（杜青林：《建设海洋经济强省》，《海南日报》1998年7月13日）

在当时的历史条件下，海南提出了这样的建设海洋经济强省的思路，推动了海南海洋经济的发展；多年之后，随着三亚“深海所”的建立，把海南打造成海洋强省的强劲势头才真正展现。

2018年4月12日下午，在海南考察的习近平总书记来到位于海南三亚的中国科学院深海科学与工程研究所，仔细察看“海翼”号深海滑翔机、“天涯”号深渊着陆器等设备，并同“深海勇士”号载人潜水器设计师和深潜团队亲切交谈。

由深海所牵头的规模宏大的中国科学院“深海/深渊智能技术及海底原位科学实验站”专项，从2017年4月12日起酝酿，仅用半年时间完成立项；第三次万米深渊综合科考、西南印度洋热液科考圆满完成，科考工作屡摘硕果；海南卫星星座项目加快研制，夯实“一带一路”商业航天合作基础……

为建设国际一流研究平台，提高我国深海探测及海洋资源开发利用能力，2012年9月27日，中国科学院三亚深海科学与工程研究所科研园区开工奠基典礼在三亚鹿回头半岛举行，拉开祖国南海之滨第一个完整建制的中科院直属研究机构的建设序幕。

建设三亚深海所，是为力争突破一批关键技术，形成一批重大创新成果，解决制约我国海洋事业发展的瓶颈问题，大幅度提高我国深海探测及海洋资源开发利用能力，为建设海洋强国提供有力支撑，也为海南省地方经济社会发展和国际旅游岛建设作出贡献的要求。面对深海领域的国际竞争日趋激烈现状，三亚深海所的建立，将为我国海洋事业的发展提供强有力的科学技术支撑和保障。

据中国科学院深海科学与工程研究所官方网站介绍，中国科学院深海科学与工程研究所（英文名：Institute of Deep-sea Science and Engineering，Chinese Academy of Sciences；缩写：IDSSE，CAS）是直属中国科学院的科研事业单位，位于中国海南省三亚市鹿回头半岛，由海南省人民政府、三亚市人民政府和中国科学院三方于2011年共建，2016年5月建成投入正式运行。研究所定位：立足三亚，在我国最为临近深海的地域，建立完备的国立深海研发基地，成为国家深海研发试验的共享开放平台，填补我国深海战略上的地域空白。其建设目标：建设集深海科学研究、工程技术研发、成果转移转化、科技服务和人才培养于一体的海洋科技创新基地；建设中国深海科学与工程技术核心研发基地、深海技术试验基地、海洋战略思想库和科普教育基地；建设对国际深海科学与工程领域有重要影响力的研发机构、教育和公共服务中心；引领我国深海科学与工程技术研发方向，打造具有一流成果、一流效益、一流管理、一流人才科研机构。其科研架构：设有深海科学研究部、深海工程技术部和海洋装备与运行管理中心三个主要业务单元。

一个时代有一个时代的使命。

海南文昌人陈序经（1903—1967年）是现代著名的社会文化学大师，他曾阐述这样一种历史观，当不是偶然臆想的发现："我们可以说，在中国历史上凡是致力向海外而特别是东南亚发展的朝代，对于珠崖一定加以特别的注意，因为船舶之从中国到这个地方者，是出自合浦，而尤其是徐闻港口者，必定经过珠崖西南岸驶行。武帝、孙权都是致力经营海外的君主，所以他们对于珠崖都很重视。"（陈序经：《珠崖篇》，长征出版社，2007年）

这个观点的重要历史支撑点，就是西汉元封元年（公元前110年），汉武帝万里开疆海南，置儋耳、珠崖两郡于岛上，使海南正式纳入中国的版图。再就是三国时吴孙权致力海外经营，对东南亚或南海各地尤为重视。如其中发生在赤乌五年（公元242年）"秋七月，遣将军聂友、校尉陆凯以兵三万讨珠崖、儋耳"的战事。

中国特色社会主义进入新时代，"解决了许多长期想解决而没有解决的难题，办成了许多过去想办而没有办成的大事"。这方面的一个极好诠释是如期完成在南沙群岛部分驻守岛礁扩建工程，南海维权取得历史性进展。

《中国共产党简史》第十章中写道：“我国排除干扰如期完成在南沙群岛部分驻守岛礁扩建工程，南海维权取得历史性进展。2014年7月设立的三沙市永兴（镇）工委、管委会，标志着中国在西沙岛礁首个基层政权城市雏形诞生，用政权实体组织形式进一步宣示了我国主权。2015年起，华阳灯塔、赤瓜灯塔、渚碧灯塔、永暑灯塔和美济灯塔陆续建成发光并投入使用，维护了我国南海主权和海洋权益。”我国在南海的这些建设，主要是为各类民事需求服务，以更好地履行中国在海上搜救、防灾减灾、海洋科研、气象观察、生态环境保护、航行安全、渔业生产服务等方面承担的国际责任和义务，也是为满足必要的军事防卫需求。

这也是新时代国家经略海洋的壮丽篇章，海南的战略地位进一步巩固与凸显。在中央支持海南全面深化改革开放的时代背景下，“国家重大战略服务保障区”成为战略定位之一。其总体要求包括深度融入海洋强国、“一带一路”建设、军民融合发展等重大战略，全面加强支撑保障能力建设，切实履行好党中央赋予的重要使命，提升海南在国家战略格局中的地位和作用。

立足深度，把海南打造成海洋强省

2013年4月，习近平总书记在海南考察时指出，海洋是支撑未来发展的资源宝库和战略空间。要坚持陆海统筹、河海兼顾、综合施策，突出做好海洋污染防控、红树林等典型生态系统和生物多样性保护、水土流失治理等工作，努力使海南的青山更绿、海水更蓝、沙滩更美、空气更清新，为子孙后代留下可持续发展的“绿色银行”。

2018年4月12日下午，在海南考察的习近平总书记来到位于海南三亚的中国科学院深海科学与工程研究所，他勉励海南科研工作者："我国是一个海洋大国，海域面积十分辽阔。一定要向海洋进军，加快建设海洋强国。""南海是开展深海研发和试验的最佳天然场所，一定要把这个优势资源利用好，加强创新协作，加快打造深海研发基地，加快发展深海科技事业，推动我国海洋科技全面发展。"

在考察的基础上，习近平总书记"4·13"重要讲话提出："国家支持海南布局建设一批重大科研基础设施和条件平台，建设航天领域重大科技创新基地和国家深海基地南方中心，打造空间科技创新战略高地。"

习近平总书记强调："我国是海洋大国，党中央作出了建设海洋强国的重大部署。海南是海洋大省，要坚定走人海和谐、合作共赢的发展道路，提高海洋资源开发能力，加快培育新兴海洋产业，支持海南建设现代化海洋牧场，着力推动海洋经济向质量效益型转变。要发展海洋科技，加强深海科学技术研究，推进'智慧海洋'建设，把海南打造成海洋强省。要打造国家军民融合创新示范区，统筹海洋开发和海上维权，推进军地共商、科技共兴、设施共建、后勤共保，加快推进南海资源开发服务保障基地和海上救援基地建设，坚决守好祖国南大门。"

2022年4月，习近平总书记考察海南时强调，建设海洋强国是实现中华民族伟大复兴的重大战略任务。要推动海洋科技实现高水平自立自强，加强原创性、引领性科技攻关，把装备制造牢牢抓在自己手里，努力用我们自己的装备开发油气资源，提高能源自给率，保障国家能源安全。

习近平总书记指出："用我们自己制造的装备，开发我们的油气，提高我们的能源自给率，保障我们的能源安全。这是一件具有战略意义的事情。”这为把海南打造成海洋强省进一步指明了方向。

海南姓“海”，受权管辖南海200万平方公里的海域，平均海深超过1000米，是我国深海研究的最佳试验场。牢记习近平总书记“要推动海洋科技实现高水平自立自强，加强原创性、引领性科技攻关，把装备制造牢牢抓在自己手里”的重要嘱托，积极服务和保障国家深海科技试验。“奋斗者”号载人潜水器实现常规科考应用，万米下潜21次，我国万米潜次和人数跃居世界首位；“深海科学与智能技术国家重点实验室”列入中科院系统第一批重组国家重点实验室名单；深海科技创新公共平台、三亚深海化合物资源中心等深海科技创新平台完成筹建，即将投用；11家国内海洋领域知名高校和大院大所、94家海洋企业注册落地崖州湾科技城，初步形成海洋产业生态圈。（沈晓明：《努力为构建国家战略科技力量作出海南贡献》，《光明日报》2022年6月30日）

作为大国重器的“深海一号”平台，在党的二十大召开期间也受到了关注，彰显“这是一件具有战略意义的事情”。

2022年10月18日，《科技日报》报道《鹤舞金沙 神箭待命 重器潜海 核电商用 大国重器旁的二十大时光》，内容分别是：“鹤舞金沙”，打造中国水电“国家新名片”；“神箭待命”，建造中国人自己的“太空家园”；“重器潜海”，叩开中国能源宝藏的大门；“核电商用”，筑牢国家安全的基石。在这四个“大国重器”中，海南就占了两席。

这是“大国重器”旁的二十大时光：“重器潜海”，叩开中国能源宝藏的大门：

中国南海碧波之上，全球首座十万吨级深水半潜式生产储油平台——“深海一号”格外醒目，这座钢铁巨人每天将1000万立方米的天然气从海底1500米源源不断地开采出来，送抵千家万户。

2022年10月16日上午，“深海一号”气田持续稳定生产作业，现场员工100余人在气田党员活动室、餐厅、中控室收看党的二十大开幕直播。

谈到观看的学习感受，中国海油“深海一号”气田总监袁圆告诉科技日报记者，新时代的十年来，他亲眼见证了中国海洋石油工业在党的领导下取得的重大进步。

“从对外合作到自主探索，中国海洋石油工作者在追求高水平科技自立自强的道路上不断奋发，成功建造出‘深海一号’生产储油平台，推动我国海洋油气开发实现了从300米水深到1500米水深的历史性跨越。”袁圆说。

党的二十大召开前夕，“深海一号”气田成功实施气田投产后首次水下设施全面检测，运用机器人对水下生产系统、平台船体、系泊缆系统等进行全面“体检”。袁圆介绍说：“这次水下检测效果说明气田处于良好运行状态、再次验证了我国自主掌握深海油气开发生产技术的可靠性。”

面向未来，“潜入”深海的脚步不能停歇。中国海上石油工作者正以“深海一号”为重要枢纽，积极推动陵水25-1等深海气田的开发，推动南海万亿大气区建设从蓝图变为现实，以更好地满足粤港澳大湾区和海南自贸区（港）日益增长的清洁能源需求。

三、经过30年持续摸索，决定就抓这几样

海南省于2011年4月20日试点实行离岛免税政策。11日上午，习近平来到三亚国际免税城，实地了解离岛免税政策落地实施等情况。习近平指出，要更好发挥消费对经济发展的基础性作用，依托国内超大规模市场优势，营造良好市场环境和法治环境，以诚信经营、优质服务吸引消费者，为建设中国特色自由贸易港作出更大贡献。

习近平强调，要把海南更好发展起来，贯彻新发展理念、推动高质量发展是根本出路。要聚焦发展旅游业、现代服务业、高新技术产业、热带特色高效农业，加快构建现代产业体系。要加快科技体制机制改革，加大科技创新和成果转化力度。（**《习近平在海南考察时强调 解放思想 开拓创新 团结奋斗 攻坚克难 加快建设具有世界影响力的中国特色自由贸易港》**，《人民日报》2022年4月14日）

在一些地方发展眼睛盯着国内生产总值的一段时期里，海南提出了“一省两地”产业发展构想，立志建设中国的新兴工业省、中国热带高效农业基地、中国度假休闲旅游胜地。工业主导的架构下，海南对发展之路一度迷茫。

此次考察，习近平总书记11日上午来到三亚国际免税城，一个国际消费中心的地标建筑。在那里谈及海南定位：“过去争论很多啊，上个大的石化基地，上个钢铁项目，搞个先进制造业基地。

经过30年持续摸索，决定就抓这几样：旅游业、现代服务业、高新技术产业、热带特色高效农业。”（《“探索试验蹚出来一条路子”——记习近平总书记赴海南考察调研》，《人民日报》2022年4月15日）

习近平总书记在三亚实地了解离岛免税政策落地实施等情况，体现了对这项自由贸易港核心政策的关心，并指明了更好发挥消费对经济发展的基础性作用，依托国内超大规模市场优势，营造良好市场环境和法治环境，以诚信经营、优质服务吸引消费者，为建设中国特色自由贸易港作出更大贡献的方向。

在三亚国际免税城考察时，习近平总书记谈及海南定位；到4月13日上午，总书记在参观海南全面深化改革开放和中国特色自由贸易港建设成果展时又语重心长地说：“‘1348’，相当于浙江的八八战略。关键是形成了共识，升华了认识水平。过去吵来吵去的事情，现在统一了。知道了哪个是人间正道，就这么坚定走下去。”随后，在听取海南省委和省政府工作汇报后，总书记又强调要把海南更好发展起来，贯彻新发展理念、推动高质量发展是根本出路。要聚焦发展旅游业、现代服务业、高新技术产业、热带特色高效农业，加快构建现代产业体系。

在一次考察调研中，如此再三阐述产业发展问题，可见习近平总书记对事关推动海南高质量发展的根本问题的重视。

“过去争论很多啊”

“过去争论很多啊，上个大的石化基地，上个钢铁项目，搞个先进制造业基地。”这是对海南发展过程中一些情况的具体描述。

进入改革开放新时期，中央为加快开发建设海南岛，在一开始就制定了正确的开发建设方针、政策。其中，最根本的一条就是逐步建立起具有海南特色的经济结构。

1983年4月1日，中共中央、国务院批转的《加快海南岛开发建设问题讨论纪要》（中发〔1983〕11号）就明确提出："海南的开发建设，必须立足岛内资源优势，充分挖掘内部潜力，讲求经济效益，逐步建立起具有海南特色的经济结构。海南行政区要作出通盘规划，分类指导，有计划有步骤地进行。"

"必须立足海南岛内资源优势"，"逐步建立起具有海南特色的经济结构"，这是关于搞好海南岛开发建设无比正确、无比重要的指导方针。"必须"与"逐步"，强调了开发建设海南的正确方向与科学方法问题。

由于认真贯彻中央11号文件精神，当时加快海南岛开发建设出现了迅速发展的好势头，外引内联活跃，整个国民经济展现振翅欲飞的好势头。1984年，海南区与外商签订各种合资、合作和补偿贸易协议117宗，相当于前四年外引项目总和的2.4倍；投资总额1.6亿多美元，比前四年投资额总和还多8400多万美元，其中利用外资9953万美元，比前四年利用外资总额多3200万美元；投资总额和利用外资金额分别比1983年增长6.7倍和7.1倍。1984年到海南旅游、参观、谈生意的外商、港商和华侨共1.3万多人次，是历年来接待游客最多的一年。

特别是，海南岛实行放宽搞活政策，立足当地资源优势，大胆引进外资和先进设备，充分挖掘内部潜力，建设新企业，改造老企业，初步建立起具有海南特色的经济结构，开发出一大批名优产品。全岛已形成了以加工本地资源为主的橡胶、制糖和引进技术建起的纺织三大工业体系。

但是，震惊中外的海南“汽车事件”的发生，瞬间打断了海南开发建设的美好进程，严重破坏了海南改革开放的大好局面。此事件的一个深刻教训就是，海南经济起飞没有“捷径”，必须从实际出发，立足本地资源，发挥自己的优势，建立起具有自己特色的经济结构。

1987年9月26日，《中共中央 国务院关于建立海南省及其筹建工作的通知》（中发〔1987〕23号）印发，备受国内外瞩目的海南建省办特区工作开始启动。“汽车事件”的教训还历历在目，殷鉴不远，因此中央的这个《通知》再次强调“必须”与“逐步”：“海南的开发建设，必须立足于海南的资源优势，充分挖掘内部潜力，同时大力引进外资，特别要注意引进港澳的资金，逐步建立具有海南特色的外向型经济结构。为此，国务院将给海南省以更多的自主权，规定更为优惠的政策，使它成为我国最大的经济特区。”

到了1988年4月14日，国务院批转《关于海南岛进一步对外开放加快经济开发建设的座谈会纪要》（国发〔1988〕24号），同样强调“必须”与“逐步”：“发展经济必须立足于开发利用丰富的湿热带自然资源、海洋资源、矿产资源和旅游资源，充分挖掘内部潜力，同时积极吸收利用外资，大力加强基础设施建设，逐步建立具有海南特色的产业结构，努力提高技术水平、产品水平和服务水平，积极改善经营管理，面向国际市场，扩大出口创汇，朝着参加国际经济大循环的目标，有计划有步骤地发展外向型经济。”

整整30年后，习近平总书记在海南郑重宣布：“党中央决定支持海南全岛建设自由贸易试验区，支持海南逐步探索、稳步推进中国特色自由贸易港建设，分步骤、分阶段建立自由贸易港政策和制度体系。”并强调：“海南发展不能以转口贸易和加工制造为重点，而要以发展旅游业、现代服务业、高新技术产业为主导，更加注重通过人的全面发展充分激发发展活力和创造力。"

2020年6月1日印发的《海南自由贸易港建设总体方案》（简称《总体方案》），又规划用30年时间，"到本世纪中叶，全面建成具有较强国际影响力的高水平自由贸易港"。

又一个"逐步"，而且这个"逐步"又具体化为用30年时间，"全面建成具有较强国际影响力的高水平自由贸易港"。这是指出了海南自由贸易港建设的正确方向与科学方法问题，表明党中央对海南省情有着清醒的认识和科学把握。这也是海南自由贸易港建设既"急不得"也"慢不得"，必须久久为功、行稳致远的思想源头。

上述中央1987年、1988年关于海南建省办特区的两个重要文件，都明确海南要逐步建立具有海南特色的经济结构、产业结构，且在办最大经济特区的历史背景下，赋予它"外向型"的方向与内涵。这是吸取"汽车事件"的深刻教训，对新海南发展经济划出了重点、方向。

尽管中央一再重申海南发展的"必须"与"逐步"，但当时有深圳等特区成功发展光芒的照耀，因而在海南办"大特区""特区省"、发展"特区经济"的热潮中，"汽车事件"问题还是没有引起足够的重视。从1991年开始，海南出现"房地产热"，并最终走上了房地产"一枝独秀"之路，因此"逐步建立具有海南特色的外向型经济结构""逐步建立具有海南特色的产业结构"之路没有走好。

在筹备建省办特区的时候，受海南建省筹备组邀请，1987年11月，中国社会科学院底选派10余名专家组成调研组来琼，对海南的省情、经济发展战略和政治体制等问题进行了40多天的调查研究，并于1988年初提出了海南经济发展战略研究总报告1份、分报告9份，共约18万字。报告提出海南经济发展的战略目标是坚持以开放、改革促开发的方针，建立实行社会主义市场经济的特别省，最终建设成以工业为主导，工农贸旅并举，三大产业协调发展，外向型、综合性的经济特区，力争以20年左右的时间，使海南人均国民生产总值达到2000美元以上，相当于台湾20世纪80年代初的水平。

海南建省筹备组基本同意该报告，尤其采纳“以工业为主导，工农贸旅并举，三大产业协调发展”的战略，并写进梁湘的《海南建省的形势、目标与任务——在海南省人民代表会议第一次会议上的报告》（1988年8月25日）之中。但是半年多之后，发生了震惊中外的“洋浦风波”，这一战略没有得到很好实施。由于这个战略一提出就产生了很大影响，所以“以工业为主导”的思想还是一直影响着后续发展。这也是海南发展“工业主导的架构”的由来。

1991年4月，中国科技促进发展研究中心和美国兰德公司提出的《海南战略规划研究报告》则认为，加快海南经济发展的关键环节在推动贸易的发展，贸易是海南实现工业化及带动整个经济发展的主要链条。优先发展贸易，是海南发展外向型经济的正确战略选择。这表明，“以贸易为主导”的海南发展战略露出端倪。

此后，海南以开发区和房地产为“兴奋点”，吸引了大量外来资金。在房地产业及相关行业的裹挟之下，海南经济一度出现了高速增长态势。1992年全省国内生产总值比上一年增长23.3%，1993年又比1992年增长24.5%。这背后是海南发生了以房地产、股票价格脱离实体经济猛涨为特征的泡沫经济。海南省的经济发展，一开始就没有按“顶层设计”走好。

1993年下半年后事情起了变化。当时，全国实施宏观调控，严格控制投资规模，抑制房地产的盲目发展。海南房地产泡沫带来的弊病开始显现：经济急剧降温，经济发展、财政收入面临很大困难。经济基础脆弱、产业结构不合理的严峻现实，要求海南必须探索出一条有海南特色的产业发展道路。1993年7月召开的海南省第二次党代会强调，要抓住历史机遇，调整和优化产业结构，注重三次产业的协调发展，并明确提出“海南产业发展的基本方针是，以旅游业为龙头，超前发展第三产业；以工业为主导，加快发展第二产业；以农业为基础，稳定提高第一产业”。这时，旅游业的发展开始摆到“龙头”的位置，但工业的“主导”地位仍是最重要的。“无工不富”，毋庸置疑。就在此后，“海南定位何处”的疑问声泛起。

“去年下半年以来，随着房地产业的退烧，海南又进入了一个蓄势盘整时期，海南人的心里也渐渐地平静下来。”1994年底，新华社记者关注到了“海南定位何处”的问题，“虽然没有人特别组织，一场关于海南过去、现在和未来的思索却时时萦绕人们的脑际，成为各种社交场合的中心话题。”在五个特区中，海南虽号称“最大”，但其经济文化基础无法和厦门、汕头相比，又不具深圳、珠海的先发优势，也缺乏其他特区那样广阔的经济腹地。此为先天之不足。海南的发展经历了太多的磨难，起伏很大。前有“汽车事件”，后有“洋浦风波”，失去了许多历史机遇。有人说海南“生不逢时”。

海南的发展应该如何定位？长期以来几种观点相持不下。“旅游派”认为，海南经济腹地狭小，又有18海里琼州海峡阻隔。目前工业基数小，协作配套能力差，工业1993年刚刚超过农业产值，除了以椰树牌椰子汁为代表的饮料工业，其他无足道哉。所以，应以旅游业为龙头，带动其他产业发展，把海南建成“东方夏威夷”。“工业派”认为，没有强大的工业支撑，海南的房地产热难以持久。旅游致富论不可信，西班牙是第一旅游大国，但在西欧算是较穷的，夏威夷也没有进入美国最富庶州的行列。海南岛有1500多公里的海岸线，大小港口数以百计，依托大港口发展大进大出的规模工业，同新加坡一样，拥有几家亚洲一流的炼油厂、水泥厂、啤酒厂之类的企业，海南经济大厦的地基就牢固了，再不会大起大落。所以，工业应成为海南的主导产业。

记者认为，海南人要克服浮躁风气。“汽车事件”对海南风气侵蚀非浅，使人感到在海南可以致富，并且很快，很容易。一些今日是“烂仔”，通过房地产、股票、期货，一夜之间成为百万富翁的传说刺激了一大批人。海南原是荒僻岛屿，贫困农村人口数量大，应该长期发扬艰苦奋斗精神。例如，泰国大工业并不多，仅发展旅游和高效农业，经济效益也很可观。台湾仅香蕉出口一项就几乎赶上海南全部农业产值。海南应该有更多的人脚踏实地地做些实业方面的事。一些有识之士也看到了这一点，指出：海南的资金、人才可以引进，可是高素质的产业工人还要靠当地解决。

记者指出，城乡反差特别是中部山区百万黎苗农民的问题也需要得到更多关注。费孝通曾称海南少数民族聚居地是全国最贫困的地区，现代化的城市和落后贫困农村的强烈反差有可能在若干年后出现。每年海口十多万个的就业机会，多数被内地不远千里、举目无亲的打工仔获得，近在咫尺的当地农民却不肯走出山门。要培养农民的产业精神，因为工厂常有当地农民习惯迟到早退，甚至不辞而别情况发生。政府方面也要更好地发挥组织作用。

记者认为，海南人关于工业、旅游业主导或龙头之争其实大可不必，各县市因地制宜即可。海南“港口工业”大有希望，仅依托金牌港建设的600万吨炼油厂项目的产值就能使全省工业产值翻一番，待西部炼油厂、钢铁厂、化肥厂、水泥厂等一批重点项目建成后，关于海南泡沫经济的说法也就自然平息。海南阳光、海水、沙滩、空气、绿色等现代旅游诸要素齐备，在“’96中国度假休闲游重点在海南”这个国家旅游局组织的活动带动下，在不远的将来海南建成可与墨西哥坎昆、日本箱根、美国夏威夷媲美的观光休闲胜地还是有可能的。海南近两年农业产值以两位数的速度增长，被称为经济奇迹，主要是调整作物结构，大力发展热带经济作物的结果。海南不像上海那样有大工业基地依托，也没有毗邻港澳作为门店的优势，走苏南乡镇企业和珠江三角洲出口加工业的路子是比较困难的。但作为全国唯一的热带地区，海南尚有上千万亩荒地可供开垦，热带高效农业方面潜力很大。

记者最后说，海南应该而且能够再创特区新优势。有人将海南和台湾比喻为中国的两只眼睛，海南这只眼睛亮起来了，对于全国的政治经济的意义是很大的。（卜云彤：《海南定位何处?》，《海口晚报》1994年12月11日）

“大化肥”

“过去争论很多啊，上个大的石化基地……”在以工业为主导的发展方针之下，海南一度发生了有惊无险的“大化肥”选址事情。

1996年初，一份项目论证报告称，中国海洋石油总公司拟利用在北部湾莺歌海盆地刚发现的东方1-1大型天然气气田，在三亚市建设亚洲最大的化肥厂（简称“大化肥”），而且要修改三亚的规划，把三亚变成一座“大型化工旅游城市”。

这个“大化肥”项目已经筹备了一年多，通过了中国国际咨询投资公司的论证，已经全部完成了包括环境评估在内的技术、经济和法律的论证程序。此项目看似已经成为一只在锅里煮熟的鸭子：“三亚市梅山日前被正式选为海南大化肥基地的建设地址。海南大化肥基地项目是被列入国家2010年远景发展纲要的国家级重点项目，是中国海洋石油总公司拟利用中国南海北部海域‘东方1–1’气田天然气建设三套年产45万吨尿素装置的大型化肥基地。”（《海南大化肥基地定址三亚》，《广东化工》1996年第2期）

但是，北京大学、北京师范大学、中国社科院等机构的十几个环境科学家和经济学家，根据所有相关的数据，围绕着三亚“大化肥”项目进行了非常认真的论证，并起草了给全国人大常委会的建议书，列出了“大化肥”项目将会产生的六大环境问题：1. 整个项目的废污排气量500多亿立方米，是整个三亚250亿立方米容量的两倍以上；2.“大化肥”项目每年废水排放量480万吨，将严重污染三亚海水、沙滩和水下生物资源；3.“大化肥”项目一天用水量为9万吨，占三亚可用淡水资源的10%；4.“大化肥”将对尖峰岭热带雨林保护区这一生物基因库、著名风景大小洞天，以及三亚市产生严重影响；5.“大化肥”项目后将陆续上马的南海石油等相关配套重化工项目将进一步影响三亚的环境和旅游资源；6.“大化肥”项目将严重影响三亚作为旅游业明珠的声誉。

为什么原来的项目论证报告要修改风向、洋流方向？这些专家指出，他们想避开尖峰岭、大小洞天、三亚度假旅游区海水污染这些敏感问题：“大化肥”厂址以东20公里的尖峰岭，是我国仅存少数的热带雨林，也是我国最完整的生物基因库；南下，距离著名风景区大小洞天20多公里，距离三亚市中心62公里，正确的气候和地理参数显示，三亚“大化肥”项目对三亚的环境污染是毁灭性的。

建议书当天就被前国家环保局局长、全国人大常委会环资委主任委员曲格平转给了时任国务委员王丙乾和国家经委副主任林宗棠，后来又被转给国务院副总理邹家华和计委主任陈锦华，以及国家环保总局局长解振华。曲格平在转发批语里说：“在三亚建设大型化肥厂实在令人震惊！保护海南生态环境是国家的既定方针，任何人都不能随意改变……”

两天后，建议书到达时任全国人大常委会委员长万里的手中。曲格平写道：“万里同志：这是专家们的意见，送您一阅。在三亚建大化肥厂，真乃天下之怪事。曲格平五月十五日。”万里两天后即批示：“应转有关部门制止。”此后，三亚“大化肥”项目全线停止。

万里及时作出这样的批示是必然的。此前的1995年1月11日，他在北京与曲格平谈话时，就海南环境保护工作发表了重要意见。其中就说到三亚：“三亚市的环境保护要给以特别的注意，这是一座得天独厚的旅游城市，是‘掌上明珠’。这个城市不要发展有污染性的工业和其他行业。不搞污染性的工业，经济照样能发展，能致富，而且发展得更快更好。西方工业化国家不就是在这样发展吗？总之，凡是污染破坏环境的项目都不能搞，要下这个决心，要有这种远见卓识。”（谈话全文详后）

完全可以想见，如果当时不是适时叫停三亚大型化肥厂项目，三亚的生态环境将无法逃脱遭到毁灭性破坏的命运。海南将以难以估量的代价去建设热带滨海旅游度假目的地。

关于“大化肥”项目背景，曾任国家发展改革委副主任、国家能源局局长的张国宝后来专门回忆：“海南大化肥的厂址选在东方市还有一段故事。”

从莺歌海海上气田过来的天然气管线登陆点是在三亚市的南山。那时三亚没有工业项目，为了有GDP和税收，时任三亚书记和市长都希望能把大化肥厂放在三亚的南山。

那时张国宝在国家计委正分管工业，他觉得三亚应该作为一个热带旅游城市，不应该再去搞化肥厂这样的化工项目，就一直没有同意。三亚市的领导就说，“张国宝不了解三亚市”。他们说，南山虽然属三亚市，但是距离亚龙湾海滨浴场有差不多80公里的距离，化肥厂排出的废水不会影响到亚龙湾海滨浴场。张国宝听说后，说："你们对三亚的情况肯定比我了解，但是作为三亚这样一座旅游城市，不管有多远，建一个化肥厂总觉得有点不协调。再说化肥厂也不是没有地方可建，为什么非要建在三亚呢？"他们看过不了张国宝这一关，对此有很大意见。

正巧有一次江泽民到三亚市，三亚的领导看机会来了，就直接向江泽民反映他们的要求，想求得江总书记的支持。没想到江泽民的答复和张国宝的意见是一样的，说三亚这样一个美丽的热带旅游城市还搞什么"大化肥"？他们这才死了心，最后把"大化肥"的厂址选择在东方市。现在三亚的南山也成了一个著名的旅游景点。（张国宝：《我与海南岛的情缘擦肩而过》，《中国经济周刊》2019年2月）

在"以工业为主导"思想的驱动下，当时的海南在建设"中国新兴工业省"的道路上奔跑。于是，就有像《海南省大刀阔斧构筑"西部工业大走廊"》的报道见诸报端。当然，"西部工业走廊"的说法，如今已在海南销声匿迹。

据中新社2004年5月31日报道："海南省政府近日确定，到2007年，海南的西部工业走廊将建成中国最大的林浆纸一体化基地、精细化工基地。今年内，600万吨大型石化项目、160万吨造纸等三个项目都将破土动工。迹象表明，海南在大刀阔斧构筑'西部工业大走廊'。

海南的'西部工业大走廊'是指从北边的澄迈老城开发区，到洋浦经济开发区，再往南边的东方化工城，目前该'西部工业走廊'已经成型。新年伊始，海南省就提出一项新的经济振兴计划，投资500亿元人民币，高起点建设'西部工业走廊'。"

持续摸索

“经过30年持续摸索，决定就抓这几样”，是指经过海南建省办特区30年来的持续摸索，最终形成抓旅游业、现代服务业、高新技术产业、热带特色高效农业的共识。

1995年8月12日，《人民日报》在头版头条发表该报记者写的报道《海南再攀登》，一看标题就觉得鼓舞人心。文章最后有这样一段评论：“蓦然回首，宏观调控开始的1993年，堪称大特区开发史上的转折点。如果说，在此以前，年轻的海南省主要依靠优惠政策、外部资金等外力因素赢得了高速发展，那么，正是从这一年起，海南开始了营造特区支柱产业、蓄积内力的新的登攀，这一本质变化对于海南发展的意义，人们在不久的将来就会深切地感受到。”作者对海南的观察无疑是仔细认真的。

正是从1995年开始，人们才直接感受到海南房地产泡沫破灭所造成的严重后果。

1995年全国国内生产总值增长10.5%，而海南仅增长4%（1996年初正式公布的数字为7.2%，后来才调为4%），其增幅居全国各省、市、区之末；至1996年全国国内生产总值增长9.7%，而海南仅增长5.2%，也大大低于全国平均水平；1997年海南增长6.7%，继续低于全国平均水平。1995年至1997年连续三年海南经济增长大大低于全国平均水平的背后，是海南大多数市县财政异常困难，很多市县几个月发不出工资。这种背景，引发了人们对海南泡沫经济的争论，以及对海南发展之路的探索，此后就是著名的“一省两地”产业发展战略的出台。

1996年1月，中共海南省委二届四次全体（扩大）会议总结了几年来产业发展的经验教训，提出了“九五”期间把海南建设成“一省两地”——中国新兴工业省、热带高效农业基地和度假休闲旅游胜地的产业发展战略，最终实现富民和富省两项基本任务。2月10日，海南省一届人大四次会议通过《海南省国民经济和社会发展“九五”计划和2010年远景目标纲要》，提出“努力把海南建设成为中国的新兴工业省、中国热带高效农业基地和中国度假休闲旅游胜地”。由此，“一省两地”产业发展战略正式确立。

因为有房地产热及其“一枝独秀”的表现，才有经济结构调整，有了“一省两地”，有了“三足鼎立”。这个战略的确立，使海南产业发展方向特色更加鲜明、突出，新兴工业、热带高效农业和海岛旅游业成为海南“三足鼎立”的产业基石。其科学性在于立足于海南丰富的资源优势，发展海南独特的优势产业。因为这个战略诞生于建省办特区后海南经济发展最为困难的时期，从某种意义上说，这种摸索是确定海南未来发展道路的基本出发点。

“一省两地”发展战略的产生，是对建省办特区之初提出“以工业为主导，工农贸旅并举，三次产业协调发展”思路的继承和发展，依据海南资源优势、市场需求趋势、国家产业政策需要，抓住了海南实现经济增长方式转变的关键，既符合国家和市场的需要，又发挥了海南独特的资源优势，避免了与其他地区产业结构的趋同，表明海南在探索稳健的发展经济路子。从当时来说，海南产业发展的指导思想、道路和目标由此更加明确，对海南培育和形成具有较强竞争力的特色产业产生了积极的影响。

正是在这个背景之下，新华社记者肖家辉、师海波观察到海南告别泡沫经济的新变化，他们当年的报道记录了海南“持续摸索”过程中的一个特殊阶段，对于我们今天认识海南发展的“人间正道”还有启示作用。这是报道的内容：

海南经济在连续两年保持了稳步回升之后，今年上半年又呈现出较快的增长态势。

两年多的实践证明，海南在经过1992年和1993年连续两年经济超常规、超高速发展之后而没有出现负增长，这一成就着实来之不易。它表明海南已成功地告别了“泡沫经济”支撑的“虚热”现象，走上了“实业支撑、稳中有进”的健康轨道。

建省办特区之前，基础设施和基础产业的发展严重滞后，长期成为制约工业发展的瓶颈。1987年建省办特区以来，全国各地的巨额资金滚滚而来。1992年7月，海南一下子从借差转为存差；到1993年6月，存差高达200个亿。

各地投资者因受炒地皮、房产、股票高额利润的诱惑，大量资金投到了房地产、旅游、金融、餐饮娱乐等方面的开发上，第三产业捷足先登成为国民经济的主导产业，形成了“泡沫经济”支撑的畸形“海南热”。

1993年春，海南省委、省政府牢牢把握国家宏观调控给海南带来的新机遇，先后采取了一系列措施，果断调整产业结构。

着力把经济发展的根基建立在有实业支撑的基础上，这是海南调整和优化经济结构的首要出路和历史性选择。他们坚持面向市场，充分利用海南独特的资源优势，大力发展特色经济，明确提出了以农业为基础，加强和提高第一产业；以工业为主导，加速发展第二产业；以旅游为龙头，积极发展第三产业的经济发展方针，努力把海南建设成中国的新兴工业强省、热带高效农业基地和度假休闲旅游胜地。这一方针的确立确实抓住了海南实现经济增长方式转变的关键，为大特区经济长期稳定提高和繁荣奠定坚实的基础。

1996年的统计结果表明，海南经济结构的调整已经有了一个良好的开端。三次产业的排列顺序由“一、三、二”变为“三、一、二”。这说明海南的经济增长已出现了规模扩张与结构调整相互作用，并以结构调整为主导的新特点。

到目前为止，这个省热带农业、资源工业、海岛旅游“三足鼎立”的新态势已显露端倪。

高效热带农业阔步迈向产业化。被誉为“天然大温室”的海南，经过近几年的大规模开发建设，已初步成为全国较大的南繁育种基地、天然橡胶生产基地、冬季瓜菜商品生产基地、热带水果生产基地、海水淡水养殖基地等。

目前全省有连片种植万亩以上的水果基地8个、万亩以上瓜菜基地20个、农产品加工企业700多家、农产品交易市场410个、农民专业协会795个。“八五”期间，这个省的农业连续5年以两位数增长，为全国所少见。

目前，油气化工、汽车制造、饮料食品、化纤纺织、医药、建材等批新兴的支柱产业充满生机。近年来，全省工业固定资产投资年均百分之四十多的速度在递增，一批新建企业已进入收获期，开始成为海南国民经济新的增长点，如轮胎外胎、大颗粒尿素、啤酒、饮料、人造板、糖、聚酯切片、化学纤维、摩托车、铁矿石等主要工业产品都快速增长。预计今年上半年工业增加值达22.52亿元，比去年同期增长15.4%。

风光旖旎的环岛旅游长廊游人如织，旅游收入大幅增加。今年上半年来琼旅游总人数达243.77万人次，比去年同期增长18.2%，为建省8年来同期水平的最高纪录；旅游外汇收入可达5076万美元，比去年同期增长27.8%。（《海南告别“泡沫经济”》，《海外时报》1997年8月14日）

海南在1996年提出实施“一省两地”发展战略以后，又看到这个战略还缺少一个重要内容，就是发挥海洋优势，发展海洋经济问题。因此，在“一省两地”中充实海洋经济内容，势在必行。1998年海南提出要实现海南开发建设的跨世纪发展目标，必须把建设海洋经济强省作为一项长期的战略任务。要全力推进海洋经济的发展，经过三至五年的努力，使海南省的海洋经济跨入全国先进行列，为建设海洋经济强省奠定坚实的基础。

1999年7月30日，海南省第二届人大常委会第八次会议审议批准了《海南生态省建设规划纲要》，这标志着海南的生态省建设正式拉开了序幕。面临世纪之交，跨世纪的海南发展选择了建设生态省的发展目标、发展战略和发展道路。

2005年，海南实施“大企业进入，大项目带动”战略。其标志性事件是两大项目建设：一是3月28日总投资102亿元的洋浦金海浆纸厂100万吨制浆项目正式投产；二是3月30日世界500强企业之一的韩国三星电子投资5.1亿元独资建设三星（海南）光通信生产、研发基地项目在海口保税区正式竣工投产。两大项目在海南的相继落户，标志着海南在实施“大企业进入，大项目带动”战略、建设新兴工业省的进程中又迈出了坚实的一步。

在这个“双大”战略基础上，后来又加上了“高科技支撑”的内容，变成“两大一高”（大企业进入、大项目带动、高科技支撑）。这是海南的工业发展战略，目标是加速发展高技术、高水平、依托海南资源的大型工业，走出一条在保护中发展、在发展中保护的新型工业道路。

《“探索试验蹚出来一条路子”》中还首次披露了习近平在地方工作期间对海南的关注：“支持推动洋浦经济开发区在闽举行大规模招商活动，接待海南党政考察团及经贸代表团在浙江开展‘大特区与大都市互动合作’活动……地方工作期间，习近平总书记视野里始终有这片沃土。”

洋浦在闽举行的大规模招商活动，是指2001年9月3日在福建省福州市举办的一次大型招商活动——洋浦闽台招商会。这次洋浦赴榕“抛绣球”的招商活动，有来自境内外的客商、嘉宾等共600多人参加，共签约11个项目，总投资额达7亿元。当时，习近平任福建省委副书记、省长。

海南虽然是全国最大的经济特区，但也是个欠发达地区。当时，曾经支撑海南快速发展的政策优势已经淡化，在新的时期靠什么来支撑新的发展，亟待作出回答，急需拿出新招数。“孤岛难存，互动共赢。”只有主动寻求与互补性较强的大都市开展合作，充分利用大都市的特点和优势，参与内外两个经济循环，充分利用外部资源，才能有效克服自身缺陷，避免在新一轮市场竞争中陷入被边缘化的局面。就是在这种背景下，海南省委、省政府2004年6月提出“大特区与大都市互动合作”（简称“双大互动”）活动。

2005年10月24日至29日，由时任海南省委书记汪啸风、省长卫留成率领的省党政考察团及经贸代表团赴上海、江苏、浙江开展“双大互动”活动。在这次活动中，海南省共准备了81个招商项目，项目总投资额658.2亿元，涉及工业、农业、旅游、基础设施建设、公共服务等领域。10月27日下午，考察团一抵达杭州，就与浙江省党政领导进行了座谈。

时任浙江省委书记、省人大常委会主任习近平介绍了浙江经济社会发展取得成就的基本经验和做法。他说，浙江经济社会发展能够取得今天的成就，首先得益于改革开放以来，历届省委、省政府深刻领会了邓小平理论和“三个代表”重要思想，不争论，先发展，带领全省人民艰苦奋斗，开拓创新，围绕社会主义现代化建设的总体目标，率先进行市场取向改革，培育出充满生机与活力的市场主体，毫不动摇地巩固和发展公有制经济，放手发展个体私营等非公有制经济，形成了以公有制为主体，多种所有制经济共同发展、相得益彰的鲜明特色和整体格局，走出了一条“中小企业加特色产品”的具有浙江特色的发展道路。

也是在这时，著名的八八战略已经实施。

这时的海南，又来到一个新的发展路口。主要标志是发生于1991年至1995年期间的房地产泡沫，从1999年开始处置，至2007年6月海南省处置积压房地产工作小组办公室解散为标记，海南打赢了一场历时八年的处置“烂尾楼”硬仗。而且，历经10年之后，到2005年底，海南也已宣告摘掉了“金融高风险区”的帽子。

2006年12月，时任中共中央总书记胡锦涛对海南工作作出重要指示：以科学发展观为指导，努力构建具有海南特色的经济结构和更具活力的体制机制，突出经济特区的“特”字，推动海南经济社会又好又快发展。海南省委对此认真研究贯彻意见，认为具有海南特色的经济结构，如在过去建设“一省两地”中，旅游是其中最重要的内容之一。

2007年4月召开的海南省第五次党代会提出，加大旅游开放，推动国际旅游岛建设。建设以旅游开放为主要内容的综合改革试验区，既是再创海南特区新优势的重要突破口，也是支撑海南长远发展的战略需要。要以建立国际旅游岛为载体，全面提升旅游开发开放水平。

在此之前，三亚市曾提出过要建设旅游试验区的设想，专家学者也曾提出过建设国际旅游岛、旅游特区等概念，并做过一些学术研究。

海南在谋划建设国际旅游岛之时，正值全国都在纪念改革开放

30周年，而海南在纪念建省办经济特区20周年。在这个重要节点上，海南作为全国最大的经济特区，应该怎么走？当时提出：以洋浦保税港区的发展，带动辐射将来在海南建设自由贸易区；建设生态示范省，但都觉得把海南建设成国际旅游岛是最现实的选择，是最具可持续性的一件事情，而且可能是省内省外、上上下下最容易接受、最容易支持的一件事。

经反复研究，海南省委、省政府认为，以国际旅游岛建设为抓手、平台，是推动海南科学发展的可能的一个选择。2008年9月，海南省委、省政府出台《关于加快推进国际旅游岛建设的意见》，确立了向国家争取实施六个方面的政策：更便利的出入境政策、更优惠的旅游购物政策、更开放的航权政策、海洋旅游政策、更灵活的融资政策、旅游相关产业发展政策。2009年，海南省政府正式向国务院上报《关于海南国际旅游岛建设有关问题的请示》。

2009年4月，国家发展改革委会签外交部、公安部、财政部、国家旅游局等16个部门，向国务院上报《国家发展改革委关于海南省建设国际旅游岛有关问题的请示》，在充分吸收各方意见的基础上，又形成了《国务院关于推进海南国际旅游岛建设发展的若干意见》。终于在2009年的最后一天，国务院44号文件正式印发，这标志着海南发展站在一个新的起点上，迎来了一次重大的发展机遇。至2010年6月8日，国家发展改革委正式批复《海南国际旅游岛建设发展规划纲要》。

1988年海南建省办经济特区，开启了海南发展新纪元。而作为一项系统工程，建设国际旅游岛是继建省办经济特区之后，海南发展史上又一件具有里程碑意义的大事，必将极大地推动海南的科学发展。

“以建设国际旅游岛为抓手”

“经过30年持续摸索，决定就抓这几样”的历史性时刻来临：2010年4月13日，习近平到中央工作后在海南调研就聚焦中央决策的海南国际旅游岛建设。从此开始，习近平与海南人民一起探索“抓这几样”产业13年的难忘经历。

在2010年的考察中，时任中共中央政治局常委、中央书记处书记、国家副主席习近平一开始就提出，“以建设国际旅游岛为抓手，推动海南经济社会又好又快发展”。他指出，把海南建设成为国际旅游岛已经正式纳入国家发展战略，为海南走出一条符合科学发展观要求、具有鲜明海南特色的发展道路指明了方向，也为海南的发展提供了难得的历史机遇。这表明，从一开始，习近平就重视海南如何走出一条具有鲜明海南特色发展道路的命题。

习近平指出，把海南建设成国际旅游岛，其内涵不仅是发展旅游业，而且要通过结构调整发展区域特色经济，带动各项事业的发展。当前，海南正处在发展的上升期，尤其要在转变经济发展方式上加大力度、加快步伐，把中央要求与海南的实际紧密结合起来，加快推进产业结构调整，依托海南的特色资源和环境、区位优势，升级第一产业、优化第二产业、提升第三产业，积极培育壮大优势产业、特色产业，形成与“国际旅游岛”定位相适应、以旅游业为龙头、以现代服务业为主导的特色经济结构，促进三次产业在更高水平上协同发展，全面提升产业技术水平的国际竞争力。

习近平指出，海南热带农业资源处于全国其他地区不可替代的位置，海洋资源开发潜力巨大。这些年，海南农业实现了连续多年高速增长，但还有很大潜力。要充分利用资源优势，围绕做好“热”和“海”这两篇大文章，通过加快转变农业发展方式，促进农业结构优化升级，把海南农业的特色优势充分发挥出来。

习近平指出，中央明确指出，海南要“充分利用本地优势资源，集约发展新型工业”。这就要求海南不追求传统工业化目标，不破坏资源、不污染环境、不搞低水平重复建设，而是要充分发挥后发优势，提高资源利用率，打造、延长产业链，培育新型工业产业集群；充分发挥工业园区、工业走廊的集聚效应，集中布局，不搞遍地开花，大力推行资源综合利用，促进产业集约化和生态化。海南要坚持“有所为、有所不为”的原则，按照中央要求坚持走新型工业化道路，积极发展科技含量高、带动能力强、污染排放低、综合效益好的产业，实现工业跨越式发展。

习近平指出，建设海南国际旅游岛，将为海南第三产业发展提供重大的机遇，要紧紧抓住机遇，着力让旅游业、现代服务业上层次、上水平，积极推进旅游业从以规模扩张的初级阶段向以效益扩张的高级阶段发展，以旅游业的开放、发展带动旅游房地产、金融保险、现代物流、电子商务等现代服务业的发展，还要发展特色体育、游船游艇等项目，使旅游业成为支柱产业、现代服务业成为主导产业。当前，海南要加快购物、休闲、娱乐等旅游设施的国际化改造步伐，促进旅游服务设施、经营管理、服务水平与国际标准全面接轨。

从这些重要论述看，2022年4月关于“决定就抓这几样：旅游业、现代服务业、高新技术产业、热带特色高效农业”的结论，在2010年4月就已有雏形了。

国际旅游岛建设纳入国家战略以来，海南抓住机遇，贯彻落实中央决策部署，着力调结构、转方式、惠民生、保稳定，经济社会发展取得新的重大成就，各项主要经济指标继续呈良好发展态势。

2013年4月，习近平总书记在海南考察工作看到良好态势指出，海南后发优势多、发展潜力大，具有许多独特的靓丽名片，如全国最大的经济特区、博鳌亚洲论坛永久举办地、国际旅游岛、洋浦开发区、热带农产品主产区等，每一张名片都蕴藏着深厚发展潜力、孕育着重要发展生机，都可以做出一篇大文章、好文章。

习近平强调建设好国际旅游岛，推动经济持续健康发展，指出当前和今后一个时期，海南发展的总抓手就是加快建设国际旅游岛。按照国际旅游岛建设目标，海南应该形成以服务经济为主的产业结构。2013年，就服务业比重来说，发达国家平均在75%以上，中等收入国家平均在53%左右，我国平均为44.6%。2012年，海南服务业比重为46.9%，虽然高于全国平均水平，但与建设国际旅游岛的要求相比仍然偏低。因此，要着力提升服务业比重，把服务业大发展作为产业结构优化升级的战略重点，加快形成以旅游业为龙头、现代服务业为主导的服务业产业体系。当务之急是优先发展旅游、金融、商业、航运、物流、通信、电子商务等现代服务业，积极拓展新型服务领域，培育新的服务业态。同时，要坚持集约、集群、环保、园区化、高技术的发展方向，推动新型特色工业成长壮大。对新能源、新材料、软件信息等高技术产业，要因地制宜、精心培育、扶优做强。

不但要加快形成以旅游业为龙头、现代服务业为主导的服务业产业体系，还要推动新型特色工业和高技术发展壮大。这是习近平总书记2013年考察海南，对构建海南产业经济结构提出的新要求。

有这两次考察调研的丰硕成果，2018年4月13日，习近平总书记在庆祝海南建省办经济特区30周年大会上发表重要讲话，在郑重宣布党中央决定支持海南全岛建设自由贸易试验区，支持海南逐步探索、稳步推进中国特色自由贸易港建设后，明确指出：“海南发展不能以转口贸易和加工制造为重点，而要以发展旅游业、现代服务业、高新技术产业为主导，更加注重通过人的全面发展充分激发发展活力和创造力。”

海南锚定发展三大主导产业的方向，在国内外的关注下，就这样定下了。

确定了海南的主导产业，就锁定了海南发展的方向与重点，如此不再左右摇摆，不再来回折腾，不再围绕“海南定位何处”去做无谓争论，而是坚持“一张蓝图绘到底，一任接着一任干”，海南就可真正实现既定的发展目标。

2022年4月考察海南，习近平总书记着眼于“加快构建现代产业体系”，又强调聚焦发展旅游业、现代服务业、高新技术产业、热带特色高效农业这四大主导产业。加上热带特色高效农业，也反映了海南发展的特色与大势，必将使热带特色高效农业真正成为优势产业和海南经济的一张王牌。

实际上，习近平在2013年4月考察海南时就强调：“海南热带农业资源十分丰富，全国热带土地面积近一半在海南。独特的地理位置、丰富的作物资源、优越的自然环境，为海南发展热带特色农业提供了得天独厚的条件，要加快农业发展方式转变，促进农业结构优化，推动传统农业向标准化、品牌化、产业化的现代农业转型升级，做强做精做优热带特色农业，使热带特色农业真正成为优势产业和海南经济的一张王牌。”

立足海南的优势，把产业发展明确聚焦到旅游业、现代服务业、高新技术产业和热带特色高效农业这四大主导产业来，这是非常不容易的，是“经过30年持续摸索”的结果。从根本上说，聚焦发展四大主导产业，就是海南的“人间正道”。

2018年“4·13”以来，海南完整、准确、全面贯彻新发展理念，经济发展质量明显提高。以旅游业、现代服务业、高新技术产业和热带特色高效农业为主导的“3+1”现代产业增加值占比达70%，南繁、深海、航天“陆海空”三大未来产业加快培育发展，高新技术企业连续四年保持40%以上的增速。11个自由贸易港重点产业园区实现营业收入超1.3万亿元，以不足全省2%的土地面积，贡献超过四成税收和近三成投资。海南货物贸易进出口快速发展，继2021年首次突破1000亿元后，2022年再上新台阶，首次突破2000亿元关口，达到2009.5亿元，增长36.8%，增速较全国快29.1个百分点。

海南省第八次党代会部署坚持高质量发展，建设产业聚焦、区域协调的自由贸易港，提出贯彻新发展理念、推动高质量发展是海南自由贸易港建设的根本出路。要充分发挥现代产业体系和区域协调发展“两大引擎”作用，推动质量变革、效率变革、动力变革。在聚焦发展四大主导产业方面，继续调结构、增动能，精准谋划项目和招商引资，不断做大做优做强细分产业，让海南现代产业体系这棵大树枝繁叶茂、硕果累累。要转型提质升级旅游业，加快发展生态旅游、海洋旅游、文化旅游、体育旅游、健康旅游等，推动重大旅游项目落地，完善旅游配套设施，把环岛旅游公路打造成传世之作，把热带雨林国家公园打造成具有海南特色的重要旅游目的地，把美丽乡村打造成靓丽的田园风景线，形成“处处有旅游、行行加旅游”的全域旅游格局。要发展壮大现代服务业，更好发挥消费对经济发展的基础性作用，全力做好高端购物、医疗、教育“三篇境外消费回流文章”，打造国际知名度假、康养、购物天堂；高水平举办中国国际消费品博览会等重点会展，建设区域性国际会展中心；大力发展货物与服务贸易、新型离岸国际贸易、现代航运物流、现代金融等产业。要精准发展高新技术产业，加快发展数字经济、石油化工新材料、现代生物医药等优势产业，培育壮大南繁、深海、航天等未来产业，优化升级清洁能源、清洁能源汽车、节能环保等战略性新兴产业。要做强做优热带特色高效农业，积极引进和培育热带果蔬优质品种，大力发展林下经济，做足“季节差、名特优、绿色有机”文章，加快建设国际热带农产品加工、储藏、冷链物流和交易中心。高质量发展海洋经济，高起点推进现代化海洋牧场建设，鼓励发展深远海养殖，引导渔民“往岸上走、往深海走、往休闲渔业走”。

擦亮国际旅游岛名片

“经过30年持续摸索，决定就抓这几样”，其中的海南旅游业是习近平非常重视的方面。可以说，2010年和2013年两次到海南考察调研，是习近平总书记2018年“4·13”重要讲话中指出国际旅游岛是海南的一张重要名片、要使海南国际旅游岛这张名片更亮更出彩的重要基础。

2010年4月，习近平在海南考察时提出，以建设国际旅游岛为抓手，推动海南经济社会又好又快发展，形成与“国际旅游岛”定位相适应、以旅游业为龙头、以现代服务业为主导的特色经济结构。

2013年4月，习近平在海南考察时强调，海南后发优势多、发展潜力大，具有许多独特的靓丽名片，如全国最大的经济特区、博鳌亚洲论坛永久举办地、国际旅游岛、洋浦开发区、热带农产品主产区等，每一张名片都蕴藏着深厚发展潜力、孕育着重要发展生机，都可以做出一篇大文章、好文章。

在2018年“4·13”重要讲话中，习近平要求海南发挥自身优势，大胆探索创新，着力打造全面深化改革开放试验区、国家生态文明试验区、国际旅游消费中心、国家重大战略服务保障区，争创新时代中国特色社会主义生动范例，让海南成为展示中国风范、中国气派、中国形象的靓丽名片。

习近平强调："国际旅游岛是海南的一张重要名片。推动海南建设具有世界影响力的国际旅游消费中心，是高质量发展要求在海南的具体体现。要实施一批重大基础设施工程，提高基础设施网络化智能化水平，加密海南直达全球主要客源地的国际航线，加快构建现代基础设施体系。要实施更加开放便利的离岛免税购物政策，实现离岛旅客全覆盖，提高免税购物额度。要支持海南积极引进国际优质资本和智力资源，采用国际先进理念进行旅游资源保护和开发。要允许在海南注册的符合条件的中外合资旅行社从事除台湾地区以外的出境旅游业务。要培育旅游消费新业态新热点，提升服务能力和水平，推进全域旅游发展，为国内外游客和当地群众提供更多优质服务，使海南国际旅游岛这张名片更亮更出彩。"

新时代的海南，终于迎来以建设国际旅游消费中心，擦亮国际旅游岛重要名片的历史性时刻。

在习近平总书记的倡导、关心和支持下，"国际旅游岛"这张海南的重要名片不断被擦亮。实施离岛免税新政（离岛旅客免税购物额度从每年每人3万元提高至10万元）和举办中国国际消费品博览会（全国首个以消费精品为主题的国家级展会）就是两个标志性动作。海南由此阔步建设具有世界影响力的国际旅游消费中心。

离岛免税政策是随着海南国际旅游岛建设而来的。2011年3月24日，财政部发布《关于开展海南离岛旅客免税购物政策试点的公告》。2011年4月20日起，海南省试点实行，成为继日本冲绳岛、韩国济州岛和马祖、金门之后实施该政策的区域。

离岛免税购物大放异彩，是在离岛免税"新政"实施之后。

2020年6月29日，财政部、海关总署、税务总局联合发布《关于海南离岛旅客免税购物政策的公告》，明确自7月1日起，海南离岛免税购物额度从每年每人3万元提高至10万元，且不限次数；离岛免税商品品种由38种增至45种，手机等电子消费类产品纳入其中；同时取消了单件商品8000元免税限额规定。自那时至2022年6月底，海口海关共监管离岛免税商品销售金额906亿元、销售件数1.25亿件、购物旅客1228万人次。日均购物金额1.24亿元，较新政实施前增长257%。销售金额前三大商品为化妆品、手表、首饰。

如今吸引四面八方游客来到海南的，不只是椰风海韵，还有免税购物的“买买买”。从“海外购”到“海南购”，海南离岛免税购物市场的成绩令人瞩目，海南离岛免税“金名片”越擦越亮，成为带动海外高端消费回流、推动海南旅游业提质增效、助力海南国际旅游消费中心建设的有力抓手。离岛免税政策不仅给游客带来实惠，还大大激发了海南的经济活力，激活新兴业态，推动海南经济转型，成为拉动海南经济发展的重要引擎。

在海南自由贸易港建设的初期，离岛免税政策在“引流”方面发挥着至关重要的作用。尤其是在新冠肺炎疫情不断蔓延的情况下，海南以离岛免税开道，乘势大做教育、医疗等“三大消费”回流文章，成效明显，增强了自由贸易港的吸引力。

“从现实情况看，自由贸易港需要有大流量的经济活动支撑，是经过几十年甚至上百年的发展与积累才实现的。目前，海南经济体量较小，人流、物流、资金流、信息流不足，短期内难以一蹴而就，建成高水平的自由贸易港，必须久久为功、循序渐进，既‘慢不得’，也‘急不得’。”（何立峰：《在海南建设中国特色自由贸易港引领更高层次更高水平开放型经济发展》，《人民日报》2020年6月2日）。

这个判断是清醒的，建设国际旅游消费中心对海南自由贸易港建设来说，实在太重要；实践充分说明，这是海南发展的一条“人间正道”。

2020年6月1日，《海南自由贸易港建设总体方案》公布。方案提出，举办中国国际消费品博览会，境外展品在展期内进口和销售享受免税政策。10月，国家批准每年在海南举办中国国际消费品博览会（简称消博会）。

2021年5月6日晚，第一届中国国际消费品博览会在海南省海口市开幕，习近平致贺信指出，举办中国国际消费品博览会，提供一个全球消费精品展示交易平台，有利于世界各国共享中国市场机遇，有利于世界经济复苏和增长，也有利于中国为世界提供更多优质消费品。希望各国嘉宾和各界人士深化交流、共谋合作，更好造福各国人民。

首届中国国际消费品博览会由商务部和海南省人民政府共同举办，展览总面积8万平方米，国内外参展企业近1500家，来自约70个国家和地区。

消博会作为国内四大国家级展会之一，让海南的会展业一下子进入全国第一方阵。举办中国国际消费品博览会，是推进建设海南国际旅游消费中心的实际行动，对推进海南自由贸易港建设具有重要意义。尤其在国际疫情仍在持续蔓延，世界经济艰难复苏的背景下举办，对推动海南自由贸易港成为国内和国际双循环、相互促进重要节点具有特殊重要意义。

当擦亮国际旅游岛名片，离岛免税购物成为重要引擎、消博会成为重要平台的时候，我们可以感受“依托国内超大规模市场优势，营造良好市场环境和法治环境，以诚信经营、优质服务吸引消费者，为建设中国特色自由贸易港作出更大贡献”的时代意义。

2022年7月25日至30日，第二届中国国际消费品博览会在海口举行。本届消博会在各有关方面的大力支持下，办出海南风格，办出中国特色，办出世界水平，让全球客商分享了中国机遇，赢得国内外广泛赞誉，成为一个成功、精彩、难忘的自贸港消费盛会。

在世界百年变局和世纪疫情叠加、全球经济复苏步履维艰的背景下，消博会的举办彰显了中国坚定不移扩大高水平开放的决心，体现了中国同世界分享市场机遇、推动全球经济复苏的真诚愿望。两届消博会的成功举办，也助推海南成为国际品牌抢滩中国、本土品牌“借船出海”的重要交汇点。立足于正在加快建设自由贸易港与国际旅游消费中心的海南，消博会正成长为更具话语权与影响力的国家级展会，向着更加包容、开放、创新的发展格局不断探索。

海南省第八次党代会在布置“建设产业聚焦、区域协调的自由贸易港”的重点任务时，乘势提出：要发展壮大现代服务业，更好发挥消费对经济发展的基础性作用，全力做好高端购物、医疗、教育“三篇境外消费回流文章”，打造国际知名度假、康养、购物天堂；高水平举办中国国际消费品博览会等重点会展，建设区域性国际会展中心；大力发展货物与服务贸易、新型离岸国际贸易、现代航运物流、现代金融等产业。

这是落实习近平总书记关于“要更好发挥消费对经济发展的基础性作用”要求的具体行动。

2022年10月28日，全球最大的单体免税店——海口国际免税城正式开业，进店人数超4.4万人次。当天，海南11家离岛免税店单日总销售额超7亿元，创历史新高。从2011年第一家离岛免税店开业至今，海南离岛免税政策历经8次调整，年销售额增长近50倍，共销售免税品超1000亿元，年均增长44.6%。这是海南加快建设国际旅游消费中心的重要成果。

海口国际免税城聚集800多个国际国内知名品牌，其中包括25个海南免税店首进品牌以及78个海南离岛免税中免集团独家品牌。海口国际免税城项目总建筑面积约92.6万平方米，开业后，与三亚国际免税城形成南北呼应的格局，助力海南建设国际旅游消费中心。

与此同时，海南乘势做好消费“回流”文章。2021年2月，创新“离岛免税购物邮寄送达”政策，全省邮政快递业收寄离岛免税商品快件包裹年超100万件。2022年7月举行的第二届中国国际消费品博览会，共有61个国家和地区的1955家企业携2800多个国内外消费精品品牌参展，观众逾28万人次，各类采购商和专业观众数量超4万人，全球600多款新产品首发首秀。博鳌乐城国际医疗旅游先行区与世界30强药械企业签订了合作关系，依靠特许医疗、中医养生、高端医美，2022年共接待医疗旅游人数近17万人次。2022年7月海南陵水黎安国际教育创新试验区多个建设项目竣工验收。离岛免税、特许医疗、国际教育，正成为海南带动消费回流的有力抓手。

完全可以预见，依托国内超大规模市场优势，瞄准国内国际双循环上的重要交汇点优势，离岛免税政策对国际旅游消费中心建设、对中国特色自由贸易港建设，将发挥越来越大的作用。

四、要跳出海南看这项工作

11日下午，习近平到海南岛中南部的五指山市考察调研。海南热带雨林国家公园是我国首批5个国家公园之一。习近平深入五指山片区，沿木栈道步行察看公园生态环境，不时停下脚步，询问树木生长、水源涵养、动植物资源保护等情况。他指出，海南要坚持生态立省不动摇，把生态文明建设作为重中之重，对热带雨林实行严格保护，实现生态保护、绿色发展、民生改善相统一，向世界展示中国国家公园建设和生物多样性保护的丰硕成果。

习近平指出，要深入推进农业供给侧结构性改革，加强农业全产业链建设，严守生态保护红线、永久基本农田、城镇开发边界三条控制线。要推进城乡及垦区一体化协调发展，加快推进国家南繁科研育种基地建设，完善天然橡胶产业扶持政策。要深入打好污染防治攻坚战，落实最严格的围填海管控和岸线开发管控措施。要扎实推进国家生态文明试验区建设。热带雨林国家公园是国宝，是水库、粮库、钱库，更是碳库，要充分认识其对国家的战略意义，努力结出累累硕果。（**《习近平在海南考察时强调 解放思想 开拓创新 团结奋斗 攻坚克难 加快建设具有世界影响力的中国特色自由贸易港》，《人民日报》2022年4月14日**）

“云散月明谁点缀？天容海色本澄清。”

海南热带雨林国家公园，山林蓊郁，沁人心脾的绿扑面而来。11日，习近平总书记乘车沿蜿蜒山道，深入五指山片区。

仰望一棵棵参天古树，阳光在密密匝匝的树叶间跃动，斑驳树干见证时间的川流不息。

“同行一公里，总书记的脚步放得很慢。”负责介绍的公园讲解员对一幕幕记忆深刻，“他不时驻足观察周边的树木，聆听大自然的声音。”

“空中花园”争奇斗艳，鸟巢穴、蝴蝶树、根抱石、雨林绞杀……有自然之器具，有粲然之文秀。习近平总书记不由感叹：“植物的科普馆啊！”

“海南热带雨林不是光属于海南，是属于全国人民的，是属于地球的，是国宝。”

党的十八大后，饱含着大历史观的生态保护工作成为大国之重。国家公园体制改革提上日程：党的十八届三中全会首次提出建立国家公园体制，2015年启动试点，2021年正式设立第一批5家国家公园。

“当年大炼钢铁，把树砍光了。之后为了经济增长，一些地方又不惜代价。自然界的命运和人类息息相关。我们是在为历史、为民族做这件事。要跳出海南看这项工作。”（《“探索试验蹚出来一条路子”——记习近平总书记赴海南考察调研》，《人民日报》2022年4月15日）

海南热带雨林国家公园是我国正式设立的第一批5家国家公园之一。2021年10月12日下午，习近平主席以视频方式出席《生物多样性公约》第十五次缔约方大会领导人峰会并发表主旨讲话，宣布中国正式设立三江源、大熊猫、东北虎豹、海南热带雨林、武夷山等第一批国家公园，保护面积达23万平方公里，涵盖近30%的陆域国家重点保护野生动植物种类。

2022年4月考察海南，习近平总书记于11日下午乘车沿蜿蜒山道，深入海南热带雨林国家公园五指山片区，强调“全中国只有这么一个热带雨林国家公园”，赋予热带雨林以“国宝”的称号，注入水库、粮库、钱库、碳库的内涵，这是海南的荣光。

习近平指出，海南热带雨林不是光属于海南，是属于全国人民的，是属于地球的，这在客观上要求跳出海南看热带雨林国家公园这项工作。强调这一点，就是要求对热带雨林实行严格保护，实现生态保护、绿色发展、民生改善相统一，向世界展示中国国家公园建设和生物多样性保护的丰硕成果，也是向世界展示国家生态文明试验区建设、走产业生态化和生态产业化发展道路的丰硕成果。这是把海南自由贸易港打造成展示中国风范的靓丽名片的重要方面。

“当年大炼钢铁，把树砍光了。之后为了经济增长，一些地方又不惜代价。自然界的命运和人类息息相关。”让我们现在再放大历史的视野，来看海南生态环境保护这个事关历史、事关民族的事情。

“如再砍下去，不止是海南问题，还影响整个大陆”

1980年6月23日至26日上午，广东省委第一书记习仲勋连续主持召开广东省委常委会议，就如何解决海南的发展方针、体制和场社关系问题，听取了广东省农垦总局及海南区党委、海南黎族苗族自治州委和省直其他部门的汇报，研究向中央汇报的意见，为国务院30日召开的“海南岛问题座谈会”做了充分的准备。

在23日上午开会动员时，习仲勋说：“今天研究海南问题。海南离开群众，离开农垦都是不可想象的。最根本的是国家和农民关系问题。海南这样一个好宝岛，日照好，气候好，如果再有五年、十年，这样乱砍滥伐下去，整个宝岛就完了。烤胶、做家具、烧柴等都要砍林。另一方面，橡胶搞起来了，人民生活却越搞越差。当然有工作上的问题，也有政策上的问题。所以海南要大行其事，把宝岛保下来，发挥优势。如再砍下去，不止是海南问题，还影响整个大陆。”

通常，人们只看到大陆环境的破坏会影响到海南岛，不会想到海南岛的环境破坏会影响到大陆。这就是习仲勋看问题的不同寻常之处。他跳出海南看海南。在他指出这个问题时，海南岛正经历一场解放以来未出现过的生态危机。

这是一个历史镜头。1980年5月9日，在从海南岛回广州的飞机上，习仲勋俯瞰琼州大地，心情沉重，他看到河里都是泥水，再次感受到海南的良好生态遭受到严重的破坏。第二天，他在广东省委常委会会议上说：“昨天从飞机上回来看，河里都是泥水，这还不能说明问题。”他又颇有感触地对广东省农垦总局局长王昌虎说：“你来广东比较早，如我们这些老共产党人，让海南岛变沙山，我们死了，也会遗臭万年。所以，我们要按中央的态度、观点看待解决这些问题。”

1980年5月4日，习仲勋陪同叶剑英元帅到海南岛三亚视察工作。5月5日至7日，习仲勋在三亚分别召集部分县、国营农场、人民公社的负责同志召开座谈会，做调查研究。参加座谈会的同志反映，目前海南的一些地方发生了乱砍滥伐林木、烧山搞副业、毁林开荒、破坏水源林的严重问题。习仲勋反复强调说，制止乱砍滥伐是当务之急。有林才有水，有水才有粮，有水才有各种热带经济作物。乱砍滥伐不制止，海南岛将会变成沙漠岛，美丽的五指山将变成秃山，我们就会成为历史的罪人。各级党政部门要按照《森林法》，采取有力措施坚决制止破坏山林。国营林场要有计划地采伐，要大力植树造林。驻海南岛的党、政、军、民、学，都要把植树种草当作自己的经常任务。

回到广州的第二天（5月10日），习仲勋在省委常委会会议上说，海南过去森林覆盖率38%，1976年只有8%。现海南岛到处伐树。海南总面积3000多万亩，是可耕地。场里砍，群众也砍。澄迈17公里的公路林都砍光了。如这样10年海南变沙滩。自治州，到处烧山。刀耕火种，抓乌龟。问题很多，很严重。总的解决海南的问题，要大声疾呼。如这样搞下去，五年大成问题，一是吃水，二是水源灌溉。

当时海南岛的乱砍滥伐林木严重到什么程度？当年5月8日，海南区党委、区公署发出《关于坚决制止乱砍、滥伐、滥烧山林的紧急通知》，当中说到了乱砍滥伐的具体情况。据初步统计：全区乱砍滥伐森林46.36万亩（其中自治州39.53万亩）；砍伐木材74.12万立方米（其中自治州54.14万立方米）；毁林开荒24.27万亩（其中自治州19.25万亩），内有林地18.31万亩；砍掉公路林412公里（其中自治州178公里）；发生火灾251次（其中自治州82次），烧毁林地12.84万亩（其中自治州4.53万亩）。破坏森林较为严重的有东方、乐东、崖县、澄迈、儋州等县。东方乱砍滥伐森林达26万亩，砍伐木材34万立方米，毁林开荒6万亩（其中林地4.5万亩），100公里的公路林和40多公里的沿海防护林几乎全被砍光。

原来全岛几乎被热带天然林所覆盖，自然形成各条河流上游的水源林、风雨林和各地防风林。虽然经过历代破坏，但由于过去交通不便，砍伐不易，至1956年仍存有天然林1295万亩。后来经过1958年大炼钢铁、毁林垦殖、毁林开荒，以及由于工业用材和城镇用柴急剧增加，有些地方乱砍滥伐，天然林遭到严重破坏。虽然从20世纪50年代开始海南就建立了10多个国营大林区，将主要天然林区划片管理，其中有名的是尖峰岭、吊罗山、霸王岭三大林区，国营林区总面积141万多亩，但由于“重采伐，轻营林，松管理”，以致林区天然林也不断减少。由此，至1983年热带天然林只有472万亩（包农垦），这就造成原来天然生态平衡的破坏，出现自然水源减少、干旱面积扩大、水土流失、风沙增加的状况，这对海岛环境来说是严重的。（魏南金：《宝岛真情》，1987年10月）

对海南岛各地发生令人触目惊心的乱砍滥伐林木现象，习仲勋要求海南区党委的领导迅速采取措施，坚决刹住乱砍滥伐山林的问题。他说：“可发布布告等，先把乱砍滥伐制止下来。”他要求：“对那些场社关系处理得好的，应认真总结经验，加以推广。”由此开始了应对海南自解放以来首次出现的严重生态危机的行动。

当年5月27日，《海南日报》发表了一组读者、记者来信，呼吁的就是坚决刹住放火烧山、毁林开荒、乱砍滥伐山林的行为。报道让人更加具体地感受到当时海南岛乱砍滥伐山林的现象已经处于疯狂的、严重无政府主义的状态！记者来信说：“最近，记者在保亭县几个水库灌区采访，看到一片片郁郁葱葱的水源林被乱砍滥伐，实在令人痛心。水库灌区的黎族、苗族群众对记者说，应该在报纸上呼吁救救水库。否则，继续乱砍滥伐水源林，长此下去，后果不堪设想。”

在习仲勋的推动下，建立适应海南特点的新的生态平衡和农业结构的思想，被写进了当年7月24日国务院批转的《海南问题座谈会纪要》（国发〔1980〕202号）中：“海南岛森林资源长期以来受到严重破坏。解放初期有天然林1300万亩，现在减少到360万亩，蓄积量由6400万立方米，减少到2900万立方米，森林覆盖率由25%，下降到13.6%，加上橡胶林、防护林也只有21.4%。而近一年多来，乱砍滥伐的现象又有发展。因此必须采取坚决的措施，大抓林业的管理和建设；否则，海南不但不能发挥优势，还有变为沙岛的危险。”“建设海南岛的林业，必须采取保护、恢复与发展并重的方针，立足于建立新的生态平衡，发展热带林的优势，为国家提供珍贵热带林木和用材，同时有步骤地解决岛上生产建设和人民生活的需要。”这些原则要求为海南恢复和发展森林资源、建立新的生态平衡指明了方向和遵循，防止了海南岛滑向“沙岛”的危险境地。

为解决海南的场社纠纷等问题，1980年8月习仲勋主持召开省委常委会会议，决定由省委领导带工作组前往海南开展工作。采取坚决措施及时制止海南各地乱砍滥伐、毁林开荒、放火烧山的问题，也在工作组的工作视野之内。当时，他们向省委报告了《解决场社关系问题和制止乱砍滥伐森林问题》。省委再次要求，“立即采取坚决有力措施，改变这种局面”，“对非法进入林区采伐、收购、贩运木材的单位和人员，不管是哪个单位哪个地区的，都要命令他们立即撤出，对破坏森林严重的有关人员，要依法严肃处理”。

在重返中南海之际，1980年10月3日，习仲勋听取海南黎族苗族自治州党委领导的工作汇报，强调：“海南岛没有森林，什么都谈不到。要搞保护森林的单行法。破坏森林的人要严肃处理。”

“烤胶、做家具、烧柴等都要砍林”，这就是那时海南全岛严重生态危机最真实的写照。直到1983年，这种令人痛心的情景还被记录在《人民日报》记者的笔下：“你不要以为，现在岛上遍地都是茂密的森林。不是的，从海口市往南，有一段很长的路，几乎见不到什么正经的树。炎热的气候，丰富的雨量，滋润的却是丛丛野草。还有些山是光秃秃的，个别地方还有沙丘。海南岛的生态，在解放后遭到了严重破坏。据说解放的时候，整个岛有天然林1295万亩，现在却不足4万亩了。这些年，靠出卖木材过日子，补栽量远远小于砍伐量。更奇怪的是，岛上的机关、工厂和广大农村的社员，全烧木材。就连设备比较高级的宾馆——海南招待所，院子里也堆着大垛准备烧火的木材。在北京一根檩条可卖三四十元，而在那里，却是付之一炬就完了。整个岛，一天烧多少，一年烧多少，解放以后共烧了多少，如果能统计出数字来，该是多么惊人啊！”（吴元富：《富海南》，《人民日报》1983年12月8日）

记者的深度观察让人印象十分深刻。不过，他看到的这一幕，已经是接近解放以来海南这场严重生态危机的“尾声”了。

在中央领导的关心下，在各级党委、人民政府和广大干部群众的共同努力下，海南的场社纠纷问题逐步得到解决，乱砍滥伐森林问题也逐步得到控制，植树造林在宝岛也蔚然成风。

1987年年底，习仲勋在海南进行跨年考察工作。他对海南区党政军民同心同德、团结一致开发建设宝岛的精神给予高度赞扬。他说了一番心里话：“我是第四次来海南。这次来，看到海南发生了很大的变化，到处都在探索促进改革和建设的路子，各项工作进展较快，政治和经济形势都很好，我很高兴。绿化成绩非常突出，一路上看不到过去那种乱砍滥伐树木的现象了。人民群众的生活有明显改善。”

“一路上看不到过去那种乱砍滥伐树木的现象了”，还有比这更能让一个老共产党人高兴的事吗？他再不用担心海南岛变成沙漠岛了！七年多前，他担心：现在海南岛到处伐树。农场砍，群众也砍，如这样下去，十年海南变沙滩。他劝说：砍几千株，心疼，无论如何不能砍，天大的事情，可坐下来谈。他提醒：“如我们这些老共产党人，让海南岛变沙山，我们死了，也会遗臭万年！”

“战士指看南粤，更加郁郁葱葱。”祖国宝岛海南避免了一场生态劫难，不用担心海南的环境“影响整个大陆”了。

“为十亿人口保留足够的热带栖息空间”

1983年3月2日至16日，国务院召集会议讨论加快海南岛开发建设问题。4月1日，中共中央、国务院批转《关于加快海南岛开发建设问题讨论纪要》（中发〔1983〕11号），拉开了海南岛对外开放和大规模开发建设的历史序幕。

这时（1983年3月15日），《参考消息》转发纽约《中报》的一篇社论，题为《论海南岛的开发》。“从现在起的相当长时间内，海南岛的开发将成为中国经济发展史上的一件大事。”这篇社论的主要观点，在后来的事实被不断证明；所提出要考虑的问题，今天仍有思考价值。

这篇社论认为，由于中国大陆现有资金、技术和知识的不足，海南岛的开发不可避免地要面临重重的困难。开发过程中，也不可避免地会出现种种问题。怎样克服这些困难和问题，对海南岛而言，将是事业成败的关键。在这方面，以下几点是值得考虑的事项。一是海南岛是中国最主要的热带经济作物和水产养殖基地，它今后在中国经济领域内所担负的任务，并非局限于在广东一省或东南几个省份，而是面向全国30个省、市。二是必须参照其他海岛经济的经验，取长补短，以免犯错。在同类自然条件的海岛中，菲律宾的吕宋岛同海南岛是最相似的。三是在开发过程中必须严格注意生态的平衡，力求为后代子孙留一个健康、干净和充满阳光的大岛。四是人口数目应严格限制在一定范围内，为十亿人口保留足够的热带栖息空间。

“在开发过程中必须严格注意生态的平衡，力求为后代子孙留一个健康、干净和充满阳光的大岛”，“人口数目应严格限制在一定范围内，为十亿人口保留足够的热带栖息空间”，这是非常有预见性、前瞻性的。

习近平总书记2013年考察海南时指出：“保护海南生态环境，不仅是海南自身发展的需要，也是我们国家的需要。13亿中国人应该有环境优美、适宜度假的地方。”这就是跳出海南看海南生态环境保护和生态文明建设的历史眼光、民族情怀。

“世界级大农场”和“世界级大公园”

1987年7月10日，著名经济学家童大林等在《人民日报》发表题为《科学地开发海南岛优势资源产业》的文章。这篇文章发表于“传闻”海南建省办特区之际，因而受到一定的关注。

文章立足于海南岛的开发应当从全国的区域分工着眼，从宝岛的基本“岛情”出发，将发展目标确定在最能扬长避短、发挥优势之处，指出海南岛有与许多地区（包括台湾岛）相区别的特殊的自然、经济条件：全国只有五万平方公里的湿热带气候区，主要分布在海南岛（西双版纳还有一部分）；全岛海岸线长达1584.8公里；海南岛气候宜人，四季常青，具有阳光、海水、沙滩、绿色、空气所谓完美旅游的“五大要素”。这个基本岛情，决定了海南岛应以科学地开发宝岛的农业和旅游业资源为经济发展目标，而不必因循其他地区以发展传统工业为主的成例，急功近利，喧宾夺主，以致破坏了这一块至今未受乱开发之害的宝地。

文章提出了把海南岛建设为地球上的“世界级大农场”和“世界级大公园”的远大设想。作者对比说，美国的夏威夷除少量的食品工业和玩具工业外，别无其他工业，而以盛产热带水果和游览、疗养地著称。现在看来，海南岛应该开发农业（包括农业、林业、畜牧业、渔业等）和旅游业这两大资源产业。用形象化的话来说，可以把海南岛建设为地球上的“世界级大农场”和“世界级大公园”。为此，必须加速农业和旅游业的现代化。一切基础设施（交通、电信、能源、建筑和城乡布局等）也必须服从这两大资源产业的发展，使之成为现代农业和现代旅游业，并为中国的农业和旅游业放出异彩。

文章指出，海南岛发展旅游业的潜力也远远没有全部挖掘出来。海南岛具有一些得天独厚的旅游资源，因而被确定为“七五”期间国家发展旅游业的重点地区之一，然而总的来说，海南岛的旅游事业仅处于“黎明时期”。据统计，1985年接待外国旅游者903人次，香港、澳门两地观光团3.1万人次，合计3.2万人次，应当说是个区区的小数。全岛的旅游资源（包括自然资源、人文资源、温泉等）虽多达123处，但只有五指山、鹦哥岭、亚龙湾、尖峰岭热带自然保护区、东方坡鹿自然保护区、昌江长臂猿自然保护区等五处达到单独具有国际吸引力的A级旅游资源标准（按国际通行的旅游资源评价标准），达到能满足国际观光鉴赏要求的B级标准的旅游资源也仅有37处。1985年来海南岛观光游览的国际旅游者平均逗留天数仅8.2天，其中停留五天的占90%。这从一个侧面说明了提高旅游点综合旅游价值和将各个有价值的旅游点连成网的迫切性。

文章预言，海南岛完全有条件加入发展旅游业的世界级角逐中。最近30年中，世界旅游业迅速发展。据世界旅游组织预测，到2000年，国际旅游消费总额将由目前1000亿美元增加到5000亿美元。旅游业在有些国家已经是居第一位的支柱性产业。有人预言，到21世纪初叶，它将取代钢铁、石油，成为全世界最大的产业。海南岛完全有条件加入发展旅游业的世界级角逐中。我们应当吸取国际上把自然景观和人文景观结合起来开发的有益经验，科学地安排旅游者的观光路线使之丰富多彩；应当改善道路、住宿和服务设施，做到客至如归，活动方便；应当提供应有尽有的旅游资料和旅游商品，满足宾客精神和物质享受的需要，还应当培训大批称职的导游、旅游管理人员和宾馆服务人员，提供高质量的服务。

文章强调，海南绝不能重蹈以往刀耕火种、滥砍滥伐的覆辙，指出科学地开发海南岛的农业和旅游业资源，必须极端重视和必须十分重视资源保护和人才引进，做好资源保护工作。目前，全岛自然保护区只剩10万公顷了。这里既是许多珍稀热带树种的生长地，又是旅游观赏和进行“森林浴”的绝佳之处，必须认真保护好，绝不能重蹈以往刀耕火种、滥砍滥伐的覆辙。到1985年，海南的森林面积仅占全岛面积的16.6%，其中天然林面积只剩下8.9%。我们认为，经过13年的努力，力争到2000年使全岛森林面积恢复到40%以上，不仅是必要的，也是可能的。

文章还指出，即使海南发展工业，也需十分重视对环境的保护，否则贻害无穷。海南岛某些特有的矿产资源可以开发，但也应力避发展污染环境的工业，只宜有限度地侧重发展农产品加工和为旅游服务的其他工业。即使发展这些工业，也需十分重视对环境的保护，否则贻害无穷。据有关部门监测，目前全岛五大河流和四大水库的水质是良好的，主要是城镇大气中二氧化硫、氮氧化物的含量也在规定的标准之下。但并不是说在环保方面不存在问题。远的不说，仅近两年来局部污染就发生过几起，造成鱼虾大量死亡，坡垒、子京、粗榧等珍贵植物品种濒临灭绝。大自然的惩罚是无情的，它昭示我们要切实加强法治，从严惩处破坏环境者；同时，更重要的是以预防为主，坚决地果断地排除各种污染源。这样，才能使海南岛山长青、水长蓝，为发展农业和旅游业创造基本的条件。

文章最后说，海南岛应当成为地球上一块最明净最富丽的乐土。

这篇文章立意高远，既有对历史的观照，又有对岛情深刻的分析，所提设想符合海南发展的实际，是“跳出海南看海南”的经典之作，其思想观点至今仍不过时。而文中关于“海南岛完全有条件加入发展旅游业的世界级角逐中”的设想，如今的国际旅游消费中心建设及中国国际消费品博览会的连续举办，正让这一梦想成为现实。

“把自然环境破坏了，全国人民都不会原谅的”

1995年1月11日，万里在北京同前来看望的全国人大环境保护与资源委员会主任委员曲格平谈话时，就海南环境保护工作发表了重要意见。万里说，“如果把环境污染了，把自然环境破坏了，全国人民都不会原谅的，也会受到世界舆论的谴责”，这也是跳出海南看海南的生态环境保护的重要性。以下为万里的谈话：

海南的经济应当发展，人民的生活应当提高，这是没有问题的。但是，有一个如何发展的问题。海南是我国一个具有良好气候和优美环境的海岛，在我国是独一无二的，旅游环境十分优越，就其综合指标来说，比夏威夷好。在这样一个地方发展经济，始终要注意，不要把环境污染了，不要把碧绿的海水弄脏了，不要把丰富多彩的自然环境破坏了。

听说海口市已经出现环境污染，一些地方的生态破坏也很突出，令人不安啊！一个经济发展起步比较晚的省份，为什么在发展中不能避免环境污染和破坏呢？为什么不能汲取其他省份环境问题的教训呢？说明过去的经济发展方针有失误，就是只追求经济增长，不注意保护环境，还是走先污染、后治理的弯路。国家对海南的建设方针，从一开始就是明确的，就是既要经济繁荣昌盛，又要环境清洁优美，二者要兼顾，不能偏废。据我所知，党和国家领导人对此都讲过话。

海南的经济发展还刚开始，现在把经济发展与环境保护结合起来，为时尚不算晚。这件事要切实摆上重要议事议程，避免重大失误。三亚市的环境保护要给以特别的注意，这是一座得天独厚的旅游城市，是“掌上明珠”。这个城市不要发展有污染性的工业和其他行业。不搞污染性的工业，经济照样能发展，能致富，而且发展得更快，更好。西方工业化国家不就是在这样发展吗？总之，凡是污染破坏环境的项目都不能搞，要下这个决心，要有这种远见卓识，要知道，旅游资源是一种稀有的、珍贵的财富，随着人民生活水平的提高，这种财富会愈来愈富有吸引力。要不了多久，大陆的许多省，像长江以北诸省区都会到海南旅游、度假，特别是到冬天，去享受那里的热带风光。一些邻国，像韩国、独联体等国家也会跑到那里去。旅游收入，将成为巨大的财源。如果把环境污染了，把自然环境破坏了，全国人民都不会原谅的，也会受到世界舆论的谴责。

总而言之，要把海南的环境保护好，这是一件大事情，是符合海南人民的利益的，也是符合全国人民的利益的。

“中华民族的四季花园”

2003年，一个值得海南大书一笔的年份。年初，一场史无前例的“非典”横扫大江南北，全国各地都打起了“抗非”攻坚战。在这场战役中，海南经受严峻考验，成功实现了无疫区目标。“健康岛”的好名声也为海南新一轮发展赢得了机遇。这一年，海南涉过建省初期房地产泡沫带来的暗礁和浅滩，提速前进，首次实现了10.5%的两位数增长。“海南号”航船从此迎风破浪向前进。此时，把海南建成中华民族的四季花园和全国人民的度假村的定位，为海南发展指明了新方向。

2月22日闭幕的全省农村工作会议提出，为建设海南社会主义新农村而努力奋斗，要把海南建设成中华民族的四季花园和全国人民的度假村。时任海南省委书记王岐山说，海南拥有得天独厚的自然条件，我们各项工作的目标，就是要保护好、利用好、发挥好这些独特资源的优势，真正把海南建设成中华民族的四季花园和全国人民的度假村。保护海南的生态环境不被破坏，是我们实现可持续发展战略和经济社会发展长远目标最基本的前提。海南农村面积广大，农村人口众多，农业经济在全省国民经济中具有基础地位。没有文明富裕的农民，没有繁荣稳定的农村，就没有海南的可持续发展和全面的小康社会。进一步解决好“三农”问题，加快农业和农村经济发展，是海南实现国民经济持续快速健康发展、保持社会稳定和全面建设小康社会的必然要求。各级党委政府要认真思考、高度重视并切实解决好这一问题。

在谈到如何建设海南社会主义新农村问题时，王岐山说，紧紧抓住中华民族的战略机遇期，全面做好建设海南社会主义新农村的各项基础性工作，加快我省农村地区水、电、道路交通、通信、广播电视传媒等网络建设，为我省农业和农村经济加快发展提供完备的基础设施，为农民的生产生活提供必要的保障和服务。

这次全省农村工作会议提出要把海南建设成中华民族的四季花园和全国人民的度假村，会后就听记者说到这个新闻，我们都感到非同寻常。就是在那次会议上，王岐山由海南的生态保护说开去，脱稿讲出了一番推心置腹的话："海南有举世无双的生态环境，完全有条件成为中华民族的四季花园和全国人民的度假村！"王岐山强调，保护好海南的生态环境不被破坏，是实现可持续发展战略和经济社会发展长远目标最基本的前提。他直言不讳："海南更需要的是保护，如果没有规划好、没有好的开发商，那么不开发就是最大的开发；如果有条件开发，也一定要寻找有实力、世界级的高端合作伙伴。以海南的优势和发展经验来看，还是要把生态保持好，这样才对得起海南800万人民。"

对于把海南作为"中华民族的四季花园"来规划，许多当时参加会议的人回忆起来都说：如此形象鲜明地阐释海南生态建设的重要，在海南是第一次。

把海南建设成"中华民族的四季花园"，强调是通过保护与建设，把一个更加秀美，更适合人类居住，有内在吸引力的海南呈现在全国人民的面前。消息一传出，迅即在海内外落地，美国、新加坡、泰国等地的大量国外华文媒体纷纷转载。

这样跳出海南看海南的宏大愿景，已体现到习近平总书记2018年的"4·13"重要讲话之中："海南生态环境是大自然赐予的宝贵财富，必须倍加珍惜、精心呵护，使海南真正成为中华民族的四季花园。"

"绿色屏障"是这样断裂的

童大林等在《科学地开发海南岛优势资源产业》的文章中反复强调保护海南生态环境，"绝不能重蹈以往刀耕火种、滥砍滥伐的覆辙"，不能"急功近利，喧宾夺主，以至破坏了这一块至今未受乱开发之害的宝地”；海南又提出把海南建设成中华民族的四季花园和全国人民的度假村的美好愿景，但遗憾的是，后来的开发建设也没很好地做到。

如果说从解放到改革开放之初的海南那场生态危机，是以“砍”字来概括的话；那么，进入改革开放新时期，海南的又一次生态危机可以用“挖”来形容，尤其使沿海防护林遭受前所未有的破坏。

海南岛海岸线长1528公里，其中宜林海岸线1483公里，达97%。历史上由于森林植被破坏，沿海地区地表裸露，土壤沙化，风大干旱，不少地方形成连片流动半流动沙荒地。为了有效地防风固沙，海南从20世纪50年代就开始营造沿海防护林。通过几代人长期不懈的努力，在沿海四周建起了一条“绿色长城”，为降低风速、防止风蚀、固定沙地、保护农田果园经济作物和村庄免受风沙侵袭与防止土地风沙化起到了非常重要的作用。

海南当初的海防林建设，是从文昌开始的。那时的文昌是海南沙化最严重的县份之一。该县有12个乡镇处于沿海第一线，海岸线总长287.9公里，沙荒地面积最多曾达到30万亩。当地人民吃够了流沙的苦头。解放后，为了尽快改变这里恶劣的自然环境，海南行政公署从1956年开始，通过调查勘测设计，首先设计出了文昌海防林营造方案，并在文昌铺前镇至锦山一带开始营造海南的第一条海防林。

但在改革开放以来，海南的海防林不断遭受破坏，主要行为是挖塘养虾、毁林采矿、旅游开发、酒店建设等。其中，最为严重的则是毁林养虾。到2001年时，在海南13个沿海市县中，毁林挖塘养虾现象已“遍地开花”，其中有一半市县已达到毁灭性程度。

当时，人们就关注到“虾兵”正在侵犯海南的海防林。

海南岛四面环海，台风等自然灾害频繁，沿海基干林在全省经济建设和社会发展中具有特殊的地位和作用。自20世纪60年代开始，海南各级政府带领广大群众大力营造海防林，经过几十年的艰苦努力，沿海防护林带基本实现合拢，大大改善了沿海地区的生态环境，显示出良好的生态效益、经济效益和社会效益。但是，20世纪90年代以来，沿海各地掀起了一轮又一轮的开发海岸带的高潮，造成海防林被大量砍伐，出现缺口、断带。尤其是近三年以来，挖塘养殖成了破坏海防林的主要形式之一。最近，在对全省沿海13个市县海防林破坏情况进行调查发现，1996年至1998年5月间，全省沿海挖塘养殖的专业户达445户，面积达6136亩，其中处于最高潮位线100米内的国家特殊保护林带内的虾塘面积达2817亩，处于100—200米内的特殊保护林带内有2608亩，而处于国家特殊保护林带以外（最高潮位线以上，200米以外）的仅占少数，面积为711亩。挖塘养殖毁林最严重的是三亚市，该市挖塘养虾毁林面积共2780亩，几乎全部在国家特殊保护林带内，造成约22公里长的海防林带被破坏，并出现2.8公里长的海防林带断带。琼山、文昌、临高、儋州、东方等市县挖塘养殖破坏了大片红树林，其中以琼山市最为严重，该市挖塘面积869.7亩，毁林面积达462亩，几乎全都是红树林。（海南省国土海洋环境资源厅调查组：《“虾兵”正在侵犯海防林》，《海南内参》第27期，1998年9月25日）

对于海南海防林遭受严重破坏的情景，《人民日报》于2006年11月7日以《绿色屏障是这样断裂的》为题予以报道。其引题、主题是“海南省海防林断带长度为247.7公里，占全省宜林海岸线长度的22.4%，非法占用林地行为使得海防林应有的功能基本丧失。请看——绿色屏障是这样断裂的”！

报道开篇就说：“海南是一个美丽富饶的热带岛屿，却由于四面环海，不时面临自然灾害的直接威胁。沿海防护林作为全岛的天然生态屏障，具有阻止海浪侵袭、抵御台风海啸、护卫海岸国土、改善人居环境的功能。海南这些年保护生态、植树造林作了很大努力，也取得了很大成效。但令人遗憾和痛心的是，有着如此特殊功能的海防林如今却遭到人为破坏，取而代之的是海岸线上的虾塘、鸭池、钛矿、公路、西瓜地、建筑物以及残次林等，全岛海防林面临断带之灾。"

鉴于海防林的重要性，国家林业部门制定了《沿海国家特殊保护林带管理规定》，明文禁止在沿海防护林内进行砍柴、采石、挖沙、开矿、修坟、挖塘以及其他破坏林地行为。可是，记者看到，如今环岛的海防林已经被破坏得面目全非。三亚市天涯镇本已有个三亚国际高尔夫球场，可近年来又在沿海修建红塘高尔夫球场。三亚市区南面有座著名的鹿回头公园，在该公园靠海的山脚下，正在修建一条公路，工人们正在现场紧张地施工。根据有关法规规定，在岩岸地区，临海第一座山山脊的临海坡面的沿海基干林属于国家特殊保护林带，在此是不能修筑工程设施的。被称为"海上森林"的红树林对调节气候、抵御海潮风浪、改善海湾河口生态环境具有不可替代的作用。但是，记者发现，海口市美兰区演丰镇调圮村的虾塘就紧挨着红树林，这对红树林的生存构成巨大的威胁。据介绍，海南省海岸线长1528.4公里，其中宜林海岸线1105.5公里。而海防林断带长度为247.7公里，占宜林海岸线长度的22.4%，这个长度足足相当于沿东线高速公路海口至三亚的距离。

专家指出，破坏海防林的行为之所以愈演愈烈，是因为其高额利润的回报，虽然换来了短暂的经济发展，但牺牲林带换来的短暂发展，付出的代价是无法用金钱计量的。海口市引以为荣的西海岸遍布不少海滨宾馆、旅游度假村、别墅、公寓及游乐场所。记者来到位于海口市秀英区西秀镇新海村与荣山寮村之间的新海林场采访。听明记者的来意后，新海村一位姓陈的村民很乐意带路，他指着千疮百孔的残次林痛心地说："现在看到的木麻黄只是被砍之后发出的芽，原来这里全是很高很大的树，真可惜啊！"在这里，到处能见到堆得高高的沙山，那是有人在非法挖沙；挖沙后剩下一个个大坑，大部分经修整后，围成虾塘。记者看见成片的虾塘内，打氧机在拼命地旋转；也有些大坑被改作鸭池，白色的鸭群在光秃秃的海滩上特别显眼。资料显示，新海林场一带参差不齐、残缺不全的海防林已经失去防风固沙的功能，海岸坍塌2公里，海岸线向陆地后退了200米。

文昌市被认为是海南沿海防护林建设的好典型，记者暗访了该市翁田镇10多个村，发现的却是另一番景象。在大坤村、加丁村、内山村、内六村等地方，也分布着很多虾场、钛矿以及被砍伐、烧毁的树木。从内六村进去，有一个巨大的养虾场。据干活的民工说，这里的虾池共有20多个，每个虾池占地2—5亩。这个虾场离大海不到200米，进出水管道裸露在外面，不少树木、灌木被砍，留下残枝败叶，大部分树木、灌木都已枯萎，流出的废水染黑了一大片海水。

"绿色崛起"的共识

在这样的历史背景下，海南的生态环境建设受到了高度重视，"绿色崛起"一度成为海南干部群众的共识。2012年4月25日召开的中国共产党海南省第六次代表大会，就发出"坚持科学发展，实现绿色崛起，为全面加快国际旅游岛建设而不懈奋斗"的号召。这是党心、民心所向。

实现绿色崛起对海南是如此重要：

最基本的依托是悉心呵护海南得天独厚的生态环境。必须始终坚持生态立省不动摇，注重发挥生态环境的综合效应，充分发挥海南优越的区位条件、丰富的要素资源、国家赋予的经济特区和国际旅游岛的开放政策、背靠13亿国人的消费大市场、省直管市县体制和人口相对较少等比较优势，形成叠加效应，转化为科学发展的现实生产力。

最终目标就是打造中外游客的度假天堂和海南人民的幸福家园。必须以最大努力，按照国际化标准，把海南建设成为世界一流的海岛休闲度假旅游目的地，成为全国人民的四季花园；同时不遗余力改善民生，加强社会管理，让全省人民及时享受到国际旅游岛发展的实惠。

最有力的思想保障是牢固树立科学发展的理念和正确的政绩观。必须始终坚持从省情出发，以人为本，多做打基础、利长远、群众急需受益的事，坚决摒弃短期行为和劳民伤财的形象工程，努力实现城乡、区域、经济社会的协调可持续发展，促进人与自然的和谐。

这样的要求振奋人心："我们一定要准确把握世情、国情、省情发展变化的态势，按照中央对国际旅游岛建设的战略定位，抓住机遇，乘势而为，以强烈的紧迫感、责任感、使命感，持之以恒、一以贯之地走以人为本、环境友好、集约高效、开放包容、协调可持续发展的绿色崛起之路。这是我们肩负的历史使命，也是全省人民的共同企盼。"

记者观察到，这次党代会报告是"绿色"报告：

绿色，代表生命，象征活力，预示健康，是充满希望的颜色。

我们一边听一边记，在党代会报告中，“绿色”一词出现了29次！

这，无疑是报告中最吸引人目光的字眼。

“坚定不移地走科学发展、绿色崛起之路。”响彻会场的，是海南深谋远虑的发展誓词，更是关乎民生福祉的嘹亮宣言。

“绿色”，是省第六次党代会为海南的崛起所设定的路径选择和目标指向，其基本内涵是“以人为本、环境友好、集约高效、开放包容、协调可持续发展”。

“崛起”，是超常规的发展，是大踏步的振兴，意味着一个地方在历史发展进程中将实现由量变到质变的巨大飞跃。

绿色崛起，是方向，是形象，是审时度势，顺应时代潮流、符合海南实际的历史抉择。

看世情。绿色、低碳、包容性发展已成为人类的共识，是全球的趋势、时代的潮流。世界金融危机的影响，全球资源能源供应趋紧，引发了各国对经济发展理念、发展模式、发展道路的再思考。“高消费、高污染”的传统发展模式难以为继，环境保护和经济发展相协调、走绿色发展之路，成为各国的共同选择。

看国情。我国仍处于重要战略机遇期，国内形势总体向好，但经济发展中不平衡、不协调、不可持续的矛盾和问题依然突出，依靠资源、能源的粗放式传统发展模式越来越受到质疑和反思，以人为本、全面协调可持续的科学发展已经成为全国上下的高度共识和实践选择。

看省情。以人均生产总值4429美元为标志，今天的海南已经站在了一个新的历史起点上，进入了更有条件、更加自觉地实现科学发展的新阶段。这个时候，单纯追求速度甚至以牺牲环境为代价的发展模式，无疑已不适应时代的要求。这个时候，构建一种全新发展模式，充分利用海南良好的自然生态环境，发挥比较优势，突出特色，构建核心竞争力，实现“绿色崛起”，已是一种必然。

于是，在这样的历史节点上，“大力发展低能耗、低排放、高效益、高科技的绿色产业”，“努力把海南打造成空气清新、四季花开的绿色家园，为子孙后代留下可持续发展的‘绿色银行’”，“努力建设绿色低碳岛”，“建设绿色照明示范省”，“建设绿色建筑示范省”，“建设绿色交通示范省”，“广泛开展绿色景区、绿色酒店、绿色工厂、绿色社区、绿色家庭创建活动”……报告中频频出现这些“绿色集群”的概念，就成了与会广大代表的强烈共鸣。

“没有科学的规划，科学发展就无所依循”，“坚持上项目决不降低环保门槛，开发水平不高，宁可不开发，也决不为了一时的经济指标而破坏生态、失掉长远发展的本钱”，“项目开发到哪里、污水垃圾处理设施就要跟进到哪里”……报告中的这些开发理念与主张，让绿色崛起之路在人们脑海中更加明晰可见。

这，预示着绿色，将成为海南发展最鲜亮的底色与面色。

正确认识省情，从自身的比较优势出发，是一个地方谋划发展路径的基础和前提。记者还观察到，报告体现了立足省情的新优势观：

在报告中，罗保铭提出要发挥两个效应的要求，正是基于对海南比较优势的准确研判——

“优良的生态环境是海南科学发展的最大资本，必须坚持在保护中发展、在发展中保护，发挥和放大环境与资源的最大综合效应。”“必须始终坚持生态立省不动摇，注重发挥生态环境的综合效应。”“充分发挥海南优越的区位条件、丰富的要素资源、国家赋予的经济特区和国际旅游岛的开放政策、背靠13亿国人的消费大市场、省直管市县体制和人口较少等比较优势，形成叠加效应，转化为科学发展的现实生产力。”

这“综合效应”和“叠加效应”，是海南的比较优势所在，是海南实现绿色崛起的坚实基础与核心竞争力。

生态环境，是海南最大的财富、最大的优势、最大的潜力、最大的品牌、最大的后劲。

对于海南来说，生态环境的综合效应，在于它不仅能给海南带来绿水青山，也能带来金山银山。

生态环境是经济发展的前提条件，只有以良好的生态环境作坚实的基础，才能实现社会经济的可持续发展。在全球环境超载、空气质量恶化的今天，海南良好的生态环境，可以为建设中外游客的度假天堂和海南百姓的幸福家园打下重要基础，又增加森林碳汇，为明天上项目预留了环境空间，将来谁拥有排碳权谁就拥有发展权，我们森林碳汇越多发展的主动权就越大。报告中把生态建设做了形象的比喻——“为子孙后代留下可持续发展的‘绿色银行’”。

同时，生态环境对海南来说，良好的生态本身就是一个品牌，有了它海南对外开放的大门就会进一步敞开，就会对经济结构调整，生态环境和人居环境改善，人民物质文化生活质量提高，引进资金、项目起到一个品牌效应和“加速器”“孵化器”的作用。

生态环境的综合效应，要求海南必须建立一个生态、经济双赢的系统，实现经济发展与生态保护良性互动，而始终坚持生态立省不动摇，实现绿色崛起，努力建设全国生态文明示范区，正是充分发挥生态环境的综合效应的必由之路。

“叠加效应”的提出，是省委在区域发展的多维坐标中研判形势、把握机遇而形成的新优势观。

看自然条件——海南有优越的区位条件、丰富的要素资源，人口较少，为发展提供了有利条件；

看政策优势——作为最大的经济特区，海南有着先行先试的诸多政策优势，而国际旅游岛建设上升为国家战略，更使海南成为开放的“政策洼地”。

看发展机遇——中央明确把扩大内需作为今年和今后一个时期经济工作的战略基点，特别强调扩大消费是基础，稳定投资是关键。海南是承接不断富裕起来的13亿国人旅游消费的重要目的地之一。中央的扩大内需和老百姓的需求有机结合，将在海南落地。

看体制优势——率先在全国推行的省直管市县体制大大激发了市县发展活力，市县发展出现大提速的格局。

自然条件、政策优势、发展机遇、体制优势，多者叠加形成的强大效应，将成为海南发展的巨大引擎。（钟业昌、吴斌：《“绿色崛起”的海南共识——聆听罗保铭同志报告记》，《海南日报》2012年4月26日）

房地产企业指到哪儿，政府规划跟到哪儿

历史有惊人的相似，却不好辨认。想不到，20世纪90年代初期的房地产泡沫，造成了海南前所未有的金融危机；而国际旅游岛建设初期房价大涨，造成的却是海南前所未有的生态危机。在经历了山区乱砍滥伐的“砍”、沿海海防林肆意破坏的“挖”之后，在国际旅游岛建设导致“房地产热”的背景下，海南再次出现的危机是“填”，就是填海造地，向“海”要房。对此，人们最深的印象是来自中央环保督察组向海南的反馈。

2017年8月10日至9月10日，中央第四环境保护督察组对海南省开展环境保护督察，并形成督察意见。经党中央、国务院批准，

督察组于同年12月23日向海南省委、省政府进行反馈。

督察组认为，海南针对长期以来海岸带无序开发带来的突出环境问题，深刻反思，吸取教训，以壮士断腕的决心，大力推进专项整治工作。2015年7月，组织对全省12个沿海市县1823公里海岸线进行专项检查，发现违法用地、违法建设、违法排污、违法毁林等各类违法违规问题805宗。坚决查处典型违法违规案件，拆除儋州海威玻璃钢造船有限公司、琼海潭门海鲜第一家等违法违规建筑共25.7万平方米；依法查处万宁老爷海出海口违法填海项目，回挖违法填海土方4.8万立方米，有效遏制了海岸带违法开发势头。

督察组指出海南省生态环境保护工作存在的主要问题。一是对环保工作认识和推进不够。一些市县重经济发展、轻环境保护，热衷于搞“短平快”的速效政绩工程，财政过分依赖房地产，房地产企业指到哪儿，政府规划跟到哪儿，鼓了钱袋、毁了生态，一些自然保护区、优质自然岸线、生态脆弱山体遭受破坏，成了当地生态环境难以抚平的伤痛。

二是海域岸线自然生态和风貌破坏明显。沿海市县向海要地、向岸要房等情况严重，对局部生态环境造成明显影响或破坏。儋州市政府及海洋部门化整为零违规审批海花岛填海项目，项目施工造成大面积珊瑚礁和白蝶贝受损。万宁市日月湾综合旅游度假区人工岛月岛项目于2015年10月未批先建，直至督察组进驻时才实际停止违法填海行为，周边岸滩已出现大面积淤积并形成连岛沙坝，破坏了海洋自然风貌。三亚市凤凰岛填海项目以国际客运港和邮轮港名义取得海域使用权，但实际主要用于房地产和酒店开发，由于填岛造成水流变化，三亚湾西部岸线遭到侵蚀，为修复岸滩不得不斥巨资对三亚湾进行人工补沙。

房地产和养殖等违法违规项目侵占海岸带，占用大量优质岸线资源，而在海岸带开发过程中，相关市县政府违规越权审批问题突出。文昌市自2012年以来对沿海防护林采取托管方式交由企业管理，仅高隆湾片沿海防护林就托管给13家企业，放任企业随意占用，造成沿海防护林破坏严重。琼海市对沿海防护林内违法建设不监管、不制止，并于2015年11月集中为13宗海岸带内违法建筑物补办临时手续。昌江县在编制棋子湾旅游度假区控制性详细规划时，擅自放宽海岸带和沿海防护林保护要求，将沿海防护林地规划为建设用地，侵占破坏200多亩海岸带。

全省海水养殖长期无序发展，大量滩涂养殖位于潟湖、河口等污染物不易扩散的区域，甚至违规占用自然保护区和沿海防护林。清澜省级红树林自然保护区内鱼虾养殖面积多达760公顷，分别侵占保护区核心区、缓冲区面积的31.4%和20.3%。

三是部分自然保护区管护不力。全省10个国家级自然保护区中有8个存在未经审批的旅游项目，文昌市将铜鼓岭国家级自然保护区1333公顷的陆域范围全部划入生态旅游区开发范围，涉及核心区468公顷、缓冲区171公顷。2014年又将该自然保护区41.3公顷现状林地规划为酒店用地，并侵占5.5公顷林地开展旅游道路建设。在调整规划过程中，省国土、林业、住建等部门把关不严，大开方便之门。

中央环保督察组在向海南省反馈督察时，狠批当地房地产行业对当地生态的破坏，他们一针见血地指出："财政过分依赖房地产，房地产企业指到哪儿，政府规划跟到哪儿，鼓了钱袋，毁了生态。"

2021年11月19日，海南对外公开了《中央生态环境保护督察整改情况》，表示截至2021年6月，中央第三生态环境保护督察组反馈的44个问题190项具体任务，已基本达到整改进度要求。其中，《中央生态环境保护督察整改情况》详细披露了7个涉及围填海项目整改进展。如三亚市凤凰岛二期项目明确全部拆除，恢复建设前原状；文昌市南海度假村和东郊椰林湾人工岛项目开展了附近海域海洋生态环境动态监测，完成了人工岛科学拆除的论证报告评审；万宁市月岛项目依法依规行使代履行职责，推进月岛项目拆除工作；海口市加快推进葫芦岛项目拆除工作，已完成工程量总投资占比33%，同时防范二次污染问题发生；澄迈县盈滨半岛滨乐港湾度假区项目已全面拆除违法填海区域，开展了生态修复；儋州市海花岛项目3#涵管桥和4#涵管桥完成了拆除，其他拆除工作正在推进；三亚市亚龙湾瑞吉码头度假酒店配套游艇码头项目开展亚龙湾游艇码头南、北防波堤拆除工程，实施生态修复。

那些年海南的填海项目，几乎没有一个“善终”，教训尤其深刻。所幸，党中央在海南自由贸易港制度设计中提出：“在明确分工和机制措施、守住不发生系统性风险底线的前提下，构建海南自由贸易港政策制度体系。”并明确制定实施有效措施，有针对性防范化解贸易、投资、金融、数据流动、生态和公共卫生等领域重大风险。

海南省第八次党代会提出，要“坚持守牢底线，建设安全有序、风险可控的自由贸易港”。风险防控做得好，海南自由贸易港才能取得最终胜利。要坚持底线思维、极限思维，加强重大风险识别和防范，提高应对各类风险挑战的能力，确保风险找得准、防得住、控得牢。

海南解放以来所经历的生态危机，让我们更加感受到习近平总书记对海南生态保护高度重视，海南建设国家生态文明试验区、建设热带雨林国家公园，意义十分重大。

历史告诫我们：海南岛的生态太脆弱，千万不要忘记我们曾经无数次在她美丽的容颜上刻下的累累伤痕……

习近平总书记强调“越是深化改革、扩大开放，越要加强精神文明建设”之时，是结合海南改革开放历史上的教训来讲的。改革开放以后，海南曾经走了一些弯路，很重要的一个原因，就是一段时间里精神文明建设抓得不好。“越是深化改革、扩大开放，越要加强精神文明建设”，如此强调加强精神文明建设的重要性，对于在海南建设中国特色自由贸易港是非常有针对性、指导性的。

2018年4月13日上午，习近平来到位于海口市的海南省博物馆，参观海南建省办经济特区30周年成就展。

参观完成就展后，习近平总书记来到生态建设馆内，察看了热带海洋岛屿动植物物种基因库样本，观看了自然保护区实时监控画面，听取了海南空气质量监测数据分析，对海南省重视生态环境保护的做法表示肯定。习近平总书记要求，要把保护生态环境作为海南发展的根本立足点，牢固树立“绿水青山就是金山银山”的理念，像对待生命一样对待这一片海上绿洲和这一汪湛蓝海水，努力在建设社会主义生态文明方面作出更大成绩。

2022年4月考察海南，习近平总书记又指出，海南要坚持生态立省不动摇，把生态文明建设作为重中之重，对热带雨林实行严格保护，实现生态保护、绿色发展、民生改善相统一，向世界展示中国国家公园建设和生物多样性保护的丰硕成果。

认真学习贯彻习近平总书记的重要讲话精神，海南省第八次党代会部署“坚持生态立省，建设生态一流、绿色低碳的自由贸易港”的重大任务，提出青山绿水、碧海蓝天是海南自由贸易港最强的优势和最大的本钱。要正确处理好发展与保护的关系，扎实推进国家生态文明试验区建设，让良好的生态环境成为海南子孙后代的金饭碗。

党的二十大报告提出：“中国式现代化是人与自然和谐共生的

现代化。人与自然是生命共同体，无止境地向自然索取甚至破坏自然必然会遭到大自然的报复。我们坚持可持续发展，坚持节约优先、保护优先、自然恢复为主的方针，像保护眼睛一样保护自然和生态环境，坚定不移走生产发展、生活富裕、生态良好的文明发展道路，实现中华民族永续发展。”建设好国家生态文明试验区，一定要坚持生态立省，把生态当作重中之重，当作国之大者，每个人都养成保护生态环境、建设生态文明的思想自觉和行动自觉，为中国式现代化作出海南的贡献。

五、共产党把所有精力都用在让老百姓过好日子上

水满乡毛纳村是五指山市一个黎族村寨，近年来积极推进美丽乡村建设，大力发展乡村旅游业。习近平总书记来到村里调研，沿村道边走边看。黎族村民王柏和一家热情将总书记迎进家里。习近平察看院落、客厅、卧室等，在手工茶坊参与炒茶劳动，并买下两袋茶叶。习近平勉励他们把茶叶经营好，把日子过得更红火。

在村寨凉亭内，习近平同驻村第一书记、乡镇乡村振兴工作队队长、村支部书记、老党员、致富带头人代表等亲切交谈，了解当地因地制宜发展特色产业，加强民族传统文化保护传承等情况。习近平强调，推动乡村全面振兴，关键靠人。要建设一支政治过硬、本领过硬、作风过硬的乡村振兴干部队伍，吸引包括致富带头人、返乡创业大学生、退役军人等在内的各类人才在乡村振兴中建功立业。要强化农村基层党组织建设，充分发挥基层党组织战斗堡垒作用。

习近平沿长廊察看黎族特色农产品和黎锦、藤编等非物质文化遗产展示。广场上，歌声悠扬、鼓乐齐奏，村民们跳起竹竿舞迎接远方的客人。习近平亲切地对大家说，很高兴来看望黎族乡亲们，看到你们过上幸福生活，我感到很欣慰。我们全面建成小康社会以后，还要继续奔向全体人民共同富裕，建设社会主义现代化国家。乡村振兴要在产业生态化和生态产业化上下功夫，继续做强做大有

机农产品生产、乡村旅游、休闲农业等产业，搞好非物质文化遗产传承，推动巩固拓展脱贫攻坚成果同乡村全面振兴有效衔接。各级领导干部要贯彻党的群众路线，牢记党的根本宗旨，想群众之所想，急群众之所急，把所有精力都用在让老百姓过好日子上。

习近平指出，要实施更多有温度的举措，落实更多暖民心的行动，用心用情用力解决好人民群众的急难愁盼问题，积极探索共同富裕的实现途径。要继续实施减负稳岗扩就业政策，健全重要民生商品保供稳价机制。要全面贯彻党的教育方针，统筹推进义务教育均衡发展和城乡一体化。要全面做好社会治理工作，扎实做好安全生产工作，常态化开展扫黑除恶斗争，严厉打击各类涉海违法犯罪活动。（**《习近平在海南考察时强调 解放思想 开拓创新 团结奋斗 攻坚克难 加快建设具有世界影响力的中国特色自由贸易港》，《人民日报》2022年4月14日**）

水满乡毛纳村，大山深处的黎族村寨。村里有一条国家公园分界线。园内，是村寨的林田；园外，有村民的房。

村民们自称“公园人”。

过去是穷日子。建省时，海南17%的人口未解决温饱，中部山区甚至还在“刀耕火种”。多少年来，走不出去的大山阻断了致富路。饿肚子的深刻记忆，让如今过上了好日子的村民，依然要在村道边留下“合亩仓库”，囤积粮食。

习近平总书记走近了端详：“过去吃不饱吧？”

“山地多，耕地少。现在发展林下经济，林果、林茶、林禽、林畜，绿水青山就是金山银山。”当地负责同志答。

总书记深刻指出：“绿水青山是水库、粮库、钱库、碳库。”

村凉亭，乡亲们正议农事。

“总书记好！欢迎到我们村做客。”

“来吧，咱们一块儿坐坐，都介绍介绍自己。”习近平总书记目光里满是温暖。

“我叫王启望，是返乡创业大学生。”一个晒得黝黑的小伙子抢了先。他回乡当农民的经历，这些年感染了四邻八乡不少年轻人。

“我叫王进友，是村里的生态护林员。最喜欢进山听鸟唱歌了，绿水青山也是我的饭碗。”

“有没有发现长臂猿呢?”总书记惦念着之前在海南热带雨林国家公园听说的濒危动物长臂猿的事，“添丁了，36只了。”

“护林收入怎么样?”“这钱谁出?”习近平总书记从村财政支出，一步步问到光伏产业发展。

“王琼香，致富带头人说两句。”总书记记住了有村民发言时提到这位腼腆的脱贫户，鼓励她说。

“小孩上学，每天都发愁。2013年我家列为贫困户。我不想回到从前的穷日子了。在党和政府帮扶下，我种起了水满大叶茶……”迎着总书记目光，话题一开，王琼香越说越来劲，“去年买到一辆小车。”

一听这话，村民们都笑了。总书记分享了她的这份喜悦，亲切询问她买的是小轿车还是小货车，并从这个话题聊到了村里的变化。

“我也带动了21户村民脱贫。国富民强了，我们的日子越来越好了!”话音刚落，村民们鼓起掌来。

村民王政珠说，在乡村振兴工作队的帮助下，上夜校、搞养殖、种茶叶，还成了村“两委”班子成员。习近平总书记笑着对他说:“现在很多扶贫故事里都有这样的成功转变。”

高力，水满乡乡村振兴工作队队长、毛脑村驻村第一书记。他汇报说："我们刚成立了一个村企，名叫1867建筑劳务公司。"

1867米，正是五指山的海拔。村民们怀揣对大山的爱，用这种质朴方式去表达深情。

"这个村真是欣欣向荣啊。扶贫和振兴要衔接上，这边是巩固扶贫成果，这边是迈出振兴第一步。过去身在宝山空手而归，现在身在宝山硕果累累。大叶茶发展起来了，下一步就是生态旅游。乡村振兴要在产业生态化和生态产业化上下功夫。这里会有一个光明的前途。"

一水护田将绿绕，两山排闼送青来。凉亭另一侧的长廊，黎锦、黎陶、树皮布，琳琅满目。一个只有7岁的男孩，很小的时候就跟着奶奶学织锦。一放学，他又跑来了。

胖乎乎的小手在锦布上穿梭，他一下成了众人焦点。总书记弯下腰，听他背了一首诗："九仙织女下凡间，开创黎锦三千年……"

当问到长大后的梦想，小家伙朗声答："想跟奶奶一样。"

"很好！非物质文化遗产，中华民族的手艺活，既传统又时尚。"

村广场上，竹竿舞节奏欢快，鼻箫婉转悠扬，一片树叶也成了乐器，宛若天籁。习近平总书记感叹："生活在大自然里，融为一体了。"

这趟来，想看看乡亲们的日子，想听听人与自然和谐共生的故事。

"共产党把所有精力都用在让老百姓过好日子上。好了还要再好，不能止步。"

"全中国只有这么一个热带雨林国家公园。下一步要干的事，就是把国家的大目标和我们的小目标连在一起，在保护中发展，生态保护、绿色发展、民生改善相统一。"

“久久不见久久见，久久见过还想见。”乡亲们的歌声，送了一程又一程。（《“探索试验蹚出来一条路子”——记习近平总书记赴海南考察调研》，《人民日报》2022年4月15日）

“共产党把所有精力都用在让老百姓过好日子上。好了还要再好，不能止步。”《人民日报》对习近平总书记2022年考察海南的报道中，关心人民群众生活的内容分量很重，体现的是坚持以人民为中心的发展思想，践行“人民对美好生活的向往，就是我们的奋斗目标”的崇高追求。

我们现在用海南改革开放过程中的一些事例，来理解“共产党把所有精力都用在让老百姓过好日子上”这个深刻质朴的道理。

海南群众生活贫困的“深思”

1978年11月，中央工作会议在北京召开。习仲勋16日在会上作题为《广东的建设如何大干快上》的汇报。他讲的第三个问题是“开发海南”。他说：“海南岛的面积三万二千二百多平方公里，比台湾才少三千平方公里，人口不及台湾三分之一，自然条件比台湾要好，又是革命老根据地，但目前经济建设落后，市场紧张，群众生活贫困，这不能不值得我们深思。”在广东工作汇报中单列报告海南工作，可见习仲勋对开发建设祖国宝岛海南的高度重视。

“目前经济建设落后，市场紧张，群众生活贫困。”习仲勋几句话就勾勒出海南的真情实况。这是他了解海南情况而得知的事实。

对海南的蔬菜供应问题，习仲勋10月22日晚上主持的省委常委会会议时就谈及，反映了有人谈到海南猪肉、葱很少，葱一元多一斤，群众、军队很有意见。因此，他强调海南对菜的问题要抓一下。种菜的土地要做个规划，工农商学兵，各个团体都要搞种菜、搞基地。这是非常有针对性的。据当时调查，由于“文化大革命”的破坏，过去几年海南蔬菜供应相当紧张，每年国家要贴补数千万元，近一两年来，特别是落实中央农业政策之后，大力支持职工发展自给性农副业生产，实行“公私两条腿走路”的方针，肉、菜及其他副食品供应情况才大大改善，职工生活水平也有所提高。

海南岛是宝岛，但是，“宝岛、宝岛，就是吃不饱”。这反映了人民群众的收入水平太低。对此，习仲勋后来多次感叹海南群众生活的贫穷：“海南农民一年平均收入才七十多元。”“海南解放三十年，群众还这么苦，分配才七十多元。”“全区分配六十元每人。”

时任海南区党委书记罗天曾说到这些具体情况：“社员的口粮和分配水平也不高。1976年农业人口每月平均口粮仅达37斤，其中每人每月平均在30斤以下的还有7885个生产队，占30%；1976年农业人口年平均分配只有64.9元，其中年平均分配在50元以下的有9824个生产队，占41.3%。”

当时海南群众收入低到什么程度？就是远低于全国、全省平均水平。尽管海南岛的自然环境具有独特的优越性，生产潜力高，然而农业生产水平低，实际的生产能力一般还落后于广东省与全国的平均水平，有的方面差距很大。当时全岛工农业总产值不高，每人平均值仅为全国每人平均值的一半。工业产值比例小、经济效益差。每人平均能源消费量只有200公斤，相当于全国水平的1/3。生产发展的停滞使社员每年集体分配水平很低，增长很慢。1957年为37元，1966年增到63.9元，13年后的1979年仍只有65.87元，1980年则略有上升，达到69.95元，近两年，农村形势越来越好，1981年达到157元，1982年才有了较大幅度的上升，达255元。

还有专家认为，海南农村大部分是自给性生产，商品经济很不发达，这是造成集体收入少、农村经济发展缓慢、农民生活贫穷的面貌长期得不到改变的重要原因。1980年全岛农村社队人均集体分配仅70元，比全国平均水平低15.85元，比广东省平均水平低35元。从历史上看，1966年全岛人均分配63.9元。14年间才增加6.1元。身处五指山区的近70万黎族苗族同胞，生活水平更低。

在中央工作会议上深思海南与台湾之间发展差异的结果，就是习仲勋建议国家把海南的开发作为重点，提出要放手开发海南。

习仲勋说："建议国家把海南的开发作为重点，大力发展橡胶、剑麻等热带作物。但是，从解放以来，由于海南的粮食问题没有很好解决，大规模开发海南确有困难。海南东方、昌江一带（即海南的西南部）有连片荒地约一百万亩，长年无霜，日照好，不受台风侵袭，只要解决了水利问题，是个非常好的谷物和热带作物产区。当前压在海南头上的粮食账，每年约两亿斤。所以，我们设想：在今后几年内请国家专门调拨一些粮食给海南，在这个期间内，尽快把大广坝水库修建起来，把西南部那片荒地办成谷物和热带作物农场。那里草很多，头几年一面养牛，一面建场。建场后，如果用四十万亩种水稻，每亩如收获八百斤稻谷，总共就是三亿多斤粮食，海南今后无论是建设用粮或战备用粮，都可以解决。这样放手开发海南，有朝一日打起仗来也好，就有了可靠的物质基础。"这是我国即将进入改革开放新时期的放手开发海南的第一声！

"设想今后几年内请国家专门调拨一些粮食给海南"，解决压在海南头上的每年约两亿斤的"粮食账"，根本目的就是让海南充分发挥热带、亚热带资源优势，放手开发建设海南岛。这真正体现了解放思想、实事求是，一切从实际出发的精神。

在习仲勋的直接推动下，1980年"海南岛问题座谈会"在北京召开。国务院7月24日批转的《海南岛问题座谈会纪要》明确：

“为了促进橡胶和其他热带作物的发展，从明年起，由中央和省每年给海南岛调进粮食四亿五千万斤，一定五年不变。五年以后，根据粮食产量增长情况，再逐步做到少调进或不调进。”由国家给海南增加调进粮食，数量一定几年不变，以便海南地区腾出手来，放手发展橡胶和其他热带作物。这是发展海南优势的重要决策。橡胶等热带作物发展了，就有资金大搞水利建设，提高粮食产量。粮食上去了，才能有条件更快地发展热带作物和经济作物。

习仲勋在会上还接着说：“农场一动手就搞现代化的，不能再用移民的办法，最好是国家投资，也可以由海外华侨投一部分资，用以引进先进设备和技术。这一着棋走活了，开发海南问题也就基本解决了。”

这表明，海南改革开放的“基因”，就根植于1978年为党的十一届三中全会召开做准备的中央工作会议上。这些，同样是“共产党把所有精力都用在让老百姓过好日子上”的鲜活事例。

“穷，就可以允许违反政策吗”

震惊中外的海南“汽车事件”于1985年7月底发生后，中新社记者采写了一篇通讯《夜访姚文绪》，发表于1986年5月10日的香港报纸。姚文绪时任海南区党委书记。

海南区党委书记的办公室宽大而陈设简单。他们对坐在两张藤椅上。姚文绪先问记者对海南岛的观感，记者说：“半个月中，跑了十一个县，既看到可喜的变化，也亲眼看到有的老百姓至今还过着‘三个石头一个灶’的贫困生活，令人心酸。”

姚文绪说：“心酸了吧！海南岛是个宝岛，确实富饶，生产条件很好，但是宝岛却是一个要饭吃的岛。每年要由国家调入四亿二千万吨粮食，财政开支三亿多元，可是前两年财政收入只有一亿五千万元，现在才二亿元，吃饭花钱都不能自己解决。有人讲你们是捧着金饭碗要饭吃。你在东方县看到了贫困的村子，其实各县都有，全岛大约有百分之十五至二十的困难户。三亚市是由县改市的，困难户比较多，你住的鹿回头宾馆相当漂亮，街上的人也穿得花花绿绿，可到农村一看，困难户可真不少啊！”

记者又无意中说：“你素来是谨慎的，临近退休之年，受了党内严重警告处分，令人惋惜。”

这位区党委书记激动地说：“我承认有谨慎的一面，不仅在政治上，生活上也是如此。但在倒卖汽车事件上，就很不谨慎啦，如果谨慎的话，就不会闹得如此严重了。我到底为什么呢？海南岛太穷了，我着急了，急功近利，好高骛远，对中央给海南岛的政策研究不够，学习别人的经验又学偏了，归根结底，全局观念太差，一下子钻到汽车底下去了。”

这带有“自讽”味道的一番话，道出了“汽车事件”发生的一些实际情况。“海南岛太穷了”，这曾被认为是“汽车事件”发生的一个原因。

也是在1986年的秋天，著名作家张锲初访海南，当时正是海南发生了轰动全国的“汽车事件”之后，海南区政府原主要负责人受到撤职降级处分，已经调离海南，还有一大堆遗留问题等待处理。当时海南人心浮动，情绪低落。张锲后来在其所著的报告文学《热岛》中，记下一位海南同志与他谈话的一幕。

这位海南同志亢奋地说：“你们这些外来人，来了又走了，看到的只是些山呀、水呀，槟榔呀、椰子呀，回去就写诗、写文章，把海南写得如何美、如何好，可你们并不真正了解海南。海南穷啊!”张锲吃惊地抬起头来。

海南同志继续说道：“海南六百零五万人口，现在还有六分之一的人处在贫困线下。你知道什么叫贫困线吗？也就是人均年收入不到二百元。其实，这还不算最苦的。山里的黎族老乡，有许多人家现在还是‘三块石头支口锅，一根竹竿挂衣裳’。保险公司在那里试点，有一家被火烧了，算来算去，全家财产还不足四十元。前些年，我在下面蹲点，我住的房东家灶上用麻绳系着块又黑又脏的猪肉，来了客就把那块猪肉解下来放在热锅上擦擦炒菜。他们家有个上学的孩子，只有他才享受用酱油冲碗清水喝的待遇。”

这一说，他们俩都沉默了下来。过了好半天，这位海南同志才又说道：“我是解放前参加革命的。跟着冯白驹在山上当小鬼，打游击。海南岛解放前二十三年红旗不倒，从那时算起，党在这里已经奋斗了将近六十年。还能看到这样的贫困状况，你说说，我这个共产党员该怎么想?!”

说着说着，这位海南同志又绕着弯谈到“汽车事件”：“‘汽车事件’错没错？错了。那么短时间，从对面进口了好几万辆汽车，冲击了国内市场，留下了那么多后遗症，还能没错?！可我们海南人不恨雷宇。没有雷宇，也会逼出个王宇、李宇来！他是为给海南人治穷，怀着一腔热血，提着个小包到海南来的，他没有经验，失去了控制，可他三年来吃了大苦、受了大累，最后落下个处分，又提着那个小包，不声不响地走了。我们海南人，觉得欠了他一份情啊！”

这下张锲向这位海南同志靠拢过去，紧紧握住他的手。当时他们是在三亚海边谈话，这时只听得海浪继续在他们身边“哗哗”响着，张锲觉得那一阵阵海浪，仿佛都冲进了胸腔，冲得全身颤动，热血沸腾。

这些，都是说海南的“穷”。而“穷，就可以允许违反政策吗”？这是处理“汽车事件”时最直抵人心、发人深省的问话。

1985年7月21日，到海南处理“汽车事件”的广东省委主要领导在海南区直属机关部委办以上领导干部会议讲的第一个问题就是：穷，就可以允许违反政策吗？他说，不能一谈起海南问题，就把“穷”字摆在面前，好像在“穷”字下面可以做这样那样的文章，犯了错误也是合情合理似的。这显然是不对的。正因为相对地说，海南比较穷，因此中央、省委给予种种照顾，政策放得比较宽。至于说因为穷，就应该允许做一些出格的事，这显然是不对的。这样的思想会把人们引到邪路上去。不能够因为穷，就认为可以搞一些违反政策的事，干损人利己的事。我们绝不能这样干。再进一步来说，靠干一点出格的事情，就能够解决穷的问题吗？从长远来说是解决不了的。干那些离开了党的路线、方针、政策的事情，表面上看来，或者短时间看来，或许能发一点财，但归根结底不能解决穷的问题，而且要走到邪路上去。另一方面，是不是因为穷，就可以允许干违反政策和违法的事呢？如果说可以允许的话，那大家都去干一些违法的事情，那么，会出现什么状况呢？其结果必然是不可收拾。

由这些“这样的思想会把人们引到邪路上去”“归根到底不能解决穷的问题，而且要走到邪路上去”结论性用语看，“汽车事件”的严重教训，就是告诉我们什么才是海南的“人间正道”。

海南岛“穷”得出名，也“穷”得令人同情。在习仲勋主政广东的时候，广东省委常委兼海南区党委第一书记罗天就“哭穷”，习仲勋对海南的“穷”深表同情，并深思治琼良策，取得初步成效。如果说因为“穷”，而导致发生“汽车事件”这样的我国改革开放以来的重大性错误，无论从哪个角度说都是说不通的。“共产党把所有精力都用在让老百姓过好日子上”，这个“用”是用在正道上，而不是去走什么“邪路”。

"仙人掌不能当饭吃……"

1989年3月25日，全国政协七届二次会议的最后一次大会发言，在海南方面没有任何思想准备的情况下，五名政协委员联合发言，对海南引进外资开发洋浦大加非议，公开指责海南的做法"何异引狼入室，开门揖盗"。他们说："在考察中我们了解到海南省拟将海南岛洋浦港中心地区三十平方公里的土地，以每亩二千元人民币的低价长期租借给日本企业熊谷组，为期七十年；如双方同意，还可再延长七十年。我们认为这个问题涉及我国主权问题，应慎重考虑。"

他们表示："我们完全拥护中央的对外开放政策，我们更赞成在一定条件下引用外资参加中国的建设。但是以这样低的地价（在海口市，内地单位要用六万元在未开发的郊区买一亩地），这样大的面积，这样长的时间，在中国本土上出现这块租界地，我们不赞成。我们认为此举欠妥，有违人大和国务院对海南省发展战略的指示精神。"

他们在发言中扼要陈述七大理由后说："综上所述，海南省此举难收增加经济效益之利，却遭以丧失国家主权之羞，实不可取。"

五位委员的联合发言，引起很多与会者感情上的强烈共鸣，人民大会堂里响起一阵阵热烈的掌声。

对"风波"作出最迅速反应的是上海的一家报纸。这家报纸第二天发出"北京专电"，报道张维等五名委员在全国政协大会上联合发言，对海南低价长期出租大片国土提出异议。报道说，联合发言"获得一阵又一阵热烈掌声"，"张维委员的每一项建议，都获得热烈掌声"，特别是说到这项拟议还要审查，"现暂不审批时，全场响起一片热烈掌声”，“这是政协全体会议四次大会发言中获得掌声最多的一次”。人们从报道中可以体会出，当时会场里掌声迭起的气氛是何等热烈。

香港的报纸也对此事大肆报道，有的还配发评论。《大公报》称：“日商承包开发洋浦之议，张维表反对称涉及主权。”《明报》说：“琼洋浦拟租日本，五政协委员力加反对”，“指外国租界地重现势成新国耻”。与此同时，日本的一些报纸转发了中国新闻社发自北京的电讯稿。这样，“洋浦风波”影响便同步至全国及世界了。

“客观”的新闻报道之后，是导向性、旗帜性鲜明的评论。3月30日，上海一家报纸在专栏发表署名“萧丁”的文章《请注意“两会”两条新闻》。文章说，张维等委员批评海南省廉价出租大片土地，对“这个发言，其他媒体只字未提，本报在3月26日做了较详细的报道”。文章接着把洋浦成片承包开发同清政府割地赔款相比，大加诘难：“七十年意味着什么呢？清政府是战败国，向老牌帝国主义英政府割地赔款，香港的租借期是九十九年。为这九十九年，中国人民站起来以后还要再等五十年，现在还没有到期呢。我们在喜马拉雅山为了保卫神圣的领土，即使流血牺牲，也要寸土必争，而海南岛以二千元一亩出租大片土地，炎黄的子孙能不心痛吗？”

有一家上海报纸批评洋浦的措辞更为激烈，矛头直指海南省领导人。4月2日，该报刊登杂文《开门不要揖盗》，其文最后一段说：“二千元一亩的七十年租费，据一位有心人估计，只抵得南京路闹市租一个柜台的月租；半个香港的那么大的地方七十年租费九千万元，只够建造一所高级宾馆。这个馊主意的目光是多么短浅！但是这不仅是一个经济账问题，这首先是个国土主权与民族尊严的问题。这意味着把儿孙一辈的幸福抵押给外国人，我们怎能忍心做出这类祸延子孙的事情呢？我至今还不相信在建国四十年的时候将会出现这样的耻辱。而如果竟然有这等事，那么，借‘开放’之名而干这类丧权辱国之事的人一定会被钉上历史的耻辱柱上去而受人唾骂，那是一定的！”这篇杂文是“洋浦风波”发生后，抨击此事言辞最为激烈的文章，它点燃了不明真相的中国人心中的怒火：谁能容忍海南省领导人的这种“引狼入室，开门揖盗”的“丧权辱国”行为？

当时新闻媒体的推波助澜，如同火上浇油。充满热血而不明真相的大学生被鼓动起来，他们义愤填膺，怒火中烧，成群结队，上街声讨海南“卖国”。4月22日，上海外滩出现数百名大学生举着写满“还我海南”“且看海南下一步将怎样走”等内容的标语牌、横幅，沿途高呼口号，发表街头讲话，引来市民争相围观，一时交通堵塞，议论纷纷。5月22日，在黄土高原上的古城西安上街游行的学生队伍中出现了“声讨海南卖国”的标语口号，许多学生沿途散发、张贴复印的前述刊登有萧丁、林放文章的报纸。

就在震惊中外的“洋浦风波”还未平息的时候，1989年4月25日，时任海南省委书记许士杰在海南省人民代表会议第二次会议上谈洋浦开发问题时说，洋浦周围100多平方公里土地十年有九年旱，十种九不收。洋浦的开发“四上四下”，想自力更生因缺资金，力不从心，现在洋浦还是石头和仙人掌的天地。洋浦的开发几起几落，这就是海南开发建设的缩影。按照规划，要赶上先进地区，海南省近15年内需投入建设资金2000亿元，一年需130亿元。海南1987年国民收入43亿元，1988年国民收入61亿元，全省人民三年不吃饭，收入才能够一年的开发费用。1988年全省财政收入达4.2亿元，如此积累30年才够一年开发费用。国家不可能给这么多钱，海南自己又没钱。唯一的办法就是充分利用中央、国务院给予的优惠政策，千方百计引进外资。我国党政领导人说过，海南特区可以按国际惯例办事。洋浦开发区正是按照国际惯例来开发建设的。何况这既符合宪法，又符合国务院给海南省政府的政策规定。

许士杰详细地介绍了洋浦开发区的一些做法，洋浦开发区每平方公里实施“五通一平”需耗资两亿元，投资多、回收期长、风险大。许多投资商不敢冒此风险。海南省有外籍海南同胞及侨胞100多万，这些人中至今无人回海南来投资办大工厂，搞成片开发。现在的洋浦开发区采用如下做法：在维护国家主权、遵循我国法律的前提下，让外商成片承包开发、综合补偿、统一规划、分期实施、以项目带土地；涉及国家主权的军事、外交、海关、税务、工商管理、公检法等机构都由省政府负责，建什么项目要由省政府审批，不能办违法企业，外商享有企业自主权和优惠政策。这个做法，引起了一些财团的兴趣。

许士杰不否认在洽谈、审议洋浦开发问题的过程中，有一些不完善的地方，现在正在拟定一系列的政策与法律，使之完善起来。让外商成片承包开发洋浦，外商冒经济风险，我们必须让利，实行低地价、低税收等优惠政策，不然，谁来？这样做，比关起门来省心省力，悠哉游哉，比让土地继续沉睡、人民继续贫困要好得多。虽冒一点政治风险，但可换来一个新建的年产值达到200亿的现代化中等城市，以促进全省开发建设的美好前景。

许士杰以激昂的语调说：“引进外资开发洋浦，我们在经济上没有风险，但政治上要冒风险，大概不会挨‘棍子’，但‘帽子’可能不会少，最吓人的‘帽子’无非是‘卖国’。为了改革开放，我们不怕戴‘帽子’。想保险，就关起大门睡大觉，悠哉悠哉，让荒地继续睡觉，洋浦继续长仙人掌，但仙人掌不能当饭吃……”

许士杰的一席话，引来人民代表雷鸣般的持续一分钟以上的掌声。这是人民的心声！这就是“共产党把所有精力都用在让老百姓过好日子上”，为了不让人民继续贫困，敢闯敢试而不怕冒风险、不怕被扣“帽子”的鲜活事例，令人惊叹、赞叹！

1989年4月28日，邓小平对开发洋浦作出批示：“我最近了解情况后，认为海南省委的决策是正确的，机会难得，不宜拖延，但须向党外不同意者说清楚。手续要迅速周全。”这是中国关键的人在关键的时候为海南省委说了关键的话。邓小平又一次以巨大的政治勇气，实践了中国共产党人做事的出发点和归宿，即“人民拥护不拥护”“人民赞成不赞成”“人民高兴不高兴”“人民答应不答应”。

海南最有条件搞好基本公共服务均等化

2013年4月，习近平总书记在海南考察时要求“做好民生工作，努力让人民过上更好生活”。

习近平指出，人民对美好生活的向往，就是我们的奋斗目标。我们党领导人民搞革命、搞建设、搞改革，最终目的是让人民过上好日子。回顾我们党的奋斗历史，凡是我们高度重视群众生活的时候，我们的事业就发展得比较顺利，反之就会遇到挫折。我们为什么要搞改革开放？还不是被逼出来的！那时国民经济已经濒临崩溃的边缘，人民温饱问题都难以解决。改革开放之所以得到全国人民衷心拥护，根本一条就是人民生活水平和质量不断得到提高。“享天下之利者，任天下之患；居天下之乐者，同天下之忧。”不断提高人民物质文化生活水平，是事关党和国家长治久安的政治要求，我们要牢记在心、落实在行。

习近平强调，海南省地域小、人口少，实行省直管市县的体制，随着经济不断发展，最有条件搞好基本公共服务均等化。他指出，海南已经明确了今后五年的民生奋斗目标，对今年民生工作作出了部署，提出将重点办好十件实事，而且这些实事是在向全社会公开征集意见的基础上确定的，这种工作方法很好，“知屋漏者在宇下”，我们就是要在准确把握人民群众意愿的前提下去办事，绝不能糊里糊涂办群众不满意、吃力不讨好的事。

习近平赞赏的“重点办好十件实事”，是海南省促进全民共享改革开放发展成果的一项重要举措。自2012年以来，海南省委、省政府将每年为群众办一批最急、最需、最迫切的民生实事，作为推动全省民生事业发展、解决突出民生问题的一项基本制度，构建了相应的体制机制。事前“问需于民”“问计于民”，充分听取民意民声；事中加强监督检查，密切跟踪进度，强力推进项目进展；事后“问政于民”，及时评估考核，有力确保了每项民生实事扎扎实实办好、群众实实在在受益，让更多群众更好共享发展成果。

“十件实事”制度已经坚持了10年。2022年海南省委、省政府为民办实事事项就有：适龄女生HPV疫苗接种、新生儿先天性心脏病筛查与诊治、老年人认知障碍筛查试点、严重精神障碍患者门诊治疗免费服用基本药物、初中教室照明改造、为全省小学和A级旅游景区配备AED自动体外除颤仪、全省中小学生视力监测、农民小额贷款贴息、乡镇标准示范生活垃圾分类屋（亭）建设。

“小康不小康，关键看老乡。”与国内的经济特区、自由贸易试验区相比，与国际上的自由贸易港相比，海南自由贸易港的面积有80%在农村，农业人口占总人口的60%，由此，农村的发展、农民的致富，直接关系到自由贸易港建设的成功。

同时要看到，1993年7月海南省第二次党代会宣布海南实现了第一步目标：五年来国内生产总值年平均递增12%，1992年人均国内生产总值达到2126元，首次超过全国平均水平（2055元），实现了中央要求海南建省后三五年达到全国平均水平的第一步发展目标。但是，在28年后的2021年，全国人均GDP是8.1万元，海南人均GDP是6.37万元，仅为全国平均水平的78.6%。在此背后，是常被人诟病的海南收入低、物价高等问题。海南的城镇居民收入在全国属于中等偏下水平，但是物价水平在全国高居榜首，这些年来，海南物价都名列全国前三位。

因此，在建设中国特色自由贸易港的时代背景下，我们要全面领会“共产党把所有精力都用在让老百姓过好日子上”的深刻含义，看到海南有条件把以人民为中心的发展理念落实得更好。要坚持尽力而为、量力而行，实施更多有温度的举措，落实更多暖民心的行动，用心用情用力解决好人民群众的急难愁盼问题，积极探索共同富裕的实现途径，让人民群众有更多获得感。

党的二十大报告提出：“中国式现代化是全体人民共同富裕的现代化。共同富裕是中国特色社会主义的本质要求，也是一个长期的历史过程。我们坚持把实现人民对美好生活的向往作为现代化建设的出发点和落脚点，着力维护和促进社会公平正义，着力促进全体人民共同富裕，坚决防止两极分化。”

江山就是人民，人民就是江山。中国共产党领导人民打江山、守江山，守的是人民的心。治国有常，利民为本。为民造福是立党为公、执政为民的本质要求。必须坚持在发展中保障和改善民生，鼓励共同奋斗创造美好生活，不断实现人民对美好生活的向往。党的二十大报告强调：“我们要实现好、维护好、发展好最广大人民根本利益，紧紧抓住人民最关心最直接最现实的利益问题，坚持尽力而为、量力而行，深入群众、深入基层，采取更多惠民生、暖民心举措，着力解决好人民群众急难愁盼问题，健全基本公共服务体系，提高公共服务水平，增强均衡性和可及性，扎实推进共同富裕。”

海南省地域不大、人口较少，自然禀赋条件好，实行省直管市县的行政体制，具有“多规合一”的体制改革优势，最有条件搞好基本公共服务均等化，也最有条件在促进全体人民共同富裕上发挥示范作用。要坚持以人民为中心的发展思想，建设以人民为中心的中国特色自由贸易港，建设共同富裕的海南自由贸易港，使发展成果更好惠及全体人民，全心全意践行好“共产党把所有精力都用在让老百姓过好日子上”的执政理念，为实现中国式现代化作出海南贡献。

六、要总结好海南办经济特区经验

12日上午，习近平来到地处海南岛西北部的儋州市考察调研。在展示馆，习近平听取洋浦经济开发区建设发展总体情况介绍，并仔细观看了开发区发展历程、建设成就、未来规划以及入驻企业成果等展示。习近平指出，洋浦经济开发区作为海南自由贸易港先行区、示范区，要总结好海南办经济特区经验，用好“中国洋浦港”船籍港的政策优势，大胆创新、先行先试。（《习近平在海南考察时强调 解放思想 开拓创新 团结奋斗 攻坚克难 加快建设具有世界影响力的中国特色自由贸易港》，《人民日报》2022年4月14日）

“要总结好海南办经济特区经验，用好‘中国洋浦港’船籍港的政策优势，大胆创新、先行先试”，这是习近平总书记对作为海南自由贸易港先行区、示范区的洋浦经济开发区的新要求。以“中国洋浦港”为船籍港，建立海南自由贸易港国际船舶登记中心，是《海南自由贸易港建设总体方案》确定的任务。此一举措有利于吸引在境外注册的中资船舶回归，促进航运要素向洋浦集聚，培育现代航运产业集群，提升国际航运话语权，对洋浦建设西部陆海新通道国际航运枢纽具有重大意义，对于海南自由贸易港建设来说也具有特殊的标志性意义。2020年6月1日，中远海运旗下的“中远海运兴旺”轮成为首艘“中国洋浦港”船籍港货轮。

在总结经验的基础上搞好改革

海南因改革开放而生，因改革开放而兴。习近平总书记非常重视总结海南办经济特区的改革发展经验。

2010年4月，习近平在海南考察时要求海南“进一步深化改革开放”。他指出：“近年来，你们针对关系海南发展全局的重大问题，在省直管县、洋浦保税区开发建设、集体林权制度等重点领域大力推进体制机制创新，取得重大进展。刚才省农垦总局局长介绍了农垦管理体制改革带来的新变化，昨天我们在西联农场也进行了实地考察，留下深刻印象。要在总结经验的基础上，继续搞好这些领域的改革。”

2013年4月，习近平在海南考察时指出：海南地处祖国最南端，是国家南大门，地理位置重要。把海南建设好，把祖国南大门守卫好，政治责任重大，是光荣的使命。由于客观原因，海南发展起步要晚些，但后发优势多、发展潜力大，具有许多独特的亮丽名片，如全国最大的经济特区、博鳌亚洲论坛永久举办地、国际旅游岛、洋浦开发区、热带农产品主产区等，这每一张名片都蕴藏着深厚发展潜力、孕育着重要发展生机，都可以做出一篇大文章、好文章。他又强调：要勇于冲破思想观念的束缚和利益固化的藩篱，在完善基本经济制度和深化收入分配制度改革、行政管理体制改革、行政审批制度改革、财税金融体制改革、城乡发展一体化改革等方面取得更大进展，为海南发展注入强劲动力。

2018年4月13日，习近平在庆祝海南建省办经济特区30周年大会上的重要讲话中指出：“30年来，在党中央坚强领导和全国大力支持下，海南经济特区坚持锐意改革，勇于突破传统经济体制束缚，经济社会发展取得了令人瞩目的成绩……改革开放取得重要突破，在农垦体制改革、“多规合一”改革、省直管市县的行政管理体制改革、航权开放等方面走在全国前列。国际交流合作空前扩大，成功举办了18届博鳌亚洲论坛年会。在全国率先建设生态省，大气和水体质量保持领先水平。人民生活明显改善，教育、卫生、文化等社会事业加快发展，城乡面貌发生深刻变化。经过30年不懈努力，海南已从一个边陲海岛发展成为我国改革开放的重要窗口。”海南由此成为新时代全面深化改革开放试验区。

中共中央2018年12号文件中明确：“全面深化改革开放试验区。大力弘扬敢闯敢试、敢为人先、埋头苦干的特区精神，在经济体制改革和社会治理创新等方面先行先试。适应经济全球化新形势，实行更加积极主动的开放战略，探索建立开放型经济新体制，把海南打造成为我国面向太平洋和印度洋的重要对外开放门户。”

要深刻汲取三次历史教训

在建设中国特色自由贸易港的时代背景下，既要总结海南办经济特区的经验，又要汲取海南改革开放中的教训。

2022年4月13日上午，习近平总书记在听取海南省委和省政府工作汇报后强调，建设中国特色自由贸易港，是党中央着眼国际国内发展大局作出的一个重大决策，是把握未来发展主动权的一着先手棋，也是总结海南改革开放几十年的经验和教训走出的一条新路子。这表明，习近平总书记非常重视总结海南改革开放几十年的经验和教训。推进海南自由贸易港建设，通过总结海南几十年改革开放、兴办经济特区的经验和教训，走出走好一条改革开放的新路子。这也是习近平总书记2022年考察海南传递出的一个重要信息。

把这些经验和教训总结好，才能真正明白：新时代的海南正阔步走在“人间正道”上！

就汲取教训而言，习近平总书记要求深刻汲取海南改革开放进程中的三次历史教训。

2018年10月17日，时任海南省委书记刘赐贵在《海南日报》上发表《关于深入学习习近平总书记“4·13”重要讲话精神的十点认识》的文章，指出从1980年国务院出台《海南岛问题座谈会纪要》，赋予海南准特区地位，到1988年海南建省办经济特区，再到2009年底海南建设国际旅游岛，海南的发展取得了很大的成绩，但离中央的要求、离海南人民的期望、离中国唯一省级经济特区的定位，还有一定的差距，有一些经验教训值得汲取。回顾海南经历的大起大落，主要有三次：第一次是汽车走私事件、第二次是房地产泡沫、第三次是海南国际旅游岛建设初期房价大涨。这三次大起大落值得我们反思：为什么海南在改革开放刚刚起步，就发生震动全国的汽车走私事件？为什么一次次的政策利好都被一些投机者当成赚快钱的机会，急功近利？这些弯路从表面上看是投机和外部的冲击，但根子是对中央政策的理解不深、掌握不准、落实不到位。当前，党中央和习近平总书记赋予海南全面深化改革开放新的重大责任和使命，在国内外掀起了“海南热”，我们面临千载难逢的发展机遇。如何把握好这次机遇、运用好这些政策，是对海南各级领导干部的重大考验。

2021年6月21日，时任海南省委书记沈晓明在《学习时报》发表的题为《学好党的历史这门必修课 当好海南自由贸易港建设这个时代课题答卷人》的文章，强调风险防控有力有效，海南自由贸易港才能行稳致远。我们要认真贯彻推进海南全面深化改革开放领导小组制定的重大风险防控行动方案，深刻汲取汽车走私事件、房地产泡沫、海南国际旅游岛建设初期房价大涨三次历史教训，时刻把风险防控抓在手上，坚持稳扎稳打、步步为营，成熟一项推出一项，确保既“放得开”又“管得住”。

我们接着来回顾这些非凡历程与经验教训，以更好地深入理解“建设中国特色自由贸易港是总结海南几十年改革开放经验和教训走出的一条新路子。”

“汽车事件”教训：什么才是海南岛经济振兴的必由之路？

从“汽车事件”看，最能理解什么是海南发展的“人间正道”。

海南“汽车事件”正式进入人们的视野，是因为1985年7月31日新华社北京电，内容是：“海南岛大量进口和倒卖汽车等物资的严重事件已经查实。调查结果表明，在进口、倒卖汽车，炒买炒卖外汇，滥发、滥借贷款等一连串的问题上，中共海南区委、海南区政府的一些主要领导干部，目无党纪、政纪，违背中央和国务院对海南岛建设方针的指示，不顾大局，歪风邪气盛行，扰乱经济体制改革政策，败坏了海南岛开发建设的声誉，也延缓了海南岛的建设进程，问题是严重的。这一事件也暴露出一些地区和一些部门的违法乱纪问题。”

没有经历过“汽车事件”的人，无法想象当年海南倒卖汽车的疯狂程度。我们现在用两篇影响很大的报告文学的开篇，还原一点当年的场景。

著名作家理由1985年11月写的长篇报告文学《“世界第一商品”》（文学双月刊《当代》1986年第1期，1986年2月20日），是有关海南“汽车事件”的第一篇大型报告文学，写得荡气回肠，撞击人心，发表后产生极大影响。其开篇就写得引人入胜：“翻开一九八五年社会生活的大事记，有一桩引人注目的事件，就是对海南岛大量进口和倒卖汽车问题的处理。八万九千辆汽车可不是个小数目，如果把它们排成长队，将延伸三百公里，从海南岛的尽北头排到尽南头。这个故事的开头有点儿像马克·吐温笔下的《百万英镑》，结尾却不像那样皆大欢喜。是喜剧、闹剧，还是悲剧？其说不一。它引起震惊和愤慨，也引起惋惜和同情，这一切足以使人去细细品味。”

半年后邓加荣、张友胜著《命运狂想曲——雷宇与海南“汽车狂潮”》（《中国作家》1986年第5期，1986年9月10日）发表，社会影响更大。其开头的描写简直像大片：“一九八四年秋，西方世界的传播媒介突然披露一则爆炸新闻，‘根据人造卫星捕获的信息，中国南海的北部和琼州海峡两岸，已变成了一片钢铁海洋，中共正频频调动数以万计的坦克，即将投入到越南战场’。消息是惊人的，像一片乌云压向人们的心头。然而，有惊无险。排列成方阵跨越大海的钢铁洪流，不是坦克，而是汽车。”随之，港澳许多报刊也纷纷抢登这一事件的内幕消息。一家刊物别出心裁地用一辆悬在楼群上空摇摇欲坠的汽车作为刊头，惊心动魄地描述了发生在海南岛的汽车狂潮所辐射出的冲击波。

“汽车事件”给海南留下三个沉重“包袱”。一是思想“包袱”，县、处级以上干部思想不太稳定，许多同志深感辜负了党的期望，抬不起头，想振作精神再干，又觉得问题一大堆，困难重重，有的则谋求调离海南岛。关于行政区主要领导人调换的传闻，甚为流行，造成人心浮动。二是案件“包袱”，一些人在倒卖汽车中有贪污等问题，检查处理这些案件的任务十分繁重。当时掌握的线索就有700多个案件，组织2000多名干部查。三是经济“包袱”，在“汽车事件”中，海南岛要负担的贷款利息、要处理的“债权”“债务”约有五六亿元。此外，还有盲目进口、积压待售的各种物资价值11亿多元。

有关部门在处理“汽车事件”时严肃指出，由于无视党的政策，忘记了国家利益，不听上级招呼，大量进口倒卖汽车，造成严重后果。“汽车事件”是海南岛对外开放中带全局性的、方向性的错误，害了干部、坏了名誉、亏了经济、误了时间，给对外开放政策抹了黑。如果没有“汽车事件”的干扰，海南岛的形势会发展得更好些，工作会主动得多。

广东省委总结出“六条经验教训”。1985年8月3日至16日，广东省委常委会（扩大）会议，以海南岛大量进口和倒卖汽车事件为镜子，认真总结实行特殊政策和灵活措施以来的经验教训，防止本地区、本部门发生类似海南“汽车事件”那样的错误。第一，在任何情况下，都必须严肃地执行党和国家的政策。“变通”只能在政策范围内变通，不能变相地违反政策，更不允许明目张胆地违反政策。第二，在改革、放权的情况下，必须特别强调加强纪律性。纪律是执行政策的保证，也是开放、改革顺利进行的保证。违反纪律的事不能去做，不守纪律的干部不能重用。第三，必须树立全局观念，自觉地以局部利益服从全局利益。如果损害了全局利益，所谓为地方和集体谋利益就行不通了，最终必然是既损害了全局，也坑害了局部。第四，搞经济建设，必须端正指导思想。经济建设究竟能发展多快，必须从实际出发，从当地的条件出发，从全局需要出发，多做扎实工作，尤其要重视打基础的工作，不能勉强去追求本来达不到的目标，不可孤立地在产值增长速度上互相攀比而不顾经济效益和社会效果。如果这个指导思想不明确，存有不切实际的幻想，硬想一下子搞个“现代化”，那就必然会出怪招、走邪路，总想发横财，找到“捷径”，结果必然是欲速则不达。第五，在对外开放过程中，必须始终坚持社会主义原则。必须警惕和抵制“一切向钱看”的资本主义思想的侵蚀。我们既要学习经济发达国家先进的经营管理经验，引进先进的科学技术和设备，同时又必须坚决抵制资本主义的腐朽思想和生活方式。第六，对资本主义腐朽意识形态和生活方式的侵蚀，一定要保持高度警惕。高举社会主义的旗帜，用自己的文章、作品、教学、讲演、表演，教育和引导人民正确对待历史，认识现实，发扬爱国主义精神，积极向上，奋发努力，建设伟大的社会主义祖国。

海南区党委也总结并提出要汲取六条教训。第一，正确处理局部利益与全局利益的关系，牢牢树立全局利益的观念。第二，牢牢树立政策观念，任何时候都要严肃地执行党和国家的政策。第三，加强党性和组织纪律性，自觉遵守党的纪律。第四，健全党内民主生活，严格执行民主集中制的组织原则。第五，在对外开放和搞活经济中，一定要坚持社会主义方向，不可忘记阶级斗争和反腐蚀斗争。第六，在新的历史条件下，必须加强党的领导，改善党的领导。

“汽车事件”披露时，《人民日报》发表题为《吸取教训 继续前进》的评论员文章，指出：“海南‘汽车事件’，冲击国家计划，干扰市场秩序，破坏外汇管理条例和信贷政策，败坏党风和社会风气，不仅给国家造成很大的损害，也给海南的开发建设增加了困难，教训是极其深刻的。”又指出：“这个严重的教训告诉人们，一个地区要翻身、致富，只能依靠党的正确方针政策，决不能走歪门邪道。在开放、搞活过程中，要按照党中央和国务院的规定，严格分清什么是应该做的，什么是不允许做的。钻党和国家的政策的空子，必然犯错误，甚至栽跟斗。”

“汽车事件”的一个深刻教训，就是海南经济起飞没有“捷径”，必须从实际出发，立足本地资源，发挥自己的优势，逐步建立起具有自己特色的经济结构。

1985年10月27日至11月16日，谷牧率国家计委、国家经委和国务院特区办公室的同志到广东，同广东省、海南行政区的同志一起研究海南岛在“汽车事件”之后，如何总结经验教训，振奋精神，继续搞好对外开放和开发建设问题。

谷牧指出，海南岛的开发建设，必须从实际出发，充分发挥当地优势，扎实前进。海南岛在实行开放和开发中，指导思想上一度急于求成，脱离本地实际，盲目攀比全国经济发达地区，搞了一批在当地没有发展前途的项目。如全岛引进了16条电视机装配线就是明显例证。又如自治州，搞了18个外引项目，其中只有四五个是立足于开发利用本地资源的，其他大多数是靠进口原材料、元器件加工装配，而产品一时又很难外销的项目。这种不正确的指导思想和做法，必须从根本上加以扭转。海南岛是我国最大的一块热带地区，有广阔的海域。应当抓住这个独特的优势，瞄准热带经济作物、水产养殖和畜牧业，首先做好发展大农业的文章。在此基础上，相应建立以加工本岛农副产品和开发本岛矿产资源为主的工业结构，面向出口和供应全国，开发独具特色的产品系列。这才是海南岛经济振兴的必由之路。

“这才是海南岛经济振兴的必由之路。”话已经说到极致。

“汽车事件”发生后，在中央和广东省的关怀帮助下，海南岛端正了开发和建设的方针，着眼于充分发挥自身的优越条件，扬长避短，加快前进的步伐。

“汽车事件”留在人们心灵上的阴影已经抹去，人们热烈议论的，至诚关心的，是认真总结经验，正确吸取教训，重点抓住热带作物种植、海产捕捞养殖和旅游业的开发，扎扎实实把海南岛的改

革和开放工作推向前进。（邓加荣、张友胜：《改革必须走正道——海南纪行之一》，《光明日报》1986年4月20日）

海南还重新制定了立足本地资源、较为切合实际的发展规划，使经济得以较好发展。1987年2月16日，《人民日报》发表文章，报道海南开发建设取得的新成就，指出海南贯彻“以对外开放促岛内开发”的方针，走出前些年“汽车事件”的阴影，把立足点转到发挥岛内资源优势上来。遵照中央关于立足岛内资源优势，充分挖掘内部潜力，讲求经济效益，逐步建立起具有海南特色的经济结构的决策，发动群众大搞开发性生产，热带作物、水产养殖和旅游业都出现了前所未有的大好形势。

这些成就为接下来的海南建省办全国最大经济特区创造了良好条件。

房地产泡沫教训：“我们确定的现代化目标，不可能靠投机炒作一夜实现”

1992年1月18日至2月21日，88岁高龄的邓小平先后到武昌、深圳、珠海、上海等地视察。他一路走，一路看，发表了一系列重要谈话。邓小平南方谈话发表后，海南掀起了前所未有的开放热潮。

当年10月召开的党的十四大提出：“加速广东、福建、海南、环渤海湾地区的开放和开发。力争经过二十年的努力，使广东及其他有条件的地方成为我国基本实现现代化的地区。”在党代会报告中，提出有条件的地方先行实现现代化，这是第一次；在党代会报告中，提出加速海南的开放和开发，这也是第一次。海南在我国新一轮开放中走在了前列，成为国家开放和开发的重点地区。在这样的背景下，海南经济一度实现了“超常规”发展。

当时，海南以开发区和房地产为“兴奋点”，吸引了大量外来资金。在房地产业及相关行业的“引爆”下，海南经济一度出现高速增长态势。1992年全省国内生产总值比上年增长23.3%，1993年又比1992年增长24.5%。但是，好景不长。从1993年下半年宏观经济调控开始，中央以制止违章拆借资金为重点，限期收回并严格控制资金投向房地产等固定资产项目。这就使得海南面临极为严峻的金融形势。房地产热潮兴起时，海南一举由借差省转为存差省，存差最多时达200亿元。宏观调控后，存差降为二三十亿元，剔除财政等专项存款，实际上已无存差。人们从资金流入大幅度减少而资金流出却大幅度增加的景况中，看到特区政策优势的日益减弱、海南魅力的日渐消退，陷入了困惑。

人们对海南泡沫经济是非的争论，大致始于1997年。因为，海南1995年、1996年连续两年实际经济增长大大低于全国平均水平，再加上东南亚发生金融危机，因而学者们对海南泡沫经济争议进行反思。限于篇幅，这里仅展现持泡沫经济论者观点。

所谓泡沫经济指在脱离实体经济的虚拟资本膨胀的金融环境中，在众多经营者不切实际的高盈利预期和投资狂热的驱动下，房地产、股票等资产价格超常规猛涨，远远超出实际价值，形成虚假繁荣。持泡沫经济论者认为，1993年，海南发生了以房地产、股票价格脱离实体经济猛涨为特征的泡沫经济。

股市中的泡沫。海南股票市场始于1990年，到1993年底股份公司达125家，各类证券交易机构30多个。股本总额达210亿元，发行各类证券近60亿元。在内地流入巨额资金的支配下，内部股票炒作到其原始股价的十多倍。五家上市公司的股票更是被炒得离谱，扶摇直上，涨到发行价的20—40倍。大量银行贷款进入股市，以致供求关系严重扭曲，造成了“炒股包赚”的虚幻印象。对比1992年、1993年股价与1994年以后股价的差，就不难看出其中泡沫的成分之多。

房地产中的泡沫。1987年海南仅有11家房地产公司，1988年建省后增加至240家，1992年更猛增至1069家，房地产交易机构30多家。1993年底更上一层楼，登记注册有房地产经营项目的开发企业达4830家。短短一年多时间里，商品房开发完成投资58亿元，出让和开发土地近9000公顷。商品房施工面积达800万平方米。但如此之多的土地和房屋皆处在不断炒作之中，当时的海口、三亚竟无房可购。一个月甚至半个月之内，同一栋房屋数易其主。在数以千亿计的资金推动之下，房价扶摇直上。1991年住宅楼为每平方米1200—2600元，写字楼为2000—2500元，别墅为1700至2600元；1992年则分别达到每平方米4000元、4700元和10000元；1993年春节之后又上升到6000—10000元以上。

与房价狂涨相对应，土地价格也被炒到了惊人的地步。席卷而来的炒地风潮，使琼山、海口、三亚无地可置。一般地价高达每亩近百万元，市区黄金地段的地价有被炒到400万元和600万元者，巨额暴利落入“炒倒一族”手中。1994年初开始，中央宏观调控政策显示威力，房价暴跌，至1997年已跌到1991年的价位，而当年被圈过的土地已大量荒芜，2500万平方米的房产难以售出，沉淀资金500亿元，房地产供求关系极端失衡，充分展示了海南泡沫经济的真正面目。

海南的泡沫经济，同日本20世纪80年代末至90年代初的大规模泡沫经济有许多相似之处。这是持泡沫经济论者的又一结论。首先是本质特征相同。泡沫经济的本质特征是投机。海南1993年房地产热中，购买者大部分并非利用土地搞建设或自己使用，而是待价而沽，以获得高额利润。股票也是如此。无论是集团投资者，还是个人投资者，其基本动机并不在于取得股票本身，而在于倒手转卖所能实现的预期利益。在泡沫经济中，一些人通过股票、土地的投机大发横财，而更多的人则随着泡沫的破灭损失惨重，甚至发生了因股票、房地产投机失败而自杀的悲剧。

造成泡沫经济的基本原因也相同。日本泡沫经济的形成与其金融政策松动及金融制度上的混乱紧密相连。金融管理的紊乱也是造成海南泡沫经济破灭的一个重要原因。在国家对贷款利率大幅下调的情况下，海南没有控制住银行的贷款投向及规模，使大量银行资金流向有利可图的股票和房地产投机上。银行管理制度上的漏洞，又使得违章违纪现象层出不穷，导致了流向房地产、股票的资金渠道、金融管理失控，使海南银行的大量资金沉淀在房地产上，形成了危害至深的不良债权。

这二者给社会带来的负面影响也相似。日本的泡沫经济扩大了贫富差距，使不劳而获和贪图安逸之风得以蔓延。由此带来的后遗症至今仍难以消除。海南泡沫经济也有类似后果。

泡沫经济让人们的思想远离生产力标准，助长了“倒风”。海南自改革开放以来，先富起来的几乎都是“倒炒一族”。1984 年富了一批倒卖汽车的，1988 年富了一批倒卖批文的，1992 年富了一批倒卖股票的。一浪接一流的寻租狂潮，搞得岛上人心浮躁，无心为农为工，无意学科学、学技术，一门心思想着如何去“炒”去“倒”，走捷径、赚快钱。甚至不少人认为，在海南没有别的，就是要靠炒作赚大钱，只要不几倍、几十倍且短时间、轻松地赚大钱，便是“形势不好”，便要等待、观望，指望下一个“高涨”。这种浮躁的失衡心态，给社会带来了极坏的负面影响。它给国内外造成一种印象：海南是低生产、高消费的地方，不是工业投资的地方。彼时海南没有一家创有名牌的中外合资企业，而国际上有名的大企业或财团，没有一家在海南成功投资，这值得人们深思。

当然，持泡沫经济论者也看到海南的泡沫经济与日本的明显区别。一是在规模上，日本泡沫经济规模要远远超过海南。二是在影响程度上，由于日本有强大的实体经济基础，泡沫经济破灭后，仍有松下、索尼等知名产品支持其世界经济强国的地位；而海南由于缺乏实体经济作后盾，泡沫经济破灭后，难以找到新的经济增长点，从而使经济发展陷入步履维艰、一蹶不振的困境。因此，泡沫经济对海南的打击更大。

持泡沫经济论者提出，泡沫经济让人们的思想远离生产力标准，助长了“倒风”等观点，直指泡沫经济给海南带来更沉重的后遗症，消除这种“后遗症”，比处置房地产泡沫更难。当1997年的东南亚“金融风暴”席卷全球的时候，人们对泡沫经济所导致的危害的看法才趋于理性。好在这个问题一度受到海南省委的高度重视。

1997年10月29日，中共海南省委二届七次全体会议开幕。在这次全会上，时任海南省委书记阮崇武指出：“当前既要克服急于求成的浮躁心理，又要克服等、靠、要等无所作为的消极情绪。我们确定的现代化目标，不可能靠投机炒作一夜实现，只有通过长期艰苦奋斗才能成功。”他强调：“扩大开放更不是开放‘黄、赌、毒’。对此，各级党委政府和各级领导干部必须统一认识，保持清醒的头脑。”这表明，海南省委对海南发展形势的判断是十分清醒的，指出的问题也是非常有针对性的。

克服急于求成的浮躁心理，不开放“黄、赌、毒”等，都是当时要解决的思想存在问题；就是在建设自由贸易港的今天，这也同样是需要认真对待和解决的思想认识问题。

浮躁心理和消极情绪可能是孪生胎。对此，当年11月7日，《海南日报》发表题为《艰苦创业 力戒浮躁》的评论员文章，对“浮躁”的心理成因、表现及危害作了深刻的分析，指出经过建省办经济特区近十年的努力，海南的建设已经取得了巨大的成绩，受到了国内外的广泛关注和赞誉。然而，一些同志却把这些成就归结于“房地产热”等不正常炒作，认为没有这些因素，海南经济不可能有如此迅速的发展。因此，随着全国经济形势的发展变化，特区政策优势逐步弱化，“房地产热”等经济过热现象日渐消退，经济发展趋于常态甚至遇到一些暂时困难之后，这些同志便显得浮躁不安，企盼“房地产热”等能令人一夜暴富的机会再度降临，甚至希望“特殊政策”能给“自由岛”之类的设想打开绿灯，使海南不费多少力气便能插上腾飞的翅膀。一旦这些主观愿望难以实现时，有人甚至提出放开“黄、赌、毒”等所谓的“开放”思想，把这看作投资环境的“必备因素”。

文章指出，这种等机会、靠投机炒作、找窍门钻营的取巧思想伴随着几次不正常的经济现象，影响了我们不少同志，个别在这种钻营中暴富者还成了令人眼热的“能人”。他们很少去思考投机炒作形成的虚浮的泡沫经济现象给特区建设带来的巨大危害，也很少去思考损害社会文明的“黄、赌、毒”等所谓“开放因素”最终必将成为经济发展的克星。市场经济是当今世界经济发展的必由之路，没有公平与平等，没有每个参与者都必须共同遵守的市场规则，也就没有能给自己带来发展机遇的市场经济。我们必须认清省情，找准目标，发挥优势，靠求真务实精神去实干苦干；同时要不骄不躁，脚踏实地，通过创造性的劳动，一步一个脚印地去走艰苦创业之路。如果还在企求一夜暴富，天上掉馅饼，在“等靠要”的消极情绪中虚耗光阴，我们将一事无成，甚至连原有的基础都要丧失掉。

这可以说是总结了经验教训，回到了正常的思想状态上来。这是1997年。但是，总结经验教训容易，汲取经验教训难，要不海南在改革开放进程中怎么会屡屡产生“教训”呢?!

进入1998年，海南的房地产泡沫现象更受关注。新华社记者观察到：与失衡的金融业如影随形，海南前几年畸形发展的房地产业成为泡沫经济结出的又一枚苦果，严重困扰着海南经济的健康发展。

海南建省办经济特区之初，房地产尚未形成产业规模，处于零星投资状态，1989年投资仅2.3亿元，1990年开始形成规模，当年房地产业完成投资4.1亿元，此后海南房地产业即出现急剧膨胀的发展态势。与1990年相比，1991年海南房地产业增长1.6倍，1992年增长6.3倍，1993年和1994年分别增长12.9倍和12.8倍，连续两年超过52亿元，成为投资的鼎盛时期。1995年起在国家宏观调控政策影响下，整个房地产业投资急剧滑落，当年投资比上年下降32%，1996年又比1995年下降46%，1997年更是跌入谷底，完成投资不足8亿元，比上年下滑53%。泡沫散去，房地产业由盛转衰，而其给海南经济发展留下的隐患则越来越突出，消极作用也越来越显著。（周长新、师海波：《畸形的海南房地产业——泡沫经济的又一枚苦果》，《海南内参》1998年第27期，1998年9月25日）

海南省政府领导这时的认识也是清醒的，由反思泡沫经济之害，到挤掉泡沫、夯实基础，进而谋“一省两地”发展之路。

海南的泡沫经济主要指1992、1993年的房地产、股票热，实际上当时许多股份公司也在炒房地产。这种泡沫经济已经给海南经济造成巨大危害。首先是压死了大量资金。全省沉淀的资产总额大约是400亿元，房地产业就占了250多亿元，实际可能还要更多。

赚钱的跑了，不赚钱的也跑了。现在大量“半拉子”工程，找不到业主。其次是扰乱了金融秩序。炒家违规操作，只要赚钱，什么手段都使得出来。有的人身无分文，但只要有一纸批文，一夜之间就能赚一两千万。金融秩序混乱，金融领域的问题对海南经济的发展将产生严重的制约作用。最后是腐蚀了一批干部，行贿受贿，贪污腐败。

泡沫经济的后遗症还在于助长了一些人的暴富心理，让他们不重视扎扎实实的产业基础建设，这对海南的产业结构造成了很大的扭曲。因此，海南省政府采取一系列措施，使资金流向基础设施，建设高速公路、机场、电力、通信等，起到了很好的作用。同时，加强立法、整顿经济秩序、建立市场规则，构筑起社会主义市场经济的基本框架。对国有企业深化改革，实施四项攻坚任务。1993年后，海南省委、省政府经过反复研究提出“一省两地”产业发展战略（有人还提出海洋产业和信息产业，这是跨一二三产业的），经三次向中央汇报，进一步明确了基本方向，为海南经济发展确定了正确的产业思路，需要的是全省上下扎扎实实苦干。

海南热带农业对国家作出很大贡献。如天然橡胶产量占全国的四分之三，南繁育种播遍全国，冬季瓜菜对内地许多大中城市也起着调节的作用。但这些仅是利用了海南的季节优势。单凭这一优势还不够，还必须有品牌优势，这就需要注入科技成果，以科技兴农，运用高科技成果，创出海南名牌产品，形成品牌优势。因此，海南省政府提出，要大力抓科技注入，抓开拓市场，召开全省首届冬季农产品交易大会，开展冬季瓜菜大运销行动，把海南热带农业提高到一个新的水平。（《挤掉泡沫 夯实基础 汪啸风省长谈海南经济》，《海南内参》1998年第27期，1998年9月25日）

处置“烂尾楼”：1999—2007年

1998年11月间，海南省政府专门召开常务会议，分析研究海南房地产现状、问题及其对策。会议认为，前些年由于缺乏必需的宏观调控和正确的投资导向，房地产过热发展，泡沫现象十分严重，当前必须出台新的优惠政策，重新启动房地产市场，盘活房地产存量。

据海南省建设厅介绍，从1988年至1998年6月，海南共开发商品房3669万平方米，其中竣工面积1686万平方米，在建工程143.9万平方米，停建1135.3万平方米，报建尚未开工703.8万平方米；竣工已售974.1万平方米，未售出703.4万平方米，实际在用面积1092.1万平方米，闲置593.9万平方米。全省商品房开发建设实际完成投资625.71亿元，其中竣工工程433.35亿元，在建工程17.42亿元，停建工程140.05亿元，报建未开工工程34.89亿元。

当时，海南盘活房地产面临的主要问题有四。一是存量规模偏大。全省商品房开发3669万平方米的总量中，有空置商品房703万平方米，此外还有在建工程、“半拉子”工程，报建未开工工程1938万平方米。据测算，空置的商品房中，住宅403万平方米，按人均居住10.5平方米计算，可供21.8万新增人口居住。此外，潜在供应的商品住宅1196万平方米还可供65.5万新增人口居住；写字楼26万平方米，按人均建筑面积6平方米计算，可供新增4.3万人办公，潜在可供应的写字楼74.6万平方米，可供新增12.4万人办公。二是结构严重失调。在空置的住宅中，普通住宅只占四分之一，其余大部分是别墅和高级公寓。三是消费需求不足。海南省工资水平起点很低，可支配收入不高，加上一些企业不景气，严重影响了居民的购买力。住房货币分配制度还没有起步，公积金可贷资金太少，无法满足需求。金融业对个人住房消费介入程度偏低，居民对目前的利率承受能力有限，不愿贷款买房。四是盘活进展艰难。十年来，海南房地产开发投资625亿元，销售回收仅233亿元，沉淀资金约392亿元，其中本省五个专业银行就有165亿元。省政府先后在1994年和1996年下发了两个文件，一个是《关于加快办理房地产权证的通知》，一个是《关于盘活房地产存量有关问题的通知》，但都因种种原因而进展不大。（师海波、周长新：《海南提出盘活房地产存量的新思路》，《海南内参》1998年第32期，1998年11月15日）

1998年12月，时任国务院总理朱镕基在海南考察工作，他指出，要认真总结经验，汲取教训，高水平、高质量地搞好海南建设。前些年在海南和全国其他一些地方出现的房地产热，造成了很大的损失。有许多经验教训值得总结。很重要的一条，就是千万不能搞泡沫经济。他要求采取切实有效的措施，加快处理“房地产热”的遗留问题。朱镕基指出，海南至今还闲置着大量商品房、“半拉子”工程和已批租但尚未开发的土地，占压着很大数量的银行资金，严重制约了经济发展，也影响了银行的正常运转，必须抓紧研究解决。要以处理海南房地产遗留问题作为全国试点，取得经验后，再推广到其他地方。国务院有关部门和海南省政府要加强对这项工作的协调和指导。

朱镕基特别谈到1992—1993年的海南经济过热，指出很多教训值得总结，要统一认识，现在还有人鼓吹泡沫经济有益。他提出把海南作为试点。海南处理好了，全国可照此办理。第一，不许再建新房子，要下这个决心；第二，下决心收地；第三，“谁家的孩子谁家抱”。现在是三分天下，资金有银行贷款、银行投资和其他来源，要有三种不同处理办法。房地产“三三制”怎么处理？关键是房地产要能卖掉，不然损失很大。中央很关心这件事，政府要加强调控，不能竞相降价，那样都卖不出。怎么卖，价格多少，政府要调控，财政负担一点，银行冲一点，开发商亏一点。知识分子，给他们搞点福利，优惠售房。大家要共同抓，有点突破，海南突破了，全国也好办。

正是朱镕基在海南看到房地产泡沫破裂之后，停建的“半拉子”工程四处林立、竣工的商品房长期空置、圈占的建设用地荒芜闲置，房地产市场衰落低迷，严重约束社会生产力发展的情况，国务院于1999年7月批准了海南省人民政府、建设部、财政部、国土资源部、中国人民银行制定的《处置海南省积压房地产试点方案》，海南历史上轰轰烈烈的处置烂尾楼工作由此开始。

当年曾有专家借鉴世界上消除泡沫经济隐患的经验，预计海南要消除房地产泡沫留下的三个包袱，需要15—20年时间。但是，海南省从1999年至2007年，经过8年奋战，就实现了全省积压空置的商品房销售或启用，“半拉子”工程按新规划要求复工建设并大部分销售，闲置的建设用地盘活或收回，银行房地产信贷风险也解脱了，房地产市场复苏，房地产业在海南国民经济中的支柱产业地位也恢复了，投资环境得到了大大的改善。

如果说，“汽车事件”的恶劣影响是冲击国家计划、冲击国内市场，那么房地产泡沫破灭的影响是使海南成为金融高风险区，给海南发展造成致命伤害。直到2005年底，海南才宣告摘掉“金融高风险区”的“帽子”。“学费”是何等高昂，教训是何等深刻！

在国家的大力支持下，海南用8年时间才处置好积压房地产，消除泡沫后遗症，让海南露出健康发展的曙光。难道我们好了伤疤忘了痛？所以，在建设中国特色自由贸易港的时代背景下，海南以壮士断腕的决心，减少对房地产的依赖，决心不再做“房地产的加工厂”，而且采取一系列严格控制房地产开发的“硬核”措施，为实体经济发展腾挪空间，增强人们对海南发展的良好预期。

发生于20世纪90年代的房地产泡沫经济（处置期是1999年至2007年），如同1985年的“汽车事件”那样，也给海南留下了三大包袱。

一是资金债务包袱。据统计，海南建省办经济特区之初，房地产处于零星投资状态，1989年投资仅3.2亿元，1990年开始房地产投资即出现连续4年急剧膨胀的态势：1990年至1993年各年比上年增长143%、123%、225%、62%，最高年投资额达93亿元，各年房地产投资额占当年固定资产投资总额的比例是22%、38%、66%、49%。1994年至1997年房地产投资急剧滑落，各年下降幅度为–33%、–35%、–58%、–53%，至1997年跌入谷底，完成投资额不足8亿元。至1998年底，工、农、中、建四家国有商业银行被占压在海南空置房、“半拉子”工程和闲置土地上的资金有430多亿元（加上社会资金，积压总量达800多亿元），房地产信贷不良率高达80%以上，全省房地产信贷陷入困境。由于银行周转资金被压死，民间资金被套牢，大量债权债务纠纷产生。在海南投资开发商品房的高峰期，房地产企业有5000多家，至1998年，90%以上的企业已找不到人，有的为逃债而人去楼空，有的在债务纠纷中挣扎，有的处于关闭、停产状态。银行无可奈何，众多交了购房款却长期得不到住房的群众怨声载道。

二是房产“烂尾”包袱。由于当时的规划调控能力薄弱，市场管理措施不到位，炒地皮、炒项目、炒楼花等不正当经营行为泛滥成灾，形成了疯狂发展的房地产泡沫。当泡沫破裂之后，畸形的房地产市场由表面兴盛转向低迷衰落，当时455万平方米的空置商品房长期无人问津，还有原规划报建1631万平方米的停缓建工程，这些工程俗称“‘半拉子’工程”“烂尾楼”。房地产泡沫破灭后，海南全省散布“烂尾楼”600多栋。海口、三亚等主要城市更是“伤痕累累”，惨不忍睹。那时，占全国人口0.6%的海南，留下了全国10%的空置商品房。

三是土地闲置包袱。2.38万公顷被圈占的建设用地长期闲置荒芜。1991年至1996年，海南新增非农建设用地4230公顷，其中项目已建成竣工的占17.36%，项目已开工且投资超过总额25%的占38.12%，投资不足总额25%或尚未开工的占44.52%。据1998年底普查，全省荒芜的闲置建设用地竟达2.38万公顷。大量建设用地被圈占而长期闲置荒芜，与计划新上马的项目找不到土地形成了尖锐的矛盾，成为社会生产力在新领域发展的制约因素。

此后，历经“八年抗战”，以2007年6月海南省处置积压房地产办公室解散为标志，海南打赢了一场历时8年的处置“烂尾楼”硬仗。

“国际旅游岛建设初期房价大涨”教训：国际旅游岛建设不能靠炒作房地产来支撑

2009年12月31日，《国务院关于推进海南国际旅游岛建设发展的若干意见》（国发〔2009〕44号）正式印发，这标志着海南国际旅游岛建设上升为国家战略。

受此重大利好消息的巨大刺激，大量开发商和私人携带巨额资金拥入海南。当时三亚和海口的高档酒店全部住满，外来者疯狂地买房购地，使房价地价一夜之间猛烈飞涨，令人目瞪口呆。据统计，当年头五天海南全省商品房交易额达171.12亿元，相当于2008

年全年的交易总额。三亚市凤凰岛建设项目一期700套房1月11日开盘，当天销售一空，均价为6.5万元每平方米，最高达9万元每平方米，属于海南首创、全国罕见。

面对疯狂买房购地的不正常现象，海南省政府决定在当年3月前，在《海南国际旅游岛建设发展规划纲要》正式获得国家批准之前（后国家发展改革委于2010年6月8日正式批复），全省暂停审批商业性开发土地出让、暂停审批新的房地产项目（简称“两个暂停”）。这本来是从搞好规划的角度采取的紧急措施，但它却在客观上刺激了房价飞涨，如同火上浇油。于是，海口、三亚房产一日一价，不少房地产商纷纷捂盘待售，抢地者更加疯狂。海口有的楼盘每平方米的房价一天上涨5000元。有一个老楼盘，1月16日价格为1.5万元每平方米，17日涨至1.7万元，而该楼盘2008年的售价为4000多元每平方米；海甸岛的一个高级楼盘，别墅卖到4万多元每平方米，公寓每平方米的房价高达1.6万元。琼海市的平均房价也由每平方米4000多元，猛涨到7000—8000元。整体而论，2010年2月，海南省商品房销售均价为13318元每平方米，环比上升80.88%；到了3月份均价为10470元每平方米，虽然环比下降21.38%，但仍处于不正常的高位。

今天人们把当年的这种疯狂现象，称作“国际旅游岛建设初期房价大涨”。不用“泡沫”，而用“大涨”来界定国际旅游岛建设初期海南房地产是准确的。

同20世纪90年代海南的泡沫经济时期不一样，这次不是房子卖不出去，而是中国人“富起来”了，尤其那时内地空气质量越来越差，而“面朝大海，春暖花开”的广告宣传让人怦然心动，所以大家抢着买海南的房子。内地人来海南买房就像是买大白菜，海南大量的空置房，就像超强台风经过，“一扫而光”。

至今仍为媒体所关注的典型就是三亚凤凰岛。2022年6月15日，新媒体平台“时代财经”报道三亚凤凰岛破产重整，其曾比肩京城顶豪，如今房价腰斩，炒房客血本无归。

报道说，12年前，一场“抢房飓风”席卷了海南省三亚市的凤凰岛。这是一座在大海礁盘之中吹填而出的人工岛，岛上五栋风帆式的大楼如今已是三亚的地标性建筑，它们安静地伫立在海风之中等待游客前来“打卡”拍照，让人很难联想到曾经发生在它身上的癫狂往事。2009年12月31日，国务院颁布《国务院关于推进海南国际旅游岛建设发展的若干意见》，提出到2020年海南将初步建成世界一流的海岛休闲度假旅游胜地。嗅觉灵敏的投资客蜂拥而至。凤凰岛一期首次开盘后，均价高达7万元每平方米的700套公寓被抢购一空。比肩北上广深豪宅的价格，丝毫没有浇灭投资客的热情，这导致一个月后第二次开盘，每平方米售价直接跳涨1.5万元。然而，如今贝壳找房显示，房价最高曾问鼎16万元每平方米的凤凰岛，在售房源寥寥可数，价格介于3.6万元至7.8万元每平方米。在房价光环褪去之后，凤凰岛又遭遇环保风暴，眼下旅游行业的困顿局面更是让当年的投资客苦不堪言。“房价泡沫”破灭，再加上身陷环保风波，这是海南这波房地产热的“魔咒”。

海南建设国际旅游岛的开场锣鼓刚敲响，首先登台的竟是“房地产炒作”风暴，圈地成风，房价一夜飙升，令人目瞪口呆。当时，有识之士就呼吁：国际旅游岛建设不能靠炒作房地产来支撑！

建设国际旅游岛的思路是海南的独特出路，但它的战略定位是“我国旅游业改革创新的试验区”“世界一流的海岛休闲度假旅游目的地”“全国生态文明建设示范区”“国际经济合作和文化交流的重要平台”“南海资源开发和服务基地”“国家热带现代农业基地”，并不是房地产炒作的国际平台。

发展旅游业自然离不开房地产，但海南已经有过一次让人记忆犹新的房地产泡沫波裂，海南岛经不起楼市炒家的再次折腾。建设国际旅游岛，需要理性的投资者，更需要理性的管理者。尽管海南的管理能力和市场环境相比20世纪90年代大大不同，但海南仍然有必要为管理者和投资者先上一堂风险课，让他们保持清醒的头脑。土地拍出天价、房价成倍飙升并不一定是海南的福音，它所带来的一系列问题，如果不早做应对，即便像20世纪90年代的泡沫破裂的情景不会再现，也会有不少麻烦，需要付出相应代价。

有识之士指出，房地产市场的畸形发展源于过度炒作而形成的高房价，虽然开发商、投机炒作者一时能在市场中获得暴利，地方财政收入也暴增，但其好景不会很长，而所造成的危害却是全局性且长远的。对于海南来说，还要特别关注的是：沿海一线土地资源更加稀缺珍贵，只能有规划地建设经营性的旅游产品，长期为游客提供服务，同时源源不绝地提供就业机会和财政收入。如果在这些稀有土地上盖了商品住宅，一次性卖给私人独占，尽管当年地方政府获得暴利，但这种使用率极低的住宅区今后长期不会缴纳多少税金，反而当地政府要长期为之提供公共服务。

国际旅游岛建设绝对不能靠炒作房地产来拉动和支撑，即便是正常的、健康的房地产业，也只能在适当的时期和范围内发挥它应有的作用，绝对不能依赖它来拉动和支撑国际旅游岛建设。世界经济实践已证实这么一个真理："靠房地产拉动经济，最终总要崩盘。"正如经济学家、中国人民大学教授黄卫平所说的那样："在这个世界上凡是靠房地产拉动的国家，结果没有不是崩盘的。美国靠房地产拉动经济结局是崩盘，日本靠房地产拉动经济结局是崩盘；大概除了德国，凡是这个地球上靠房地产拉动经济的国家结局都是崩盘，尤其当房地产和金融紧密结合成一种金融衍生工具时，不崩盘那简直就不是经济。”早有经济学专家发出“警惕中国经济被房地产业绑架”的警示。在各路投资者看重海南房地产、大量资金涌入海南房地产市场的时候，地方政府也应该保持清醒的头脑，真心实意地加强市场监管，稳定市场预期，遏制房价过快上涨的势头，严防国际旅游岛建设被房地产业绑架！过去，房地产业支撑不了海南经济特区建设；今天，房地产业同样支撑不了国际旅游岛建设！海南建省办经济特区初期留下的积压房地产，我们用八年时间才处置完毕，现在，我们建设国际旅游岛，绝对不能好了伤疤忘了痛，绝对不能重蹈覆辙！（林克昌：《国际旅游岛建设不能靠炒作房地产来支撑》，《海南经贸》2010年3月）

非常不幸，那时海南房地产业的“战车”已如同脱缰的野马，奔跑在国际旅游岛的大地上，最终演变成媒体所戏称的“国际房地产岛”。在多年之后，中央环保督察组向海南省反馈督察时一针见血地指出：“房地产企业指到哪儿，政府规划跟到哪儿！”

2013年是国际旅游岛建设三周年，这个重要节点，海南没有纪念，而是被国内媒体“惦念”。当年7月20日，《21世纪经济报道》以《海南国际旅游岛建设三年考：歧途已现 前景堪忧》为题做报道。“歧途已现”“前景堪忧”的用语，表明了海南国际旅游岛建设“三年考”在内地媒体眼中不及格。

“什么国际旅游岛，国际房地产岛还差不多！”“没见增加了多少游客，房价倒是涨了不少！”几名当地居民向记者抱怨。这种抱怨之声几乎充斥在海南的每一个角落。记者说，自1988年建省以来，面临数次机遇，海南试图改变落后的局面，但却先后经历了“汽车事件”、洋浦“租借风波”、房地产泡沫等挫折，发展战略也摇摆不定。历经20年的艰辛奋斗后，海南距离预期发展目标仍然非常遥远。

报道对照《海南国际旅游岛建设发展规划纲要》确定的三步走目标，认为国际旅游岛建设获批三周年之际，海南基本完成了第一阶段游客接待和旅游收入的目标。2012年，海南接待国内外游客共计3320.37万人次，旅游总收入379亿元，同比增长17%。国际旅游岛政策效应确实让海南尝到了甜头。然而，2011年、2012年海南均未能完成当初制定的经济增长目标，其中2012年经济实际增长9.1%，与年初预计13%的目标相去甚远，致使年末不得不临时调整增长目标。更重要的是，在有关专家看来，海南经济增长严重依赖地产业，海南国际旅游岛开发正在变成一个地产盛宴。

“海南国际旅游岛开发正在变成一个地产盛宴”一说，呼应了标题：歧途已现，前景堪忧！

自此之后，更大的舆论风暴发生在2015年，也就是海南国际旅游岛建设五周年之际。

这时，内地有媒体连续发表唱衰海南的文章。其中一篇是《海南国际旅游岛十年战略过半：进展惨淡不如不说》。报道说，在海南，国际旅游岛正变得越来越敏感，对于政商两界的人士而言，这个之前官方力推的战略正变成一个“不如不说”的话题。2015年海南建设国际旅游岛已经整整五年，这个当年预计10年投资3.5万亿的宏大规划，交出了一份惨淡的“半年报”。失望的情绪还在弥漫，除了既定目标没有完成外，具有标志性意义的改革试点亦没有太多进展。从更大意义上讲，这是海南自建立经济特区以来对自我身份定位的再一次探索，从结果来看，这一探索仍然没有突破政策、距离和要素的限制，在这样的纠结中，海南国际旅游岛的落地路径正变得越来越模糊。

“除了博彩业和免税店这两项核心试点政策没有突破外，当年国际旅游岛建设规划所列明的十大目标亦未有实质进展……”像这样的论调在报道中俯拾皆是；尤其是引用海南省相关人士的话，说从进入新世纪到海南国际旅游岛方案提出的十年被称为海南“失去的十年”，“尽管海南也进行了一些摸索，例如发展医药产业、特色农业，也引进了一些石化项目，但总的来说这些探索没有形成气候”。很明显，这组报道又一次让海南深受“伤害”。

好在不久后，发表文章的媒体就针对其对海南省不客观报道的行为公开致歉。致歉声明称，因缺乏全局意识，对海南经济和社会发展缺乏辩证理解，采访不够，亦未能审慎使用报道素材，致使以偏概全，一叶障目，误导了读者，造成不良的社会影响。

回过头来看，国际旅游岛建设初期房价大涨，有什么教训值得吸取？其实，房价大涨还只是初期的表象，它实际上深刻影响了海南中后期的发展走向，也就是影响了国际旅游岛建设预期目标的实现。其结果是国际旅游岛建设进展未如预期，因而海南常常被舆情所困；再就是房地产开发对海南生态环境造成了严重破坏，导致于2017年被中央环保督察组督察。

令人欣喜的是，自2018年习近平总书记“4·13”重要讲话发表以来，海南坚决破除房地产业一业独大的局面，非房地产业成为投资、税收的主力军，土地资源得到较好保护和利用，可持续发展能力显著提高。2022年10月19日，在党的二十大召开期间，海南省委常委、常务副省长沈丹阳在党的二十大集体采访时说：“大家知道，过去海南经济主要是靠房地产拉动的，现在情况发生了根本的变化。”他介绍，海南确定了旅游业、现代服务业、高新技术产业、热带特色高效农业四个主导产业，这四个产业的增加值已经占到海南经济增量的80%以上。海南自贸港政策体系已经初步建立，180多项细化政策落地实施。过去5年，海南省利用外资额平均每年增长80%，外贸年均增长50%。过去5年，海南新增的市场主体超过前30年的总量，2021年和2020年两年间新增超过100万户。

“海南经济不再靠房地产”，这就是“不断摸索、大胆试验，现在蹚出来一条路子”的真实而生动的写照。

七、这样就把儋州拖到一个更大的开放圈里来了

习近平强调，要突出陆海统筹、山海联动、资源融通，推动城乡区域协调发展。要着力破除各方面体制机制弊端，形成更大范围、更宽领域、更深层次对外开放格局。（《习近平在海南考察时强调 解放思想 开拓创新 团结奋斗 攻坚克难 加快建设具有世界影响力的中国特色自由贸易港》，《人民日报》2022年4月14日）

洋浦，之于海南，是一个窗口。

1992年，伴随建省办经济特区的发展热潮，洋浦经济开发区设立，成为我国首个外商投资成片开发、享受保税区政策的国家级开发区。

30年筚路蓝缕。一个贫瘠之地正涅槃。12日上午，习近平总书记走进洋浦展示馆，在历史的变迁中探寻洋浦未来的走向。

“洋浦的未来在哪？有两个时间点，给出了答案。”当地负责同志讲得生动。

一个是2018年4月13日，千载难逢的历史机遇，赋予了洋浦发展的“加速度”；一个是2020年6月1日，《海南自由贸易港建设总体方案》公布之日。上万字篇幅里，7次提到洋浦。洋浦，被赋予了打造海南自由贸易港建设先行区、示范区的重任。

习近平总书记在一艘模型船前驻足。它是“中国洋浦港”船籍港的政策发布后，第一艘入籍的船只——中远海运“兴旺”号。总

书记鼓励他们，要用好政策优势，大胆创新、先行先试。

面积只有2.26平方公里的洋浦保税港区，试点“一线放开、二线管住”政策，带动洋浦去年地区生产总值同比增长34.2%。海南省形容它“烧开了自由贸易港‘第一壶水’”。

习近平总书记来到保税港区内一个颇具代表性的码头，洋浦国际集装箱码头小铲滩港区。

春潮涌动，波光粼粼。总书记伫立岸边，凝望远方。

听闻在一期建设的基础上正在推进二期工程，“第二期的建设前景光明。”习近平总书记在勉励的同时叮嘱：“今后要在全国大局中找准定位，增强适配性，尤其要考虑生态保护、绿色发展的大前提。无限发展行不通，过犹不及。一定要在国家对海南的定位中统筹谋划，努力做到‘刚刚好’。”

3406平方公里，这是海南酝酿的洋浦发展新棋局：向陆地拓展纵深。去年冬天，儋洋一体化顺势推出，“一套班子，一张蓝图”的构想，力破“儋州有城无产，洋浦有产无城”问题。

儋洋，有港、有产、有城。习近平总书记进一步思索：“这样就把儋州拖到一个更大的开放圈里来了。我们古老的郡县，大多离海远远的。现在城市向海边发展，也要陆海兼修。”

一场压力测试正在进行。海南着眼的时间表，是2025年的全岛封关运行。洋浦责无旁贷。

总书记对压力测试的做法表示肯定：“任何方面陡然地做事都是不牢靠的。就像想当个举重健将，开始50公斤，想提到100公斤，一把就上去那是不可能的。压力测试也是自己能力提高的一个过程。要循序渐进，尽早去调研、去准备。”（**《“探索试验蹚出来一条路子”——记习近平总书记赴海南考察调研》，《人民日报》**2022年4月15日）

儋州洋浦一体化发展走进公众视野，始于2021年12月29日召开的全省推进儋州洋浦一体化发展动员大会暨儋州市和洋浦经济开发区领导干部大会。这个会议传达的信息是：深入学习贯彻习近平总书记关于海南工作的系列重要讲话和指示批示精神，举全省之力支持儋州洋浦一体化发展，奋力打造海南高质量发展第三极。推进儋州洋浦一体化是海南全面深化改革开放和中国特色自由贸易港建设的需要，是推动儋州和洋浦自身发展的需要。

儋州洋浦一体化，要解决的是“儋州有城无产、洋浦有产无城”这个突出问题，从而让“儋州因洋浦而更加开放，洋浦因儋州而更有深度”。这是“陆海兼修”的具体体现，体现了突出陆海统筹、山海联动、资源融通，推动城乡区域协调发展的总要求。

儋州洋浦一体化发展，是为了打造海南高质量发展第三极，由此，海南“三极一带一区”的区域协调发展新格局就形成了。“三极”指由海口、澄迈、文昌、定安、屯昌等市县组成的海口经济圈，由三亚、陵水、乐东、保亭等市县组成的三亚经济圈，由儋州洋浦一体化融合发展组成的儋洋经济圈；“一带”指由海口、文昌、琼海、万宁、陵水、三亚、乐东、东方、昌江、儋州、临高、澄迈等临海市县组成的滨海城市带；“一区”指由五指山、保亭、琼中、白沙等中部市县组成的中部生态保育区。

“这样就把儋州拖到一个更大的开放圈里来了。”这是习近平总书记对海南省委关于儋州洋浦一体化发展、打造海南高质量发展第三极重大决策的高度肯定，也是对“三极一带一区”区域协调发展新格局的高度肯定。这也是继1989年发生“洋浦风波”，邓小平肯定海南省委开发洋浦决策之后，海南省委关于开发洋浦的又一重大决策得到中央主要领导人的充分肯定。

邓小平：海南省委的决策是正确的

当年“洋浦风波”发生后，许士杰等人的联名报告通过王震直送邓小平和国家主席杨尚昆。王震在报告上批字：“洋浦地区三十平方公里的开发由熊谷组承包事，完全可行。谨建议中央、国务院批准。”

王震对开发洋浦一直非常关心。熊谷组（香港）有限公司（简称“熊谷组”）牵头参与洋浦开发，王震曾做过不少工作。1988年12月王震考察海南，听取海南省领导关于洋浦开发问题的汇报，并题词：“洋浦开发，前景广阔”。

很快，1989年4月28日，邓小平在海南省委关于设立洋浦经济开发区的汇报材料上这样批示：“我最近了解情况后，认为海南省委的决策是正确的，机会难得，不宜拖延，但须向党外不同意者说清楚。手续要迅速周全。”

邓小平对开发洋浦所作的批示，现在在《邓小平文选》第三卷中可以看到。但不是在正文中，而是在注释中：“邓小平十分关注海南岛的开发和建设，1989年4月28日，他在中共海南省委关于设立洋浦经济开发区的汇报材料上批示。”这个“批示”就是“邓小平十分关注海南岛的开发和建设”最生动最具体的说明。

邓小平平息了“洋浦风波”，洋浦开发受到中央领导的大力支持，因而它又酝酿着新的发展机遇。

经过多次谈判，中外双方对设立开发区必须遵循的基本原则和前期准备工作进程达成一致意见。1991年9月16日，海南省政府与熊谷组在海口签订《关于投资开发经营洋浦开发区三十平方公里土地项目意向书》。

1992年3月9日，在全国上下学习贯彻邓小平南方谈话精神、加快改革开放步伐的大好形势下，国务院下发《关于海南省吸收外商投资开发洋浦地区的批复》，正式批准海南省吸收外商投资开发洋浦地区30平方公里土地建设洋浦经济开发区。我国首例外商投资成片开发区就此诞生。按照国务院的要求，洋浦经济开发区将被建设成为以技术先进的工业为主导、第三产业相应发展的外向型工业区；开发区实行封闭式的隔离管理，区内实施保税区的各项政策措施并参照国际上自由贸易区和出口加工区通行的管理模式进行管理。

1992年8月18日，海南省政府与熊谷组在北京钓鱼台国宾馆举行《洋浦经济开发区国有土地使用出让合同》签字仪式。9月3日，由熊谷组牵头组成的中外合资的洋浦土地开发有限公司在香港成立。12月7日，《海南省洋浦经济开发区条例》正式颁布。

1993年4月10日，海南省政府派出机构——洋浦经济开发区管理局挂牌成立。9月9日，海南省政府在洋浦隆重举行“洋浦经济开发区封关运作典礼”。

洋浦经济开发区的建立和封关运作，成为海南乃至我国进一步扩大对外开放的重要标志。1993年6月至1996年底，开发商已投入资金43亿港币，在洋浦进行高标准、大规模的基础设施建设。昔日沉寂的土地变成了“沸腾”的大工地。当时，装机容量31万千瓦的洋浦电厂一期工程已并网发电；长达43公里的区内主干道路已贯通成网；区内土地已有18平方公里得到平整；邮电通讯一期工程已投入使用；居民安置一期工程全部竣工。此外，由国家投资的洋浦港2个2万吨级泊位和1个3000吨级泊位，年综合吞吐能力100万吨，洋浦港二期工程的3个2万吨级泊位即将动工；106公里长的海口至洋浦高速公路已建成通车。开发区基础设施日趋完善，已具备大规模建设的条件。洋浦开创了我国利用外资成片开发的先河。

时至2013年4月，习近平总书记在海南考察时强调：洋浦经济开发区是当年邓小平同志批示推动成立的我国第一个吸引外资、成片开发的国家级开发区，要在多年开发积累的基础上继续办好。

从“六个经济片”到“五个经济片”

自改革开放以来，海南区域发展走到“三极一带一区”这种格局是非常不容易的，发展构想得到习近平总书记的肯定，更是非常难得。海南是相对独立的地理单元，有条件把全岛作为一个整体来统一规划、建设、管理，握指成拳才能更有力。

接下来，我们回顾海南区域协调发展近40年的简要情况。

1984年5月24日，《经济日报》发表海南行政区公署负责人接受记者采访时就如何加快开发建设海南岛提出的一些设想。报道题目激动人心：“豪情满怀展望未来二十年，海南岛将成为世界发达富裕地区之一。”

这位负责人向记者介绍了海南岛总体发展规划的基本内容。他说，根据海南岛的地理资源和历史情况，全岛的经济布局拟划分为六个片，即海口片、三亚片、八所片、洋浦片、清澜片和通什片。各个片根据本身的自然条件，都各有开发建设的侧重点。其中，海口、三亚、八所和清澜四个片，分布于全岛东、西、南、北，以港口为依托，把邻近县的经济带动起来。为实施上述规划，全岛准备成立统一的开发建设公司，统筹全岛和六个片的开发建设，真正做到政企分开，把公司办成责、权、利统一的经济实体。

这“六个经济片”的规划设想，是海南区域经济布局与区域协调发展的先声。自此之后，海南区域发展设想与规划，与海南开发建设如影随形，一起潮起潮落。

1985年海南“汽车事件”发生之后，1986年3月，日本国际协力事业团同中国方面进行合作，制订海南岛综合开发计划。他们着眼于海南岛综合开发的“广域计划”，又使之具体化为“经济片”的构想。从自然和经济最合理性来考虑，将海南全岛划分为五个经济片。“片”的名称采用所在圈城的中心城市名称命名。这五个经济片是：海口经济片，包括海口市、琼山县、文昌县、定安县、屯昌县、澄迈县；儋县经济片，包括儋县、临高县、白沙县；琼海经济片，包括琼海县、万宁县、琼中县；东方经济片，包括东方县、昌江县；三亚经济片，包括三亚市、保亭县、陵水县、乐东县。

尤其值得注意的是，1986年按“自然和经济最合理性来考虑”的经济片，包括海口市、琼山县、文昌县、定安县、屯昌县、澄迈县的“海口经济片”，正好是2022年海南布局“三极一带一区”中“三极”之一海口经济圈的范围（海口、澄迈、文昌、定安、屯昌），原来的琼山县于1994年撤县设市，2002年琼山市与海口市合并；同样包括三亚市、保亭县、陵水县、乐东县的“三亚经济片”，与“三极一带一区”中“三极”之一三亚经济圈（三亚、陵水、乐东、保亭）的范围完全相同。

36年岁月相磨，更证明了“三极一带一区”区域协调发展新格局的科学性、合理性、可行性；而儋洋经济圈的横空出世，使海南区域协调发展呈三足鼎立、行稳致远之势，也说明在未能进行行政区划调整的背景下，海南区域协调发展战略臻于完善，这实为不易。

从“五个地级市”到“五个经济区”

1986年10月，时任中顾委副主任王震在广州召见原深圳市委书记、广东省顾问委员会副主任梁湘，向他转达中央领导同志关于加快开发海南的构想，并委派他专程赴海南调查研究海南的开发问题。

梁湘随即带领考察组对海南进行一周的考察。11月22日，他给王震写了一份4000多字的报告，当中的内容有：要扩大自主权，把海南升格为省一级的体制；让海南单独成为一个省建制，有利于海南的开发，无损于广东的建设；海南成为省一级体制后，可以考虑以地域经济联系密切程度为界限，切成东南西北中“五大块”，分成五个地级市，即嘉积市、三亚市、那大市、海口市和通什黎族苗族自治州，由海南直接管辖，各县由地级市管辖。

无论是中日合作制定的海南发展战略，还是梁湘个人的建议，都很有价值，但随着海南建省办经济特区，其价值便只是“另起炉灶”的新发展战略研究的参考。

应海南建省筹备组的邀请，1987年11月，时任中国社会科学院副院长刘国光率领十多位专家学者奔赴海南，受命制定海南经济发展战略。他们采取培养经济增长极的办法，把外部引入和岛内现有的生产要素集中配置在港口城市及其周围，充分发挥聚集效应和扩散效应。

按此设想，全岛规划为五个经济区。北部经济区，也称海口经济圈，包括海口、琼山、澄迈、定安、屯昌五个市县。重点是发展轻工、食品、橡胶制品、机械电子和第三产业。目标是使海口市成为第三产业发达、高技术产业占一定比重、能有效促进全岛产业结构和技术结构不断升级、带动海南经济起飞的国际性城市。南部经济区，即三亚经济圈，包括三亚、通什两市和陵水、保亭、乐东三县。旅游业是该地区的主导产业，其目标是建成一个国际性旅游区和临空型高技术产业区。区内其他产业的发展应围绕旅游这个中心，发展食品、旅游工艺品、旅游娱乐业等。东部经济区，或称文城经济圈，包括文昌、琼海、万宁三县和琼中县一部分，是全岛农业发展条件较好、人口密度较大、文化素质较高的地区，也是侨眷集中地区，以发展农业、农产品加工、食品、轻纺和仪表工业为主。西北经济区，亦称那大经济圈，包括临高、儋县、白沙三县和琼中县一部分。该经济区以利用天然气和石油为主，是全区石油化工、钛白粉和水产加工基地，中后期的中心将逐步转移到洋浦港。西南经济区，亦称八所经济圈，包括东方、昌江两县。以八所港为依托，发展钢铁、水泥等重工业。

这五个经济区的划分名噪一时，但由于海南后来的发展并没有按当初设定的轨迹进行，这些经济区的划分并没有发挥实质性的作用。

到了2000年，学者们对这个问题的思考更深入：建议“把城市做大”，通过撤并，建设海口、三亚、文昌、琼海、万宁、东方、儋州七个中心城市。这就很有代表性。

从“南北带动”到“两大经济圈”

对海南区域发展问题加以科学谋划的是海南省第四次党代会。2002年4月召开的这次党代会，提出坚持、丰富和完善“一省两地”产业发展战略，大力发展海洋产业；按照“南北带动，两翼推进，发展周边，扶持中间”的思路，推进城市化进程，促进区域经济发展。

“南北带动，两翼推进，发展周边，扶持中间”的16字海南区域发展思路正式写进党代会报告，是海南谋划这个问题的开始。而“南北带动，两翼推进”的提出，有力地推动了海口市、三亚市的发展。

把全省作为一个整体的地理单元进行统筹规划在国内还没有先例，因此2006年4月海南省政府批准的《海南城乡总体规划（2005—2020年）》（以下简称《规划》），是把海南全省当作一个城市来规划的一次有益探索。《规划》是海南发展的新蓝图，强调将全省作为一个整体的地理单元进行统筹规划。这是从海南岛屿省份的特点出发，将各部门和各市县规划、行业规划落实在具体的空间区位上并加以协调，作为指导全省城乡建设和各项事业发展建设的依据。《规划》还提出海南要形成“一个半小时生活圈”的概念，即要使全省各城市、各大开发区、各旅游度假区之间的空间联系都可以用一个半小时左右的车程解决。

“多规合一”指推动国民经济和社会发展规划、城乡规划、土地利用规划、生态环境保护规划等多个规划的相互融合，解决现有规划自成体系、内容冲突、缺乏衔接协调等问题，形成统一的空间规划蓝图。2015年之后，海南的一项“多规合一”改革两次上了中央深改组的会议。

2015年6月5日上午，习近平主持召开中央全面深化改革领导小组第十三次会议，同意海南省就统筹经济社会发展规划、城乡规划、土地利用规划等开展省域“多规合一”改革试点。

一年之后，2016年6月27日下午，习近平主持召开中央全面深化改革领导小组第二十五次会议，审议通过《关于海南省域“多规合一”改革试点情况的报告》等文件。会议指出，中央授权海南开展省域“多规合一”改革试点一年来，海南结合实际，积极推进改革探索，梳理化解规划矛盾，统筹主体功能区、生态保护红线、城镇体系、土地利用、林地保护利用、海洋功能区规划，在推动形成全省统一空间规划体系上迈出了步子、探索了经验。深入推进这项改革，要着重解决好体制机制问题，处理好改革探索和依法推进的关系，一张蓝图绘到底。中央有关部门要加强统筹指导。

“多规合一”改革有助于“一张蓝图绘到底”，解决了现有一些规划自成体系、内容冲突、缺乏衔接协调的问题，改变了资源配置方式，起到了深化改革的规划引领作用，为海南全面深化改革开放国家重大战略的出台创造了有利条件。

“经济圈”的概念出现在海南省第七次党代会报告中。2017年4月召开的这次党代会提出，提升区域协调发展水平。扶持海口做大做优做强、建设国际化滨江滨海花园城市，支持三亚建设国际化滨海旅游精品城市，加快推进“海澄文”一体化综合经济圈和“大三亚”旅游经济圈建设，充分发挥南北两极对周边市县的辐射带动作用。建设琼海、儋州区域中心城市，推动东西两翼齐飞。强化政策支持，保育发展好中部生态区，促进少数民族地区发展进步。按照全省“一盘棋”，实现跨市县产业发展、基础设施、生态建设协调联动，构建更具活力的区域发展新格局。

这是把海口、澄迈、文昌（后来先是加上定安，再加上屯昌）作为“一体化综合经济圈”来谋划，相应的部署还有“大三亚”旅游经济圈。这让“南北带动”的构想又有了具体的内容，而提出的全省“一盘棋”，也是后来形成“全省一盘棋、全岛同城化”区域协调发展思想产生的基础。

从“五大行政区域”到“三极一带一区”

2018年4月13日，海南迎来了这一历史时刻：习近平总书记在庆祝海南建省办经济特区30周年大会上发表重要讲话，要求海南深化地方党政机构改革，科学配置行政资源，转变政府职能，深化简政放权，结合自身实际改革和完善行政管理体制，为国家治理体系和治理能力现代化进行新的探索。

《中共中央 国务院关于支持海南全面深化改革开放的指导意见》（2018年4月11日）指出：“推进海南行政区划改革创新，优化行政区划设置和行政区划结构体系。支持海南按照实际需要统筹使用各类编制资源。深化‘多规合一’改革，推动形成全省统一的空间规划体系。积极探索与行政体制改革相适应的司法体制改革。”

在这样的背景下，2018年5月召开的海南省委七届四次全会，专门把“加快推进行政区划调整和党政机构改革”作为高起点谋划和推进重点改革的一项任务，提出：“落实全省一盘棋理念，按照东、西、南、北、中五大行政区域进行整合，形成‘南北两极带动、东西两翼加快发展、中部山区生态保育’的全省总体空间格局，结合经济社会、人口地理、资源禀赋、历史人文、民族区域自治等因素，推进行政区划改革创新，优化行政区划设置和行政区划结构体系。”

2021年6月10日，《中华人民共和国海南自由贸易港法》经第十三届全国人大常委会第29次会议通过，自公布之日起施行。其中规定：“国家推进海南自由贸易港行政区划改革创新，优化行政区划设置和行政区划结构体系。”这让人们又对优化海南行政区划设置和行政区划结构体系产生良好预期。

2022年4月26日召开的海南省第八次党代会，是在全省上下深入学习贯彻习近平总书记考察海南重要讲话精神、全岛封关运作准备工作加快推进的关键时期召开的一次十分重要的会议。大会的主题是：解放思想、开拓创新、团结奋斗、攻坚克难，加快建设具有世界影响力的中国特色自由贸易港。

大会确定海南今后五年的重点任务，就是建设“八个自由贸易港”，其中之一是：“坚持高质量发展，建设产业聚焦、区域协调的自由贸易港。”报告提出，要充分发挥现代产业体系和区域协调发展“两大引擎”作用，推动质量变革、效率变革、动力变革。就区域协调发展，报告提出打造“三极一带一区”区域协调发展新格局，坚持“全省一盘棋、全岛同城化”，突出城乡一体、陆海统筹、山海联动、资源融通，把全岛作为一个整体来统一规划、建设和管理；做大做强海口经济圈，全面提升发展能级，建设自由贸易港核心引领区；做优做精三亚经济圈，打造国际旅游胜地、自由贸易港科创高地；加快推动儋洋经济圈发展，创建自由贸易港港产城融合发展先行区、示范区；突出滨海城市的功能和形象，协调推进以新型城镇化为基础的滨海城市带规划建设；以热带雨林国家公园建设为重点，加快建设中部生态保育区；建立健全省级统筹、协调和考核机制，促进各类要素合理流动和高效聚集。

儋洋一体化：“真金白银”进行时

推进儋州洋浦一体化发展、加快推动儋洋经济圈发展已不是“规划规划，墙上挂挂”的陈年往事，而是要用“真金白银”打造的进行时。

2022年5月9日，《中共海南省委 海南省人民政府关于支持儋州洋浦一体化发展的若干意见》（以下简称《若干意见》）正式公布实施，分别从优化空间和产业布局、政策扶持、公共设施建设、社会管理、加强风险防控等7个方面提出了28条支持措施，旨在进一步优化全省区域统筹发展格局，提升儋州和洋浦协同发展水平，打造海南高质量发展第三极。这表明，推进儋州洋浦一体化发展，是海南省委、省政府学习贯彻习近平总书记关于海南工作的系列重要讲话和指示批示精神，着眼于海南自由贸易港建设全局、统筹区域协调发展作出的一项重大决策。

《若干意见》是推进儋州洋浦一体化发展的重要指导性文件，将为优化全省区域统筹发展格局、提升儋州洋浦协同发展水平提供重要支撑。总的来看，《若干意见》始终把握三个关键点。一是坚持区域统筹发展。着力统筹推进区域规划、建设和治理，实现资源统一高效配置，打响区域协调发展“第一枪”。二是坚持港产城相融合。将洋浦的政策、区位、产业优势与儋州城市功能和腹地优势结合，着力解决洋浦“有产没城”、儋州“有城没产”等问题。三是拿出“真金白银”支持。比如，将更多税收留给儋州、洋浦，合理安排转移支付，并在安排中央补助资金和地债资金时对儋州、洋浦予以重点支持。

《若干意见》从7个方面提出了28条支持措施，这个专属“大礼包”条条都是“真金白银”。在总体要求方面，提出了海南自由贸易港政策压力测试区、西部陆海新通道国际航运枢纽、临港经济引领区、海南西部中心城市四大发展定位，分阶段明确了发展目标。在空间布局方面，将儋州所辖的部分区域与洋浦经济开发区统一规划、统一开发、统一建设、统一管理，推动港产城深度融合发展，打造一座现代化国际滨海产业新城，构建海南西部区域发展的核心区和主引擎。在产业发展方面，支持儋州、洋浦建设国内一流的先进制造业基地和国际领先的石化新材料基地，加快建设文化旅游产业新高地，支持热带特色高效农业示范区建设，打造形成油气新材料、港航物流、商贸服务（国际贸易）三个千亿级业态，以及健康食品加工、高端旅游消费品制造等超百亿产业集群。在政策扶持方面，支持先行先试“一线”放开、“二线”管住等一系列海南自由贸易港早期安排政策，打造海南自由贸易港“样板间”。省政府安排资金，加大对项目建设的支持力度，并在排放、能耗等指标安排方面向儋州、洋浦倾斜，加强用地、用林、用海等要素保障。设施建设方面，对外，支持洋浦对接国内国际航线和港口集疏运网络，建设港口型国家物流枢纽承载城市；对内，推动洋浦与那大城区的快速互联互通，提升环新英湾区域基础设施水平。同时，允许以灵活的体制机制引进岛外优质教育、医疗、文化等资源，支持建设一批优质院校、医院、文体场馆设施。社会管理方面，洋浦控股公司由洋浦管委会全权管理，人事、财务等重大问题由管委会自主决策。允许自主出台高层次人才认定标准，以市场化薪酬吸引高端人才。简化海外人才工作办理手续，将外国人工作许可审批权限下放至儋州、洋浦。保障措施方面，海南省委、省政府成立推进儋洋一体化发展改革工作领导小组，集中各方面智慧和力量，形成支持儋洋一体化发展的强大合力。

按照海南省委、省政府安排部署，海南省发展改革委、省交通运输厅、省自然资源和规划厅、省财政厅、省工信厅等5个部门还围绕《若干意见》的总体安排，推出69条具体支持措施，与《若干意见》相配套，组成一整套政策措施，支持保障儋州、洋浦一体化发展，于当天（5月9日）一并发布实施。

儋洋一体化发展格局形成之时，就是“三极一带一区”区域协调发展新格局诞生之日。

2022年5月10日，《关于海南自由贸易港统筹区域协调发展的若干意见》（以下简称《意见》）正式发布实施。

《意见》主要体现四个特点。一是坚持全省一盘棋、全岛同城化。推进全岛统一规划、建设和管理，按照客观经济规律调整完善区域政策体系，促进各类要素合理流动和高效集聚。二是坚持陆海统筹、山海联动。科学配置陆海资源，加快构建现代海洋产业体系，大力发展热带雨林旅游产业，推动形成山海互动、蓝绿互补的发展新局面。三是坚持城乡统筹、资源融通。以协调推进乡村振兴战略和新型城镇化战略为抓手，逐步缩小城乡发展差距和居民生活水平差距，促进城乡融合发展。四是坚持三极联动、提升实力。着力发展壮大海口经济圈、三亚经济圈、儋洋经济圈三个增长极，增强区域辐射带动作用，提升海南整体经济实力。

《意见》对于构建“三极一带一区”新格局进行了系统谋划，明确了各区域发展目标、实施路径和具体举措。海口经济圈主要是充分发挥海口带动作用，联动澄迈、文昌、定安、屯昌等周边市县，全面提升海口经济圈发展能级，着力塑造“大海口”综合竞争新优势，打造中国特色自由贸易港核心引领区。三亚经济圈主要是用好三亚国际旅游、科技创新资源，带动陵水、乐东、保亭等周边市县发展，大力培育发展南繁、深海等未来产业和新一代信息技术产业，打造海南自由贸易港科创高地、国际旅游胜地。儋洋经济圈主要是通过挖掘历史文化名城的发展潜能，将洋浦的政策、区位、产业优势与儋州城市的功能和腹地优势相结合，加快一体化融合发展，打造海南自由贸易港港产城融合发展示范区、先行区。

滨海城市带将以环岛旅游公路为主轴，以环岛高速铁路、高速公路等交通廊道为纽带，加快形成“2+3”滨海中心城市格局，推动滨海城镇统筹协调发展，构建以中心城市为引领、大中小城镇协调发展的世界级滨海城市带。

中部山区生态保育区将以海南热带雨林国家公园建设为抓手，坚持在保护中发展、在发展中保护，加强中部地区多层次公路网与环岛旅游公路衔接，大力发展热带雨林旅游产业，推动形成山海互动、蓝绿互补的发展新局面。

为实现以上五大区域协调联动发展，《意见》围绕重点工作领域提出“八大统筹”，即统筹推进陆海经济协同发展、城乡融合发展、垦地共赢发展、基础设施网络提质升级、社会事业协调发展、生态环境保护和生态产业发展、对内对外开放和风险防控。这些都是实实在在的举措，包含大量“真金白银”的项目。

2022年7月1日，海南省儋州市重点项目集中开工签约活动在洋浦经济开发区举行。此次活动总投资额达344亿元，一大批高质量产业项目落户，将为海南自由贸易港儋洋经济圈发展注入新动能。此次集中开工的项目共33个，总投资161.3亿元，2022年计划投资32.5亿元，涵盖基础设施、产业项目、公共服务、生态环保等领域。当天签约的重点项目28个，涉及产业、航运、贸易等，总投资183亿元。

海南正在打造“三极一带一区”区域协调发展新格局，着力发展壮大海口经济圈、三亚经济圈、儋洋经济圈三个增长极，儋州洋浦正通过一体化融合发展。此次重点项目集中开工签约活动的举行，将加快打造海南高质量发展“第三极”的时代进程。

“着力提高全要素生产率，着力提升产业链供应链韧性和安全水平，着力推进城乡融合和区域协调发展，推动经济实现质的有效提升和量的合理增长。”这些内容已经写进党的二十大报告之中。历经近40年时间的持续摸索，新时代的海南城乡融合和区域协调发展之路将越走越好。

八、你们在做一项书写历史的工作

随后，习近平来到洋浦国际集装箱码头小铲滩港区，了解港口建设发展情况，同现场作业人员、挂职干部代表等亲切交流。习近平强调，振兴港口、发展运输业，要把握好定位，增强适配性，坚持绿色发展、生态优先，推动港口发展同洋浦经济开发区、自由贸易港建设相得益彰、互促共进，更好服务建设西部陆海新通道、共建“一带一路”。他指出，党中央选派干部来自由贸易港挂职，既体现了党中央对自由贸易港建设的关心和支持，也是对干部的培养锻炼，要发挥挂职干部的积极作用，让他们在基层一线增长才干。（《习近平在海南考察时强调 解放思想 开拓创新 团结奋斗 攻坚克难 加快建设具有世界影响力的中国特色自由贸易港》，《人民日报》2022年4月14日）

远洋巨轮的汽笛，鸣响了全球航线，也汇聚了四面八方的人。“我们聘请的首席规划师是新加坡的，首席航运官是上海来的，还有深圳前海来的首席开发官……”

在这里，总书记见到了海南国际经济发展局工作的一位外籍小伙儿鲁斯兰。2013年秋天访问哈萨克斯坦，习近平总书记在演讲中提到了他献血的故事，他由此在中哈两国家喻户晓。现如今他的工作，是向全球推荐海南自由贸易港。

鲁斯兰说起总书记这些年对海南的关怀和指导，简直滔滔不绝。习近平总书记笑着说：“‘中国通’了！欢迎更多国际人才到海南来。”

这里是人才激荡的热土。

遥想34年前，海南省办经济特区的消息一出，10万闯海人跨海逐梦。“到海南去，干一番事业”的声音，令无数人心潮澎湃。

4年前习近平总书记的重要讲话，催生了“人才潮”的新一轮涌动。党中央选派了多批干部来海南挂职。现场，来自中组部的挂职干部代表，向总书记汇报了人才支持海南自由贸易港建设的可喜进展。

习近平总书记对这件事十分关注：“将来还有后续计划吗？”

“还有后续，会继续做好。”

总书记颔首赞许：“一方面，他们的加入可以为海南政策开放的幅度、弹性、空间，把握好分寸。首先是不逾矩，然后是有创新。另一方面，把好经验、好做法借鉴给海南，运用于海南。同时，这是一个宝贵的锻炼机会，挂职干部在基层中增长才干。”

习近平总书记热切的目光望向他们：“你们在平凡的岗位上做着不平凡的事业，在做一项书写历史的工作。”（《“探索试验蹚出来一条路子”——记习近平总书记赴海南考察调研》，《人民日报》2022年4月15日）

“你们在平凡的岗位上做着不平凡的事业，在做一项书写历史的工作。”这再次表达了习近平总书记对人才、对人才工作的高度重视之情。我们接着讲述改革开放以来海南的三次“人才潮”。

1.37：1.1

人才问题一直是制约加快海南岛开发建设的关键问题，以至于建省办经济特区之时，人们就这样无限遐想："有人把海南岛与台湾的自然资源、开发前景进行了一百项比较。在这一百项比较项目中，海南岛占明显优势的就超过六十项，接近或持平的也有二十余项。如果解决了人才和资金这两个大的弱项，谁能说赶超台湾是一句空话！"（张参：《天涯海角，东方的黄金海岸》，《海南开发报》1988年1月25日）

人们看到，解放以来海南人才的状况是这样："知识分子外流严重，智力水平低。例如解放以来全国分去海南的大专农林科技人员，目前已走掉约2/3，因此海南科技落后、教育质量差、劳动生产率低。例如海南岛的技术水平，平均约比大陆落后5—15年；全员劳动生产率只及全国、全省的一半左右；目前全岛教师的合格率高中只有30.4%，初中只有20.8%，小学只有23.7%。"（周永生：《从台湾岛的开发试论海南岛的开发战略》，《科学工作参考》1984年第2期）

更具体点说：海南人才一直外流。据统计，从1950年至1981年国家分配给海南的大学生共1.37万多人，而先后调离海南的却高达1.1万人。海南有四所高等院校，1985年以来每年的毕业生只有1000人。现有人才远不能适应海南对外经济贸易发展的需要。海南比较大的合资企业琼海涤纶厂，由于缺乏外汇风险知识，投资建厂以日元结算，结果成本随日元升值成倍增加，原计划五年回收的投资，现在看来十年也成问题。不少合资合作经营企业中的外商投资借款亦都由海南担保，企业债务实际上全部由海南承担。缺乏外经外贸人才，使海南的对外经贸工作陷于十分被动境地。（冯邦彦：《海南建省 任重道远》，《经济学周报》1988年7月10日）

曾主政海南的雷宇，在这方面的感受异常强烈。他曾经也专门回忆"选拔培养使用干部和引进人才"问题。他说，人才严重缺乏，这是影响海南开发建设的一大难题。海南自1950年解放至1982年，中央和广东省给海南分配的大专毕业生少说也有两万至三万人，但倒流的很多。30多年间分配到农业战线的科技人员，中专毕业以上的有13000多人，倒流到最后剩下3700多人。其他战线也有类似的情况。人才数量严重不足，水平也不够高，加上科技人员学非所用，浪费人才、积压人才的情况比较严重。国家机械工业部曾来调查海南岛的机械工业企业。他们说，海口有一个工厂，有工程师、助理工程师六七个，但真正搞这行的只有一个。文凭是大学毕业的或者专科毕业的，因为发展的形势日新月异，在大学里学到的知识有的已经过时了。就讲工业，电子管、晶体管、集成电路，当时已经是第四代了，但我们的电子工业产品还是第一、第二代的，产品质量还不过关。海南科学技术人员知识老化的情况更加严重。要全面开发建设海南岛，各个方面的人才都需要有。从干部、知识分子队伍的结构来看，许多门类的人才是空白的。要开发南海的石油、天然气，但是没有几个懂地质的，没有几个懂石油开发技术的。

在回忆中讲到“外语人才也很缺”时，雷宇讲了一个外经委同志说的故事。有一次，有一批美国朋友来，分乘两辆车到岛内参观、考察，只有一个翻译，前面那辆汽车坐着领导和翻译，后面那辆汽车坐着随行人员，没有翻译。半路上后面那辆汽车的客人说要小便，随行人员和司机听不懂，客人只好拍拍手，意思是要车停下来。随行人员告诉司机：客人说你的车开得好。司机谦虚地说，车开得不好，不敢开快。客人说“NO、NO、NO”（不是、不是、不是），这时刚好公路边有人小便，客人指着窗外边，意思是和外面一样，要小便，还把裤子前面中间的拉链拉开，指手画脚地又说一遍。随行人员仍然不明白，还说后面有啤酒。

这是很发人深省的！雷宇说，人才问题比资金问题更为重要，钱没有可以借，没有钱，有了人才也可以生财。人才问题如果不能很好解决，加快海南岛的开发建设就会成为一句空话。（雷宇：《建省前海南开发建设历史回顾》，《亲历海南建省》，海南出版社，2010年）

有这种引不进来又留不住人才的情况，说明海南人才的“死结”甚难解开。也因此，任仲夷发出呼声：“开发海南，英雄有用武之地！”

“开发海南，英雄有用武之地”

1983年3月28日，上海《世界经济导报》发表专访，内容是时任广东省委第一书记任仲夷就加快开发建设海南问题发表谈话，“中国第二大岛今年起飞，三年变样”，“开发方针：以开放促进开发，以开发支持开放”。该报还做导读：“任仲夷与本报记者谈海南三年定能大变样。”《海南日报》4月24日转发此专访，文字略有改动。

海南宝岛何时开发？“今年开始起飞，三年之后生产面貌、精神面貌都会大变。”任仲夷对记者说，“海南岛是好地方，是宝岛，但目前还比较穷，亟待开发、建设。开发海南已具备天时、地利、人和三个条件。所谓‘天时’，主要是指中央对海南的开发非常关心，大力支持；‘地利’，是指海南地处热带、亚热带，资源丰富，而且是个岛，有利于实行特殊政策和对外开放；‘人和’，则是指加快开发海南是人心所向，开发海南必须有团结战斗的领导班子，大家思想认识要一致。”

任仲夷还谈到，开发海南，英雄有用武之地。他告诉记者，广州一些企业，如东方宾馆，正酝酿到海南岛去设分店。海南岛有个地方叫“天涯海角”，是很有名的旅游点，可以到那里办一个天涯海角宾馆。凡是英雄有用武之心，而需用武之地者，都可以到海南岛试一试。任仲夷认为，在拓展企业以及企业联合的过程中，有本事的人自会显示出来，这也是发现人才的一条途径。我们的干部制度也应适应新的形势，进行必要的改革。

海南即将起飞的消息产生极大的反响。《海南日报》1983年4月29日报道《把知识献给开发宝岛的壮丽事业——从一批来信中引出的报告》中写道：“我们面前摆着一批信件。这是中央决定加速开发建设海南的消息传开后，近一个月来，从全国各地大中城市给海南区党委、区公署领导同志写的信。写信的人，大都是学有专长的中青年知识分子，他们自愿要求到海南岛来参加开发建设工作。读着这些信件，我们深为他们的赤子情、报国心所感动。”

该报特将这些信件的主要内容报告给广大读者。

做立志改革的新一代。在这些信件中，有三封是从上海寄来的。其中有一位来信者是中国科学院上海原子核研究所82届毕业的研究生，毕业后留所从事科研工作；一位是上海社会科学院社会学研究所的青年研究实习员。1983年3月下旬，他们从上海出版的《世界经济导报》上看到党中央、国务院决定加快海南岛开发建设的消息，深受鼓舞，立即写信给区党委领导同志，询问海南大学的筹办情况，表达了他们要求参加海南岛开发建设的心愿。有一封信这样说：“改革是我中华崛起的必经之路，你们的路子我们十分赞赏。我们关心的不是自己的名誉和地位，追求的不是物质待遇，而是民富国强的改革，中华民族伟大事业的创立。我们追求的是最大限度地效国效民的工作环境，追求体现民族自尊心的祖国的科学事业。”

越是艰苦的地方越要去。西安市有一位28岁的女青年，毕业于西安外语学院英语系，在陕西省一个外事单位工作。她从《中国日报》上看到海南岛的发展规划和雷宇对记者的谈话，知道海南开发需要人才，心情异常激动。她在信中说，她懂英语，也学过法语，她可以搞教学工作，可以搞文字翻译，也可以搞旅游，她希望能用自己的知识为海南岛的建设事业作出贡献。

贵州省统计局财贸处有一位青年干部，1980年毕业于贵州省银行专科学校。他在信中说："我现在还很年轻，愿意到祖国的边疆——海南岛来参加经济建设。海南岛目前的生活虽然艰苦，但是，正因为它生活艰苦、条件差，所以我才要求到海南来，用自己的双手改变它的面貌，这是我的愿望，也是我们新一代青年的责任。我自己做好了充分的思想准备，并且得到了父母的同意和支持。"

湖南省长沙市帆布厂有一位专业干部在来信中说："我是广东番禺人，毕业于长沙达信财会专业学校，已经从事企业财务管理工作。为了祖国的繁荣富强，我愿意到海南岛最艰苦的基层单位去工作、去锻炼。只要是从事与我的专业有关的工作，我绝不挑肥拣瘦，拈轻怕重，绝不在待遇问题上向组织伸手，讨价还价。"

还有夫妻的共同心愿。在这些来信中，有三封是夫妻联名要求来海南岛参加开发建设工作的。他们的小家庭，分别在武汉、贵阳和湖北省新兴的"车城"十堰市。当他们从《世界经济导报》上看到海南宝岛即将起飞的报道后，夫妻互相勉励，互相支持，决心举家携眷到海南岛扎根立业，把"家"安在祖国开发建设最需要的地方。

贵州省统计局劳资处有一位上海籍的青年干部，是1982年大学毕业分配到该处工作的。他的妻子在贵州某单位搞计量标准工作。夫妻俩在来信中说："我们经过商议，愿意来海南岛参加开发建设工作。我们知道，海南不会有我们现在这样安定、习惯和舒适的工作和生活环境，我们也深深知道海南气候的炎热，工作环境的艰苦，但我们想一个人的青春，一个人最宝贵的年华，应该奉献给对人民最有利、党最需要的地方。”

湖北省十堰市食品公司一位年轻的经理，在和妻子联名写的来信中，还附了他妻子写的一首抒怀诗：“愿去天涯海角，献身海南宝岛。壮志事业开拓，不顾山高路遥。”

誓为宝岛献青春。黑龙江省齐齐哈尔市、山西省太原市和广东省梅城，有七位大学本科毕业生，得知海南岛即将起飞的消息，满怀激情地投来了“决心书”“请战书”。

山西财经学院贸易经济系有一位1983年应届毕业生，正面临人生道路上的一次重大选择：大学毕业后是要求分配返家乡——河南郑州，还是凭着自己的“三好”成绩留校或留在太原？他想起家乡河南“物华天宝，钟灵毓秀”，有父母兄妹，还有女朋友，要求回去，“得之于情，止之于理”；太原，这不仅是自己苦读四年的地方，也是一座美丽的城市，留在太原，也能够很好地生活和工作。然而，当他读了《世界经济导报》有关海南岛“今年起飞三年变样”、急需人才的报道，当即选中人生去向，决定到“天涯海角”来贡献自己的青春年华。

这所学院还有四位家都在大中城市的应届毕业生先后来信表示，要到海南岛扎根，同海南人民一道，把祖国宝岛建设得更加富裕壮丽。

1983年8月4日，新华社自广州发出消息：中共中央、国务院批转了《关于加快海南岛开发建设问题讨论纪要》后，全国28个省、市、自治区有3400多人给海南区党委、行署写信，要求到这个宝岛参加开发建设工作。要求到海南岛参加建设的人中，有教授、副教授、研究员、副研究员、工程师、讲师、中学教师、医生等各类专业技术干部，以及应届大专毕业生。他们通过一封封热情的信件表决心，要把自己的年华献给宝岛，为祖国的社会主义现代化建设事业作贡献。

海南区党委和行署已组织有关部门对这些志愿者分别回信作了答复，并根据全区开发建设工作的需要，作出了具体的吸收方案。海南区领导机关对要求前往开发建设的有志之士表示热烈欢迎，同时说明海南岛目前各方面工作都比较落后，生活条件较困难，希望他们做好充分的思想准备，同海南岛的广大干部、群众一起克服困难，共同把宝岛建设好。

“没有人才，政策再好也是白搭”

海南各类人才缺乏，领导干部的知识短缺，这些突出问题，在一开始就制约着海南的对外开放和开发建设。

1981年4月21日，时任海南区党委书记罗天在海南汉区对外经济工作会议的讲话中指出，最近外商来海南洽谈了大批项目，可是我们有很多应该做的工作还没有做好。外商同我们洽谈很多，我们具体资料准备不好，心中无数。比如说英国、法国财团来海南，多次同我方洽谈要建设大广坝水电工程，可是我们资料不够。建了大广坝水电站，能够灌溉100万亩土地，这100万亩土地又如何利用，如何开发，该发展些什么，又怎样生产出口产品拿到外面出口换回外汇，又再用多少外汇来还债等，我们都掌握不够。法国一个财团准备10亿美元来海南投资，而我们又用什么东西还给他，这个规划工作现在还赶不上。外商的积极性可高了。现在很多外商要来和我们谈判搞投资和做买卖，可是我们的外经工作跟不上去。如果我们把工作做得周到些、做得好一点，那么我们跟外商洽谈签订的项目也就会多一些、快一些，可以加快海南的建设。因此，海南要做好外经工作，首先各级党政领导都要重视起来，将外经工作摆在我们党政重要议事日程上来，以摆脱我们的落后状况。

这说到底是人才问题的制约。因此，罗天提出要有计划地建设我们的外经干部队伍。加强外经委的工作力量，以适应外经工作发展的需要。从现在的外经力量来看，是很薄弱的，是很不够的，所以要在这方面加强。区党委常委会做了决定，区外经委现配15人，准备再加一倍，增加到30人，打算配些专职的副主任，办公室还要配备一些有专长的干部来加强这方面的工作。

罗天还专门讲到要使用好外汇。这是很有启示意义的。他说，使用好外汇有两层意思。第一层是你拿到外汇就应该用，提高外汇的使用率。用外汇进口原料生产，或进口设备来搞生产，搞了后周转得快，对我们有好处，不要老是放在银行那里不用。前几年我们就是不懂得用，这实际是浪费。有了外汇就要用，不要积压。我们要像福建省那样，听说他们是这样干的，每月清理一次外汇，每个季度要进行一次检查。第二层意思是要用好外汇。1980年有200多万美元外汇，我们使用得不好，是到了年底才急急忙忙地集中进口一些东西。1981年可能有1000万美元外汇，这些外汇可以做许多事情，1982年还可能更多些。海南商品经济不发达，反映出我们各级领导搞商业、搞外贸的脑子迟钝，反应慢，比不上佛山，也比不上汕头。人家那边的领导脑子活，消息也灵通。听说佛山光是买外汇进口尼龙丝出售就赚了1亿元。海南赚几百万，人家一次就赚了1000万。

看到罗天讲的这些情况，我们就能更理解雷宇的观点。

1984年3月26日，中央书记处、国务院召开沿海部分城市座谈会。3月31日胡耀邦对与会代表们说："人才，不单是靠培训，还要有吸引力。吸引力就表现在：一是放手工作，让人家发挥聪明才智；二是多劳多得，这不是一切向钱看。”4月6日，邓小平在接见出席部分沿海城市座谈会与会代表并合影时曾指出实行对外开放政策，关键取决于领导是明白人还是糊涂人，有没有劲头。参加会议的海南区公署主任雷宇认为，两位中央领导的谈话，给海南领导班子、干部队伍建设以及实施人才战略指明了方向。要加快海南岛的开发建设，扩大海南岛的开放，必须加强领导班子建设，选好各市县和各企业、事业单位的领导，提高干部队伍的素质和执政能力，培养造就各个方面的人才。

就在这次会议上，雷宇就海南岛怎样赶上台湾讲了几条意见。其中有一条是“要靠人才”。他说，没有人才，政策再好也是白搭。给了政策，不会运用，在我们岛内并非少见。新技术也得靠人去掌握，如果不懂得使用，不会去驾驭，再新再好的技术设备也不过是一堆废铁而已。人才从哪来？雷宇说有三条：一是从现有的干部中，选拔比较年轻的40岁以下的或更年轻的，搞几个年龄的梯级，如25岁左右的，35岁左右的，45岁左右的，选那些有一定文化知识、有培养前途的干部人才进行培养，让他们更新知识（包括已念过大学的）。二是下决心从小学抓起，这似乎是“远水不解近渴”，但实践证明比较行得通的是这一条路。从小学抓起，至少要十年，但十年后就可以接上班。邓小平同志在上海视察时说，电子计算机得从娃娃抓起。普及小学教育的问题，我们必须下决心认真抓好，要花点钱去办好普及小学教育的事。花钱，不仅政府要花，还要发动群众集资办学。三是要采取优惠政策，积极引进我们急需的人才。1983年，有几千人想到海南岛工作，但我们没抓紧，这是失策。其实海南的优惠政策没多少。现在全国14个沿海城市开放了，加上4个经济特区，还有海南岛，谁都想抢人才，连上海都重金招聘人才，如果我们再不认真做这件事，就会一误再误。

如何解决人才的问题？中共海南行政区委和区公署经过认真研究，采取几条措施。一是加强干部培养。1983年10月18日，谷牧在北京主持召开加快海南岛开发建设问题讨论会，经贸部的同志说，海口市和日本人合作搞了一个汽车维修中心，中方两位经理不懂业务，又经常闹矛盾，影响企业的经营，日本人现在不想干了。谷牧说，海南干部素质是好的，就是不熟悉经济工作。这次国家经委办学习班，每个经济特区派了两个人去参加，明年要给海南指标派人参加。各部委办学习班，要给海南名额。谷牧和其他中央领导同志十分关心海南干部的成长，对海南加强干部培训问题作了一系列重要指示，这对我们是极大的鼓舞、很大的鞭策。培养干部，不能只靠国家，海南自己也要培养，还要鼓励自学成才。派人去北京和其他先进地区参观学习，接受培训。我们自己也开办各种类型的培训班。海南的大学，不仅设本科，也要搞一些短期的、只需修读一两年的教育；从学科来说，不仅设文科，还要根据海南建设的需要，设置一些工科和经济管理科培育人才，这是最急需的。鼓励干部自学，表彰奖励自学成才的人，形成良好的学习氛围。

二是积极引进人才。引进人才，不用花时间、金钱培养，把他们请来就可以工作，这是解决海南急需人才这一问题的多、快、好、省的办法。1980年，特别是1983年之后，全国各地许多人要求到海南工作，他们当中有干部、科技工作者、教师，有些人是写信来，有些人是打电话来，有些人是亲自来。据不完全统计，约有5000多人，其中专业人员3000多人。我们从这批要求到海南工作的人中引进了一批人才。对引进的人才，给予一定的优惠，按其专长安排工作。这些引进的人才，后来绝大多数都成为各行各业的骨干。（雷宇：《建省前海南开发建设历史回顾》，《亲历海南建省》，海南出版社，2010年）

可惜的是，1983年掀起的海南“人才潮”，随着1985年震惊中外的“汽车事件”发生，海南改革开放和开发建设遭受前所未有的挫折，“人才潮”也随之退去。

“十万人才过海峡”

1987年7月10日，童大林等在《人民日报》上发表题为《科学地开发海南岛优势资源产业》的文章，他们仍在为海南人才问题发愁：“当前海南岛开展农业和旅游业资源，缺什么？比较起来，最缺的是人才。位于儋县的华南热带作物学院和华南热带作物科学研究院，30多年来做了大量的农业科研工作，仅1978年到1985年，就取得290多项科研成果，有几项在世界居领先地位。但是全面地看，农业科研的进展与经济建设的需要之间还有不少的差距，对旅游业的研究则刚刚起步。解放以后，国家曾分配给海南大量科技人员。据说现在仍在本岛的，只剩约20%。”

他们说：“当然，今后随着海南的开发和走向富足，这种状况会逐渐改变。截至目前，除西藏、台湾以外，全国各省、自治区、直辖市已有约2000名专业人员志愿到海南参加建设，这些人的到来对海南的经济开发无疑具有重要意义。必须采取某些特殊政策以发挥他们的积极性、创造性。”他们还说，海南岛还是重要的侨乡，在海外的海南籍华侨、侨裔和港澳同胞约有170多万人。现岛内589万人口中，就有归侨、侨眷100多万人。如果发动海内外的“海南人”万众一心地支持海南岛，必将有效地增加发展农业和旅游业急需的人才、技术和资金。这对于海南岛的振兴，将会产生非常巨大的推动力量。

在此之后不久，随着建省办特区，海南出现了人们今天仍在称道的“十万人才过海峡”的壮观现象。

1988年4月1日，海南省人才交流服务中心派出人员离琼赴内地，在北京、西安、武汉、重庆设立人才引进办事机构，招贤纳士，引进海南开发建设急需的人才。同年，据《海南日报》8月15日报道，海南因为建省办经济特区，成了全国人才流入的一个热点，除台湾省以外的29个省、市、自治区都有人来信来访，要求调进海南工作。从1987年秋季起，不断涌向海南的内地年轻人，几乎将海安和海口两个寂寞多年的港口挤爆，高潮一直持续到1988年夏天。这次壮举被称为“十万人才过海峡”。

这是中新社海口1988年10月24日消息：自中国政府宣布海南建省办大特区以来，涌入海南的求职者已达3.78万余人，求职信则多达17万余封。来自海南省人才交流中心的消息表明，尽管该中心不如一年前那样门庭若市，但每天前来求职者仍有10—20人；求职信达六七十余封。据悉，该中心目前已安置5000人就业。据有关人士分析，造成人才涌进长久不衰的主要原因是，人们普遍对海南的开放政策抱有信心。一位来自湖南的陈姓求职者说，虽然海南目前仍有许多方面不尽如人意，但未来无疑是光明的，年轻人应把眼光放远一些。亦有一部分中小学教师因在内地极难“跳槽”，故希望到海南来寻求新职。据人才交流中心一位负责人称，这种人在求职者中，占有相当比重。

前来海南的求职者的目的性更强，他们往往会对自己所要工作的单位进行实地考察，而不像以往那样盲目应聘。这些求职者来海南前大多通过各种渠道，对海南有了一定的认识和了解，因此大部分人在失败与挫折面前，表现了相当的承受能力。愿去大公司、政府部门，要求待遇高，不愿去海口、三亚以外的地区，仍是大批求职者的普遍要求。

这时，新华社记者也关注到“大学生海口街头摆摊忙”现象。这是该社1988年5月9日电：

在椰树夹道、车水马龙的海口市，近来出现了一批令人刮目相看的大学毕业生“个体户”。

他们在街头巷尾摆摊设点，有的卖水饺、馅饼、羊肉串，有的卖年历片、报刊杂志，也有的以自己的一技之长开展家用电器修理服务。他们那热情大方、温文尔雅的吆喝，招引了不少行人过客。

在行人熙攘的海南港口客运站门前，记者采访了几位正忙于卖馄饨的大学生。毕业于西南师范大学的蒋众利，正热情地为顾客端馄饨，他对记者说：“我在重庆郊县的一个文化馆工作，那里工作太清闲平淡。从报上得知海南要办大特区，我就向单位请假来这里看看能否找到工作。”

和他一起忙于经营馄饨摊的还有来自湖南、贵州的两位大学毕业生。来海南之前，他们之间素不相识，是卖馄饨把他们捆在一起。

那位贵州的大学生边包馄饨边对记者说：“我已到这里的人才交流中心登了记，能否找到工作以后才知道。”话题转到经商，他解释说：“我是学物理的，过去从未做过生意。现在在这里等工作，食宿开支不小，所以决定来做生意。”谈话间他的脸上露出得意之色：“卖了半个多月的馄饨，对如何用最少的本钱来获得最大的利润有了点经验。”他告诉记者，他们的生意原则是薄利多销。这样，生意似乎总是要比别人兴隆点。

自去年九月海南将建立特区省的消息传出后，北京、上海、湖南、四川、湖北等20多个省市的两万多名各类专业人才纷纷要求在海南一显身手。据悉，要求来海南工作的人中，80%是大专毕业生，大部分是35岁以下的青年人。

迄今为止，海南人才交流中心通过各种形式，引进了2000多名各类专业技术人才。但由于海南建省后政府机构要精简，而作为经济实体的大批公司和“三资”企业还在筹建、酝酿、洽谈中，靠现有的企事业单位吸收人才，数量毕竟有限。据悉，海南人才交流中心为了做好人才引进工作，已将前来求职的各种人才分门别类地归入人才档案库，以便今后根据需要，有计划地引进。

这批边做生意边等消息的大学生，曾一时成为人们的议论话题。有的人说，堂堂大学生来包饺子，实在是人才浪费。可一位从北京来的日语翻译却不以为然。他说，我第一次上街卖年历卡时，感到很不好意思。可一想到别人能卖，为什么我不能呢？他说，在这里做生意每天可以接触各种各样的人，同这些人交谈，可以增进对社会的了解。

历史惊人地相似。如同第一次“人才潮”因“汽车事件”而退潮一样，海南第二次“人才潮”也随着1989年3月“洋浦风波”的发生而逐渐退潮。直到1992年春邓小平发表南方谈话，海南曾经的“人才潮”才开始变化成“公司潮”“股票潮”“房地产潮”等，形成海南改革开放史上一道又一道奇观！

“海南若从大陆引进20万人才，它的发展速度就会更快”

1993年11月30日，时任新加坡内阁资政李光耀及夫人应时任海南省省长阮崇武的邀请，对海南进行为期两天的访问。这次访问旨在了解海南旅游业的发展情况和投资政策，在听取专家介绍和实地考察过程中，李光耀对海南发展旅游和市场经济提出很多有益建议。

关于人才，李光耀指出，由于诸多原因，海南还很落后，经济上一直处于中国经济发展的主流之外。海南过去是历代王朝充军流放之地，给人的印象不太好，且过去二三十年又处于备战之中。在改革开放之初，海南经济发展条件还较原始，想让一些海南籍新加坡人再次对海南感兴趣，还需要一种推动力。这次来海南前，他们去了宁波、杭州等地，认为那里的工作人员素质和文化水平都很高，在执行项目过程中都很干练。

李光耀从和阮崇武的谈话中得知，海南正从全国各地吸引人才，他认为这对海南十分有益，但比较昂贵，因为要为人才提供居住条件。如果能从大陆、中国香港、中国台湾、新加坡引进人力资源，项目就可以进行，但基础设施需要改善，而且要充分利用人才。这一点政府要做出更多让步，使企业家得到的利润大于付出的代价。

李光耀举例说，台湾之所以发展得很快，关键是因为当初从大陆引进了250多万人才，他们带来的新思维、新技术使台湾得到发展。企业精神和人才技术对经济发展至关重要。新加坡有10%的华人来自海南，还有一些高级公务员原籍也是海南，他们一旦接受了教育就能发挥很大作用。海南若从大陆引进20万人才，它的发展速度就会更快。

关于产业结构，李光耀指出，海南在贸易和工业方面和广西存在很大竞争。理由很简单，任何海南生产的产品都需要过海，到广东等地转运，会增加很多成本。他建议海南应和新加坡一样发展电子、高新技术等重量轻、体积小、价值高的产品及无污染产业，产品最好在中国沿海找市场。同时，他建议在海南岛与雷州半岛之间修建海底隧道，这对海南与北海的竞争有关键作用。

举全国之力、聚四方之才

历史垂青海南。2018年4月13日，习近平总书记出席庆祝海南建省办经济特区30周年大会并发表重要讲话，指出："事业因人才而兴，人才因事业而聚。'人材者，求之则愈出，置之则愈匮。'海南全面深化改革开放是国家的重大战略，必须举全国之力、聚四方之才。海南建省办经济特区初期就有'十万人才过海峡'的壮举。吸引人才、留住人才、用好人才，最好的环境是良好体制机制。"

"海南全面深化改革开放是国家的重大战略，必须举全国之力、聚四方之才。"当我们了解了海南改革开放以来"人才潮"的概貌，就可明白"举全国之力、聚四方之才"的伟大号召的分量有多重、意义有多大！

而新时代的海南，新一轮的"人才潮"也由此到来。

海南省委顺势而为。2018年5月13日召开的海南省委七届四次全会审议通过《百万人才进海南行动计划（2018—2025年）》，提出实施更加开放的人才引进政策，开展国际人才管理改革试点，推动"百万人才进海南"，积极用好"候鸟型"人才。优化人才服务环境，进一步放宽人才落户准入，实施人才安居政策，完善高层次人才子女入学、配偶就业、医疗保障等政策，打造人才服务"一站式"平台。

《百万人才进海南行动计划（2018—2025年）》提出，到2020年，海南吸引各类人才20万人左右，重大人才工程项目成效明显，重要人才平台载体建设进展顺利，人才公共服务保障体系更加健全。到2025年，实现"百万人才进海南"目标，基本建立具有中国特色、体现海南特点、与国际接轨的人才发展体制机制，基本形成人才集聚新高地。

自2018年4月13日以来，截至2022年4月，海南全省共引进各类人才43.2万人，其中仅2021年一年就引进人才19.9万人，同比增长63%，人才集聚效应加快形成。截至2020年底，全省人才总量超过190万人，人才资源总量占人口总量比例达19.97%。“百万人才进海南”行动计划初期目标至此顺利完成。

2019年10月23日，海南省委组织部公布一则干部任用信息：近期中组部新选派一批干部来琼挂职，目前已有130名到任。这是自2019年7月第一批44名挂职干部挂职期满后，又一批由中央选派来支援海南建设的挂职干部。此次选派的130余名干部规模是第一批的3倍多，需要接受为期5天的培训。“比援藏援疆的规模还要大，”有挂职干部直言，“这表明中央对海南建设自贸港的支持力度很大。”

中组部选派优秀干部来海南挂职，是贯彻党中央推进海南全面深化改革开放和中国特色自由贸易港建设的重要举措，是落实“举全国之力、聚四方之才”要求的标志性项目，也是中央部委和兄弟省份支持海南改革开放发展的具体行动。至2022年4月，海南连续4年争取中组部支持，从全国选派415名优秀干部来琼挂职，持续助推海南自由贸易港建设。

2019年8月，中央组织部、国家发展改革委、教育部、科技部、财政部、人力资源社会保障部、国家卫生健康委等7部门联合印发《关于支持海南开展人才发展体制机制创新的实施方案》，明确了这样的发展目标：经过3—5年的努力，人才投入大幅提升，人才引领发展这一战略的地位得到牢固确立。人才资源总量快速增长，高层次人才队伍规模不断壮大。经过10—15年的努力，培养和造就一支规模宏大、结构合理、素质优良、充满活力、与中国特色海南自由贸易港相适应的人才队伍。建立具有全球竞争力的人才制度体系，人才对经济社会发展的贡献率达到全国领先水平，各类人才的创造活力竞相迸发、聪明才智充分涌流。

习近平总书记对海南人才工作给予肯定，2022年考察海南时，特别对中组部选派来海南挂职的多批干部表示关心，并鼓励大家说："你们在平凡的岗位上做着不平凡的事业，在做一项书写历史的工作。"由此为新起点，琼州大地必将能书写出从"十万人才过海峡"到"百万人才进海南"的新时代壮丽篇章。

习近平总书记在党的二十大报告中提出实施科教兴国战略，强化现代化建设人才支撑。他强调，深入实施人才强国战略，坚持尊重劳动、尊重知识、尊重人才、尊重创造，完善人才战略布局，加快建设世界重要人才中心和创新高地，着力形成人才国际竞争的比较优势，把各方面优秀人才集聚到党和人民的事业中来。

时代呼唤人才，海南自由贸易港建设的火热实践呼唤人才。建设海南自由贸易港是一项历史性任务，对于投身于自由贸易港建设的各方面人才来说，他们在做的工作就是一项书写历史的工作。"你们在平凡的岗位上做着不平凡的事业，在做一项书写历史的工作。"习近平总书记的高度评价与殷切期望，必将激起更多的人才投身于建设中国特色自由贸易港这项伟大事业，创造出无愧于新时代的光辉业绩。

九、努力建设世界一流航天发射场

四月的海南，满目青翠，生机盎然。2022年4月14日下午3时30分许，中共中央总书记、国家主席、中央军委主席习近平来到文昌航天发射场视察，代表党中央和中央军委，向发射场全体同志致以诚挚问候。

在椰林映衬下，一座现代化的发射塔架巍然矗立。习近平结合展板听取发射场基本情况、执行任务情况和后续发展规划汇报，察看发射塔架等设施设备。得知发射场成立以来，出色完成长征五号、长征七号火箭首飞等一系列重大航天发射任务，成功将空间站天和核心舱、嫦娥五号月球探测器、天问一号火星探测器送入太空，开创了我国一箭22星新纪录，习近平对他们取得的成绩表示肯定。

随后，习近平依次来到航天器总装测试厂房和火箭水平测试、垂直总装测试厂房，详细了解有关任务准备情况。

在热烈的掌声中，习近平亲切接见发射场官兵代表，同大家合影留念。习近平强调，文昌航天发射场是我国新一代大推力运载火箭发射场，是我国深空探测的重要桥头堡，在我国航天体系中具有特殊重要地位和作用。要大力弘扬“两弹一星”精神、载人航天精神，坚持面向世界航天发展前沿、面向国家航天重大战略需求，强化使命担当，勇于创新突破，全面提升现代化航天发射能力，努力建设世界一流航天发射场。

习近平强调，按照既定部署，今年我国将完成空间站建造任务，天舟四号、五号货运飞船和问天、梦天实验舱将从文昌航天发射场发射升空。要精心准备、精心组织、精心实施，确保发射任务圆满成功，以实际行动迎接党的二十大胜利召开。（《习近平在视察文昌航天发射场时强调 强化使命担当 勇于创新突破 努力建设世界一流航天发射场》，《人民日报》2022年4月15日）

文昌航天发射场位于海南省文昌市龙楼镇，隶属于西昌卫星发射中心，是中国首个开放性滨海航天发射基地，也是世界上为数不多的低纬度发射场之一。该发射场可以发射长征五号系列火箭与长征七号运载火箭、长征八号运载火箭，主要承担地球同步轨道卫星、大质量极轨卫星、大吨位空间站和深空探测卫星等航天器的发射任务。

2007年9月22日，新华社从北京发出的电稿说，经国务院、中央军委批准，我国将在海南省文昌市建设新航天发射场。建设新发射场，是为了适应我国航天事业可持续发展战略，满足新一代无毒、无污染运载火箭和新型航天器发射任务需求。新发射场建成后，主要承担地球同步轨道卫星、大质量极轨卫星、大吨位空间站和深空探测卫星等航天器的发射任务。

据有关部门介绍，在海南建设发射场，可利用纬度低的优势，提高地球同步轨道卫星运载能力，延长卫星使用寿命，效费比高；有利于优化我国航天发射场布局，提高我国航天发射综合能力，促进国际合作和扩大对外航天发射服务，推动当地基础设施建设，带动旅游等区域产业发展。同时，海南的新发射场毗邻大海，不仅具有良好的海上运输条件，而且火箭航区和残骸落区安全性好。有关负责人表示，中国政府将致力于和平开发利用外层空间，促进人类文明和社会发展，造福全人类。

据悉，新发射场启用后，酒泉卫星发射中心仍将继续承担返回式卫星、载人航天工程等发射任务；太原卫星发射中心仍主要承担太阳同步轨道卫星发射任务；西昌卫星发射中心将作为新发射场的一部分，只承担应急发射任务。

海南优越的航天发射条件，让日本专家眼馋不已

海南的“航天梦”做了30多年，建航天发射中心的设想也由来已久。

何质彬是海南航天港项目的策划、发起和创立者。早在1996年，由他主持完成的海南航天港可行性研究报告就递到了北京，得到各方首肯，时任全国政协副主席钱伟长专程赴海南考察选址问题。至1962年，何质彬从事原子弹、导弹及人造卫星研制已有数十年。1970年，国家选择地球同步轨道卫星发射场时，他常听老一辈航天专家讲，同步轨道卫星发射的最好地方是海南岛。

1987年，何质彬在巴西、阿根廷等地进行航天科技合作，收到了赴海南工作的邀请。翌年，海南建省，何质彬带着他的“航天梦”赴任。就在这年，日本科技厅宇宙研究所率由六大财团组成的考察团访问海南，何质彬全程陪同。“当时主要考察了三亚等几个地方，对方当即提出投资400多亿美元，在海南建太平洋航天港的建议。”何质彬说，海南优越的航天发射条件，让考察的日本专家眼馋不已。在这之前，在北京召开的由中、美、日发起的国际航天会议上，也提出在海南和澳大利亚黄金海岸建设国际航天港的倡议。

日本专家的建议与何质彬的想法不谋而合。离开海南时，日本考察团邀请何质彬组成航天代表团访日，他随即向国防科工委和航

天部汇报请示，提出建设海南航天港的设想。1988年至1989年，国家两次派专家到海南考察调研。但因当时有人疑“航空还没国际合作，航天怎么国际合作了”，加之海南刚刚建省，基础设施不足、资金有限等原因，“航天梦”一搁就是6年。

1996年，是中国商用卫星发射的分水岭。从这一年起，作为航天大国的中国，基本上从国际商用卫星发射市场上“出局”，因为国内现有发射设施在很多条件上不再适应商用卫星发射。由此我们只有考虑出路，于是发现海南具备三大航天地理优势。

在何质彬眼里，这样的尴尬和窘迫多少有点无奈。彼时中国的长征系列运载火箭，低轨运载能力为12吨，静止轨道运载能力为5.2吨，而国际上一般的地球静止轨道商用卫星都重达10吨至20吨。中国要发射自己的空间站，实施绕月飞行、无人乃至载人登月，现有的运载能力远远不够。

首先，内地的发射场都地处偏远山区或荒漠，火箭只能靠铁路运输，3.2米直径的火箭勉强可以通过隧道，但运载能力超过15吨的火箭直径5米多，不可能用铁路运输。海南水陆运输便利，可以不必顾虑火箭大小。

其次，海南是中国纬度最低的省份，距离赤道要近很多，火箭进入静止轨道更容易，有效载荷更多。从海南基地发射火箭，有效载荷将比西昌提高7.4%，比酒泉提高18.5%。按当时国际上1000克有效载荷20000美元的价位，即便使用现有的运载火箭，有效载荷也可以提高300多千克，相当于600多万美元。

此外，进入太空的卫星，其运行轨道和地球静止轨道有一定的夹角，必须用卫星上携带的燃料把这个夹角校正到0度，从海南和西昌发射的夹角分别是19度、27度，仅仅在校正夹角上节省的燃料就可以让卫星多运行3年。

何质彬算了一笔账：国际上现在一个转发器一年的租金是150万美元，一个5吨的卫星，装48个转发器的话，多运行3年，租金可以增收2亿多美元。

先后舍弃三亚、陵水选址

1970年以来，48颗国产卫星、3艘试验飞船和27颗外国卫星在酒泉、太原、西昌火箭发射场顺利升空，中国是否有必要在海南新建发射场？发射场为何选中文昌，而不是纬度更低的三亚？

一位参与发射场选址论证的航天专家指出，单从纬度考量，发射场是越低越好。在这点上，三亚18.2度的纬度全国最低，文昌位于北纬19.1度。航天发射中心为何选择文昌，而放弃纬度更低的三亚和陵水？何质彬说，这也是无奈之举。多年前，专家认定的最佳航天发射场主要是三亚。1995年3月，何质彬跑到北京请来十几位航天专家，对在海南建设航天港进行概念性论证、初步可行性论证和可行性研究论证。选址前，大家心中都觉得非三亚莫属。按照当时要靠海、有电站、有港口的选址基本条件，专家组考察遍了澄迈、临高、儋州、东方、乐东、三亚、陵水、万宁、琼海、文昌等海南东西海岸的10多个县市，最终选址文昌。

“在三亚找不到一个3平方公里、一马平川建发射场的地方，除非在天涯海角。但这样的后果是——火箭要从三亚城头顶飞过，万一出现意外，会殃及人口密集的城市，没人负得起这个责任。”何质彬说，当时专家组还认为，临近三亚的陵水区域位置不错，但近30年来的气象勘查发现，这里是海南的大风口，台风频发，且经济落后、没有港口电站。最终，文昌成了最完美的选择，这里有靠近海岸的广阔平原，花岗岩地质，在所有候选点中台风最少，而且人口稀少，码头、电站、机场一应俱全。

1996年，何质彬主持完成了海南新世纪国际商用航天港可行性研究报告和项目建议书，正式向国家申报。“当时规划的卫星发射中心，在文昌昌洒镇一带，几百米外就是大海，新型火箭使用新燃料，烧完了就剩水和二氧化碳，不会污染生态环境。”

何质彬说，后来因种种原因，反复考察论证了三四年，始终未能确定发射中心的地址。

这些，是《羊城晚报》2007年10月22日报道的何质彬的“航天梦”往事。

文中说到日本宇宙科学研究所组成考察团访问海南，然后提议在海南建太平洋航天港，当时笔者正好在北京参加国务院经济技术社会发展研究中心的课题研究，得到《中日两国在海南岛共同建设亚洲宇航基地的建议》一文，并于1987年8月15日在写给海南区党委负责同志的汇报中附上：“一并送上中国社会科学院世界经济研究所副研究员、日本问题研究专家凌星光关于《中日两国在海南岛共同建设亚洲宇航基地的建议》一文。这一问题以及上面提到与新加坡合作建立旅游开发区问题、由国际财团投资开发问题等，都可作为一些具体设想来加以研究，并向中央反映。”（钟业昌著《我所思之在海南》，中华书局，2020年）

《羊城晚报》的报道说，1999年，九三学社海南省委副主委颜家安在省政协大会发言中提出，在海南建立民营航天基地，作为集发射、科研、旅游三位一体的大型航天港。颜家安告诉记者，新中国成立后选择航天发射基地，海南一直是首选，但由于备战、国防等原因，航天港落户海南的梦想一再搁浅。

2000年的全国两会上，陈玉益等15位全国政协委员，向大会提交了《关于将“海南国际商业航天发射中心”列入国家“十五”

计划的建议案》，国防科工委随后答复，将会同有关部门开展论证。

2003年，18名全国政协委员又联名建议，吁请国家支持建设海南航空发射中心。当时，海南省副省长刘琦乐观表示，航天基地落户海南只是时间问题。

新的考察论证再次展开。后来，因火箭射向等原因，发射场选址移到文昌东郊镇、龙楼镇一带。

“我们发起这个项目，就是想让海南成为人类文明进军太空的摇篮。”何质彬说，“当时的考虑是建设商用国际发射中心，建立股份制集团，不要国家一分钱，自筹40亿元资金，为国家提供发射服务。但由于发射中心的敏感性，商用军用很难分辨，国家也认为建设发射中心属于国家行为，现在发射中心项目已由国家接手。”

据何质彬介绍，他负责的航天科技产业中心和航天主题公园建设项目与发射中心建设项目同步进行。2007年，两个项目正在筹资，主体工程仍未启动。据了解，当时规划的航天港项目一期占地16平方公里，二期占地30平方公里，发射中心主体工程2009年建成。何质彬说，届时“神舟八号”完全可以在海南升空。

“现在反应最强烈的恐怕就是俄罗斯了。”何质彬笑言，“他们唯一的发射基地在北纬45.6度，太高了，怕饭碗被抢走。”

何质彬觉得，海南建发射中心受世界瞩目，是意料中的事。国际商用卫星发射市场，就几个国家分“蛋糕”。当时，位于南纬5度的南美洲圭亚那库鲁发射场，是国际公认理想的发射场，欧洲的“阿丽亚娜”火箭就是在那里发射的，这也是圭亚那库鲁发射场的一个重要竞争优势。何质彬表示，最新型的“长征5号”火箭将在文昌发射，美国航天发射专家估计，该火箭推力将可提升10%。

中国国家航天局局长栾恩杰说，“长征5号”火箭的发展目标是具有低轨运载能力25吨，静止轨道运载能力14吨，与欧洲航天局的“阿丽亚娜5号”、俄罗斯的“质子M号”火箭属于同一量级。

何质彬透露，在中国未来的登月计划中，长征系列运载火箭将轻易地将载人飞船送上月球，建立月球基地；或将载人飞船送上太空，建立中国的永久性航天站。

“就目前的国际行情而言，美国、欧洲、俄罗斯、中国发射一枚火箭的费用分别为7000万美元、6500万美元、5500万美元和3500万美元。做生意讲物美价廉，市场优劣明摆着。”何质彬说。在文昌基地，太阳同步轨道、地球同步轨道和中低轨道卫星都能发射。不久前，由美国波音公司牵头的海上发射公司，因火箭爆炸事故受损惨重，短期内很难恢复。文昌卫星发射场的建成，可以迅速填补低纬度发射市场空白。

政协提案“催生”绿色航天城

2019年4月19日，《人民政协报》以《政协提案“催生”绿色航天城》为题报道，说在我国的四大航天发射场里，海南文昌航天发射场的建设是由政协提案促成的。

位于海南省文昌市龙楼镇的文昌航天发射场，是中国首个滨海发射基地，也是世界上为数不多的低纬度发射场之一。该发射场可以发射长征五号系列火箭与长征七号运载火箭，主要承担地球同步轨道卫星、大质量极轨卫星、大吨位空间站和深空探测卫星等航天器的发射任务。2019年，中国探月工程第三期工程的月球探测器“嫦娥五号”在文昌航天发射场发射，这是我国探月工程“绕、落、回”中的第三步。

文昌航天发射场有三大优势：火箭可以海上运输，箭体直径不再受铁路桥梁、涵洞限制；纬度低，同型火箭运载能力可提高

10%；射向宽，其发射方向1000公里范围内是茫茫大海，航区及落区安全性好。

为了设立海南文昌发射基地，1996年12月底，全国政协副主席钱伟长率团专程到海南考察航天港项目，在连续探看了多个选址后，一天，钱伟长走到文昌的铜鼓岭山脚下，此时一轮明月高悬空中，极目远眺，海天一色，宽阔深邃。他动情地感叹："文昌优越的位置，将是世界上最好的航天城。"

1999年，有院士头衔的30多位全国政协委员，向全国政协大会正式提交联名提案，呼吁国家尽快立项批准在海南建设我国大型运载火箭发射场，引起了国家领导人的关注。2000年4月，国防科工委表明会同有关部门开展论证。2007年9月，经国务院、中央军委批准，新一代运载火箭发射场决定在海南省文昌市建设。2009年9月14日，海南文昌航天发射场破土动工。

文昌航天城，在政协委员的共同推动下诞生，经过10多年的发展，如今，展现在人们眼中的是，它不仅是航天城，也是一座协商民主的世界航空科技发展史上的丰碑。

在海南建设航天发射场，可以克服西昌卫星发射基地的两个弱点

2016年6月25日至29日，海南文昌航天发射场迎来其首发任务——长征7号运载火箭在海南文昌航天发射场择机发射。据报道，海南文昌航天发射场周围的宾馆全部订满，地方政府开放海滩供游客参观发射，发射当天，文昌万人空巷。这些引起了国家发改委原副主任、国家能源局原局长张国宝的兴趣，他说，自己无缘去现场感受这种气氛，只能回忆一下文昌航天发射场决策的一些轶事。

这是张国宝回忆的文昌航天发射场的决策经过：

我国航天发射基地原有西昌、酒泉、太原发射中心，其中西昌卫星发射基地是最重要的一个。之所以选择西昌作为卫星发射基地，是因为西昌又称为月亮城，天气晴好，符合卫星发射要求的气象窗口较多。西昌位于我国的内陆深处，从安全保密等角度考虑，也是一个重要的原因。

我在担任国家计委副秘书长时协助甘子玉副主任分管国防方面事务，1999年我担任国家计划委员会副主任后仍继续分管这块工作，后来成立国防科工委，国家发改委保留国防动员办公室，我一直分管到退休。

西昌卫星发射基地在上世纪九十年代初时曾发生过一次泥石流灾害，我和原国防科工委一位姓张的领导同志，是副主任还是副政委我已经记不清了，到西昌卫星发射基地去处理泥石流灾害，后来也几次到西昌卫星发射基地观看卫星发射，所以和当时西昌卫星发射基地的胡世祥司令（少将）也算很熟了。后来胡世祥司令调国防科工委任参谋长，有一次他到我办公室来找我，和我谈海南欲建设文昌航天发射场的事。

根据当时的体制，西昌、酒泉、太原等卫星发射中心都隶属于国防科工委，而研发生产卫星、火箭的则是航天工业部，后改名航天工业总公司。国防科工委和航天工业部门是谁也离不开谁的两个机构，但就算是亲兄弟也免不了有矛盾。从航天工业部门的角度看，他们在卫星发射上处于从属的地位，一切要听国防科工委的，心里是不太平衡的。所以他们一心想有一个自己能说了算的发射中心。这的确是他们当时心里的想法。

同时从技术角度看，西昌卫星发射基地确实存在一些问题。在发射时脱落的火箭残骸散落在飞行途中，有时会砸坏民房和人畜，存在安全隐患。第二个问题是西昌位处四川盆地深处，要将火箭和卫星运抵西昌需要经过很多山区的隧道和桥梁，受运输条件的制约，火箭口径很难做到5米以上，否则就运不进去，这就制约了火箭口径向更大发展，向获得更大推力发展。另外卫星在发射过程中要克服万有引力，达到第二宇宙速度，理论上越靠近赤道越好。

现在海南建省了，国际环境也进入了一个相对和平发展的新阶段，如果能在海南建设一个航天发射场，可以克服西昌卫星发射基地的两个弱点，散落的火箭残骸可落入海中，另外克服地球引力所需要的动力比较小。

这对于正在发展的海南省来讲是一个难得的好项目，可以展示海南的形象，也可以把海南航天发射场建成一个像美国休斯敦发射中心一样的，可以对外开放的航天教育基地和旅游观光基地。而对于航天工业部门来讲，这也是一个在国防科工委体制外，按市场经济建设的一个商用发射场，也正是他们内心所希望的。所以最初的文昌卫星发射场主要是由航天工业部门和海南省在推动，这是否和海南省当时从航天工业部调去的鲍克明副省长有关我不得而知。

但是对于国防科工委来讲是要在自己的体制外另起炉灶，他们是不欢迎的。所以当时胡世祥参谋长到办公室来找我，就是告诉我国防科工委的一些意见。他们担心一旦海南的航天发射中心建成，具有很多优势，长期以来花了大量人力物力建设在三线地区的西昌卫星中心会受到影响，走向衰落。我对胡世祥参谋长讲，希望国防科工委和航天工业部门及海南省好好协商一下，因为当时确有要发展5米以上更大口径火箭的设想，主要的障碍就是怕研发出来后无法运到西昌。如果将发射中心放在海南，通过海上运输这个问题就较好解决，为我们研制5米以上大口径火箭提供了条件。至于体制问题，希望他们三方能找到一个大家都能接受的办法。

此外我也讲，在改革开放的条件下，航天发射场不应该再是个神秘的地方，应该成为一个教育、科研、观光旅游、发射相结合的多功能基地，这有利于海南省的发展。至于西昌卫星发射基地的地位问题，希望国防科工委能界定一个合理的分工，如商用大口径的发射可以放在海南，而军用性质的仍主要放在内陆地区。

胡世祥参谋长也同意这个想法，表示将与这几个单位协商。以后国防科工委多次和航天工业部门、海南省进行磋商，大家从大局出发，终于达成了一致意见。这个意见就是海南文昌航天发射场和西昌卫星发射基地隶属于一个单位，统一管理，仍旧归国防科工委系统，即现在的总装系统。胡世祥参谋长后来见到我也表示国防科工委（现在的总装备部）同意在海南文昌建航天发射场，主要工作也转由他们负责。

今天海南省文昌航天发射场正式建成了，并且将承担第一次发射任务，确实值得庆贺。（张国宝：《我与海南岛的情缘擦肩而过》，《中国经济周刊》2016年第25期）

为建设航天强国作出海南贡献

文昌发射场自建成以来，先后攻克了低温推进剂大流量加注、煤油液氮降温、网络信息系统国产自主可控等关键技术，解决了大中型低温液体火箭并行测试发射，单工位适应多型火箭发射，设备设施适应高温、高湿、高盐雾和强降雨、强雷暴、强台风环境等现实难题，目前正全面推进发射场拓展建设。重点围绕发射能力综合提升，新一代载人火箭发射工位、重型火箭发射工位等建设内容，同步开展配套软实力体系建设，逐步实现世界一流现代化航天发射场建设目标。

2020年11月24日，我国在海南文昌航天发射场，用长征五号遥五运载火箭成功发射探月工程嫦娥五号探测器，火箭飞行约2200秒后，顺利将探测器送入预定轨道，开启我国首次地外天体采样返回之旅。

2022年4月12日，习近平总书记在海南视察文昌航天发射场时强调，要大力弘扬“两弹一星”精神、载人航天精神，坚持面向世界航天发展前沿、面向国家航天重大战略需求，强化使命担当，勇于创新突破，全面提升现代化航天发射能力，努力建设世界一流航天发射场。

习近平的重要讲话，充分肯定了文昌航天发射场成立以来取得的成绩，深刻阐述了全面提升现代化航天发射能力的重要意义，为我国航天事业发展指明了前进方向，必将激励广大航天人在新征程上攻坚克难、不断攀登，奋力建设航天强国，为服务国家发展大局、促进人类文明进步作出新的贡献。

中央电视台“央视快评”指出，党的十八大以来，以习近平同志为核心的党中央对建设航天强国作出一系列重要部署，我国多个重大航天工程建设顺利推进，火箭运载能力跻身国际先进行列，空间科学、空间技术、空间应用取得丰硕成果。特别是2016年以来，中国航天进入创新发展“快车道”，北斗三号全球卫星导航系统建成开通，中国空间站建设全面开启，“天问一号”实现从地月系到行星际探测的跨越，长征八号运载火箭开创我国一箭22星新纪录……这一系列辉煌成绩是中国航天由大向强转变的真实写照。

新征程呼唤新担当。2022年我国完成空间站建造等系列重大任务，文昌航天发射场不负重托，确保了发射任务圆满成功。同时，作为一个最年轻的发射场，文昌航天发射场更要不断从实战中积累经验，以“世界一流”的标准，从严要求、精细打磨、系统建设，不断取得新胜利，为中国航天的未来发展提供强有力支撑。

不忘历史才能开辟未来，善于继承才能善于创新。一代代航天人发愤图强、埋头苦干，创造了非凡成就，也孕育出“两弹一星”精神、探月精神、新时代北斗精神、载人航天精神、航天测控精神。我们建设航天强国，一方面要用这些伟大精神滋养自己、激励自己，弘扬光荣传统，强化使命担当，全面提升现代化航天发射能力；另一方面要坚持开拓创新，要面向世界科技发展前沿、瞄准国家重大战略需求，完善创新体系，推动成果转化，下好先手棋，打好主动仗，不断开创航天事业高质量发展的新局面。

星空浩瀚无比，探索永无止境。广大航天人要深入学习贯彻习近平总书记重要讲话精神，胸怀“敢上九天揽月”的豪情壮志，敢于战胜一切艰难险阻，勇攀世界航天科技高峰，一步一个脚印，一棒接着一棒，为全面建设航天强国而奋斗。

习近平总书记2022年在海南分别考察了南繁、深海、航天三方面，体现大国领袖的胸怀与视野，这“温度”“深度”“纬度”三个方面正是海南能为构建国家战略科技力量作出贡献的三大领域。

对海南来说，“陆海空”三大领域，既是科技创新的重点课题，也是攸关海南乃至中国发展的战略命题。

2018年4月，习近平总书记在海南考察时，就南繁、深海、航天等领域科技创新作出部署，赋予海南重要使命和责任。4年来，海南牢记习近平总书记嘱托，心怀“国之大者”，扛起建设国家重大战略服务保障区的重任，发挥“温度”“深度”“纬度”优势，全面加强支撑保障能力建设，打造南繁、深海、航天三大科技创新高地。

正如海南省第八次党代会所提出的措施：聚焦旅游业、现代服务业、高新技术产业和热带特色高效农业四大主导产业，围绕国家急需、海南所长培育发展南繁、深海、航天三个未来产业，现代产业体系初步形成，并在全省上下形成广泛共识，产业发展的思路和方向更加明确。

2022年4月习近平总书记在海南考察时又提出全面提升现代化航天发射能力，努力建设世界一流航天发射场。

海南省第八次党代会据此部署"坚持高质量发展，建设产业聚焦、区域协调的自由贸易港"重点任务，提出要培育壮大南繁、深海、航天等未来产业，做强做优热带特色高效农业，积极引进和培育热带果蔬优质品种，积极推进崖州湾种子国家实验室、全球动植物种质资源引进中转基地、深海技术创新中心、航天科技创新平台建设，加强原创性、引领性科技攻关，助推种业、海洋科技、航天科技等实现高水平自立自强。

2022年6月29日，沈晓明在《光明日报》发表题为《努力为构建国家战略科技力量作出海南贡献》的文章，指出科技是国之利器，国家赖之以强，企业赖之以赢，人民生活赖之以好。习近平总书记十分关心海南科技创新发展，多次就南繁、深海、航天等战略科技力量建设作出重要指示。海南深入学习贯彻习近平总书记关于科技创新的重要论述精神，把科技创新摆在自由贸易港建设的关键位置，围绕国家所需、海南所能、民生所盼，大力实施创新驱动发展战略和科技强省战略，充分发挥温度、深度、纬度优势，聚力推进南繁、深海、航天等"陆海空"三大领域科技创新，主要科技创新指标快速增长，并为打好种业"翻身仗"和深海、深空探测等国家重大科技创新成果贡献海南力量。

他强调，充分发挥温度优势，加快建设南繁硅谷；充分发挥深度优势，大力推动深海科技创新；充分发挥纬度优势，积极发展航天科技。着眼未来，将始终坚持“四个面向”战略方向，以科技创新赋能中国特色自由贸易港建设，不断优化科技创新生态，加快培育战略科技力量，助推种业、深海、航天等科技领域实现高水平自立自强，在积极服务中华民族端牢自己饭碗、逐梦星辰大海的重大使命中展现海南担当、贡献海南力量。

充分发挥纬度优势，积极发展航天科技，这是海南为构建国家战略科技力量作出贡献的重要方面。沈晓明提出，海南文昌航天发射场具有纬度低、射向宽、安全性好、运输限制少、综合效率高等优势。牢记习近平总书记“全面提升现代化航天发射能力，努力建设世界一流航天发射场”的重要嘱托，顺利保障我国空间站天和核心舱、天舟货运飞船、嫦娥五号、天问一号等国家重大航天发射任务。加快建设航天城科技创新公共平台，推进建设航天技术创新研究院，打造我国首个新一代中型商业运载火箭总装测试厂房；成功引进中科院系统、中国航天科技集团、航天科工集团、中国星网等科技创新资源，加快围绕火箭链、卫星链、数据链产业布局航天重大科技创新平台；加快打造航天旅游主题公园，推动航天科普教育，激发青少年探索太空热情。（沈晓明：《努力为构建国家战略科技力量作出海南贡献》，《光明日报》2022年6月30日）

这是“大国重器”旁的二十大时光——“‘神箭待命’，建造中国人自己的‘太空家园’”：

2022年10月16日，海南文昌卫星发射中心，高大的发射塔架巍峨矗立，即将托举梦天实验舱升空的长征五号B火箭，正在紧锣密鼓地进行发射前的准备工作，静待出征。

上午10时，航天科技集团一院长征五号B、长征七号、长征二号F三支火箭发射队全体队员各自集结，集体收看党的二十大开幕盛况。

习近平总书记在报告中提到十年间中国航天事业的成就，特别是一些关键核心技术实现突破，载人航天、探月探火、卫星导航等取得重大成果，让全体队员备受鼓舞。

2022年，中国空间站建造已进入收官阶段。按计划，年底前长征二号F、长征五号B、长征七号三型运载火箭将实施三次发射任务，完成载人航天工程各阶段发射任务。目前，执行上述任务的火箭均已进入发射场，在进行发射前的准备测试工作。（《大国重器旁的二十大时光》，《科技日报》2022年10月18日）

我们欣喜地看到，习近平总书记在党的二十大报告中专门提到了过去十年我国在深海深地探测等领域取得重大成果，指出："一些关键核心技术实现突破，战略性新兴产业发展壮大，载人航天、探月探火、深海深地探测、超级计算机、卫星导航、量子信息、核电技术、新能源技术、大飞机制造、生物医药等取得重大成果，进入创新型国家行列。"这里面，海南就在载人航天、探月探火、深海深地探测等方面作出重要贡献。

按照报告中提出关于加快实施创新驱动发展战略，加快实现高水平科技自立自强的内容，我们更加坚定了对中国科技未来发展的信心，相信未来我国将会在关键核心技术领域取得更多、更大的新突破。

海南"陆海空"三大未来产业正呈现美好的发展前景。每年冬春季节，全国7000多位科研人员聚集海南，累计育成2万多个主要农作物新品种，让中国人的饭碗装满中国粮；"奋斗者"号载人潜水器走向"深蓝"，21次下潜万米，推动中国从海洋大国迈向海洋强国；从“嫦娥奔月”到“天问探火”，文昌国际航天城成为航天强国的圆梦之地。

对海南来说，“陆海空”三大领域既是科技创新的重点课题，也是攸关中国发展的战略命题。充分发挥深度优势，大力推动深海科技创新，成为海南建设海洋强省、为构建国家战略科技力量作出贡献的重大使命。

十、到海南来，不断听到“4·13”这个词

自1988年建省办经济特区，全国最大的经济特区走过了34年；自宣布启动海南逐步探索、稳步推进中国特色自由贸易港建设，至今已有4年光景。海南，因改革开放而生，因改革开放而兴。

“到海南来，不断听到‘4·13’这个词。巧合的是，四年前的今天也在海南，赋予了海南经济特区改革开放新的重大责任和使命。”吹响了改革开放新号角的这一天，正是庆祝海南建省办经济特区30周年大会召开之日。

2022年，当再一次来到海南，蓝图一个个落地，时光里的发展变化令人感叹。习近平总书记观感深刻：“海南自由贸易港建设进展明显，整体推进蹄疾步稳、有力有序。”

行走海南，从三亚北纬18度的阳光，到五指山海拔1867米的绿色海洋，再到洋浦经济开发区114.78平方公里涌动的蓝色经济。4年时间，最美的图画，徐徐铺展。（《“探索试验蹚出来一条路子”——记习近平总书记赴海南考察调研》，《人民日报》2022年4月15日）

“4·13”重要讲话

正是人间四月天，琼州大地满眼春。

2018年4月10日，习近平总书记在博鳌亚洲论坛2018年年会开幕式上的主旨演讲中首次宣布：“中国人民将继续扩大开放、加

强合作，坚定不移奉行互利共赢的开放战略，坚持引进来和走出去并重，推动形成陆海内外联动、东西双向互济的开放格局，实行高水平的贸易和投资自由化便利化政策，探索建设中国特色自由贸易港。”

2018年4月13日下午，习近平总书记出席庆祝海南建省办经济特区30周年大会并发表重要讲话，郑重宣布：党中央决定支持海南全岛建设自由贸易试验区，支持海南逐步探索、稳步推进中国特色自由贸易港建设，分步骤、分阶段建立自由贸易港政策和制度体系。他指出，这是党中央着眼于国际国内发展大局，深入研究、统筹考虑、科学谋划作出的重大决策，是彰显我国扩大对外开放、积极推动经济全球化决心的重大举措。

习近平总书记的重要讲话，对海南全面深化改革开放作出重大部署，充分体现了在新时代新起点上继续把全面深化改革开放推向前进、形成更高层次改革开放新格局的坚定决心，为新时代改革开放再出发指明了前进方向，为海南乃至世界的发展带来了新的重大历史机遇。

新华社当天即公布了习近平《在庆祝海南建省办经济特区30周年大会上的讲话》（2018年4月13日）的全文，接着公布《中共中央 国务院关于支持海南全面深化改革开放的指导意见》。海南省的广大干部群众迅速掀起学习热潮。

也就是从这时起，这个重要讲话被简称为习近平总书记“4·13”重要讲话。“4·13”这个有着特定含义、带有海南干部群众情感的词由此而来。

习近平总书记“4·13”重要讲话是指导海南全面深化改革开放的纲领性文献，是指引海南全面深化改革开放的行动指南。其重要意义可以用十个“新”来加深理解。

1. 时代新谋划。海南全面深化改革开放，是在中国特色社会主义进入新时代的大背景下，由习近平总书记亲自谋划、亲自部署、亲自推动的国家重大战略。海南在我国改革开放和社会主义现代化建设大局中，具有特殊地位和重要作用。谋划、部署、推动这一国家重大战略，赋予海南经济特区改革开放新的使命，必将对构建我国改革开放新格局产生重大而深远的影响。

2. 复兴新动力。1978年，为了推进我国改革开放和社会主义现代化建设，党中央决定兴办深圳、珠海、汕头、厦门四个经济特区，发挥了对全国改革开放和社会主义现代化建设的重要窗口和示范作用。40年后的2018年，海南全岛建设自由贸易试验区和中国特色自由贸易港，努力成为新时代全面深化改革开放的新标杆，形成更高层次改革开放新格局，必将为实现“两个一百年”奋斗目标、实现中华民族伟大复兴的中国梦提供强大的新动力。

3. 地缘新优势。海南岛的地理位置独特，在推动贸易和投资自由化便利化、经济全球化，以及建立亚太自由贸易区的时代大背景下，更是具有新优势。党中央审时度势，着眼于国际国内发展大局，深入研究、统筹考虑、科学谋划，作出海南全面深化改革开放的重大决策，是彰显我国扩大对外开放、积极推动经济全球化决心的重大举措。

4. 战略新定位。着力打造全面深化改革开放试验区、国家生态文明试验区、国际旅游消费中心、国家重大战略服务保障区，这是党中央给予新时代新起点上的海南全面深化改革开放全新的战略定位。

5. 开放新高地。海南将以建设全世界最大的自由贸易区、全球最大的自由贸易港为崭新起点，打造开放层次更高、营商环境更优、辐射作用更强的开放新高地，争创新时代中国特色社会主义生动范例，充分展示中国特色社会主义的无穷魅力，成为展示中国风范、中国气派、中国形象的靓丽名片。

6. 改革新标杆。改革又到了一个新的历史关头，推进改革的复杂程度、敏感程度、艰巨程度不亚于40年前。在这样的重要关头，习近平总书记要求，海南要站在更高起点，谋划和推进改革，下大气力破除体制机制弊端，不断解放和发展社会生产力，多出可复制可推广的经验，带动全国改革步伐。这充分体现出党中央对海南改革开放发展寄予厚望，蕴含着海南发展面临的新的系列重大机遇。由此开始的海南全面深化改革，将具有先行先试、试验示范的标杆意义。

7. 发展新业态。全面深化改革开放大背景下的海南发展，是高质量发展，不以转口贸易和加工制造为重点，而要以发展旅游业、现代服务业、高新技术产业为主导，瞄准国际标准提高水平，下大气力调优结构，重点发展旅游、互联网、医疗健康、金融、会展等现代服务业，加快服务贸易创新发展，促进服务业优化升级，形成以服务型经济为主的产业结构。在推动海南建设具有世界影响力的国际旅游消费中心背景下，要培育旅游消费新业态新热点，提升服务能力和水平，推进全域旅游发展，为国内外游客和当地群众提供更多优质服务，使海南国际旅游岛这张名片更亮更出彩。

8. 人才新呼唤。事业因人才而兴，人才因事业而聚。海南全面深化改革开放是国家的重大战略，必须举全国之力、聚四方之才，加快形成人人渴望成才、人人努力成才、人人皆可成才、人人尽展其才的良好环境，使海南成为人才荟萃的沃土，再现海南建省办经济特区初期的“十万人才过海峡”壮举。

9. 风险新防控。中央要求，出台有关政策要深入论证、严格把关，成熟一项推出一项。可以预见，风险防控的重点，主要是三个方面。一是加强对重大风险的识别和系统性金融风险的防范，严厉打击洗钱、恐怖融资及逃税等金融犯罪活动，有效防控金融风险。二是强化出入境安全准入管理，完善对国家禁止和限制入境货物、物品的监管，高效精准打击走私活动。三是坚决防范炒房炒地投机行为。中央划出的“红线”：实行最严格的节约用地制度，实施建设用地总量和强度双控行动，推进城市更新改造，对低效、零散用地进行统筹整合、统一开发，确保海南建设用地总量在现有基础上不增加，人均城镇工矿用地和单位国内生产总值建设用地使用面积稳步下降。

10. 成功新保障。改革开放取得成功的关键和根本，在于坚持和加强党的全面领导。海南要坚持和加强党的全面领导，确保全面深化改革开放的正确方向。为了统筹推进海南全面深化改革开放工作，坚定自觉地把党中央、国务院的决策部署落到实处，中央确立海南全面深化改革开放的工作机制是“中央统筹、部门支持、省抓落实”。中央有关部门要真放真改真支持，切实贯彻落实中央指导意见提出的各项任务和政策措施，会同海南省抓紧制定实施方案，共同推动各项政策落地见效。对海南省来说，要发挥主体责任，主动作为、真抓实干，敢为人先、大胆探索，以“功成不必在我”的精神境界和“功成必定有我”的历史担当，一任接着一任干，一茬接着一茬干，将蓝图一绘到底，在实现“两个一百年”奋斗目标、实现中华民族伟大复兴中国梦的新征程上，创造无愧于时代的新业绩！（钟业昌：《新时代全面深化改革开放的宣言书 新起点全面深化改革开放的动员令——学习习近平总书记在庆祝海南建省办经济特区30周年大会上的重要讲话》，《中国社会科学报》2018年6月28日）

这一年，启动建设海南自由贸易试验区

“4·13”这个词是海南发生历史巨变的代名词。它是从国家启动建设海南自由贸易试验区开始的。

在中国特色社会主义进入新时代的大背景下，赋予海南经济特区改革开放新的使命，是习近平总书记亲自谋划、亲自部署、亲自推动的重大国家战略。习近平不但在海南亲自宣布“海南全面深化改革开放是国家的重大战略”，而且亲自推动这个重大国家战略实施的进程。在很多重要场合，习近平都宣传推介海南自由贸易港建设，起到振奋人心、激励斗志的重要作用。

我们先看在全岛建设自由贸易试验区阶段。

2018年11月5日，首届中国国际进口博览会在上海开幕。习近平出席开幕式并发表主旨演讲，指出：“中国将抓紧研究提出海南分步骤、分阶段建设自由贸易港政策和制度体系，加快探索建设中国特色自由贸易港进程。这是中国扩大对外开放的重大举措，将带动形成更高层次改革开放新格局。”“抓紧”两字是重要的宣示，这就有了中央深改委一次审议通过了关乎海南未来发展的五个重要文件。

2018年11月14日，习近平主持召开中央全面深化改革委员会第五次会议，审议通过了关乎海南未来发展的五个重要文件，就是《海南省创新驱动发展战略实施方案》《海南省建设国际旅游消费中心的实施方案》《关于支持海南全面深化改革开放有关财税政策的实施方案》《关于支持海南全面深化改革开放综合财力补助资金的管理办法》《关于调整海南离岛旅客免税购物政策工作方案》等。会议指出，党中央着眼于我国改革开放和社会主义现代化建设全

局，赋予海南全面深化改革开放新的使命，支持海南建设全岛自由贸易试验区，逐步探索、稳步推进中国特色自由贸易港建设。要按照党中央决策部署，完善政策体系，做好各项实施方案编制工作，尽快把四梁八柱搭建起来。对海南实施创新驱动发展战略、建设国际旅游消费中心、加大财税支持力度、加强综合财力补助资金管理、调整离岛旅客免税购物政策，统筹推进、抓好落实。

2018年12月18日，习近平在庆祝改革开放40周年大会上发表重要讲话，指出：“从兴办深圳等经济特区、沿海沿边沿江沿线和内陆中心城市对外开放到加入世界贸易组织、共建‘一带一路’、设立自由贸易试验区、谋划中国特色自由贸易港、成功举办首届中国国际进口博览会……使改革开放成为当代中国最显著的特征、最壮丽的气象。”

“谋划中国特色自由贸易港”，海南打造新时代全面深化改革开放新标杆，在习近平心目中具有很高的位置。

2018年的最后一天，也就是新年前夕，习近平通过中央广播电视总台和互联网发表2019年新年贺词。当中说：“这一年，我们隆重庆祝改革开放40周年，对党和国家机构进行了系统性、整体性、重构性的改革，推出100多项重要改革举措，举办首届中国国际进口博览会，启动建设海南自由贸易试验区。世界看到了改革开放的中国加速度，看到了将改革开放进行到底的中国决心。我们改革的脚步不会停滞，开放的大门只会越开越大。”

这一年，启动建设海南自由贸易试验区所宣示的是中国改革开放再出发的国家战略、国家决心！

这是在中国改革开放40周年的关键节点上，党中央作出的扩大对外开放、积极推动经济全球化的重大举措，是中国以更大改革开放决心实现中华民族伟大复兴的庄严宣示！

2019年1月23日，习近平主持召开中央全面深化改革委员会第六次会议，审议通过了《国家生态文明试验区（海南）实施方案》《海南热带雨林国家公园体制试点方案》等文件。会议强调，党中央支持海南建设国家生态文明试验区，开展海南热带雨林国家公园体制试点，目的是要牢固树立和全面践行绿水青山就是金山银山理念，在资源环境生态条件好的地方先行先试，为全国生态文明建设积累经验。海南省要精心组织，明确任务，落实责任，抓出成效。中央和国家机关有关部门要做好协调指导支持工作。

2019年6月28日，二十国集团领导人第十四次峰会在日本大阪举行，习近平出席并发表题为《携手共进，合力打造高质量世界经济》的重要讲话，他指出："我们即将发布2019年版外资准入负面清单，进一步扩大农业、采矿业、制造业、服务业开放。新设6个自由贸易试验区，增设上海自由贸易试验区新片区，加快探索建设海南自由贸易港进程。"

2019年11月5日，习近平在第二届中国国际进口博览会开幕式上的主旨演讲《开放合作　命运与共》中指出："中国将继续鼓励自由贸易试验区大胆试、大胆闯，加快推进海南自由贸易港建设。"

我国新时代改革开放进程中的一件大事

2020年5月28日，习近平总书记对海南自由贸易港建设作出重要指示，指出在海南建设自由贸易港，是党中央着眼于国内国际两个大局、为推动中国特色社会主义创新发展作出的一个重大战略决策，是我国新时代改革开放进程中的一件大事。要坚持党的领导，坚持中国特色社会主义制度，对接国际高水平经贸规则，促进生产要素自由便利流动，高质量高标准建设自由贸易港。要把制度集成创新摆在突出位置，解放思想、大胆创新，成熟一项推出一项，行稳致远，久久为功。习近平强调，海南省要认真贯彻党中央决策部署，把准方向、敢于担当、主动作为，抓紧落实政策早期安排，以钉钉子精神夯实自由贸易港建设基础。中央和国家有关部门要从大局出发，支持海南大胆改革创新，推动海南自由贸易港建设不断取得新成效。

2020年6月1日，《海南自由贸易港建设总体方案》发布实施。

2020年11月4日晚，第三届中国国际进口博览会开幕式在上海举行，习近平以视频方式发表主旨演讲，指出《海南自由贸易港建设总体方案》发布实施，强调：“海南自由贸易港建设顺利开局。中国将有效发挥自由贸易试验区、自由贸易港引领作用，出台跨境服务贸易负面清单，在数字经济、互联网等领域持续扩大开放，深入开展贸易和投资自由化便利化改革创新，推动建设更高水平开放型经济新体制。”这对海南广大干部群众是莫大的鼓舞、莫大的鞭策。

2020年12月31日，习近平通过中央广播电视总台和互联网发表2021年新年贺词，指出：“海南自由贸易港建设蓬勃展开。”

2021年4月20日，博鳌亚洲论坛2021年年会开幕式在海南博鳌举行，习近平以视频方式发表主旨演讲，指出：“中国将积极参与贸易和投资领域多边合作，全面实施《外商投资法》和相关配套法规，继续缩减外资准入负面清单，推进海南自由贸易港建设，推动建设更高水平开放型经济新体制。欢迎各方分享中国市场的巨大机遇。”

2021年5月6日晚，第一届中国国际消费品博览会在海南省海口市开幕，习近平致贺信指出：“中国愿发挥海南自由贸易港全面深化改革和试验最高水平开放政策的优势，深化双边、多边、区域合作，同各方一道，携手共创人类更加美好的未来。”

2022年4月21日，博鳌亚洲论坛2022年年会开幕式在海南博鳌举行，习近平以视频方式发表主旨演讲，指出：“中国将扎实推进自由贸易试验区、海南自由贸易港建设，对接国际高标准经贸规则，推动制度型开放。”

在海南建设自由贸易港，是党中央着眼于国内国际两个大局、为推动中国特色社会主义创新发展作出的一个重大战略决策，是我国新时代改革开放进程中的一件大事。这个重要论述，深刻阐明了在海南建设自由贸易港这一我国改革开放重大举措出台的时代背景与重大意义，为海南自由贸易港建设把舵引航。

在海南建设自由贸易港具有重大战略意义。关于海南全面深化改革开放的重大意义，《中共中央 国务院关于支持海南全面深化改革开放的指导意见》用“三个有利于”来概括：“支持海南全面深化改革开放有利于探索可复制可推广的经验，压茬拓展改革广度和深度，完善和发展中国特色社会主义制度；有利于我国主动参与和推动经济全球化进程，发展更高层次的开放型经济，加快推动形成全面开放新格局；有利于推动海南加快实现社会主义现代化，打造成新时代中国特色社会主义新亮点，彰显中国特色社会主义制度优越性，增强中华民族的凝聚力和向心力。”这是从宏观层面、战略高度来阐述新时代支持海南全面深化改革开放的重大意义。

今天，世界正在经历新一轮的大发展大变革大调整，保护主义、单边主义抬头，经济全球化遭遇更大的逆风和回头浪。减免关税、取消壁垒、畅通贸易，成为提振世界经济复苏士气的时代要求。放眼国内，中国特色社会主义进入新时代，我们拥有1亿多市场主体和包括4亿多中等收入群体在内的14亿人口所形成的超大规模内需市场，以国内大循环为主体、国内国际双循环相互促进的新发展格局正在逐步形成。在这样的时代大格局下出台的《总体方案》，致力于将海南自由贸易港打造成为引领我国新时代对外开放的鲜明旗帜和重要开放门户，打造成为我国深度融入全球经济体系的前沿地带，意义十分重大。

《总体方案》指出：“在海南建设自由贸易港，是推进高水平开放，建立开放型经济新体制的根本要求；是深化市场化改革，打造法治化、国际化、便利化营商环境的迫切需要；是贯彻新发展理念，推动高质量发展，建设现代化经济体系的战略选择；是支持经济全球化，构建人类命运共同体的实际行动。”它从高水平开放、市场化改革、高质量发展和经济全球化四个维度，从“根本要求”“迫切需要”“战略选择”和“实际行动”的思想高度，全新定义了建设海南自由贸易港的重大战略意义。就支持经济全球化、构建人类命运共同体的实际行动而言，在海南建设自由贸易港，开放范围之大、幅度之广、标准之高、预期之好前所未有。这兑现了“中国开放的大门只会越开越大”的庄重承诺，也必将进一步提振经济全球化的信心，为维护全球自由贸易、完善全球治理体系、加快世界经济复苏注入新的动能。在新冠肺炎疫情全球蔓延的影响下，全球贸易投资极度低迷，市场信心萎靡不振，全球产业链、供应链出现断裂，世界经济陷入了衰退的境地。与此同时，经济全球化面临更严峻的挑战，一些国家推动产业链本地化回迁，贸易投资单边主义、保护主义盛行。中国正式发布《总体方案》，并宣示高质量高标准建设海南自由贸易港，进一步支持了经济全球化，并将有力推动构建人类命运共同体。

《总体方案》是将海南自由贸易港打造成为引领我国新时代对外开放鲜明旗帜、重要门户和前沿地带的总体构想，是海南对外开放的“总蓝图”。

第一，它鲜明指出海南自由贸易港建设的未来方向。建设海南自由贸易港，客观上要求对标国际高水平经贸规则，聚焦贸易投资自由化便利化，建立与高水平自由贸易港相适应的政策制度体系，建设具有国际竞争力和影响力的海关监管特殊区域。为适应这样的要求，《总体方案》提出了借鉴国际经验、体现中国特色、符合海南定位、突出改革创新、坚持底线思维五项原则，确立了海南自由贸易港建设的“总遵循”，确保海南自由贸易港建设方向正确、行稳致远。

第二，它科学确立海南自由贸易港建设的发展目标。《总体方案》确立了到2025年、到2035年、到本世纪中叶的分“三步走”的全面建成具有较强国际影响力的高水平自由贸易港的发展目标。确立这样的发展目标，符合自由贸易港发展的一般规律。第二次世界大战以后，世界自由港、自由贸易区蓬勃发展。中国香港、新加坡被世界公认为具有较好投资环境的自由港，而今世界上比较著名的自由港名单又加上了阿联酋迪拜港。这些世界闻名的自由贸易港的发展有一条重要经验，就是自由贸易港需要大流量的经济活动支撑，这是经过几十年甚至上百年的发展与积累才能实现的。因此，党中央决定用30年时间把海南自由贸易港全面建成具有较强国际影响力的高水平自由贸易港，这是积极进取的目标。通过稳扎稳打、步步为营，科学统筹安排好开放节奏和进度，这样的目标是完全可以实现的，也符合海南发展的实际。这就要求在发展目标设计和推进步骤安排上，必须讲究久久为功、行稳致远，既“慢不得”，也“急不得”。

第三，它系统设计海南自由贸易港建设的政策制度体系。《总体方案》遵循重点、支撑、保障、底线四大自由贸易港政策制度体系设计的思路，作出“五个自由便利+一个安全有序流动”的政策制度安排，这是当前海南自由贸易港最重要的政策制度。这些政策制度内容丰富，体系完整，指向有力，对于贯彻落实习近平总书记关于“要把制度集成创新摆在突出位置，解放思想、大胆创新，成熟一项推出一项，行稳致远，久久为功”的重要指示精神，必将起到很好的指导作用。同时，对于发挥海南岛全岛试点的整体优势，加强改革系统集成，力争取得更多制度创新成果，彰显全面深化改革和扩大开放试验田作用，也将产生广泛而深远的影响。

第四，它精确安排分步骤、分阶段建设海南自由贸易港的重点任务。根据全面建成具有较强国际影响力的高水平自由贸易港的“三步走”发展目标，《总体方案》部署了海南自由贸易港建设分步骤、分阶段安排的重点任务。一是2025年前的重点任务，即围绕贸易投资自由化便利化，在有效监管基础上，有序推进开放进程，推动各类要素便捷高效流动，形成早期收获，适时启动全岛封关运作。二是2035年前的重点任务，即进一步优化完善开放政策和相关制度安排，全面实现贸易自由便利、投资自由便利、跨境资金流动自由便利、人员进出自由便利、运输来往自由便利和数据安全有序流动，推进建设高水平自由贸易港。其中，又有七项具体任务。三是在完成这两步骤、两阶段重点任务，推进建设高水平自由贸易港取得显著成就的基础上，朝着到本世纪中叶全面建成具有较强国际影响力的高水平自由贸易港的目标奋进。

第五，它强力部署海南自由贸易港建设的组织实施。2018年党中央、国务院发布的《指导意见》明确要求：“建立健全‘中央统筹、部门支持、省抓落实’的工作机制，坚定自觉地把党中央、国务院的决策部署落到实处。”在这种工作机制强力发挥作用下，两年来，海南得以高标准高质量建设自由贸易试验区，并取得显著成绩，为如期出台《总体方案》创造了有利条件。如今，这一《总体方案》又从加强党的全面领导、健全实施机制、稳步推进政策落地三个方面提出了具体措施。其中，有两项工作是最新安排。一是确定推进海南全面深化改革开放领导小组办公室牵头成立指导海南推进自由贸易港建设工作小组，由国家发展改革委、财政部、商务部、中国人民银行、海关总署等部门分别派出干部驻海南实地指导开展自由贸易港建设工作，有关情况及时上报领导小组。二是确定国务院发展研究中心组织对海南自由贸易港建设开展全过程评估，牵头设立专家咨询委员会，为海南自由贸易港建设建言献策。海南自由贸易港将被打造成为我国深度融入全球经济体系的前沿地带，而指导海南推进自由贸易港建设工作小组派驻海南实地指导开展自由贸易港建设工作，使这个“前沿地带”有了“前指”，并能及时有力地指导自由贸易港建设的有力有序推进。由国务院发展研究中心组织对海南自由贸易港建设开展全过程评估，将有利于海南自由贸易港建设全过程的动态把握，时刻校准航行方向。可以预见，这些“硬核”举措的落地，必将保证海南自由贸易港这艘“巨轮”乘风破浪、勇往直前，切实把海南自由贸易港建设的宏伟“总蓝图”变成中华民族伟大复兴的美好“实景图”。（钟业昌：《我国新时代改革开放进程中的一件大事》，《中国社会科学报》2020年7月9日）

海南自由贸易港建设的新理念

习近平总书记指出，理念是行动的先导，一定的发展实践都是由一定的发展理念来引领的。发展理念是否对头，从根本上决定着发展成效乃至成败。

“4·13”改变海南，这种改变体现在很多层面，这里说的是思想观念方面。

《海南自由贸易港建设总体方案》发布实施，受到举世关注。这不仅是中国给予海南自由贸易港建设以“大政策”，从更深层次与更宽视野看，这些“大政策”包含着一系列的新理念，充分体现了中国共产党执政70年、坚持以经济建设为中心40年的宝贵实践经验，尤其是体现了以习近平同志为核心的党中央治国理政的新思念新思想新战略。这些新思想引领海南建设开放新高地，让我们对海南自由贸易港建设产生前所未有的思维认知，激发前所未有的前行信心。主要的新理念有以下十个方面。

1. 海南具有试验最高水平开放政策的独特优势。《总体方案》指出：“海南是我国最大的经济特区，具有实施全面深化改革和试验最高水平开放政策的独特优势。”这是深刻回答了党中央决定在海南建设自由贸易港的主要因由。

“试验最高水平开放政策”是最新出现的理念，它源于习近平总书记在庆祝海南建省办经济特区30周年大会上的重要讲话：“自由贸易港是当今世界最高水平的开放形态。”在海南探索建设中国特色自由贸易港，就是要在海南试验最高水平开放政策，打造全球最高水平的开放形态。在这方面，海南独具优势。一是面向东盟、背靠珠三角的区位优势。海南是一个相对独立的地理单元，有利于进行最高水平开放政策的试验，进行以开放倒逼改革的压力测试。基于这样的独特优势，中央明确提出把海南打造成为我国面向太平洋和印度洋的重要对外开放门户。海南的独特地理位置，放在《区域全面经济伙伴关系协定》（RCEP）签署，当前世界上人口最多、经贸规模最大、最具发展潜力的自由贸易区正式启航的背景来看，更凸显其地位重要。二是重点领域改革开放向纵深推进的改革优势。尤其是“多规合一”改革，两次上了习近平总书记主持的中央深改组的会议。海南的这一重大改革探索，为海南全面深化改革开放国家重大战略的出台奠定了良好的基础。三是重要功能平台建设成效显著的开放优势。博鳌亚洲论坛、博鳌乐城国际医疗旅游先行区、三亚崖州湾科技城、文昌国际航天城等重要功能平台，是海南扩大对外开放的重要载体和突出优势，承载着海南腾飞的梦想。北有文昌卫星发射基地，南有中国科学院深海科学与工程研究所，放眼今日寰宇，能同时实现“可上九天揽月，可下五洋捉鳖”人类梦想的地方，也就是海南了。四是重点产业发展潜力巨大的后发优势。海南以壮士断腕的决心，减少经济对房地产的高度依赖。如今，海南旅游业、现代服务业和高新技术产业持续健康发展，国际旅游消费中心建设加快推进。

2. 建立与高水平自由贸易港相适应的政策制度体系。“对标国际高水平经贸规则，解放思想、大胆创新，聚焦贸易投资自由化便利化，建立与高水平自由贸易港相适应的政策制度体系”，是《总体方案》所确立的海南自由贸易港建设指导思想方面的一个要求。以这样的要求为指向确立海南自由贸易港建设发展目标，即到2025年初步建立以贸易自由便利和投资自由便利为重点的自由贸易港政策制度体系；到2035年自由贸易港制度体系和运作模式更加成熟。又以此为指向构建自由贸易港政策制度体系，即以贸易投资自由化便利化为重点，以各类生产要素跨境自由有序安全便捷流动和现代产业体系为支撑，以特殊的税收制度安排、高效的社会治理体系和完备的法治体系为保障，在明确分工和机制措施、守住不发生系统性风险底线的前提下，构建海南自由贸易港政策制度体系。

可见，建立与高水平自由贸易港相适应的政策制度体系是海南自由贸易港建设的一个核心内容。在这样的思想指导下，海南对标阿联酋迪拜、新加坡、中国香港等当今世界最典型的自由贸易港，充分吸取经验，大胆探索建设中国特色自由贸易港政策和制度体系。

在中央统筹、中央有关部门支持和海南省配合下，海南自由贸易港政策和制度体系得以确立，从而形成对标国际高水平经贸规则的“6+1+4”方案。“6”就是贸易自由便利、投资自由便利、跨境资金流动自由便利、人员进出自由便利、运输来往自由便利、数据安全有序流动。“1”就是构建现代产业体系。特别强调要突出海南的优势和特色，大力发展旅游业、现代服务业和高新技术产业，进一步夯实实体经济的基础，增强经济创新力和竞争力。“4”就是加强税收、社会治理、法治、风险防控等四个方面的制度建设。其中，按照海南自由贸易港建设的不同阶段，分步骤实施零关税、低税率、简税制的安排，最终形成具有国际竞争力的税收制度。

3. 建设全岛封关运作的海关监管特殊区域。“建设具有国际竞争力和影响力的海关监管特殊区域”，是《总体方案》中指导思想方面的另一个重要内容。这也是第一次出现的全新概念。此前人们所熟知的是“海关特殊监管区域”。两者都是由海关监管区而来，“特殊”与“监管”调换了位置，但内容却大不相同。

海关特殊监管区域是经国务院批准、在中华人民共和国关境内设立、以保税为基本功能、由海关按照国家有关规定实施封闭监管的特殊经济功能区。截至 2012 年 11 月，我国已批准在 27 个省（区、市）设立 110 个海关特殊监管区域。而海关监管特殊区域是设立在中华人民共和国关境外、由海关为主实施有效监管的特殊区域，其显著特征是“境内关外”。这是中央为海南全岛高水平开放量身定制的最佳开放模式，也是对海南自由贸易港建设方式的独特表述。

这就是在“实现有效监管的前提下，建设全岛封关运作的海关监管特殊区域”，而且是建设具有国际竞争力和影响力的海关监管特殊区域。其核心内容是难以复制推广的四点：一是“一线”放开，在海南自由贸易港与中华人民共和国关境外其他国家和地区之间设立“一线”。二是“二线”管住，在海南自由贸易港与中华人民共和国关境内的其他地区之间设立“二线”。三是岛内自由，海关对海南自由贸易港内企业及机构实施低干预、高效能的精准监管，实现自由贸易港内企业自由生产经营，岛内自由加工享受增值税收政策。四是服务贸易自由便利，实行以“既准入又准营”为基本特征的自由化便利化政策举措。

这四大核心内容，涵盖了海关监管特殊区域所涉及的货物贸易与服务贸易两大方面。

党中央着眼于国内国际两个大局，立足当下、开创未来，决定建设海南自由贸易港，对建设海关监管特殊区域做了无比周密的设计安排。尤其确立建设具有国际竞争力和影响力的海关监管特殊区域的思想与目标，其发展影响深远。海南岛面积约3.4万多平方公里（我国自由贸易试验区的实施范围，几乎都是“标准”的119余平方公里。如北京自贸试验区119.68平方公里，湖南自贸试验区119.76平方公里，安徽自贸试验区119.86平方公里，浙江自贸试验区扩展区域至119.5平方公里），远远大于中国香港、新加坡、阿联酋迪拜等国际上著名的自由贸易港。

国际社会高度关注中国启动海南自由贸易港建设，把焦点对准海关监管特殊区域这个重大政策制度设计，认为这是“振奋人心的一步”。可以说，海关监管特殊区域形成之日，将是海南岛成为全球最大的自由贸易港并产生巨大规模溢出效应之时。

4. 打造引领我国新时代对外开放的鲜明旗帜和重要开放门户。旗帜问题至关重要。旗帜就是方向，旗帜就是力量。《总体方案》提出：“将海南自由贸易港打造成为引领我国新时代对外开放的鲜明旗帜和重要开放门户。”这样的思想定位，是让海南成为新时代全面深化改革开放新标杆的最鲜明表达，标志着我国在世界上坚定地竖起扩大开放的一面鲜明旗帜、发出推动经济全球化的一个庄重宣言。这是昭示未来、激扬当代的大政治观、大战略观。

改革开放是当代中国最鲜明的特色，是中国共产党在新的历史时期最鲜明的旗帜。改革开放新时期，兴办深圳等经济特区，是我们党向世界举起的建设中国特色社会主义的一面鲜明旗帜。

中国特色社会主义进入新时代，在海南建设自由贸易港，“鲜明旗帜”的一大含义就是要用高水平开放的实际行动向世界表明，中国开放的大门不会关闭，只会越开越大。要以此实际行动，推动贸易投资自由化便利化，支持和推动经济全球化，为维护全球自由贸易、完善全球治理体系、加快世界经济复苏注入新动力。虽然面临新冠肺炎疫情的冲击，但《总体方案》还是在人们的热切期待中出台。可以预见，海南自由贸易港建设必将进一步增强中国市场的吸引力，给跨国企业带来更多发展机遇，为世界经济提供增长动力。

以高水平开放为推动中国特色社会主义创新发展作出贡献，这是“鲜明旗帜”含义的一个核心指向。习近平总书记对海南自由贸易港建设作出重要指示，指出在海南建设自由贸易港，是党中央着眼于国内国际两个大局、为推动中国特色社会主义创新发展作出的一个重大战略决策，是我国新时代改革开放进程中的一件大事。“一个重大战略决策”和“一件大事”的重要论述，表明要通过进一步办好经济特区，为推动中国特色社会主义创新发展进行新的探索、积累新的经验。

将海南自由贸易港打造成引领我国新时代对外开放的重要开放门户，这是对新时代海南对外开放新的重大定位。它是对我国经济特区“窗口”和“基地”作用的传承与创新。从经济特区的“窗口”作用，迈向发挥自由贸易港的重要“门户”作用，历史赋予海南崭新的光荣使命。

历史上，海南也经历过“门户开放”。那是在第二次鸦片战争中，在威逼与侮辱之下，清政府于1858年6月26日（清咸丰八年五月十六日）同英国签订了《中英天津条约》，琼州被辟为对外通商口岸，此乃近代海南与世界发生联系的开始，史称“琼州开港”。此后数年间，西方列强又与清政府签订了一系列不平等条约，这些条约莫不把海南岛列为通商口岸之一，海南被迫开放门户，遂成为西方列强竞争的自由市场。那是积弱积贫、任人宰割时代的门户开放，是海南沦为半殖民地半封建社会的开始，留下的是海南人出洋当“猪仔”的苦难历程、血泪记忆。

历史早已翻过血泪苦难的一页。今天，我们比历史上任何时期都更接近、更有信心和能力实现中华民族伟大复兴的目标。新时代，在海南探索建设中国特色自由贸易港，决心将海南自由贸易港打造成为引领我国新时代对外开放的重要开放门户，这是中华民族伟大复兴时代的“海南开港”，是我国新时代改革开放进程中的一件大事，是“中国开放的大门不会关闭，只会越开越大”的生动写照，是“进行时”的精彩的“海南故事”，将为实现中华民族“两个一百年”的奋斗目标提供澎湃动力。

5. 打造我国深度融入全球经济体系的前沿地带。《总体方案》中提出：“加快建立开放型经济新体制，增强区域辐射带动作用，打造我国深度融入全球经济体系的前沿地带。”这段全新表述，提出把海南自由贸易港打造成为我国深度融入全球经济体系的前沿地带，是着眼于我国区域协调发展格局的大谋局、大布局，必将使海南自由贸易港产生强大的区域辐射带动作用。

经过建省办特区30多年的不懈努力，海南已从一个边陲海岛发展成为我国改革开放的重要窗口。在新时代高质量高标准建设自由贸易港，打造我国深度融入全球经济体系的前沿地带，是海南高水平开放的一个全新命题，是海南打造新时代改革开放新标杆的重大使命。如果说，兴办经济特区使海南一跃成为开放前沿，这个“前沿”是一个点状，那么，建设自由贸易港使海南成为开放前沿地带，这个“地带”就是一个面状，增强区域辐射带动作用的含义就隐含其中。

从我国新西部开发和构建新发展格局这两个方面看，更可看出打造我国深度融入全球经济体系的前沿地带的重大意义。

为在新时代继续做好西部大开发工作，促进区域协调发展，开启全面建设社会主义现代化国家新征程，于2020年5月17日发布的《中共中央 国务院关于新时代推进西部大开发形成新格局的指导意见》指出：“强化举措推进西部大开发形成新格局，是党中央、国务院从全局出发，顺应中国特色社会主义进入新时代、区域协调发展进入新阶段的新要求，统筹国内国际两个大局作出的重大决策部署。”《意见》提出拓展区际互动合作，强调“加快珠江—西江经济带和北部湾经济区建设，鼓励广西积极参与粤港澳大湾区建设和海南全面深化改革开放”。中央再次布局的西部大开发，与海南全面深化改革开放密切相关，可说是同步部署大棋局。随着打造我国深度融入全球经济体系的前沿地带进程的加快，以及建设西部陆海新通道国际航运枢纽和航空枢纽进程的加快，海南全面深化改革开放与新一轮西部大开发、西部地区高质量发展，将形成比翼齐飞的区域发展新格局，谱写美妙的协奏曲，奏响中华民族伟大复兴的美好旋律。

海南在“大循环、双循环”新发展格局中也将发挥重要的引擎作用。构建以国内大循环为主体、国内国际双循环相互促进的新发展格局，是以习近平同志为核心的党中央面对复杂的疫情防控和经济社会发展形势，积极应对当前外部环境严峻变化和推进国内经济高质量发展的一项重大举措，是与时俱进提升我国经济发展水平的战略抉择，也是塑造我国国际经济合作和竞争新优势的战略抉择。在新发展格局下，海南自由贸易港将成为“大循环、双循环”的重要循环口岸和枢纽。按照《总体方案》要求，海南自由贸易港建设将“充分发挥海南自然资源丰富、地理区位独特以及背靠超大规模国内市场和腹地经济等优势”，推进形成国内大循环、国际双循环相互促进的新发展格局。海南要加快建设国际旅游消费中心。自2020年7月1日起实施离岛免税新政以来，“海南购”的热度持续攀升，发挥了引导境外消费回流、畅通资金流通的独特作用。海南自由贸易港既是深入中国巨大经济腹地、分享超大规模国内市场的重要通道，又是走向“一带一路”、加快融入世界的重要出口。在中国经济“大循环、双循环”的过程中，海南自由贸易港的作用将是独一无二的。

6. 集聚全球优质生产要素。《总体方案》提出：“充分发挥全国上下一盘棋和集中力量办大事的制度优势，调动各方面积极性和创造性，集聚全球优质生产要素，着力在推动制度创新、培育增长动能、构建全面开放新格局等方面取得新突破，为实现国家战略目标提供坚实支撑。”

海南自由贸易港建设要集聚全球优质生产要素，这样的新使命，体现了习近平总书记在庆祝海南建省办经济特区30周年大会上发出的热情邀请：“我们欢迎全世界投资者到海南投资兴业，积极参与海南自由贸易港建设，共享中国发展机遇、共享中国改革成果。”

集聚全球优质生产要素，是高水平开放、高质量发展的必由之路。在全球要素分工条件下，开放发展的水平和层次，不仅取决于自身拥有什么样质量和层次的要素，还取决于能够吸引和集聚什么样质量和层次的全球要素。想高质量高水平建设海南自由贸易港，就不能停留在吸引和集聚一般生产要素上，而是要着眼于对全球高端和创新性生产要素的吸引和集聚。

建设海南自由贸易港，从根本上说，就是要建设全球优质生产要素集聚区，加快打造人才集聚高地，集聚全球创新要素。要将生态优势和制度优势、政策优势、产业优势相结合，积极引进国际先进技术、高端人才和创新经验，打造包括资本、知识、技术、管理、数据在内的全球优质生产要素集聚区，形成特色鲜明、具有较强竞争力的优势产业，从而为全国高质量发展提供典型示范。要用好用足自由贸易港政策，立足于国际竞争，聚焦旅游业、现代服务业、高新技术产业“三大主导产业”，航天领域重大科技创新基地、国家深海基地南方中心、国家南繁科研育种基地、国家热带农业科学中心、全球动植物种质资源引进中转基地“五大平台”，种业、医疗、教育、体育、电信、互联网、文化、维修、金融、航运等“十二个重点领域”，采取“云招商”等创新方式，推进集中签约和集中开工，加快推动全球要素资源集聚。

集聚全球优质生产要素，对海南自由贸易港建设来说，是一个全新的重大命题，也是一项崭新的历史使命。要求加强对世界500强等行业龙头企业的招商推介，吸引跨国公司设立总部或代表机构。如今，海南正以前所未有的速度，加快集聚全球优质生产要素的前进步伐。2020年9月25日，瑞士著名国际奢侈品零售商奇士霍夫集团以“云签约”方式正式进入亚太市场，并将中国区总部落地海南，就是显著一例。

7. 充分发挥背靠超大规模国内市场和腹地经济等优势。《总体方案》提出：“充分发挥海南自然资源丰富、地理区位独特以及背靠超大规模国内市场和腹地经济等优势，抢抓全球新一轮科技革命和产业变革重要机遇，聚焦发展旅游业、现代服务业和高新技术产业，加快培育具有海南特色的合作竞争新优势。”在中央文件中，用“背靠超大规模国内市场和腹地经济”的巨大优势，标注于全球最大的自由贸易港建设，其意义非凡，其愿景激荡人心。

改革开放40多年来，我国国内生产总值由3679亿元增长到2022年的121.02万亿元，年均实际增长9.5%。多年来，我国对世界经济增长贡献率超过30%。现在，我国是世界第二大经济体、制造业第一大国、货物贸易第一大国、商品消费第二大国、外资流入第二大国、第二大对外直接投资国、世界最大旅游市场，我国外汇储备连续多年位居世界第一。我国具有全球最完整、规模最大的工业体系，强大的生产能力，完善的配套能力，拥有1亿多市场主体和1.7亿多受过高等教育或拥有各类专业技能的人才，还有包括4亿多中等收入群体在内的14亿人口所形成的超大规模内需市场，正处于新型工业化、信息化、城镇化、农业现代化快速发展阶段，投资需求潜力巨大。快速发展的中国，给世界惊喜，也让世界共享中国的改革发展成果。依靠这样的世界级超大规模经济体，什么人间奇迹不能够创造出来?!

背靠超大规模国内市场和腹地经济等优势，要求海南自由贸易港建设聚焦发展旅游业、现代服务业和高新技术产业，加快培育具有海南特色的合作竞争新优势。旅游业、现代服务业和高新技术产业三大主导产业，是习近平总书记亲自擘画的海南产业发展蓝图，是海南贯彻新发展理念、建设现代化经济体系、壮大实体经济、推动经济高质量发展的主攻方向。

回望海南改革开放和开发建设的历史，可以说，自由贸易港政策落地海南，“聚焦发展旅游业、现代服务业和高新技术产业，加快培育具有海南特色的合作竞争新优势”就是极其重大的落地。从此，立足海南自然资源丰富、地理区位独特优势，发挥背靠超大规模国内市场和腹地经济等优势，抢抓全球新一轮科技革命和产业变革重要机遇，加快培育具有海南特色的合作竞争新优势，绝不能上高污染、高排放、高能耗项目，将成为海南自由贸易港高质量发展的主旋律。

8. 深入推进流动型开放和加快推动制度型开放。《总体方案》提出：“深入推进商品和要素流动型开放，加快推动规则等制度型开放，以高水平开放带动改革全面深化。”对商品和要素流动型开放，强调“深入推进”；对规则等制度型开放，强调“加快推动”。这种“两型”开放同时并举、同向发力、同步推进，从而实现以高水平开放带动改革全面深化的目标，是中央立足当下、着眼未来对海南自由贸易港建设作出的科学规划与精心安排。

海南自由贸易港建设的制度设计以贸易投资自由化便利化为重点，其核心内容是建设全岛封关运作的海关监管特殊区域，对货物贸易实行以“零关税”为基本特征的自由化便利化制度安排；对服务贸易实行以“既准入又准营”为基本特征的自由化便利化政策举措。这样，“深入推进”商品和要素流动型开放，就是海南建设自由贸易港的题中应有之义，是最基础、最现实的开放。商品和要素流动型开放被认为属于“边境开放”范畴，即降低乃至取消贸易和投资壁垒，实现贸易和投资自由化。

为了适应经济全球化新趋势和国内改革发展新要求，推进更高水平的对外开放，加快构建开放型经济新体制，中央作出了加快推动规则等制度型开放的重要部署。党的十九届四中全会审议通过的《中共中央关于坚持和完善中国特色社会主义制度 推进国家治理体系和治理能力现代化若干重大问题的决定》强调，健全外商投资准入前国民待遇加负面清单管理制度，推动规则、规制、管理、标准等制度型开放。这就是说，相对于商品和要素流动型开放而言，制度型开放覆盖国际经贸规则、规制、管理、标准等方面。面对国内外环境的深刻变化，在继续推动商品和要素流动型开放的同时，要更加注重规则等制度型开放，如此才能实现新一轮高水平开放。从这个意义上说，加快推动规则等制度型开放，是高质量高标准建设海南自由贸易港的题中应有之义，是高水平开放的目标定位、发展追求。实际上，对加快推动规则等制度型开放，《总体方案》也列出了一些具体任务，如要求海南自由贸易港建设“积极参与跨境数据流动国际规则制定，建立数据确权、数据交易、数据安全和区块链金融的标准和规则”，“进一步研究改进补贴政策框架，为我国参与补贴领域国际规则制定提供参考”等。

海南自由贸易港这种“两型”开放同时并举、同步推进的安排，也是有别于国内其他自由贸易试验区的方面。比如，2020年9月21日，国务院公布《中国（北京）自由贸易试验区总体方案》《中国（湖南）自由贸易试验区总体方案》《中国（安徽）自由贸易试验区总体方案》《中国（浙江）自由贸易试验区扩展区域方案》，这些方案有个共同的要求与任务，就是“以制度创新为核心，以可复制可推广为基本要求”，“对标国际先进规则，加大开放力度，开展规则、规制、管理、标准等制度型开放”。因此，直接推进制度型开放，创造更多可复制可推广的制度创新经验，成为新设自贸试验区的共同使命。

对于新时代上海浦东的开发开放，也是直接要求其“深入推进高水平制度型开放，增创国际合作和竞争新优势”。习近平总书记在浦东开发开放30周年庆祝大会上的重要讲话中指出：“浦东要着力推动规则、规制、管理、标准等制度型开放，提供高水平制度供给、高质量产品供给、高效率资金供给，更好参与国际合作和竞争。要更好发挥中国（上海）自由贸易试验区临港新片区作用，对标最高标准、最高水平，实行更大程度的压力测试，在若干重点领域率先实现突破。”

由此可见，新设自贸试验区及新时代浦东开发开放是“推动规则、规制、管理、标准等制度型开放”的单一制度型开放，与海南自由贸易港建设的“深入推进商品和要素流动型开放，加快推动规则等制度型开放”的“两型”开放，是大不相同的。这也从另一个角度说明，“两型”开放是新时代海南建立开放型经济新体制的双重历史使命，既要做好“深入推进”的文章，也要做好“加快推动”的文章。海南自由贸易港建设任重而道远。

9. 建设西部陆海新通道国际航运枢纽和航空枢纽。《总体方案》中提出：“实施高度自由便利开放的运输政策，推动建设西部陆海新通道国际航运枢纽和航空枢纽，加快构建现代综合交通运输体系。”这“两个枢纽”的新定位，提升了我们对海南开放格局认知的高度。

“陆海新通道”是中新（重庆）战略性互联互通示范项目的重要组成部分。该通道利用铁路、公路、水运、航空等多种运输方式，由重庆向南经贵州等省份，通过广西北部湾等沿海沿边口岸，通达新加坡及东盟主要物流节点，运行时间比经东部地区出海节约10天左右。2019年8月15日，国家发展改革委印发的《西部陆海新通道总体规划》指出，西部陆海新通道位于我国西部地区腹地，北接丝绸之路经济带，南连21世纪海上丝绸之路，协同衔接长江经济带，在区域协调发展格局中具有重要战略地位。这个总体规划中，有很多与海南紧密相关的内容，如下文所述几点。

在基本原则上：对接共建“一带一路”、长江经济带发展、海南全面深化改革开放等国家战略，形成西部地区开发开放新动能。

在空间布局上：建设自重庆经贵阳、南宁至北部湾出海口（北部湾港、洋浦港），自重庆经怀化、柳州至北部湾出海口，以及自成都经泸州（宜宾）、百色至北部湾出海口三条通路，共同形成西部陆海新通道的主通道。着力打造国际性综合交通枢纽，建设广西北部湾国际门户港（包括钦州港、防城港、北海港），发挥海南洋浦的区域国际集装箱枢纽港作用，提升通道出海口功能。

在发展目标上：到2020年，广西北部湾港和海南洋浦港资源整合初见成效，广西北部湾港、海南洋浦港集装箱吞吐量分别达到500万、100万标箱。到2025年，具有国际影响力的北部湾深水港基本建成，广西北部湾国际门户港、海南洋浦的区域国际集装箱枢纽港地位初步确立，广西北部湾港、海南洋浦港集装箱吞吐量分别达到1000万、500万标箱。到2035年，西部陆海新通道全面建成，为建设现代化经济体系提供有力支撑。

在加快运输通道建设方面：“发挥海南洋浦港作用。推进海南港口资源整合与分工优化，支持洋浦港吸引国内外货源，发展国际中转运输业务，培育成为区域国际集装箱枢纽港。创新洋浦港管理体制机制，推进集装箱、散杂货板块公共码头资源优化整合，提升港口综合服务能力。”这是明确将海南洋浦港作为区域国际集装箱枢纽港。

在促进通道与区域经济融合发展方面：“强化广西北部湾港、海南洋浦港、重庆港等航运和资源集聚功能，提升现代航运经济发展水平。依托广西北部湾港，积极推进临港工业、国际贸易发展。依托海南自由贸易港，设立洋浦航运交易所，研究建立洋浦港保税油供应中心，发展以保税船供油为特色的大宗商品贸易，培育修造船、油品加工与供应、特色产品加工和高端航运服务等产业。”

从这些内容看，海南处于通道“出海口”的重要位置，《总体方案》据此提出“推动建设西部陆海新通道国际航运枢纽和航空枢纽，加快构建现代综合交通运输体系”。这“两个枢纽”的大布局，对于推进西部陆海新通道建设至关重要，能为我国深化陆海双向开放、推进西部大开发形成新格局发挥重要作用。

《中共中央 国务院关于新时代加快完善社会主义市场经济体制的意见》（2020年5月11日）中提出，“加大西部和沿边地区开放力度，推进西部陆海新通道建设，促进东中西互动协同开放，加快形成陆海内外联动、东西双向互济的开放格局”。这表明，“陆海新通道”建设展示了海南自由贸易港建设的独特地位和非凡前景。

2020年9月28日，洋浦—南太—澳洲集装箱航线在洋浦小铲滩码头正式开通运营。这是海南自由贸易港首条洲际越洋航线。该航线的开通，不仅实现了海南洲际航线零的突破，标志着洋浦区域国际集装箱枢纽港建设开始从“近海”迈入“深蓝”时代，同时填补了洋浦与菲律宾的航线空白，加密了洋浦与香港的航线联系，极大完善了洋浦外贸航线布局，为洋浦发挥西部陆海新通道出海口作用，打造中国面向太平洋、印度洋的重要对外开放门户奠定了坚实基础。

10. 建立以海南自由贸易港法为基础的自由贸易港法治体系。《总体方案》中提出：“建立以海南自由贸易港法为基础，以地方性法规和商事纠纷解决机制为重要组成的自由贸易港法治体系，营造国际一流的自由贸易港法治环境。”这是海南自由贸易港法治制度设计的重要指导思想，充分体现了习近平总书记关于重大开放举措要于法有据，营造规范的法治环境的基本要求。

制定实施海南自由贸易港法，目的是以法律形式明确自由贸易港各项制度安排，为自由贸易港建设提供原则性、基础性的法治保障。2019年3月15日，十三届全国人大二次会议采纳了海南代表团建议，启动海南自由贸易港法立法调研、起草工作相关内容写入全国人大常委会工作报告，经大会表决批准。这标志着海南自由贸易港法正式提上国家立法日程。

海南自由贸易港法立法工作进展神速。2020年11月27日，十三届全国人大常委会第七十八次委员长会议在北京人民大会堂举行，由栗战书委员长主持。会议决定，十三届全国人大常委会第二十四次会议于12月22日至26日在北京举行。会议审议全国人大常委会委员长会议关于提请审议海南自由贸易港法草案的议案。2021年6月10日，十三届全国人大常委会第二十九次会议表决通过了《中华人民共和国海南自由贸易港法》。

贯彻落实党中央关于建设海南自由贸易港重大决策部署的重要举措，制定海南自由贸易港法是十分关键和重要的一环。2019年2月25日，中央全面依法治国委员会第二次会议审议通过了《关于全面推进海南法治建设 支持海南全面深化改革开放的意见》，要求为推动海南全面深化改革开放提供良好法治保障和法律服务。这是中央和国家层面出台的第一个支持地方法治建设的文件。这项立法是要将关于建设海南自由贸易港的大政方针，通过法定程序转化为国家意志，转化为法律法规，以国家立法的形式保障党中央决策部署落到实处，切实推动海南自由贸易港建设进程。

在国家层面上，为一个地区立法，这是极其罕见的。国家为海南自由贸易港单独立法，这在内地也是史无前例的。在人们的印象中，迄今为止，只有香港、澳门两个特别行政区享受过这种待遇，这是历史原因导致的。改革开放40多年来，无论是深圳特区、上海浦东新区，还是雄安新区，都没有在国家层面上单独立法的例子。由此可见，制定海南自由贸易港法，的确是一件具有深远意义的大事，将为探索建设中国特色自由贸易港提供基础性、根本性的法治保障。对于营造国际一流的海南自由贸易港法治环境而言，这是一个良好的开端。

六个深刻变化

《“探索试验蹚出来一条路子”》中写道：“到海南来，不断听到‘4·13’这个词。巧合的是，四年前的今天也在海南，赋予了海南经济特区改革开放新的重大责任和使命。”“2018年的‘4·13’重要讲话，如春雷传遍神州大地，‘听了热血沸腾’。大胆试、大胆闯、自主改，开启了新的奋斗诗篇。‘1348’战略框架应运而生。”

在海南不断听到“4·13”这个词，说明“4·13”这个高频词在海南深入人心，说明“4·13”重要讲话给海南带来深刻的历史性变化。这些变化，对于每一个亲历其中的人来说，都有切身感受。在这个重要讲话发表三周年之际，2021年5月，笔者曾撰文从六个方面谈海南这三年来所发生的深刻变化，并分析发生这些深刻变化的主要原因。

一是加快建立开放型经济新体制，推动形成全面开放新格局。尤其是新冠肺炎疫情仍在全球蔓延背景下，海南成功举办亚太地区规模最大的消费精品博览会——中国国际消费品博览会，展览总面积达8万平方米，国内外参展企业1505家，来自70个国家和地区，进场观众超过24万人次。展会办出海南风格，办出中国特色，办出世界水平，使“推动海南建设具有世界影响力的国际旅游消费中心”的有力承诺，实现了成功一跃。“买全球、卖全球”，海南正在书写“中国开放的大门不会关闭，只会越开越大”的精彩故事。

二是下大气力破除体制机制弊端，不断解放和发展社会生产力。三年来，共发布12批116项制度创新案例。其中，在全国率先推行的商事登记“全省通办”，实现企业设立、公积金和社保登记、刻章和税务发票申领等事项“一站式”办理，企业开办时间压缩至两天，申请材料和时间压减75%。营商环境的持续优化，带来市场活力的充分释放。三年来，海南新增市场主体约76.3万户，超过过去30年的总和。落户海南的央企及央企子公司实现营业收入增长超20倍。在深化人才发展体制机制改革上实现突破，三年来，海南共引进人才23.3万人，同口径增长675%，顺利完成“百万人才进海南”行动计划的初期目标。“海南全面深化改革开放是国家的重大战略，必须举全国之力、聚四方之才”的伟大号召，正成为新时代令人瞩目的新壮举。

三是建设现代化经济体系，坚定不移推动经济高质量发展。用好用足离岛免税购物政策，做好吸引境外高端购物、医疗和教育等三篇消费回流文章。博鳌乐城国际医疗旅游先行区、陵水黎安国际教育创新试验区等重要开放功能平台，正迎来蓬勃发展的春天。打造南繁、深海、航天“陆海空”三大未来产业，以“奋斗者”号为代表的深海科技项目在三亚崖州湾科技城落地，“天问一号”“嫦娥五号”在文昌国际航天城成功发射；三年来，海南高新技术企业数量增加273%，互联网产业营收增长192%，高新技术产业对海南经济的整体支撑作用明显增强。海南坚持“房子是用来住的、不是用来炒的”定位，以壮士断腕的决心摆脱经济对房地产业的依赖，使产业投资占投资的比重从不到40%上升至超过60%。2022年一季度，全省经济运行强劲恢复，主要经济指标延续稳中向好势头，实现地区生产总值1396亿元，同比增长19.8%，增速位居全国第二，两年平均增长7.0%。固定资产投资、社会消费品零售总额分别同比增长20.3%、61.6%。

四是生态文明体制改革先行一步，在生态文明建设上作表率。并以一系列标志性动作，确保海南空气质量、海水质量一直位居全国前列。海南完善以绿色发展为导向的考核评价体系，取消部分市县GDP等考核，永久停止中部生态核心区开发新建外销房地产项目。海南加快推动4400余平方公里的热带雨林国家公园建设，推广清洁能源汽车，开始实行全面“禁塑”。到2020年年底，实现全岛生活垃圾“零填埋”，空气质量优良天数比例达99.5%，$PM_{2.5}$浓度均值下降到13微克/立方米，河湖库和近海海域等生态环境质量持续保持全国一流水平。

五是不断满足人民日益增长的美好生活需要，让改革发展成果更多更公平惠及人民。高质量打赢脱贫攻坚战，持续引进国内优质教育资源合作办学102所、国内优质医疗机构49家，如今基本实现“家门口上好学”和“小病不进城、大病不出岛”的目标。三年来，累计集中开工项目1688个，总投资6860亿元，其中基础设施与民生公共服务类项目占比25%与18%，海南正在书写以人民为中心的自由贸易港建设的美好篇章。

六是坚持和加强党的全面领导，确保全面深化改革开放正确方向。三年来，全省上下大力弘扬敢闯敢试、敢为人先、埋头苦干的特区精神和扎根守土、坚韧不拔、无私奉献的椰树精神，以“功成不必在我”的精神境界和“功成必定有我”的历史担当，全力答好“加快海南自由贸易港建设”“统筹常态化疫情防控和经济社会发展”和“全面建成小康社会”三张答卷，让海南自由贸易港展示出全面深化改革和试验最高水平开放政策的强大优势和灿烂前景。

海南在很短的时间内发生了前所未有、令人瞩目的改变，主要原因有三个。一是思想引领力。习近平总书记在庆祝海南建省办经济特区30周年大会上的重要讲话，赋予海南经济特区改革开放新的重大责任和使命，为海南深化改革开放注入了强大动力。二是政策吸引力。《中共中央 国务院关于支持海南全面深化改革开放的指导意见》，为加快探索中国特色自由贸易港进程做好顶层设计和路径安排，海南全面深化改革开放的“四梁八柱”加快搭建，并由此形成了“1+N”政策体系。《海南自由贸易港建设总体方案》发布一年来，中央有关部门所发布的政策文件达100多份，这标志着海南自由贸易港制度框架初步建立。三是工作推动力。在中央层面成立推进海南全面深化改革开放领导小组，领导小组下设办公室；推进海南自由贸易港建设工作专班就在海南开展工作。中央和国家有关部门从全局高度出发，针对海南积极推动制定一系列政策措施文件，全力推进海南全面深化改革开放各项工作。海南省全面落实主体责任，激励干部担当作为，一个年头确定一个主题，一个主题攻坚一批难题，为全岛建设自由贸易试验区起好步、开好局而努力，为推动海南自由贸易港建设“顺利开局”“蓬勃展开”作贡献。“中央统筹、部门支持、省抓落实”的工作机制，充分彰显了中国精神、中国价值、中国力量、中国格局，有力确保“充分发挥海南自然资源丰富、地理区位独特以及背靠超大规模国内市场和腹地经济等优势”等重大部署得以顺利实施。（钟业昌：《展示中国风范、中国气派、中国形象的靓丽名片》，《光明日报》2021年5月27日）

从这些深刻变化，可以体会“一本三基四梁八柱”战略框架（简称“1348”战略框架）因何而生、因何受到习近平总书记的高度赞赏。

在实践中形成“1348”战略框架

2022年4月在海南考察，习近平总书记用四句话肯定了海南的工作成效：一是自由贸易港建设进展明显，整体推进蹄疾步稳、有力有序；二是全省上下干事创业热情高涨；三是发展质量不断提升；四是发展环境不断优化。

2022年4月13日，海南举行“奋进自贸港 建功新时代”系列专题新闻发布会，重点介绍海南自由贸易港政策落地实施进展情况及海南经济社会发展取得的成效。发布会上传递的大量数字与事实，是对习近平总书记所概括海南四个方面工作成效的最好说明。

据海南省委深改办（自贸港工委办）介绍，海南加快建立自由贸易港政策制度体系，推动关键核心政策落地实施。自由贸易港政策累计出台达150多项，“四梁八柱”政策框架体系基本建立。“两个15%”所得税、三张“零关税”清单、加工增值30%（含）以上免征关税政策等有序实施，三张“零关税”清单适用商品货值77.2亿元。完成自用生产设备和原辅料“零关税”政策调整，“一线”放开、“二线”管住制度扩点扩区，政策受益面进一步扩大，政策红利进一步释放。全面落实海南自由贸易港法，制定优化营商环境、公平竞争、反消费欺诈、社会信用等配套法规。

海南把制度集成创新摆在突出位置，高起点高标准谋划推进重点领域改革。提升制度集成创新能级，设立全国唯一省级改革和制度创新奖，累计发布制度创新案例13批123项，多项案例获得中央和有关部门肯定并在全国范围复制推广。出台实施制度集成创新行动方案、创一流营商环境行动计划，成立省优化营商环境工作专班并积极发挥作用。全面推进“放管服”改革，深化省域“多规合一”改革。

海南完整、准确、全面贯彻新发展理念，经济发展质量明显提高。以旅游业、现代服务业、高新技术产业和热带特色高效农业为主导的“3+1”现代产业增加值占比达70%，南繁、深海、航天“陆海空”三大未来产业加快培育发展，高新技术企业连续四年保持40%以上的增速。11个自由贸易港重点产业园区实现营业收入超1.3万亿元，以不足全省2%的土地面积，贡献超过四成税收和近三成投资。2021年，货物贸易突破千亿元，经济外向度同比提升7.1个百分点。

海南全面践行“绿水青山就是金山银山”理念，高水平建设国家生态文明试验区。热带雨林国家公园正式获批设立；新能源汽车保有量占比达7.2%、高出全国4.6个百分点，清洁能源装机比重达70%、高出全国23个百分点；实施全国首部“禁塑”地方性法规；装配式建筑面积连续四年倍增；系统推进“六水共治”。

海南统筹发展和安全，牢牢守住风险防控底线。全面建立“风险官”制度，成立15个由分管省领导牵头的风险防控专项工作组，统筹各领域风险防控。社会管理信息化平台和未设口岸区域64个综合执法点建成运行，对人流、物流、资金流、信息流等监管能力全方位提升。

海南坚持以人民为中心的发展思想，让改革发展成果更好更公平惠及全体人民。巩固拓展脱贫攻坚成果同乡村振兴有效衔接。“1小时三级医院服务圈”全省覆盖，“三医联动一张网”运行，“一市（县）两校一园一院”工程收官，“家门口上好学”和“小病不进城、大病不出岛”正成为现实。

据海南省发展改革委介绍，在中央殷切关怀、部委鼎力支持下，推动150多个政策文件先后出台，“四梁八柱”政策体系全面成型。2021年，海南经济增速达到11.2%，两年平均增速7%，分列全国第二和第一位。自贸港跑出高质量发展加速度。高质量市场体系加快建设，全省市场主体增至179万户，较五年前增加1.9倍。五年间，全省研发经费投入年均增长19.8%，每万人发明专利拥有量累计增加近1倍，“4·13”以来引进人才超过42万名，创新驱动发展能力大幅提升。博鳌乐城引进国际创新药200种，国际教育创新岛引入国内外知名高校43所。高新技术企业扩大到1202家、年均增加43%。投资新政顺利开启、离岛免税购物年销售额突破600亿元，中国国际消费品博览会成功首秀，内需的决定性作用充分彰显。南北两大经济圈加快融合、良性互动，儋州洋浦一体化全面开启，“三极”占到全省经济总量的近八成。坚持陆海统筹、山海互动。海洋空间、海洋资源利用效率加快提高，海洋生产总值占比超过三成，海洋大省正努力向海洋强省迈进。

据海南省财政厅介绍，在财政部等国家部委的大力支持下，已有11项海南自由贸易港税收优惠政策落地实施。其中，2020年出台了6项海南自由贸易港税收优惠政策，包括离岛旅客免税购物政策、企业和个人所得税优惠政策、原辅料“零关税”政策、交通工具及游艇“零关税”政策、国际运输船舶增值税政策。2021年，又出台了5项自由贸易港税收政策，包括洋浦启运港退税政策、自用生产设备“零关税”政策、内外贸同船运输境内船舶加注保税油和本地生产燃料油政策、国际消费品博览会进口展品税收优惠政策和进出岛航班加注保税航油政策。同时，海南积极与财政部等国家部委沟通，会同中央有关部门对已出台政策进行评估和动态调整。原辅料“零关税”政策调整，清单商品实现翻倍扩容；自用生产设备“零关税”政策调整，将过山车等游乐设备纳入清单，并将政策适用主体由企业扩大到事业单位。2021年离岛免税政策继续保持快速增长势头，离岛免税购物金额504.9亿元、购物件数5349.25万件、购物人数967.66万人次，同比分别增长83%、71%和73%。

2022年7月11日，中共海南省委“中国这十年•海南”主题新闻发布会又传递这样的重要信息：回顾海南这十年，最大的主题是全面深化改革开放，最大的亮点是自由贸易港建设，最主要的变化发生在以下五个方面。

第一，全面深化改革开放迈出关键一步。高举改革开放旗帜，努力成为新时代中国改革开放的示范。在全国率先开展省域“多规合一”改革试点并持续推进，农垦改革取得阶段性成果并不断深化。特别是在经济全球化遭遇“逆风”“回头浪”的背景下，以习近平同志为核心的党中央审时度势、高瞻远瞩，对标当今世界最高水平的开放形态，决定在海南建设中国特色自由贸易港。此后，《支持海南全面深化改革开放的指导意见》《海南自由贸易港建设总体方案》先后印发，《中华人民共和国海南自由贸易港法》颁布施行，为海南量身定制了以“零关税、低税率、简税制”和贸易、投资、跨境资金流动、人员进出、运输来往自由便利及数据安全有序流动为主要特征的自由贸易港政策制度体系，实行“一线放开、二线管住”和“境内关外”的特殊制度安排，并以国家立法的形式固定下来。2018年以来，180多项自由贸易港政策文件落地生效，封关运作准备工作全面铺开，压力测试相关工作有序进行；2018年以来，新增市场主体年均增长40%，实际利用外资年均增长80%，引进外资企业年均增长近120%；建成运行社会管理信息化平台，人流、物流、资金流、信息流监管能力全面提升，风险防控体系初步建立并在实际工作中积累了一定经验，确保自由贸易港建设过程中不出现系统性重大风险。

第二，经济转型升级取得显著成效。坚持完整、准确、全面贯彻新发展理念。一是产业结构更优。以壮士断腕的决心破除“房地产依赖症”，房地产开发投资占比从最高的五成下降到三成，房地产对税收的贡献由最高时的超过四成降至三成，产业结构从过去以房地产为主向旅游业、现代服务业、高新技术产业、热带特色高效农业为主迈进。这四大主导产业对经济增长的贡献率已接近八成。二是发展后劲更足。加快培育南繁种业、深海、航天“陆海空”三个未来产业，以南繁种业、深海为重点的崖州湾科技城建设取得关键性成果，我国首个商业航天发射场项目在文昌开工建设。消费成为拉动经济增长的主引擎，购物、教育、医疗“三篇境外消费回流文章”初见成效，离岛免税销售额近两年翻两番，陵水黎安国际教育创新试验区开启了中外合作办学的新篇章，博鳌乐城成为国际先进药械进入中国市场的最主要通道。环岛高铁、环岛高速公路、环岛旅游公路、环岛天然气管网、国际海缆等为代表的“五网”基础设施更加完善。三是区域发展更协调。下决心推动并实现儋州洋浦一体化，打造海南高质量发展“第三极”，发展格局实现了由海口、三亚两极，突进向“三极一带一区”区域协同的深刻变革。

第三，生态环境质量持续改善。坚持把生态环境保护作为“国之大者”。一是强化制度和机制建设。取消对全省2/3市县的GDP考核，率先划定省域生态保护红线，实施“三线一单”生态环境分区管控，探索建立流域上下游生态保护补偿机制。二是以标志性工程为抓手推进国家生态文明试验区建设。热带雨林国家公园入选首批国家公园，本已濒临灭绝的海南长臂猿种群数量稳步增加，清洁能源装机占比和清洁能源汽车保有量占比全国领先，在全国率先实施全面禁塑，装配式建筑面积连续四年翻番，并滚动推出“六水共治”、博鳌东屿岛零碳示范区等新的标志性工程。三是整治突出问题。严格落实两轮中央环保督察和国家海洋督察反馈问题整改，开展生态环境六大专项整治和海岸带整治，在全国率先实现全省范围内生活垃圾“零填埋”。十年来，在全省上下的不懈努力下，生态环境质量稳居全国一流。

第四，群众获得感幸福感安全感不断增强。坚持把所有精力都用在让老百姓过好日子上。一是脱贫攻坚成效在全国考核中连续三年处于第一方阵，与全国一道迈入全面小康，正向着推进乡村全面振兴、实现共同富裕奋力前进。二是持续引进国内外优质教育医疗资源，推进基层教育医疗人才管理体制和激励机制改革，“家门口上好学”和“小病不进城、大病不出岛”正成为现实。下决心解决高菜价这个民生之痛，2021年CPI涨幅由往年的全国前列降为倒数。加快构建以安居房、保障性租赁住房、公租房为主体的住房保障体系，更好满足本地居民和引进人才的住房需求。三是扫黑除恶专项斗争和禁毒工作有力有效，社会主义核心价值观深入人心，治安形势达到建省以来最好水平。

第五，党的领导更加坚强有力。把党建作为最大政绩，坚持以高质量党建引领高质量发展。一是党内集中学习教育扎实开展，深入开展“勇当先锋、做好表率”和作风整顿建设年、能力提升建设年等活动，党员干部作风得到锤炼、能力持续提升，对“两个确立”的领悟更加深刻，对“两个维护”的行动更加坚决。二是完善激励约束机制，建立公职人员容错纠错办法及案例发布制度、政商交往正负面清单，引导广大党员干部解放思想、敢闯敢试、大胆创新。三是坚持人才引进和培养双轮驱动，2018年以来，引进人才40万人，较之前的四年同口径增长近10倍；大力实施“南海系列”育才计划，本土人才和少数民族干部培养成效正在显现。四是严格贯彻八项规定精神及其实施细则，一体推进不敢腐、不能腐、不想腐，旗帜鲜明推进清廉自贸港建设，以良好政治生态确保自由贸易港建设行稳致远。

海南各方面工作所发生的积极显著变化，表明在全面深化改革开放和建设中国特色自由贸易港的生动实践中，“1348”战略框架呼之欲出。

在习近平总书记亲自谋划、亲自部署、亲自推动下，在中央推进海南全面深化改革开放领导小组的正确领导和各有关方面的大力支持下，海南全面深化改革开放和中国特色自由贸易港建设蓬勃展开、进展明显，整体推进蹄疾步稳、有力有序，并在生动实践中清晰形成“1348”战略框架。实践也告诉我们，锚定“1348”战略框架，就能走好海南发展的人间正道。

2022年4月10日至13日，习近平总书记在海南考察。这是党的十八大以来，他第六次亲临海南；与历次不同，这次到海南来，是海南自由贸易港建设进展明显的时候，是全岛封关运作准备工作加快推进的关键时刻，是需要把舵领航的重要时刻。4月13日上午，在主持召开海南省委和省政府工作汇报会前，习近平参观了海南全面深化改革开放和中国特色自由贸易港建设成果展。海南省负责同志详细介绍了“1348”战略框架：“一本”，指总书记关于海南工作的系列重要讲话和指示批示；“三基”，指两份中央文件和一部国家立法；“四梁”，指全面深化改革开放试验区、国家生态文明试验区、国际旅游消费中心、国家重大战略服务保障区；“八柱”，指从政策环境到组织领导体系的全方位保障。

习近平总书记对此表示赞成，并语重心长地说：“‘1348’，相当于浙江的八八战略。关键是形成了共识，升华了认识水平。过去吵来吵去的事情，现在统一了。知道了哪个是人间正道，就这么坚定走下去。”

在海南建设中国特色自由贸易港是习近平总书记亲自谋划、亲自部署、亲自推动的国家重要战略；因此，加快建设具有世界影响力的中国特色自由贸易港，必须以习近平总书记关于海南工作的系列重要讲话和指示批示为根本遵循。

2018年4月14日，《中共中央 国务院关于支持海南全面深化改革开放的指导意见》正式对外发布。其中涉及10个方面共31条意见，于2018年4月11日印发并实施。该文件赋予海南经济特区改革开放新的重大责任和使命，将为海南深化改革开放注入强大动力，推动海南成为新时代全面深化改革开放的新标杆，形成更高层次改革开放新格局。

2020年6月1日，中共中央 国务院印发《海南自由贸易港建设总体方案》，要求各地区各部门结合实际认真贯彻落实。方案强调，在海南建设自由贸易港，是推进高水平开放，建立开放型经济新体制的根本要求；是深化市场化改革，打造法治化、国际化、便利化营商环境的迫切需要；是贯彻新发展理念，推动高质量发展，建设现代化经济体系的战略选择；是支持经济全球化，构建人类命运共同体的实际行动。

2021年6月10日，第十三届全国人民代表大会常务委员会第二十九次会议通过《中华人民共和国海南自由贸易港法》，自公布之日起施行。

建设中国特色自由贸易港要以《中共中央 国务院关于支持海南全面深化改革开放的指导意见》《海南自由贸易港建设总体方案》《中华人民共和国海南自由贸易港法》为制度基石。

“四梁”，即以全面深化改革开放试验区、国家生态文明试验区、国际旅游消费中心、国家重大战略服务保障区为目标定位。

全面深化改革开放试验区。大力弘扬敢闯敢试、敢为人先、埋头苦干的特区精神，在经济体制改革和社会治理创新等方面先行先试。适应经济全球化新形势，实行更加积极主动的开放战略，探索建立开放型经济新体制，把海南打造成为我国面向太平洋和印度洋的重要对外开放门户。

国家生态文明试验区。牢固树立和践行绿水青山就是金山银山的理念，坚定不移走生产发展、生活富裕、生态良好的文明发展道路，推动形成人与自然和谐发展的现代化建设新格局，为推进全国生态文明建设探索新经验。

国际旅游消费中心。大力推进旅游消费领域对外开放，积极培育旅游消费新热点，下大气力提升服务质量和国际化水平，打造业态丰富、品牌集聚、环境舒适、特色鲜明的国际旅游消费胜地。

国家重大战略服务保障区。深度融入海洋强国、“一带一路”建设、军民融合发展等重大战略，全面加强支撑保障能力建设，切实履行好党中央赋予的重要使命，提升海南在国家战略格局中的地位和作用。

“八柱”是海南自由贸易港大厦的八根重要支柱。

在政策环境方面主动对接中央相关部委，及时提出需求建议，务实推动及承接好贸易投资自由化便利化、“零关税、低税率、简税制”、现代产业体系、社会治理、生态文明等方面一系列政策及制度安排，并配套制定实施好本省相关政策措施，改革创新、多点支撑、协同发力，形成更稳固、更可预期、更具全球竞争力的政策制度体系，为各项事业发展提供良好基础。

在法治环境方面充分用好一般地方性法规制定权、经济特区法规制定权和自由贸易港法规制定权，科学制定出台各项配套法规，不断健全商事纠纷解决机制，全面形成与国家法律体系相配套、与国际惯例相接轨、在国家法制统一前提下的海南自由贸易港法治体系，使各项事业发展有法可依、有章可循，使正当活动受保护、不法活动受惩处，让市场主体和人民群众安心放心。

在营商环境方面坚持以法治化、国际化、便利化和公平、透明、可预期为目标，进一步优化政务服务，为市场主体当好“红娘”“保姆”和“店小二”，做到“新官既理旧账又不留新账”；加快推进“诚信海南”建设，完善公平竞争制度，确保各类市场主体待遇平等、一视同仁，确保营商环境到2025年达到国内一流水平，到2035年跻身全球前列，成为信用水平最高、制度成本最低、评价口碑最好、企业争相涌入的投资热土，让市场主体在海南更容易赚到钱。

在生态环境方面不断完善生态环境和资源保护长效机制，以更高标准打好污染防治攻坚战，以热带雨林国家公园、清洁能源岛和清洁能源汽车、“六水共治”等标志性工程建设为抓手，下大力气增绿护蓝汇碳，抓好国土空间开发保护，推动形成绿色生产生活方式，满足本地居民和中外游客日益增长的优美生态环境需要，让海南成为更加令人向往的宜居宜业宜游宜养之地。

在经济发展体系方面大力发展旅游业、现代服务业、高新技术产业、热带特色高效农业“四大主导产业”，精心培育南繁、深海、航天“三大未来产业”，扎实推进购物、教育、医疗“三大境外消费回流”，不断夯实实体经济基础，形成结构更合理、支撑更稳固、竞争力更强、效益更好的现代产业体系，努力在人均地区生产总值、人均可支配收入、创新驱动水平等方面步入全国前列。把全省作为一个整体来统筹谋划，推动区域协调发展，着力壮大海口经济圈、三亚经济圈、儋洋经济圈三大增长极，高标准打造滨海城市带，高水平推进中部山区生态保育区建设，形成陆海统筹、山海联动、优势互补、协同发展的生动格局。

在社会治理体系方面提升数字化、智能化水平，完善公共服务体系，推进治理体系和治理能力现代化，全面加强基层治理，打造共建共治共享社会治理格局。常态化开展扫黑除恶斗争，严厉打击各类违法犯罪活动，把海南建成最安全的地区。健全改善民生长效机制，巩固拓展脱贫攻坚成果同乡村振兴有效衔接，办好“阳光快乐”特色印记教育，建设更高水平的健康岛，提供高质量普惠公共文化服务，抓好其他各项民生工作，让群众更有获得感，让社会更有韧性。

在风险防控体系方面健全完善风险防控工作领导机制，层层压紧压实责任，扎实推进风险防控软硬件建设，构建“横向到边、纵向到底”的风险防控网络。建成运行社会管理信息化平台，构筑近海、岸线、岛内三道风险防控圈，做到见微知著、防患未然。牢牢掌握意识形态工作领导权，坚决不搞“黄赌毒”，坚决不犯方向性、颠覆性错误，确保既“放得开”也“管得住”。

在组织领导体系方面坚持和加强党的全面领导，团结带领全省各级各类组织和广大干部群众深刻领会“两个确立”的决定性意义，增强“四个意识”、坚定“四个自信”、做到“两个维护”，不折不扣贯彻中央决策部署，确保海南发展的正确方向和科学节奏。着力完善考核评价、正向激励和容错纠错等机制，加快建设高素质专业化干部队伍，务实提升人才发展水平，不断夯实基层组织基础，久久为功筑牢清廉底线，全面凝聚各方合力。用实践向全世界证明：社会主义不仅能建设自由贸易港，而且能建设得更好。（沈晓明：《锚定“一本三基四梁八柱”战略框架 加快建设中国特色自由贸易港》，求是网2022-06-01）

十一、由海南来完成这项历史性任务

“上世纪80年代在厦门工作期间，开展了厦门市1985—2000年经济社会发展战略研究，提出了发展外向型经济、把厦门建设成具有自由贸易特征的多功能经济特区的设想。我较早研究自贸港问题并推动某些政策在厦门实施。”

彼时，中国开放的大门刚刚打开。今天，改革开放不断向纵深推进。时与势，将建设自由贸易港的任务交到了海南手中。习近平总书记饱含期待：“由海南来完成这项历史性任务，这也是中国特色社会主义经济特区建设的一个战略安排，不断摸索、大胆试验，现在蹚出来一条路子。”（《“探索试验蹚出来一条路子”——记习近平总书记赴海南考察调研》，《人民日报》2022年4月15日）

《人民日报》这篇通讯的主标题“探索试验蹚出来一条路子”，就是“不断摸索、大胆试验，现在蹚出来一条路子”这句话的精华。由此可见，通过总结改革开放的经验，海南“蹚出来一条路子”，在习近平总书记心中有多么重要。“由海南来完成这项历史性任务”，将“中国特色社会主义经济特区建设的一个战略安排”的重任托付于海南的干部群众，又是怎样的沉甸甸！

风从厦门来

什么是“自由港”？这是见诸党的文献中最权威也应是最早的解释：“自由港又称‘自由口岸’，是设在一国国境之内、海关管理关卡以外的允许外国货物、资金自由进出的港口区。进出港区的货物免征关税，准许在港区内进行改装、加工、长期储存或销售等业务活动。只有当货物转移到自由港所在国的课税地区时，才需缴纳关税。自由工业区、自由加工区、自由贸易区等都具有类似自由港的功能。”

这个解释作为注释，出现在《邓小平文选》第三卷中，所注的是邓小平关于“厦门特区不叫自由港”的谈话。

1984年1月24日至2月17日，当时的中央政治局常委、中顾委主任邓小平由王震、杨尚昆陪同，视察了深圳、中山、珠海、广州、厦门、上海等地。邓小平沿途就对外开放、利用外资、引进技术、办好特区、加快经济建设等问题作了十分重要的指示。他充分肯定了办经济特区的正确决策和经济特区所取得的成就。1月26日为深圳经济特区题词：“深圳的发展和经验证明，我们建立经济特区的政策是正确的。”1月29日题词：“珠海经济特区好。”2月9日在厦门视察时又题词：“把经济特区办得更快些更好些。”

回京后，邓小平于2月24日邀请几位中央领导同志谈办好经济特区、增加对外开放城市问题，其中专门谈到“关于扩大厦门特区”问题，说：“厦门特区地方划得太小，要把整个厦门岛搞成特区。这样就能吸收大批华侨资金、港台资金，许多外国人也会来投资，而且可以把周围地区带动起来，使整个福建省的经济活跃起来。厦门特区不叫自由港，但可以实行自由港的某些政策，这在国际上是有先例的。只要资金可以自由出入，外商就会来投资。我看这不会失败，肯定益处很大。”

邓小平为厦门特区实行自由港的某些政策开“口子”，这既有海外华侨的真诚建议，也有地方领导人的及时建言。

在三年之前有位华侨建议将厦门岛搞成自由港，这与三年之后香港华商巨子建议海南采用自由港的办法有异曲同工之妙。对华侨的建议，邓小平这样表态：“叫不叫自由港可以再研究，但可以考虑在厦门实行自由港的某些政策。这在国际上是有先例的。”

邓小平视察厦门由王震陪同，当时在游艇上，王震特意把陪同视察的福建省委第一书记项南安排在邓小平身边就座。在谈话中，项南说道：“现在台湾人到大陆，都不是直来直去，要从香港或日本绕道而来，这太麻烦了。如果把离台湾、金门最近的厦门变成自由港，实行进出自由，这对海峡两岸中国人的交往，会起到很大的促进作用。”王震听了马上表态说：“应该考虑这个问题。”邓小平若有所思地问：“那么自由港要实行哪些主要政策呢？”在场的几位同志讨论了一下，回答道：“人员可以自由来往，货币自由兑换，货物自由进出。”

“人员可以自由来往，货币自由兑换，货物自由进出。”对自由港这“三个自由”的通俗概括，也是海南人后来念兹在兹的对实行更加开放政策的最大诉求。

为研究贯彻落实邓小平关于办好经济特区和增加对外开放城市的重要指示精神，当年3月26日至4月6日，沿海部分城市座谈会在北京召开。就在这次座谈会上，王震的书面发言中有这样一句话：“厦门岛、鼓浪屿和海南岛为自由港经济特区，我是赞成的。”

厦门特区“可以实行自由港的某些政策”“厦门岛、鼓浪屿和海南岛为自由港经济特区”，自此以后，不只是厦门，还有海南岛等地都开始做起“自由港梦”来。

"一个模式，两次转型"

"由海南来完成这项历史性任务，这也是中国特色社会主义经济特区建设的一个战略安排"，这表明习近平总书记有浓厚的自贸港情结。"中国特色社会主义经济特区建设"的用语，连起的就是当年习近平参与及领导厦门经济特区建设的渊源。

历史自有其发展逻辑。习近平在厦门探索建设"自由港型经济特区"、探索建设中国特色的自由港发展之路，也是从那时，海南与厦门一道做起"自由港梦"。

1985年6月，习近平从河北省正定县委书记任上南下厦门，任副市长兼市经济体制改革委员会副主任，此后任厦门市委常委、副市长、常务副市长，成为厦门经济特区初创时期的重要领导者、开拓者、建设者。他在厦门对中国特色的自由港发展之路的探索，主要是围绕编制厦门经济社会发展战略来进行。他们当时着重研究了厦门经济社会发展方面的21个专题，并在此基础上形成了《厦门市2000年经济社会发展战略》总报告。这21个专题都是习近平亲自审定的，其中有4个专题是在全国首次提出并进行了全面系统的研究：一是《厦门经济特区逐步实行自由港某些政策的构想》，二是《厦门经济特区近中期实施自由港某些政策的方案》，三是《厦门在祖国统一大业中的地位作用及前景研究》，四是《厦门市城镇体系与生态环境问题》。

由习近平及厦门大学经济系教授罗季荣、时任厦门市计委副主任郑金沐三人担任主编，鹭江出版社1989年9月出版的《1985—2000年厦门经济社会发展战略》，是我国经济特区中最早编制的一部经济社会发展战略，解答了厦门特区怎么发展的问题，有些改革在全国还是率先提出的，为2000年把厦门建设成为自由港型的经济特区提供了有力依据，至今对厦门经济社会发展还具有重要的指导意义。而组织制定这样一个发展战略，被认为是习近平对厦门一个全局性的贡献。

当时课题组经过深入研究，形成了《厦门市2000年经济社会发展战略》总报告和《厦门经济特区逐步实行自由港某些政策的构想》专题研究报告等。

对照《海南自由贸易港建设总体方案》，习近平在厦门探索建设自由港型经济特区、探索建设中国特色的自由港的发展之路，可说是今天海南探索建设中国特色自由贸易港的雏形，是实践原点、历史起点。

《厦门市2000年经济社会发展战略》中的主要内容是：

第一，提出厦门实行“一个模式，两次转型”的战略。这个厦门经济社会发展战略，“即近中期实行自由港的某些政策，逐步完成经济的外向型转化，然后再向具有自由港特征的多功能的经济模式发展”。这个战略根据“力争到本世纪末把厦门建设成为具有自由港特征的多功能的社会主义经济特区”制定，这是厦门市2000年经济社会发展战略的指导思想。

这是富有创造性而又切合厦门实际的发展战略。这样的战略与语言表述，今天读来仍倍感亲切。如果套用当年厦门“一个模式，两次转型”的战略概括，那么今天海南的发展战略就是倒过来的，即“两个模式，一次转型”，即从2018年开始建设自由贸易试验区与探索建设自由贸易港两个模式同时进行，到2020年一次转型为自由贸易港模式。2018年10月，国务院印发的《中国（海南）自由贸易试验区总体方案》明确，到2020年，努力建成高标准高质量自贸试验区，为逐步探索、稳步推进海南自由贸易港建设，分步骤、分阶段建立自由贸易港政策体系打好坚实基础。至2020年6月1日，中共中央、国务院印发《海南自由贸易港建设总体方案》，海南自由贸易港建设迎来开局之年。

如此看来，海南“两个模式，一次转型”的战略设计，与当初厦门的“一个模式，两次转型”的模式设计真的有异曲同工之妙。

当年厦门根据自己的实际确立“一个模式，两次转型”发展战略，主要是基于梯度推进原则，就是“实施自由港某些政策应遵循梯度推进原则，即根据厦门经济的发展水平和竞争能力，在政策的实施范围和程度上逐步扩大和深化”。同样，“两个模式，一次转型”也是非常符合海南实际的战略设计。海南是在欠发达的省情基础上建设自由贸易港的，经济基础薄弱，经济流量规模不大，开展自由贸易基本的“基础设施”都不具备，因此客观上要求建设自由贸易港必须“逐步探索、稳步推进”，用“分步骤、分阶段”的办法建立起自由贸易港政策和制度体系。实际上，从改革开放开始，中央对海南的开放方略设计都是“逐步”的，比如1983年要求“逐步建立起具有海南特色的经济结构”，1988年要求“逐步建立具有海南特色的产业结构”。

第二，提出厦门市经济社会发展的目标模式。这个目标模式是：到2000年或稍长一点时间，把厦门建设成具有自由港特征的多功能的经济特区。这一发展模式所具有的一个基本特色是：实施自由港的某些政策，实行货物进出自由、生产经营自由、金融活动自由和人员流动自由，形成具有国际自由港特征的经济活动环境。

第三，提出分两步走实现厦门市2000年经济和社会发展战略目标。此战略目标是：到1995年，建成以工业为主，兼营旅游、商业、金融业和房地产业的综合性外向型的经济特区，使厦门成为我国对外开放的重要基地，实现国家统一的重要桥梁，振兴东南地区经济的中心城市。到2000年或稍长一些时间内，建立具有国际自由港某些特征的经济体系和机制系统，逐步向具有自由港特征的多功能经济特区过渡，使厦门成为经济繁荣、科技先进、环境优美、城市功能较为齐全、人民生活比较富裕的海港风景城市。

这样的“海港风景城市”战略目标，与习近平总书记2013年在海南提出加快建设经济繁荣、社会文明、生态宜居、人民幸福的美好新海南的目标是一致的。到2018年，中央12号文件中提出分步走，“到本世纪中叶，率先实现社会主义现代化，形成高度市场化、国际化、法治化、现代化的制度体系，成为综合竞争力和文化影响力领先的地区，全体人民共同富裕基本实现，建成经济繁荣、社会文明、生态宜居、人民幸福的美好新海南”。

同样，《海南自由贸易港建设总体方案》中提出分三步走的发展目标。到2025年，初步建立以贸易自由便利和投资自由便利为重点的自由贸易港政策制度体系。营商环境总体达到国内一流水平，市场主体大幅增长，产业竞争力显著提升，风险防控有力有效，适应自由贸易港建设的法律法规逐步完善，经济发展质量和效益明显改善。到2035年，自由贸易港制度体系和运作模式更加成熟，以自由、公平、法治、高水平过程监管为特征的贸易投资规则基本构建，实现贸易自由便利、投资自由便利、跨境资金流动自由便利、人员进出自由便利、运输来往自由便利和数据安全有序流动。营商环境更加优化，法律法规体系更加健全，风险防控体系更加严密，现代社会治理格局基本形成，成为我国开放型经济新高地。到本世纪中叶，全面建成具有较强国际影响力的高水平自由贸易港。

第四，提出分两阶段实现厦门发展模式和战略目标。报告考虑到“实现发展模式和战略目标是一个复杂的动态程，必须有步骤地进行”，因此“根据‘一个模式，两次转型’的发展战略，将这一过程大体分为两个发展阶段”：第一阶段（1986—1995年），基本任务是实现内向型经济向外向型经济的转型；第二阶段（1996—2000年），基本任务是进一步提高特区经济的外向程度，建立具有自由港特征的特区经济。

可以说，《海南自由贸易港建设总体方案》按照分步骤、分阶段建立自由贸易港政策和制度体系的要求，作出海南自由贸易港建设“分步骤分阶段安排”，当年厦门的探索是给了大启示的。

第五，提出厦门实施自由港某些政策应遵循梯度推进原则。报告根据厦门2000年经济社会发展的战略目标，确定三个带有全面性意义的战略重点：一是扩大对外开放，抓紧实施自由港的某些政策；二是发展对台关系，加强对台工作基地的建设；三是改造传统工业，为特区实现经济外向型铺平道路。也就是说，就抓紧实施自由港的某些政策而言，报告中指出中央赋予厦门经济特区实施自由港某些政策，是厦门对外开放的政策优势，是带动厦门经济社会全局发展的关键，必须用足用活用好。此外，提出实施自由港某些政策，必须抓紧三个方面：一在货物进出方面，通过建立保税仓库和保税工厂，逐步形成免税区，开展保税业务，促进转口贸易和对外贸易的较大发展；二在金融活动方面，逐步放宽外汇管理，建立灵活的对外资金融通关系，并在适当的时候逐步开展离岸金融业务，实现资金流动进出的相对自由；三在人员进出方面，由特区审批国外人员和特区人员出入境，简化审批手续，并享有国际旅游组团权和签证权，实现人员自由往来。通过实施自由港的某些政策给予外国投资者在投资和经营方面更多的优惠和便利。

报告强调，实施自由港某些政策应遵循梯度推进原则，即根据厦门经济的发展水平和竞争能力，在政策的实施范围和程度上逐步扩大和深化。在起步阶段，可先在一定的区域建立免税区、免税商店及内外产销双方直接见面的开放型市场等，并逐步向自由贸易区、自由工业区和自由金融区过渡。对于岛内大部分区域来说，则应遵循保护、促进本地工业发展的原则，并视各方面条件的成熟情况，在不同时期，确定进入全岛的免税商品的范围和税率，最后达到全岛实行自由港某些政策。

《厦门市2000年经济社会发展战略》总报告还从体制改革、城市建设、产业结构、技术进步、人才、开拓国际市场、资金等七方面提出战略实施对策。

厦门自由港模式

当年在习近平的主持下，厦门没有完全参照新加坡的自由港模式，而是立足厦门自身的实际条件，采取“分阶段、分区域逐步扩大自由度的发展策略”，提出了实施自由港某些政策的“三阶段+双梯度”的具体构想。这体现在厦门市2000年经济社会发展战略的专题研究报告《厦门经济特区逐步实行自由港某些政策的构想》中，报告提出了完整的“厦门自由港模式的基本构想”。

报告对自由港进行了深入研究，提出自由港是开放度最高的一种自由贸易区。自由贸易区包括三种主要类型：第一种类型是自由港，自由港是关税保护国家所采取的一种重要港口政策，它对进口的外国商品无论是供当地消费或转口输出，原则上都不征税；第二种类型是中转贸易区，进口到中转贸易区的外国商品不受关税法和进口管理条例的限制，但原则上禁止这些商品进入国内市场；第三种类型是出口加工区，出口加工区对进口商品原则上免税，但这些进口商品必须是该地区的加工出口产品所使用的机器设备和原材料，也就是说，供国内消费的进口商品是不能免税的。将自由港同其他类型的自由贸易区相比较，可以概括出两个特点：其一，自由港和所有其他的自由贸易区以是否免除关税与普通港口和普通地区相区别；其二，自由港以商品是否允许在当地消费和形形色色的其他自由贸易区相区别。综上所述，从概念范畴来看，自由港与自由贸易区之间的关系是个性与共性、特殊与一般的关系；但是，如果从地域范围来看，自由港内却可以包含有自由贸易区（实际上是中转贸易区）、自由工业区和出口加工区。

这种先行探索，对海南探索建设中国特色自由贸易港至关重要，是重要的思想来源。自由港在自由贸易区的几种形式中，属于开放度最高、容纳层次最多、内容最为复杂从而要求条件最为严格的一种自由贸易区。这三个“最”，在30多年后的2018年“4·13”重要讲话中，习近平总书记浓缩为一个“最”：自由贸易港是当今世界最高水平的开放形态。无论是三个“最”还是一个“最”，都决定了海南建设中国特色自由贸易港、建立自由贸易港政策和制度体系，必须“逐步探索、稳步推进”，只能“分步骤、分阶段”进行。

报告还对“社会主义国家与自由港”进行了深入研究，认为：“当今的自由港，作为国际经济合作的一种方式，对有关国家和地区的经济发展，起了重要的促进作用，因此，社会主义国家也应当利用这种方式参与国际经济合作。”“自由港是自由贸易政策和保护贸易政策矛盾的产物，换言之，它又是国际经济竞争的一种重要方式，社会主义国家也有必要利用这种方式参与国际经济竞争。可见，在改革、开放的世界性潮流中，对我国利用和开辟自由港的可行性进行一些探索试验，既符合发展社会主义经济的要求，也顺应世界经济发展的趋势。”

这些重要结论，对探索中国特色的自由贸易港之路有着十分重要的启蒙作用。

《厦门经济特区逐步实行自由港某些政策的构想》的主要内容是：

第一，分阶段、分区域。报告认为，“厦门自由港的发展目标模式应确立为：通过分阶段、分区域逐步扩大自由度的发展策略，争取在本世纪末形成一个‘建立在以工业为主兼营旅游、商业、金融业和房地产业的综合性、外向型的经济特区基础上的双梯度、多功能的自由港’，使之成为我国东南地区同世界各国发展经济合作的重要基地或中心、成为台湾与大陆联系的桥梁和通道、成为行政与经济体制改革的先行试验地，为发展东南地区经济、促进祖国统一做出积极而又特殊的贡献”。

第二，“三阶段+双梯度+多功能”。这是厦门自由港的发展目标模式的具体内容。

“三阶段”即在原有经济特区基础上，采用渐进式方针，分三步走，逐步增加自由港的因素，逐步提高开放的档次。第一步是建立和完善位于湖里东渡港区一带的保税仓库区，开展转口贸易；第二步是以自由贸易区（具体讲是中转贸易区）替代保税仓库区（也可以将保税仓库区升级为自由贸易区），扩大转口贸易，增加业务活动内容；第三步才是有限度地全岛放开的自由港。

最初厦门特区划定面积仅2.5平方公里，后来扩大到全岛。岛内开放度也不太一样，原来的2.5平方公里的开放度高一些，老市区开放度就很低。根据厦门特区现状，划分“三阶段”（即分三步走）逐步推进，逐步增加自由港的因素，不断提高开放的梯度和开放的层次。第一步就是建立保税区。厦门保税区应该是全国最早提出来的。第二步就是以自由贸易区替代保税区。第三步就是有限度地在全岛放开自由港。也就是说，“三阶段”的梯度演变格式是：保税仓库区→自由贸易区→自由港。

“双梯度”即从开始到最终建成，都采取双梯度开放的格局。第一阶段是小范围的保税仓库区和全岛经济特区两个梯度；第二阶段是基本上完全开放但管理严格的自由贸易区和经济特区两个梯度；第三阶段是自由贸易区和有限度放开的全岛自由港。采用双梯度开放格局，一方面可以得到自由贸易的好处，另一方面又可起到贸易保护的作用，体现《国务院关于厦门经济特区实施方案的批复》中“厦门经济特区扩大到全岛，逐步实行自由港的某些政策”的“某些”的要求。对比积极不干预的自由港政策，厦门自由港只是有选择地实行这种政策中的某些政策。

由此来看，“双梯度”就是在三个阶段的每一个阶段，都要保持“双梯度”推进格局。第一个阶段是保税区和特区双梯度，保税区开放力度大一点。第二个阶段是开放程度比较大但管理比较严格的自贸区和经济特区的双梯度。第三个阶段是自贸区和有限度的全岛放开自由港的双梯度。这种“双梯度”的三次推进格式是：保税仓库区+经济特区，自由贸易区+经济特区，自由贸易区+自由港。

“多功能”即到目标期（实现）时，厦门将形成一个宏观调控下的多种经济成分并存的特殊的市场经济结构。与此相适应，行政与经济管理体制具有内部相对统一和外部相对独立的特点。届时，厦门将是一个兼有自由贸易区、自由工业区、自由金融区和自由旅游区特色的多功能的海港城市。

“多功能”其实也是厦门给社会发展战略目标的一个定位，而今天海南全面深化改革开放的战略定位是“三区一中心”（全面深化改革开放试验区、国家生态文明试验区、国际旅游消费中心、国家重大战略服务保障区）。

厦门实施自由港某些政策，“应遵循梯度推进原则，即根据厦门经济的发展水平和竞争能力，在政策的实施范围和程度上逐步扩大和深化”，根据这种理念，采取梯度推进、逐步推大这种渐进式的战略，是符合厦门实际的，也是符合当时中国实际的。

厦门实施自由港某些政策的“三阶段+双梯度”构想，旨在通过分阶段、分区域逐步扩大自由度，这是非常科学缜密的谋划。

“三阶段+双梯度”的自由港建设模式，“这是对中国特色的自由港发展之路的最初探索，在全国都具有很强的开创性”。当年参与这项研究的相关人士这样评价说，厦门成为这套构想最直接的受益者。此后，厦门经济特区实现了从出口加工区、保税区、区港联动、保税港区，到自贸试验区的迭代升级，对外开放度不断提高。

海南自由贸易港的雏形

习近平在厦门探索建设“自由港型经济特区”、探索建设中国特色的自由港发展之路，还有很多值得我们总结的地方。从中可以看出，这是今天海南探索建设中国特色自由贸易港的雏形。

第一，从探索建设自由港的时代背景看，习近平当时主持研究厦门经济特区逐步实行自由港某些政策的构想，其背景是贯彻落实邓小平在厦门提出“把经济特区办得更快些更好些”的要求，以及国务院批复的《关于报审厦门经济特区实施方案的报告》精神。而习近平总书记谋划海南全面深化改革开放、加快建设美好新海南，把海南更好地发展起来，其重要背景也就是贯彻邓小平关于“海南岛好好发展起来，是很了不起的”的谈话精神。习近平总书记在2018年“4·13”重要讲话中强调：“党中央从决定设立海南经济特区开始，就决心把海南岛好好发展起来。如果海南岛更好发展起来，中国特色社会主义就更有说服力，更能够增强人们对中国特色社会主义的信心。”从“海南岛好好发展起来”到“海南岛更好发展起来”，在习近平总书记“4·13”重要讲话精神的指引下，新时代的海南正坚定走向探索建设中国特色自由贸易港、加快建成美好新海南的新征程。

第二，从探索建设自由港的指导思想看，习近平从新加坡考察回来后就强调：“我们要立足中国的实际、厦门的实际，不能全搬新加坡的模式，更不能搬用香港的模式，可以把它们作为重要参考。”他要求课题组的成员根据厦门的实际情况，研究解决厦门自由港发展模式，争取探索出一条中国特色的发展自由港的路子。这样的宏大愿望，今天得以在“中国特色海南自由贸易港”全面实施、加快推进，是令人奋进的昭示。说到底，“中国特色”就是学习、借鉴、对标国际先进水平经验，走自己的自由贸易港发展道路。从地方工作到中央工作，习近平对中国特色社会主义的信念坚定不移。这也体现在他主持编制的厦门市经济社会发展战略上。在厦门与他共事过的同志回忆说，习近平同志发展经济的理念很开放，但掌握一点，一定要坚持走中国特色社会主义道路。他在厦门制定发展战略的时候，就对“战略办”的同志说，我们是搞经济特区，不是搞政治特区，我们是搞社会主义，发展战略一定要体现这个，严格把握制定战略发展的方向，要坚持社会主义的方向，要把厦门建成具有自由港特征的社会主义经济特区，而且要把这点作为制定发展战略的指导思想写进去，到20世纪末，把厦门建设成具有自由港特征的多功能的社会主义经济特区。由于有这样旗帜鲜明的指导思想，习近平主持编制的《厦门市2000年经济社会发展战略》总报告提出：“力争到本世纪末把厦门建设成具有自由港特征的多功能的社会主义经济特区”。这里的“特征”是自由港，但落脚点是“社会主义经济特区”。从这点看，今天海南探索建设“中国特色自由贸易港”，实际上是“中国特色社会主义自由贸易港”的简称，落脚点是“自由贸易港”，但前置条件是“中国特色”。中央组织部等7部门联合印发的《关于支持海南开展人才发展体制机制创新的实施方案》，更首次使用了“中国特色海南自由贸易港”的概念，也就是“中国特色社会主义的海南自由贸易港”的概念。

第三，从探索建设自由港的实施步骤看，习近平当年在厦门没有完全参照新加坡的自由港模式，而是立足厦门自身的实际条件，采取“分阶段、分区域逐步扩大自由度的发展策略”，提出了实施自由港某些政策的“三阶段+双梯度”的具体构想。“三阶段+双梯度”的科学构想及其从实际出发的设计理念，也是今天海南探索建设中国特色自由贸易港要“分步骤、分阶段建立自由贸易港政策和制度体系”的思想来源与实践来源。由此也可看出习近平总书记谋划建设中国特色自由贸易港的思想脉络是如此坚实而稳健。建设“自由港”必须从中国的国情出发，这是一条重要的经验。

海南探索建设中国特色自由贸易港采用“分步骤、分阶段”模式，而厦门当年是“分阶段、分区域”模式。因为海南现在是“全岛建设自由贸易试验区”，所以就不必再分区域。中央12号文件中明确规定：“坚持全方位对外开放，按照先行先试、风险可控、分步推进、突出特色的原则，第一步，在海南全境建设自由贸易试验区，赋予其现行自由贸易试验区试点政策；第二步，探索实行符合海南发展定位的自由贸易港政策。”并具体规划了到2020年、2025年、2035年和本世纪中叶的“四步走”发展目标。其中，到2020年，自由贸易试验区建设取得重要进展，国际开放度显著提高；到2025年，自由贸易港制度初步建立，营商环境达到国内一流水平；到2035年，自由贸易港的制度体系和运作模式更加成熟，营商环境跻身全球前列；到本世纪中叶，率先实现社会主义现代化，形成高度市场化、国际化、法治化、现代化的制度体系，建成经济繁荣、社会文明、生态宜居、人民幸福的美好新海南。

从这些发展目标看，是通过“两步骤+四阶段”来实现建成以经济繁荣、社会文明、生态宜居、人民幸福来定义的美好新海南的目标。如果单纯就自由贸易港建设而论，则是“两步骤+三阶段”，就是到2020年自由贸易试验区建设取得重要进展，到2025年自由贸易港制度初步建立，到2035年，自由贸易港的制度体系和运作模式更加成熟。

“由海南来完成这项历史性任务，这也是中国特色社会主义经济特区建设的一个战略安排。”历史性任务是对国家和民族的历史进程有推动作用的任务。完成这个任务就会被载入史册，在历史上留下光辉一页。这样的任务很重要，意义非凡。由此也表明，习近平对海南、对中国特色自由贸易港寄予厚望。

2022年4月13日，习近平再次在海南发表重要讲话，要求海南加快建设具有世界影响力的中国特色自由贸易港，成为新时代中国改革开放的示范和展示中国风范的靓丽名片。

2022年10月16日，习近平在党的二十大报告中指出：“我们实行更加积极主动的开放战略，构建面向全球的高标准自由贸易区网络，加快推进自由贸易试验区、海南自由贸易港建设，共建‘一带一路’成为深受欢迎的国际公共产品和国际合作平台。”又强调：“加快建设海南自由贸易港，实施自由贸易试验区提升战略，扩大面向全球的高标准自由贸易区网络。”

2022年11月4日，习近平在第五届中国国际进口博览会开幕式上的致辞中指出：“中国将推动各国各方共享制度型开放机遇，稳步扩大规则、规制、管理、标准等制度型开放，实施好新版《鼓励外商投资产业目录》，深化国家服务业扩大开放综合示范区建设；实施自由贸易试验区提升战略，加快建设海南自由贸易港，发挥好改革开放综合试验平台作用。”

2022年12月31日，习近平通过中央广播电视总台和互联网，发表了二〇二三年新年贺词，指出：“今天的中国，是充满生机活力的中国。各自由贸易试验区、海南自由贸易港蓬勃兴起，沿海地区踊跃创新，中西部地区加快发展，东北振兴蓄势待发，边疆地区兴边富民。”

站在新的历史起点上，海南自由贸易港活力四射，展现出勃勃生机，前途不可限量。

十二、北京当时零下15度，到这儿零上30多度

1979年，在清华大学读书的习近平寒假调研来到海南。

“身上还穿着羽绒服。北京当时零下15度，到这儿零上30多度。”回忆当时，海南人披荆斩棘的冲劲干劲，就如同这里的气候，给年轻的习近平留下了深刻印象。（《“探索试验蹚出来一条路子”——记习近平总书记赴海南考察调研》，《人民日报》2022年4月15日）

再回到习近平1979年寒假时来海南的情景，那是跨越40年的深情故事。

2018年4月13日，海南省迎来了30岁生日。

30年前，1988年4月13日，习仲勋作为大会执行主席，主持了七届全国人大一次会议闭幕会。这次大会决定设立海南省，建立海南经济特区。早在1979年，习近平就曾来过海南。当时海南隶属广东，习近平的父亲习仲勋在广东主持工作。当时在清华大学就读的习近平常利用寒暑假时间到广东看望父亲。当时的海南，还是一个贫穷落后的封闭海岛，当年建设者筚路蓝缕、以启山林，开发建设海南的冲天干劲，给年轻的习近平留下深刻印象。2018年全国两会期间，习近平在广东代表团特别谈及这段往事。他回忆道，1979年寒假到广东，随父亲到海南陪同叶帅调研。再到海南，对比今昔之变，习近平不禁感慨：“这个确实是沧桑巨变。”（“新华视

点”微博（2018-04-14 17:57:59）《习近平与海南跨越40年的深情故事》）

习近平总书记很重视这段情缘，当时父子在三亚的一张合影照，从2020年新年开始出现在他的书架上。

“海南人披荆斩棘的冲劲干劲，就如同这里的气候，给年轻的习近平留下了深刻印象。”这“冲劲干劲”也就是敢闯敢试、敢为人先、埋头苦干的干劲，是今天加快建设具有世界影响力的中国特色自由贸易港仍然需要的“冲天干劲”，一如习近平总书记引用海南人海瑞所说的话：“人无奋志，治功不兴。”

暂不开放—有控制地开放—全面开放

当时海南是怎么样的一种“冲天干劲”呢？

从大的环境说，打倒“四人帮”后，全国开始思想大解放，形成了大干快上的热潮。习仲勋主政的广东更是一马当先，大干快上热潮涌。习仲勋到广东工作后，工作上得到广大干部、群众的支持，但各方面也难免会有一些不同看法。1978年8月，叶剑英委托时任中共中央秘书长胡耀邦写信给习仲勋并省委各同志，转告他的几句话：“仲勋同志去广东后，大刀阔斧，打破了死气沉沉的局面，工作是有成绩的。我们完全支持仲勋同志的工作。如果有同志感到有什么问题，希望直接找仲勋同志谈。”对此，习仲勋在省委的会议上说，从来信可知，不光是叶副主席一个人支持，是说“我们”支持；不是支持他个人，是支持整个广东的党员和群众放手干，只要你干得对，中央就支持。11月，习仲勋在中央工作会议上作工作汇报，题目就是《广东的建设如何大干快上》。当时的广东已经形成大胆干、放手干的大干快上的良好氛围。

这方面的一个鲜活例子是，从“暂不同意”海南岛（海口）对外国自费旅行者开放，到“明年暂不开放，进行一年的准备和建设工作，一九八〇年有控制地开放，加紧建设，争取一九八一年较全面的开放”的转变。

1978年6月6日，外交部、公安部、解放军总参谋部和国家旅行游览事业管理总局联合下发《关于增加对外开放城市的通知》，决定将海南岛（海口）列入1979年对外国自费旅行者开放的城市。这也表明，“海外风光别一家”的海南岛旅游价值开始受到国家的重视。

在海南岛后面加注“海口”，说明此时计划对外国自费旅行者开放是限定于海口市，因为海口市那时还是个县级小城市，鲜为人知，说开放海口市可能让人看不出是开放何处。海口市的地位是1988年成为省会而得到提升的。

但是，由于当时海南岛交通不便、住宿条件差等，且这些问题在短期内无法解决，广东省委经研究后，暂不同意开放海南岛（海口）。这是可以理解的。因为海南岛（海口）那时实在是太落后了，还缺乏接待外国旅行者的最基本条件。

对海南的落后，香港富豪霍英东深有同感。1980年，他与新华社香港分社社长王匡到海南考察。当时海南区党委书记罗天是王匡的亲戚，他对霍英东这位香港富豪的到访极表欢迎，亲自陪同他们到海口、文昌、兴隆、三亚、通什等几个地方走了一圈。海南给霍英东的印象是：什么都没有，老百姓穷，又不卫生，稻谷放在公路上晒，牛在马路上走，基础设施差，水、电都不够用。走了两天，除了累，他毫无收获。这次海南之行，霍英东还听了一个笑话：有不少游客在大东海一间酒店洗澡时，擦了满身香皂泡沫，突然间断了水，非常狼狈。

但是，既然国家选择要“对外开放”海南岛，那么简单地暂停也不是积极的做法，不利于发展广东的旅游事业。

事情又有了转机。原来，在此两个月前，习仲勋南下主政广东（1978年4月6日在广东省委四届一次全会上当选为广东省委第二书记，当年12月任第一书记）。习仲勋非常重视旅游事业发展，为加强对全省旅游工程建设的领导，习仲勋于10月30日主持召开省委常委会会议，议题是关于成立省旅游工程领导小组。11月2日，广东省委下发《关于成立广东省旅游工程领导小组的通知》，决定成立广东省旅游工程领导小组，由省领导焦林义任组长，领导小组下设办公室，领导小组办公室设在广东省计委。

在此背景下，广东省革命委员会外事办公室从旅游事业发展前景考虑，特派人前往海南了解情况，并向海南区党委领导汇报、请示。他们认为，海南岛具有发展旅游的特色——热带地区，尤其以崖县三亚更为显著，在冬季很适宜于外国旅行者在三亚的海滩游泳。此外，参观热带作物、游览风光和名胜，还可让人了解少数民族历史、文化和生活的发展变化。但从居住、交通和风景区的建设来看，海南接受旅游者条件尚未具备。

鉴于海南“接受旅游者条件尚未具备”的实际情况，广东省外事办于11月20日向省革命委员会写了一份《关于对外开放海南岛的请示报告》，提出他们的意见：“明年暂不开放，进行一年的准备和建设工作，一九八〇年有控制地开放，加紧建设，争取一九八一年较全面的开放。”他们提出，现在时间紧迫，要立即做好规划（如三亚镇附近各部门都在圈地建房，必须从速退出旅游区用地），选定重点，集中财力物力搞好几个区域的宾馆和游览项目的建设。重点拟在三亚、海口、兴隆、那大、通什，按1978年9月上报旅游总局投资帮助建设的规划提出在海南建1000床位的宾馆，拟安排三亚和海口各400床位，兴隆和那大各100床位；另加通什建外宾餐厅一座，三亚海滨泳场和天涯海角、南山八景、落笔洞、东山岭、松涛水库等风景区建设投资200万元。此外，他们建议省里也给海南拿出一些钱铺好环岛公路的柏油路面和修饰旅游沿途环境，并建议民航总局在1980年增加广州—海口三叉戟航班，开辟海口—三亚安24航班线。

可以说，广东省外事办公室的意见是积极的，1979年暂不开放、1980年有控制地开放、争取1981年较全面开放的“三步走”设想是科学合理、切合实际的。这种逐步递次开放的策略，体现了改革开放初期广东人善于“变通”的精神风貌，也反映了海南的实际情况。以三亚的大东海游泳场为例，自1981年1月对外开放至3月7日，接待美国、日本、加拿大、菲律宾、罗马尼亚、西德、朝鲜、伊朗、泰国、澳大利亚等10个国家的旅游者400余人。

又从报告提出“1978年9月计划在海南建1000床位的宾馆，拟安排三亚和海口各400床位，兴隆和那大各100床位”看，海南旅游业才刚刚准备起步。

“珠崖毕竟占春先。”这是在1978年的秋季之前，也就是说在中央工作会议、党的十一届三中全会召开之前，海南岛的对外开放主要是向国外旅行者开放，作为一项具体的外事工作已进入广东省的工作议事日程。而且，“怎样开放海南”的问题，很快进入习仲勋的视野。

“海南的情况也很好”

1979年1月15日，叶剑英元帅由习仲勋陪同到达海南岛榆林考察。在视察榆林时，叶剑英就当前形势和战备问题作了重要指示。

他们还一起视察了兴隆华侨农场。海南优美的热带自然风光和舒适宜人的气候，已经开始的春耕生产，生产情绪良好的群众，给习仲勋留下非常美好的印象。

以景娱情，以景喻物。匆匆回到广州后，1月19日下午，习仲勋主持省委常委会会议，向常委汇报当前海南的情况和对搞好海南各方面工作的设想。从汇报的内容看，可以读出习近平这次陪同父亲到海南所感受到当时海南涌现出的“冲天干劲”。

习仲勋说：“我到海南去了四天，真正大忙了二天。海南春耕已开始，天气好。海南的情况也很好。去年整风后，林彪、‘四人帮’造成的遗留问题，已解决70%。”

这是说自广东省委常委会1978年6月带头整风后，林彪、“四人帮”造成的遗留问题，海南已解决70%。特别是对林彪、“四人帮”制造的冤案、假案、错案、血案的平反昭雪进展明显。这时，海南人民心情舒畅，看到希望，干劲就足。

海南区党委1978年12月8日向广东省委报告海南区党委的整风情况说：“仅汉区应给予平反的错案有860宗，人数1857人，这时间已平反的有810宗，1339人。对此，广大干部群众十分高兴，拥护区党委抓‘四案’的决策，表示要以实际行动为加速海南四个现代化的建设作出贡献。”海南区党委整风的成效，突出表现在抓“四案”上的重大决策，以及由此产生的积极社会效果。尤其是经广东省委1979年1月11日批准，海南区党委决定为惨遭杀害的女医生官明华彻底平反，追认为烈士，并根据本人生前的要求，追认她为中共正式党员。这是当时海南一起罕见的冤案错案，彻底平反后影响很大。官明华被称为“广东的张志新”。

至于“冯白驹、古大存反党联盟”一案，更是广东历史上最大的冤案。习仲勋1979年1月的海南之行，也是决定重新审查这个冤案的重要环节。是时，习仲勋陪同叶剑英到三亚榆林海军基地、万宁兴隆华侨农场等地视察工作，“海南视察期间，许多干部向他反映‘反地方主义’的有关问题，引起了他的高度重视。根据中央关于实事求是地解决历史遗留问题的精神，习仲勋顶着压力、冒着风险，决定对‘反地方主义’进行复查”。1月25日，在广东省委四届二次常委会扩大会议上，习仲勋郑重表示：有的同志提出要重新审查古大存和冯白驹同志的问题，省委接受这个意见。艰难的“反地方主义”案件复查就这样开始了。

“海南群众的生产情绪很好”

习仲勋说：“海南天气好，海南的情况也很好，海南群众的生产情绪很好。”

这反映出党的十一届三中全会以来，海南的生产情况好，群众的生产情绪高，呈现出大干快上的蓬勃向上的精神风貌。

这是时任海南区公署主任魏南金1980年3月1日在《当前农村形势和今后的工作设想》中说的一段话：“多种经营大发展，特别是以橡胶和胡椒为主的热带作物发展更快，收入更大。牛恢复了历史最高水平，山羊比1978年历史最高水平还增5000只，生猪存栏量略有增加，只有水产是下降的，但山区可吃到鱼。人民生活普遍有所改善，口粮33斤，增加4斤，分配水平人均68元，增加11.5元。都说今年春节是1958年以来过得最好的春节。广大干部和群众都说：‘现在已出现一个政治安定，思想活跃，经济发展，粮钱丰收，生活改善，人民高兴的大好形势。’”

1979年春节是1月28日。这是1958年以来20多年过得最好的春节，这是当时海南生产生活形势好的最鲜活的证明。

早春的海南总是让人奋进。这也是胡耀邦1983年春考察海南的期盼："海南春来早，经济改革也要在全国先走一步。中央已经给了的政策，就要抓紧抓落实。"

"现在所以比较活，同政策有很大关系"

习仲勋说："现在所以比较活，同政策有很大关系。海南自留地每人一亩半，搞责任制，加产奖励，好，这要坚决搞。基本上还要靠政策、作风。只要政策对了头，加上干部面貌改变，想群众之所想，搞的群众有余粮，可以搞好的。"

"这要坚决搞。"这种生产形势大变化的背后，体现的是解放思想、敢于担责的精神风貌。

在解放思想、放手大干的氛围下，海南开始走上让人民群众搞活致富之路。在当时，集中力量，突出抓好农业，带动整个经济建设。海南区党委领导表示："在集中抓好发展集体经济的同时，继续允许社员发展家庭副业。在抓好不断发展集体经济的前提下，适合社员干的，可以放手让社员干。去年18号台风后，集体难以经营的五边地，允许社员种植，谁种谁收，现在我们不收回，继续允许社员自己种，自己收，自己吃；吃不完的可以上市场。沿海一些社员利用工余时间去摸点鱼虾，也是允许的。一些不适合集体经营的小秋收也可让社员个人去干。这样，集体上去，个人也改善了生活；社员的东西多了，农贸市场的物质也丰富了。""社、队在完成国家统购派购任务后，多的产品可以上农贸市场，产销见面。""国营工厂，工农怎么结合，怎样调动工厂工人积极性和农村社员积极性，厂队如何挂钩，要办试点研究。"

"习书记1978年发动全省冬种时说过的一句话，至今想来还那么掷地有声。”曾任琼海县委书记的陈玉益回忆说，“那是1978年的初冬，党的十一届三中全会召开前夕，当时的海南区党委书记罗天从广州开完地委书记会议回来召开传达会，在会上他激动地对我们说，习书记号召大家大搞冬种，让老百姓吃饱肚子。习书记还说了：‘你们回去大胆干，出了问题我负责！’罗天同志传达时精神振奋，我们在场的县委书记、县长们听了这句话也立时大受鼓舞，大家情绪高涨，连夜开会、连夜发通知，组织、鼓励农民使用集体土地大种番薯，大种蔬菜。那一年冬天大家基本不饿肚子了。

“你们大胆干，出了问题我负责”——今天的年轻人肯定掂量不出习书记这句话在当时的分量。那个时候，海南和广东省其他地区一样，水果和经济作物都被当作资本主义尾巴割掉了，农田水利设施基本荒废，大量的田地杂草丛生，农业生产几乎瘫痪，再加上天遇大旱，老百姓都吃不饱肚子。陈玉益说，作为一个基层干部，看到土地撂荒，百姓挨饿，他心中十分焦急、苦闷，可是另一方面，又顾虑重重，生怕发动生产，号召群众种菜种粮会被扣上“唯生产力论”“种资本主义的苗”的帽子。“习书记当时的这句话，给了我们打破思想枷锁的勇气，从那时起，我们开始大胆地把工作重心从搞阶级斗争向发展生产、发展经济转移。”

陈玉益说，重新出山的习书记，革命锐气不减，“出了问题我负责”的担当实在令人感佩。只有心怀人民、体察群众疾苦的“官”，才会敢把“乌纱帽”放在一边，才会有这种实事求是、敢于打破禁区、放手发展生产的无畏气魄。多年来，习书记的这句话长久地在陈玉益耳边萦绕。它让他明白一个道理：作为党的干部就是一切要从实际出发，思想要解放、干事有担当。（陈玉益：《一句话·一封信·一次握手——深切缅怀敬爱的老领导习仲勋同志》，《海南日报》2013年10月16日）

“让农民养牛，一头二头都可以”

习仲勋说：“让农民养牛，一头二头都可以，让农民多收一点。海南荒地多，让他多搞一点嘛。”

“让农民养牛，一头二头都可以”，这种说法今天看来太不可思议；但在那“割资本主义尾巴”阴影仍然在神州大地飘荡的时候，亮出这种态度可是需要巨大的政治勇气、求真务实精神和为民情怀的。

习仲勋之前在1978年12月的中央工作会议上，就指出海南岛漫山遍野都可以放牧养牛。他在谈到“千方百计地创造条件，开辟新的生产门路”时说：“香港九龙那个地方，有的人为了养牛赚钱，在石头缝里种牧草，而在广东各地，特别是海南岛、雷州半岛一带，漫山遍野都可以放牧养牛。养牛是一件少费粮食又多出肉的办法。条件这样好，为什么我们不可以大养其牛呢？发展畜牧业，除了养牛，可以尽快大量发展的是养猪、养羊、养兔、养‘三鸟’。”

有了这样的认识，习仲勋再到海南考察，自然流露了海南荒地多，可以让农民多养、让农民多收入一点的想法。1979年1月25日，在广东省委四届二次常委会扩大会议结束时，习仲勋代表广东省委宣布了一些重要的经济措施，其中就有：“大力发展畜牧业，大养其猪，放手发展养牛、养羊、养兔、养蜂及养家禽，允许社员养牛。”这是兑现了他在中央工作会议上的这个发言：“养牛的政策必须研究调整，现在菜牛、耕牛不分，一律不让社员个人养牛，集体饲养又不准宰杀，这个政策应该改变。”

不久，广东省革命委员会于2月19日颁布了《关于恢复和发展养牛业若干问题的规定》，大力提倡发展国营农牧场和社队集体养牛，提倡并鼓励社员个人养牛。其中说："近十年来，在林彪、'四人帮'的破坏干扰下，我省耕牛存栏量和残菜牛的收购量都显著下降，严重影响了农业生产和市场供应的需要。为了迅速恢复和发展我省的养牛业，以适应加快农业发展、改善人民生活和出口的需要，应大力提倡发展国营农牧场和社队集体养牛，同时提倡、鼓励社员个人养牛。""人民公社社员、城镇居民，在不影响集体生产的前提下，允许私人养牛（包括饲养役用、乳用、肉用牛）。""要在全省范围内开放耕牛市场，搞好余缺调剂，打破地、县、社的区域封锁。除了恢复有历史传统的耕牛市场外，各地根据需要还可以增设一些新的耕牛市场。""社队和社员（包括外省毗邻县的社队和社员）凡持有生产大队以上单位证明，国营农牧场、机关农场和机关、团体、部队等持有本单位证明，均可在省内各耕牛市场出售和购买牛只，任何人不得乱加干涉。"（《关于恢复和发展养牛业若干问题的规定》，《南方日报》1979年3月14日）

海南的琼山县认真贯彻党的有关政策，使养牛业迅速恢复和发展。琼山县地处南渡江下游，气候温和，许多社队坡地宽广，水草丰盛，发展养牛业的条件很好。党的十一届三中全会以来，各级领导认真贯彻省革委会《关于恢复和发展养牛业若干问题的规定》，并从支援穷队的投资中拿出一部分资金，支援穷队。由于兑现繁殖幼牛的政策，1979年全县繁殖小牛1.26万多头，社员私人养牛也得到鼓励和扶持。对养牛资金有困难的农户，由银行给予贷款，或采取公有私养、比例分成的办法，使公养和私养的牛都不断增加。1979年年终，全县牛的存栏量达6.9695万头，比前年增长5%；1980年第一季度上升到7.1万多头（其中社员私人养牛1.4409万头），接近历史最好水平。1979年牛的出栏量达1.53万多头，创历史最高水平。（《用政策调动农民养牛的积极性 琼山县养牛业迅速

恢复和发展》,《海南日报》1980年6月17日)

在这样的背景下，这样的内容也被写入国务院1980年7月24日批转的《海南岛问题座谈会纪要》(国发〔1980〕202号)中："海南岛发展畜牧业和渔业生产的潜力也很大。畜牧业要以大力发展牛羊等草食动物为重点，充分利用数百万亩草山草坡资源。要扶持社队办草山连片的中、小型养牛场，采取全民和集体联营以及吸收侨资等方式办大型商品肉牛场。"

再往深点看，"让农民养牛，一头二头都可以"的说法，其实是要消除当时一些领导干部思想中根深蒂固的"恐右病""恐富病"。

从海南回来不久，习仲勋到肇庆检查工作，就强烈表达了让群众尽快致富的愿望。1979年2月7日，他在肇庆地委常委会扩大会议上的讲话中说："要千方百计使群众多分钱，有粮食吃，还要有一点东西，不要怕群众东西多了。要把手脚放开，首先我们各级领导干部思想要放开一点。我们是社会主义国家，与资本主义制度根本不一样，不怕群众富，富还是社会主义公民，当不了资本家和地主，因为土地都是集体和国家的，怕什么？民富国强嘛！自古以来就是这句话，过去如此，现在还如此，今后也如此。只要对人民有利，对国家有利，我们就干，胆子大一点。"

习仲勋又专门讲消除"恐右病""恐富病"的问题。他说："当前农村工作最大的障碍是什么？是林彪、'四人帮'的流毒和影响，就是极'左'思潮，宁'左'勿右。长时期来，农村中的政治运动一个接着一个，一直都在批右，不批'左'，一直批资本主义，实际上是批了社会主义，把什么东西都批掉了，批得农民吃不饱肚子。你们天天没得闲，很辛苦，最后还挨批挨斗。这条极'左'路线造成的恶果是极其严重的，在干部群众思想上造成极其恶劣的影响，大家都给极‘左’思潮搞苦了，实事求是群众路线的优良传统给搞掉了。实现工作着重点的转移，首先要肃清极‘左’的流毒，有些同志暴露出来的‘恐右病’‘恐富病’，就是极‘左’的流毒造成的。”

习仲勋说：“‘恐右病’是种要命的病，不是一下子就可以改过来的。要有好的政策、作风，才能把这个病治好。我们有些同志过去总认为‘左’保险，右危险。右了就要挨斗、撤职，甚至法办。因此，形成一种风气，形成一种习惯，总认为‘左’比右好。有的人顺着搞，明知不对，但是为了保命保官、保乌纱帽，还是这样搞，成为一种处世哲学。这样一来，就把农民搞苦了，当然工人也吃了苦头，但比农民少一点。现在还有不少地方，社队集体分配很少，农民生活很苦，他们批评我们，他们心里有气，有意见，这是可以理解的。我们对不起农民群众，也对不起你们。所以我们一定要转变思想作风，要从思想上、作风上、政策上来个大转变，这是最大的拨乱反正。至于‘恐富病’，它同‘恐右病’表现形式不一样，但实际是一个东西。医治这两种病的最有效药方，就是到实际中去，到群众中去。”

“只要对人民有利，对国家有利，我们就干，胆子大一点。”这生动体现了习仲勋带领广东人民共同奋斗、大干快上、开创工作新局面的决心和信心。海南岛的开放开发得风气之先，也由此而来。

“怎样开放海南”

习仲勋说：“怎样开放海南？日本很快搞上去，我们为什么搞不上去？海南比台湾少2000多平方公里。粮食要立足于自给。从战略上讲，海南无论如何要巩固。海南一丢就麻烦了。要从这出发，把农业搞上去。要搞大的农场，搞十来二十万亩。要解决水、电。先搞规划要点，请示中央。”

这些开放开发海南思想的提出，表明在参加1979年4月的中央工作会议、向中央要权、提出设立经济特区（当时的名称为“国际贸易合作区”）之前，习仲勋就已经思考怎么样开放海南的问题了。这也是“改革开放”成为专用名词之前，首先使用“开放”一词；也是“开发”一词之后，对海南开发建设展开的最新理念。

“日本很快搞上去，我们为什么搞不上去?”这说出了当时老一辈革命家的共同观感。此前不久，邓小平的一则新闻影响很大。1978年10月26日，在日本访问的邓小平副总理离开东京，乘新干线“光-81号”超特快列车前往日本的文化古城京都进行访问。在火车上，邓小平应日本记者之请谈对新干线的观感，说：“就感觉到快，有催人跑的意思，我们现在正合适坐这样的车。”

1979年初春之时的“海南岛”，那是一个什么概念哟！

只有在真切地感受到她的富裕而又贫穷、开放而又闭塞、充满希望而又充满困顿的时候，才能发出这样雄浑的感叹，如同从原始社会走来：“海南岛，这是一片神奇的土地，一片美丽的土地，一片浸染着汗水、泪水、血水的土地。纵观历史，上下几千年，横看四方，幅员数万平方公里，在每一页海南史的页缝里，在每一座山峰、每一条河流、每一片椰林、每一寸沃土上，无不渗透着中华民族子孙的汗水，奴隶的泪水，开拓者、革命者的血水。”（张锲：《热岛——三访海南纪实》，《光明日报》1989年1月17日）

也只有对长期的神秘，存念强烈的向往，才能看出一个陌生的、与中华文化一统的海南岛的样子：“除耸立着的高高的椰子树使久居北地的游客感到有些异样外，青山碧水，金黄色的收割了的田畴，点缀着一些悠闲漫步的大水牛……也完全是一片江南秋色。

语言听不懂，但那服饰、姿态、仪容，那笑脸、语调、表情，那些年轻大学生们提出的问题、意见、看法、行为模式……竟和我今年在北京、在上海、在曲阜、在兰州遇到的是那样相同或相似。我深深地感到：这是一个统一的文化啊。这是好还是坏呢？不知道。但它反正已是一个由来久远的事实了。”（李泽厚：《海南两记》，《人民日报》1986年1月27日）

如是，当我们此时来看习仲勋那时就发出的“怎样开放海南”的“天涯之问”，是相当惊世骇俗的。

清雍正五年（1727年），安徽歙县人程哲任崖州知州，他在海南岛最南端一个叫下马岭的地方的一块巨石上书刻“天涯”二字，后来民国海南政要王毅将军在相邻的巨石上题刻“海角”二字，使这里如今成为海南价值连城的心理文化地标——“天涯海角”。

天之涯，海之角。“天涯海角”是蛮荒僻远的代名词，曾经是海南岛的代称。1984年，一首《请到天涯海角来》风靡中华大地，把这种世人的心理认同推向极致。

古代的士大夫、后世的文人墨客在这里发出悲凉的感慨，让海南岛在人们心目中成为遥远的梦想，不断叠加心理的隔离。而只有中国共产党人才能在这里发出“开放海南”的时代心声，让它由此出发，一步又一步地走向开放最前沿，不断书写春天的故事。

习仲勋说：“利用春节对外面回来的人说说，要他们投资，有的合营，有的要他投资，以旅游收入建设海南。兴隆农场去年旅游收入一万多元。搞旅游叫风景出口，可以大搞。胡椒等亚热带作物可大搞。于我们有利就要搞起来。三条公路要搞好。将来搞小飞机场也可以。资本家来可鼓动鼓动。首先搞旅游。要搞大工业，没三五年不行。搞旅游来得快。把老百姓生活搞好。我们搞好也是给台湾看看。”

兴隆是一个名扬海内外的“归侨之家”，“兴隆咖啡”“兴隆温泉”享誉岛内外。1951年，位于万宁县的兴隆就迎来了第一批从马来西亚回来的归侨，他们开始在这片土地上披荆斩棘，安居立业，重建家园，尔后一批批东南亚等地的归侨、难民也先后加入了拓荒者的行列，谱写了一曲曲艰苦创业的颂歌。20世纪50年代至60年代，党和国家领导人刘少奇、周恩来、朱德、邓小平等都曾先后亲临此地考察、慰问，留下了美好的赞歌。

“以旅游收入建设海南”

怎样开放海南？习仲勋一开始就提搞旅游，说旅游叫“风景出口”，海南可以大搞，以旅游收入建设海南。这是非常有远见的。

在1979年初这样乍暖还寒的时刻，当人们还未见识旅游为何物时，就提出海南要优先发展旅游业，搞“风景出口”，这不能不说是习仲勋的过人之处——他具有超越时代的意识。他说搞旅游来得快，首先搞旅游，以旅游收入建设海南。

由于刚陪同叶剑英到过海南兴隆，所以习仲勋说起“兴隆农场去年旅游收入一万多元”。就在当年，国务院侨务办公室批准将兴隆华侨农场招待所改制为“兴隆中国旅行社”和“兴隆华侨旅行社”，兴隆开发旅游业的大幕徐徐拉开，也带动海南旅游的发展。

对海南，习仲勋提出要优先发展旅游；半个多月前的2月7日，他在肇庆进一步放大他的思想，充分阐述发展旅游、增加收入的重要性：“我们广东搞四个现代化，条件是很好的。以旅游业来说，就可以大搞，增加收入。你们肇庆多好，七星岩多好，把那些岩洞、山山水水搞好，请他们来旅游。最近我告诉到香港去的同志，要他找一些资本家，谈旅游问题、引进问题。港澳同胞许多都是我们广东同胞，还有泰国、新加坡和其他国家，那里也有很多华侨，只要他们愿意，就给他们说第一爱国，第二发财。光要人家爱国，不让人家发财，资本家不干，华侨也不干，要允许他们发财，保证他们有利可图。将来七星岩搞一个旅游公司，好好搞起来，要搞得更好些，更美一些，让港澳同胞、华侨、外国人来，我们可以赚钱，搞好了一年可收入几千万元。过去的办法不行，你搞了一点钱，上面都给拿走了。现在要讲清楚，开始几年不上交，以旅游业赚的钱用来搞旅游区的建设，过几年之后再谈分成。”（《在肇庆地委常委扩大会议上的讲话》，《习仲勋文集》，中央党史出版社，2013年）

习仲勋还要求大家利用春节期间，游说从外面回来的“资本家”到海南投资旅游，有的可以合营，以旅游收入建设海南。原来他已经起带头作用：“最近我告诉到香港去的同志，要他找一些资本家，谈旅游问题、引进问题。”

当时的海南完全处于“闭岛锁区”的状态，人们仍是谈“资”色变、避之唯恐不及，“旅游”也还未进入人们的生活，这时就提出“以旅游收入建设海南”的超前思想和鼓动“资本家”来海南投资、搞旅游的破天荒设想，正是这样一种胆略气魄和远见卓识，让解放思想的涟漪不断激荡起海南改革开放的春潮。

1978年12月10日，陈云在中央工作会议东北组发表了关于当前经济问题的五点意见，其中之五是要重视旅游事业的发展。陈云说：“我看了旅游局的一个材料，他们计划1983年接待三百万人次，可以收入三十亿美元。这是一件很重要的事情。旅游项目必须优先安排，要同引进重要项目一样对待。但是又不要看得太容易，有大量工作要做。”“旅游收入，比外贸出口收入要来得快，来得多。英伦三岛每年收入五十四亿美元，我们中国这样大，可以收入

更多。旅游收入实际是‘风景出口’，而且可以年年有收入，一年比一年多。”（《陈云文选》第3卷，人民出版社，1995年）

习仲勋在传达这次会议精神时也说：“陈云说：要重视旅游事业的发展。英伦三岛每年收入五十四亿美元，我们中国这样大，可以收入更多，旅游收入实际是‘风景出口’，而且可以年年有收入，一年比一年多。”

习仲勋看重旅游，说搞旅游叫“风景出口”，可以大搞，这与陈云的想法是一致的。老革命家心灵相通。

以历史的眼光打量，至少在明朝就有人把海南比之苏杭，体现了其应有的旅游价值。

邢宥（文昌人）是官修《明史》单独列传的海南第一人，与丘浚（即丘濬）、海瑞时称“一鼎三足”。明正统十三年（1448年）登二甲进士第，官至都察院左佥都御史等职。他写有一首著名的《海南风景》：“南荒千里尽王疆，四顾天连海色苍。二郡舆图兴自汉，五州编户盛于唐。故家大半来中土，厚产偏多起外庄。弦诵声繁民物庶，宦游都道小苏杭。”这“宦游都道小苏杭”，就是邢宥借做官的人到海南的印象，褒称家乡堪与苏州、杭州相媲美。

1886年6月14日，海南文昌人宋耀如，在他还未成为宋庆龄的父亲之前，从苏州给美国友人写信说：“如果实在要回家，我想在明年春天走。”“临近中国新年时或新年期间，中国人非常不愿意去沿海地区和海南岛的。”但在今天，却是连年出现冬季百万“候鸟”飞海南的奇观。此一时彼一时矣！

伍连德（Wu Lien-Teh，1879—1960年），马来西亚华侨，1903年被授予剑桥大学医学博士学位。他是中国检疫、卫生防疫事业的先驱，北京协和医学院及北京协和医院的主要筹办者，1935年诺贝尔生理学或医学奖候选人。1937年4月，任中华医学会公共卫生学会会长。也就是在这时，他在《中华季刊》第二卷第二期（1937年春）上发表文章《海南，中国的天堂》(Hainan, The Paradise Of China)，把海南与世界旅游天堂夏威夷和巴厘岛比较，将海南岛誉为中国的天堂，并从各个方面详尽介绍了海南，包括地理位置和气候特征、海南岛有文字记载的历史和岛上历代文化名人、主要海港和城市、海岛居民和人口、山川河流、动植物等富饶的物产、近年来的商业贸易发展情况以及对重建海南的设想，全面论述了海南作为一个战略发展基地和进出口中心兼旅游口岸的开发前景。

到了20世纪50年代，苏联作家就直接把海南看作人间天堂了。

那是1958年2月，苏联知名作家A.斯米尔多夫以世界闻名的苏联文学报记者身份来海南岛访问，经过十天的访问，他深深地爱上了海南岛。他向海南记者谈了对海南岛的观感，说："中国有句谚语：上有天堂，下有苏杭。"他开始说："我到过苏州和杭州，那里的确是好地方。但是我走访了海南岛以后，如果许可的话，我说：上有天堂，下有海南。""我只是说，海南比苏杭更好。你知道，这时节，在中国北部，在我的祖国——苏联，都是大雪纷飞、万里冰封的景象；可是在海南岛却是'到处闻花香，四时听鸟声'。在这美丽的宝岛上，我第一次享受大自然给予我美的满足。我为这儿的人们庆幸，你们生活在仙景中。你知道，在中国北部，每亩地要产粮二千斤是费很大劲的，可是在这个宝岛上，一亩水田产二千斤粮是不难的。这儿还有各色各样的热带经济作物，它不但是中国特有，而在我们整个社会主义阵营都是具有独特意义的。因此，我相信，在中国共产党的领导下，海南岛的发展前途是无限的！"

1963年1月，陈毅元帅在海南写下著名的诗作《满江红·记鹿回头庄休养所》，赞美"南岛名园，冬季好，让君暂歇"，诗曰：

三亚市，
人如织；
榆林港，
船来集。
更归侨农圃，
经营优越。
北地冰封群陇麦，
南天果结千山实。
算神州气候得兼三，
寒温热。

只要来过海南的人都说海南好，甚至于旧时代也是如此。只是当时没有好的交通条件和经济发展水平，没有公共假期和旅游的观念，所以“天堂”不能成为人们所共同向往的地方。当时间到了1978年，海南岛的“对外开放”，一开始就是从旅游开始。

这也是海南得风气之先的一个标志。

“海南区正规划建成国际避寒旅游胜地”

在习仲勋的大力推动下，1980年6月30日至7月11日，“海南岛问题座谈会”在北京召开。7月8日晚上，国务院领导同志听取汇报，他们的意见也表明海南的旅游开始在中央层面受到重视。万里说：“文件要加个旅游事业，创造条件，开展旅游事业。”方毅说：“加上一个旅游，美国人建议我们，海南可以作为世界上最好的冬季旅游的地方。”

国务院1980年7月24日批转《海南岛问题座谈会纪要》（国发〔1980〕202号），当中写道：“海南岛有海滨，有山林，又有名胜古迹，各种工艺美术品也很有特色，发展旅游业的条件很好，特别是发展冬季旅游业，大有可为。要积极创造条件，把海南岛建设成为我国独特的旅游胜地。”海南开始为国家旅游事业发展作贡献。

1980年9月24日、25日，在中南海勤政殿，广东省委习仲勋、杨尚昆、刘田夫向中央书记处汇报工作。对于海南旅游，万里又指出：“夏威夷比海南岛小得多，但他们旅游搞得很好，赚很多钱，海南如果搞得像那样子，每年搞十亿美元都不止。”如今的海南，早就实现了这个愿景。

1983年4月1日，中共中央、国务院批转《关于加快海南岛开发建设问题讨论纪要》，提出“积极兴办旅游事业”，指出：“海南有条件逐步建成国际避寒冬泳和旅游胜地。要先把海口、三亚的旅游设施搞起来，然后再把海口古迹、兴隆温泉、陵水猴岛、三亚海滨浴场、通什民族风物、松涛水库、那大热带植物园等旅游点建设好，联成旅游线。使之各有奇景，各具风格，富有吸引力。”

到了这时，国家开始确定在海南建设国际避寒度假旅游胜地。是年7月17日，新华社报道：“海南区正规划建成国际避寒旅游胜地，确定以南部海岸的三亚地区为重点开展旅游建设。”报道说，国家旅游局局长韩克华调查了海南岛的旅游资源与有关方面研究，确定以南部海岸的三亚地区为重点开展旅游建设。地处海南岛最南端的三亚镇，面临碧波浩瀚的南海，北国冰封雪飘时，这里依然春意盎然。如今，旅游部门将在这渔舟渺渺飘，山见鹿回头的地方，兴建一个度假村，使这里成为国际避寒冬泳的胜地。

也是到这时，海南丰富独特的旅游资源才开始引起世人的关注。路透社观察到：“假如中国干得顺利的话，海南岛有朝一日将成为寻求明媚阳光的拥有大量硬通货的外国游客们的圣地，可与菲律宾、巴厘岛和亚洲其他旅游场所媲美。”（杰·所罗门：《海南岛

积极发展旅游业》，《参考消息》1984年2月12日）

郑南于1982年夏天桴海上岛来三亚，创作反映海南题材的歌曲《请到天涯海角来》。到了1984年春晚，这首歌唱响海内外，使更多的人认识了“天涯海角”——海南岛。

“许多看来不相关的事，其实都是相互有关联的。”

从“以旅游收入建设海南”开始，40年间，无论是提出“工农贸旅并举”方针，还是实施“一省两地”产业发展战略，乃至“国际旅游岛”建设纳入国家战略，旅游都置于海南产业发展的显赫位置；尤其是进入新时代的海南，建设国际旅游消费中心成为中央确定的海南全面深化改革开放的“三区一中心”战略定位之一，也是海南“1348”战略框架的“四梁”之一。这是“优势+举措”战略思维的又一结晶，让海南走进建设具有世界影响力的国际旅游消费中心，推动加快建设具有世界影响力的中国特色自由贸易港的新时代。

回想来路，探索不止；憧憬未来，前方正道。这让人感慨万千，真的是祖国宝岛海南前程似锦！

十三、“1348”，相当于浙江的八八战略

支持推动洋浦经济开发区在闽举行大规模招商活动，接待海南党政考察团及经贸代表团在浙江开展“大特区与大都市互动合作”活动……地方工作期间，习近平总书记视野里始终有这片沃土。

在一些地方发展眼睛盯着国内生产总值的一段时期里，海南提出了“一省两地”产业发展构想，立志建设中国的新兴工业省、中国热带高效农业基地、中国度假休闲旅游胜地。工业主导的架构下，海南对发展之路一度迷茫。

此次考察，习近平总书记11日上午来到三亚国际免税城，一个国际消费中心的地标建筑。在那里谈及海南定位：“过去争论很多啊，上个大的石化基地，上个钢铁项目，搞个先进制造业基地。经过30年持续摸索，决定就抓这几样：旅游业、现代服务业、高新技术产业、热带特色高效农业。”

2018年的“4·13”重要讲话，如春雷传遍神州大地，“听了热血沸腾”。大胆试、大胆闯、自主改，开启了新的奋斗诗篇。

“1348”战略框架应运而生。

13日上午，主持召开海南省委和省政府工作汇报会前，习近平总书记参观了海南全面深化改革开放和中国特色自由贸易港建设成果展。

海南省负责同志详细介绍了“1348”：“‘一本’，指的是总书记关于海南工作的系列重要讲话和指示批示。‘三基’，两份中央文件和一部国家立法。‘四梁’，全面深化改革开放试验区、国家生态

文明试验区、国际旅游消费中心、国家重大战略服务保障区。‘八柱’，讲的是从政策环境到组织领导体系的全方位保障。”

习近平总书记语重心长：“‘1348’，相当于浙江的八八战略。关键是形成了共识，升华了认识水平。过去吵来吵去的事情，现在统一了。知道了哪个是人间正道，就这么坚定走下去。”

2021年，四大主导产业增加值占到了地区生产总值的70%。（《“探索试验蹚出来一条路子”——记习近平总书记赴海南考察调研》，《人民日报》2022年4月15日）

2022年4月13日上午，习近平总书记参观海南全面深化改革开放和中国特色自由贸易港建设成果展。展览从回顾新中国成立以来党和国家领导人对海南发展给予的关怀和期望开始，从海南历史沿革、百年奋斗历程和不同发展时期的战略定位切入，深刻揭示了党中央赋予海南全面深化改革开放新使命的重大历史意义，进而围绕海南“三区一中心”战略定位徐徐展开，从“一本三基四梁八柱”战略框架，分阶段、分步骤构建自由贸易港政策和制度体系，推动高质量发展和加快构建现代产业体系，加强生态环境保护和加快国家生态文明试验区建设，培育消费新业态、新热点和建设国际旅游消费中心，构建“陆、海、空”重大科技平台和建设国家重大战略服务保障区以及党建引领自由贸易港建设等方面，让参观人员能深刻感受到海南坚定履行中央赋予的全面深化改革开放历史使命进程和稳步推进中国特色自由贸易港建设的丰硕成果。习近平语重心长地说：“‘1348’，相当于浙江的八八战略。关键是形成了共识，升华了认识水平。过去吵来吵去的事情，现在统一了。知道了哪个是人间正道，就这么坚定走下去。”

八八战略：优势+举措

八八战略是习近平在浙江工作期间提出的重要思想，即进一步发挥八个方面的优势、推进八个方面的举措。

2003年7月10日，在浙江省委十一届四次全会的报告中，习近平围绕加快全面建设小康社会、提前基本实现社会主义现代化的目标，紧密联系浙江的优势和特点，作出了“发挥八个方面的优势”“推进八个方面的举措”的决策部署。一是进一步发挥浙江的体制机制优势，大力推动以公有制为主体的多种所有制经济共同发展，不断完善社会主义市场经济体制。二是进一步发挥浙江的区位优势，主动接轨上海，积极参与长江三角洲地区合作与交流，不断提高对内对外开放水平。三是进一步发挥浙江的块状特色产业优势，加快先进制造业基地建设，走新型工业化道路。四是进一步发挥浙江的城乡协调发展优势，加快推进城乡一体化。五是进一步发挥浙江的生态优势，创建生态省，打造“绿色浙江”。六是进一步发挥浙江的山海资源优势，大力发展海洋经济，推动欠发达地区跨越式发展，努力使海洋经济和欠发达地区的发展成为浙江经济新的增长点。七是进一步发挥浙江的环境优势，积极推进以“五大百亿”工程为主要内容的重点建设，切实加强法治建设、信用建设和机关效能建设。八是进一步发挥浙江的人文优势，积极推进科教兴省、人才强省，加快建设文化大省。

这个决策部署，立足于进一步发挥浙江的体制机制、区位、块状特色产业、城乡协调发展、生态、山海资源、环境、人文等八大优势，制定出加快全面建设小康社会、提前基本实现现代化的八大举措，后来被简称为八八战略。这一战略开辟了中国特色社会主义在浙江生动实践的新境界，成为引领浙江发展的总纲领。从这个意义来说，八八战略的提出和实施，为习近平新时代中国特色社会主义思想提供了重要的思想源头、实践源头。

在当年，八八战略是为了浙江实现全面小康而提出的。习近平围绕“全面小康”目标，提出了“文化大省”“平安浙江”“法治浙江”“人才强省”等一系列的发展要求，反映了小康建设的全面性。八八战略引领浙江“秉持浙江精神，干在实处、走在前列、勇立潮头”。在八八战略的指引下，浙江省委一任接着一任干，一张蓝图绘到底，生动展现了中国道路的实践样本。八八战略是浙江率先全面建成小康社会的行动总纲。

习近平总书记在2018年“4·13”重要讲话中寄语海南的广大干部群众，要不忘初心、牢记使命，以“功成不必在我”的精神境界和“功成必定有我”的历史担当，保持历史耐心，发扬钉钉子精神，一张蓝图绘到底，一任接着一任干，在实现“两个一百年”奋斗目标、实现中华民族伟大复兴中国梦的新征程上努力创造无愧于时代的新业绩。四年后再到海南考察，习近平指出海南省委提出的“1348”战略框架相当于浙江的八八战略，这是高度肯定，更是巨大鞭策，希望海南的干部群众沿着知道了的“人间正道”，“就这么坚定走下去”，把海南自由贸易港打造成展示中国风范的靓丽名片。

科学分析和充分阐述发展优势，以此确定发展思路措施，这是习近平主政地方工作的一个显著特点。

在河北省正定县工作的时候，他就从该县的优势出发，提出正定适宜走“半城郊型”经济发展路子的战略思想。习近平当时指出：“所谓优势，就是自己的长处。正确地认识和发挥自己的长处，可以达到事半功倍的效果。所以，认定优势，发挥优势，是加快商品生产发展的前提条件。”习近平分析说，正定优势表现在以下几方面。一是交通发达。有京广、石德两条铁路干线；有若干条公路干线和支线。二是能源供应情况算是好的。能源的供应对县工业发展起着保证作用。三是靠近城市。距石家庄市15公里，距北京市270公里，距天津市也不太远，发展经济协作渠道多。人家靠山吃山，靠水吃水，我们要靠城市吃城市。四是剩余劳力多。全县20万劳力，有5万至10万从事农业种植业足矣，其余可搞多种经营，搞工业、商业。五是工业利润大、产值高。要想翻两番，还得靠工业。

所谓“半城郊型”经济，顾名思义就是它既具有“城郊型”经济依托于城市、商品生产比较发达、城乡联系比较密切、工农结合比较紧密的某些特点，又具有一般农村经济的某些特点，是两类经济结合的中间型经济。习近平指出，发展“半城郊型”经济，一方面要把正定毗连城市的各种优势充分挖掘出来，利用起来，依托城市，服务城市，起到为城市拾遗补缺的作用，促进经济发展；另一方面要立足本地资源和条件，搞好农工商综合经营，获取较高的经济效益。不丢城，不误乡，利城富乡。为了实现这一发展设想，习近平提出要采取以下几项措施：第一，树立社会主义大农业思想，建立合理的、平衡发展的经济结构；第二，强化发展商品生产的手段，抓好信息，搞活流通，加强协作和联营；第三，培养“致富群”，发挥致富样板作用；第四，继续做好人才开发工作。

由此可以看出，正定“半城郊型”经济发展路子的探索，依靠的是“优势+举措”的战略思维。

如果说，习近平在正定探索发展“半城郊型”经济的新路子，那是初步探索的话；那么，他在浙江提出并实施著名的八八战略，那就是深入实践了。八八战略的前置内容是“八个优势”，以及由此生成的“八项举措”。这是“优势+举措”科学思维的成果。如此看来，“1348”战略框架相当于浙江的八八战略，说明它们在科学方法上是同源的。

习近平到中央工作后，他把从县委书记到省委书记累积而成的“优势+举措”战略思维与实践经验，用于精心指导和谋划美好新海南建设，累月经年，全面深化改革开放和建设中国特色自由贸易港的国家大战略，终于在新时代破茧而出，绽放于海之南。

加快海南岛的开发建设从不断认识优势开始

正确建设方针的制定，离不开对优势的充分认识。1980年6月30日至7月11日在北京召开的“海南岛问题座谈会”就起到示范作用。

在这次座谈会上，与会代表畅所欲言，在一些重大原则和方针政策问题上取得了较为一致的意见，从而为解决海南岛长期遗留下来的历史问题打下了良好的基础。会议期间，国务院八位副总理听取座谈会的情况汇报，并作出重要指示。7月24日，国务院批转《海南岛问题座谈会纪要》（国发〔1980〕202号），海南开发建设工作进入了一个崭新的阶段，走进以开放促开发的历史新时代。

国务院1980年202号文件从海南特有的自然条件和突出的经济优势出发，确定海南发展农业的方针，指出：“海南岛地处热带、亚热带，属热带季风气候区。这里适宜种植橡胶、椰子、胡椒、咖啡、可可、油棕、南药、香料、水果等多种经济价值高的热带作物，还有很多珍贵树种和稀有动物，草山草坡和水产资源也很丰富。同全国其他地区比较，这是海南岛特有的自然条件和突出的经济优势。”文件强调：“海南岛发展农业的方针，应以加速发展橡胶等热带作物为重点，大力营造热带林木，努力提高粮食产量，全面发展农林牧副渔各业生产，逐步建立适应海南特点的新的生态平衡和农业结构，使国营农业企业和农村社队共同富裕起来。要按照这样的方针，因地制宜，合理安排橡胶、热带经济作物、粮食、林业、畜牧业和其他各业的布局。”这是首先打破了“禁区”（1980年以前，橡胶作为国家统购物资，农民个人不准种植），改变过去长期存在的“农场种胶，农民种粮”单一化生产局面，鼓励国营农场、农村集体和个人积极发展橡胶、甘蔗、咖啡、可可、腰果、油棕、椰子、香料等经济作物，全岛热带大农业资源宝库开始得到挖掘和利用，初步形成了具有海南特色的农业经济结构。

中央关于加速海南岛建设的决定从方针、政策上根本地解决了海南治穷致富的问题，反映了海南人民的根本利益和共同愿望，因而受到全区人民的衷心拥护。有些干部群众把国务院1980年202号文件称为“海南第二次解放”，把新的生产方针称为开发海南的“金钥匙”。他们表示，中央的决定解决了海南30年来想解决而没有解决的问题，按照这个新的生产方针，加强团结，同心同德，扎扎实实搞三五年，海南岛就将变成真正的“宝岛”。

回顾海南从解放到1980年的建设，成绩不小，教训不少。其中最根本的一条，就是发展农业的方针长期没有制定好。由于片面强调粮食生产，海南地处热带的自然优势不能充分发挥，经济发展缓慢，人民生活比较贫困。可见，国家确定给予海南新的发展方针是多么重要！这一重要方针，既冲破了“以粮为纲，全面发展”思想对海南发挥优势的严重束缚，也打破了“农垦种橡胶、社队种粮食”规定对农民发家致富的严重限制，正确地反映了海南经济发展的客观规律，是加速海南建设、使海南人民尽快富裕起来的英明决策。

当时一度出现“现在外商的积极性可高了”的喜人景况，而且对外合作开发是对准海南的资源。1981年4月召开的海南汉区对外经济工作会议就传递了这样的信息："引进外资促进开发也有所发展，半年多来，全区与外商、侨商和港澳商人达成协议15项，共7906万美元，经营种植、养殖及矿产等生产项目。"

1980年9月，中央书记处在中南海勤政殿举行会议，听取广东省委习仲勋、杨尚昆、刘田夫关于广东工作的汇报，并就如何在广东实行特殊政策和灵活措施进行了认真的讨论。中央书记处针对广东召开专题会议，这是解放以后第一次。中央负责同志作了插话和讲话。谷牧说，广东最大的优势，叫热带、亚热带经济作物的发展，这是全国别处所没有的。万里说，夏威夷比海南岛小得多，但他们旅游搞得很好，赚很多钱，海南如果搞得像那样子，每年搞十亿美元都不止。这次汇报，使海南优势得到重视。这对今后海南岛的开发建设都产生了积极的影响。

加快海南岛的开发建设，是从不断认识海南的优势开始的。

1982年底，刚"上岛"60天的海南行政区公署主任雷宇在海南区直属机关领导干部第二期读书班和海南党校第三期轮训班上作报告，专门讲到正确认识海南的岛情，弄清什么是海南的长处，什么是海南的短处，怎样才能扬长避短，发挥优势，是制订海南翻两番的规划、措施，加快海南开发建设的关键。他提出要正确认识海南的优势和劣势，对海南优势的分析如下：

我们常说，海南岛得天独厚，条件优越，这话无疑是对的。但我们也应看到，海南也有自己的短处和劣势。具体来讲，海南的优势有如下几个主要方面：

1. 土地潜力很大。海南岛是我国的第二大岛。总面积34189平方公里，它在我国的位置，如夏威夷之于美国，西西里之于意大利；它的规模，相当于日本的九州，不亚于世界上一些有名的岛国。海南岛土地面积5086万亩，其中宜农、林、牧地为3377万亩，到现在为止，已开发利用的有2025万亩，尚未开发利用的有1352万亩。已开发的农业单产也很低。海南两造水稻1981年平均才550多斤。橡胶，全岛有367万亩，其中农垦286万亩，已开割的141万亩。由于管理水平不同，单产差别很大。自治州、农垦有几个县，单产为67公斤，而民营才56公斤；海南东部地区，农垦为56公斤，民营才25—35公斤。（世界上橡胶产量最高的是象牙海岸，每亩为129公斤，其次是马来西亚，单产101公斤。）兴隆农场有两个树位单株产干胶8公斤，以一亩30株算，可收240公斤。可见，在未来的二十年中，只要我们加强管理，在保住和适当扩大种植面积的情况下，就可使粮食、橡胶的产量大幅度增加。最近，全国轻工会议上，许多专家都认为，获得大量的土地和待开发的大量自然资源，比获得先进技术更困难。而我们海南恰恰这两条都具备，可见，这是很大的优势。此外，海南的海岸线长达1309公里，渔场面积7800平方海里，近海滩涂38万亩，陆地水面55万亩。如果我们能好好加以利用，吃鱼的问题是完全可以解决的。

2. 矿产资源丰富，现已探明可供开采的有35种。其中富铁矿储量还有近3亿吨；儋县的长坡、琼山的长昌，煤的储量为17100万吨，虽属低质煤，但发热量也有3000多大卡，而浙江发热量为1800大卡的煤都可以用来发电，我们的为什么不行？此外，还有油母页岩28.7亿吨；有钛矿，储量也很丰富，品位很高，如电力充足，可提炼海绵钛，一级品出口一吨28000美元，二级品23000美元；有铝土矿，品位高，熔点低，另外还有铜、钴以及水晶、石英砂、滑石等非金属矿。海南钢铁厂拟同海南铁矿实行联营，只要认真搞好经营管理，一定能变亏损为盈利。海南除石碌有钴矿外，定安、文昌等几个县还有不规则的钴矿，品位比石碌的还要高，可以发动群众开采。如果我们抓好钴的冶炼，一年还可得到几万吨硫酸，供大茅磷矿生产磷肥用；据说，海南还有铀矿。特别是莺歌海、北部湾的油田，前景很好，海南琼北陆地油田也有待开发。南海油田的开发，一定可以促进海南的开发，那时，海南的经济建设就会出现质的飞跃。还有，从崖县到东方一带海面，是理想的天然盐场，海水盐分浓度很高，生产出的盐是化工等行业的理想原料。

3. 气候条件和自然条件好，是我国最理想、最大的热带作物园。海南属热带和亚热带，平均气温为23.3—25.4℃，日照1750—2650小时，年降雨量平均1600—2200毫米，非常适合热带作物的生长。特别是海南有许多贵重的热带亚热带森林资源。

4. 琼岛多胜地，是发展旅游的好地方。海南岛气候温暖，四季如春，山清水秀，景物宜人，有不少名胜古迹，特别是天涯海角、大小东海，海湾优美，不少外国游人到此都赞叹不已，是发展冬泳和冬季旅游的好地方。

雷宇说，用一分为二的观点来分析，海南岛也存在自己的劣势：自然灾害较多，主要是干旱和台风，春旱秋涝；交通不便，能源未能得到很好的开发；农业抗御自然灾害的能力差，粮食生产不过关，每年要运进4.5亿斤粮食。总的来说，海南优势很多，潜力很大，困难不少，但大有希望。只要我们坚持从实际出发，把自然优势充分发挥出来，把内部潜力充分挖掘出来，控制好人口的增长，就一定能把海南建设成名副其实的宝岛。

此后，雷宇又概括“海南岛五大优势”，并对外进行宣传。1983年3月28日，上海《世界经济导报》发表文章，介绍“海南岛五大优势”：一是气候条件好，地处热带、亚热带，气温高、日照长、雨量充沛，十分适合热带作物和林木生长。二是土地潜力大，全岛总面积5086万亩，其中宜农、宜林、宜牧面积3377万亩，已开发利用2113万亩。三是资源丰富。尤其是南海的莺歌海、北部湾和珠江口三大油田，前两个都在海南岛海域，加上琼北陆地石油如能开发，对海南岛的经济将带来巨大动力。四是全岛风景优美，特别是南部的三亚地区是发展冬泳旅游的好地方。五是全岛有570万勤劳勇敢的人民，有120万华侨散居在世界各地，他们热爱海南，愿为开发建设海南尽力。

这五条优势的概括，开了全面认识海南优势的“先河”。此后，随着海南改革开放和开发建设的不断加快，海南的“优势观”内容也不断充实。

1983年1月15日，广东省委第一书记任仲夷在海南谈到“潜力大”时说：“海南的面积和台湾差不多，但人口不到台湾的三分之一。海南现在还有一千二百多万未开垦的土地。所以说，地多。海南岛铁、煤、铝、钴、石油的蕴藏量都很丰富，这是矿多。盐场多，也是重要的优势，应当充分发挥。热量多，是指海南地处热带、亚热带，适于生长许多经济价值很高的热带亚热带作物，树长得快。杂优稻，全国都到这里来制种。搞个种子公司作用会更大。海南这个优势，全国其他地方没法比。”

1983年2月11日，中共中央总书记胡耀邦视察海南岛时说：“如何认识海南岛？优势在哪里？不足在哪里？50年代就说海南是祖国的宝岛。1955年秋天我在海口发表演说，以后宝岛的名字竟在全国传开了。60年代以后不像50年代那么响亮了。海南岛最基本的优势，就是个湿热带，能种橡胶、咖啡、可可、椰子等经济作物。全国960万平方公里，只有5万平方公里的湿热带。一块在西双版纳，一块就是海南岛，这里出产的许多东西全国其他地方都没有。海南还有那么大的海域。这就是你们的特点和优势。弱点在哪里呢？就是长期以来海南岛基本上是个封闭的地区，闭岛锁区，待开发，可以说，同外面基本是隔绝的，好东西运不出去，卖不了好价钱，人家也不愿意来，弱点就在这里。我国台湾、日本，它的空运、海运很发达，和全世界都有联系。日本港口的年吞吐量是42亿吨，它要什么有什么。你们的基本弱点是和世界、和大陆基本是隔绝状态、闭锁状态，这就很难有个大的发展。因此，要以开放促开发，以开发支持开放。开发和开放是密不可分的，是互相促进、互为条件的。方针就应该是这样。你们要瞄准那个湿热带和广阔的海域。"

到1986年初，胡耀邦再次考察海南时又补充说："海南岛还有一个优势，我上次没有讲，就是冬季旅游。不是春季，不是夏季，而是冬季旅游。要想办法发展民航业，搞点中档的旅馆，吸引国内的游客。冬季到海南度假，除机票外每个人花一二百元，买你的西瓜、椰子、土特产、工艺品，来十万人，你们这个地方就兴旺了。先把航空搞活，在东北、西北组织旅游小组，只要开动脑筋，定能闯出门路来。"

海南最大的"优势+举措"

回首海南这些年开放开发的历程，专家学者们对海南优先发展什么产业争论不休，工、农、贸、旅都有其热心的支持者。

正如《"探索试验蹚出来一条路子"》中说，建省以来，对海南产业发展战略的探讨一直在不断地进行。比如在对海南主导产业的选择上，就有"工业主导""贸易兴省""第三产业主导""旅游主导"等等。这些意见和争论，是对海南产业发展战略的有益探讨。但另一方面，由于海南尚未形成明确的产业发展战略，整个经济发展受到一定影响。

从“优势+举措”的思维出发，海南曾经三次探索自己的发展路子：一是1996年1月海南省委二届四次全会正式提出“一省两地”产业发展战略；二是1999年7月30日海南省二届人大常委会第八次会议审议批准《海南生态省建设规划纲要》，标志着海南的生态省建设正式拉开序幕；三是2009年12月31日，《国务院关于推进海南国际旅游岛建设发展的若干意见》（国发〔2009〕44号）印发，标志着海南国际旅游岛建设正式上升为国家战略。

从“优势+举措”的思维出发，海南最大的成果就是自然地理“优势”+建省办大特区“举措”。

国务院1988年4月14日批转的《关于海南岛进一步对外开放加快经济开发建设的座谈会纪要》（国发〔1988〕24号）中指出：“中央和国务院最近提出，海南建省以后，实行比现行经济特区更加灵活的政策，进一步放宽搞活，加快开发建设的步伐。这是顺应国内外形势的正确决策，是贯彻落实党的十三大精神的重要步骤，也符合海南有琼州海峡与大陆相隔的地理特点。”

1988年3月25日，国务院代总理李鹏在七届全国人大一次会议上所作政府工作报告中宣告：“根据海南岛独特的历史、地理和资源条件，国务院建议设立海南省，把海南办成全国最大的经济特区，实行比现有经济特区更加优惠的政策。”

如此看来，“1348”战略框架相当于浙江的八八战略，说明它们在科学方法上是同源的。

海南最新的“优势＋举措”

海南建设自由贸易港是习近平总书记亲自谋划、亲自部署、亲自推动的重大国家战略；这个重大战略的出台，使海南形成新增制度优势，并推动形成建设中国特色自由贸易港的重大举措。

我们来看习近平总书记是怎样认识海南自然存在的独特优势，并由此提出建设自由贸易港的重大举措。

在2010年4月调研海南的重要讲话中，习近平要求海南在发挥优势、突出特色上做文章。他指出，建设海南国际旅游岛，必须充分发挥海南对外开放排头兵的作用，要利用好博鳌亚洲论坛这个平台，拓展对外开放空间，推进与港澳台地区、环北部湾经济合作。要利用好海南面向东盟、背靠珠三角的区位优势，积极参与中国–东盟自由贸易区建设，提高贸易和投资便利化程度，进一步改善对外开放的政策环境和服务环境。

这是明确要求海南要利用好区位优势，谋划好对外开放。由此可见，从区位优势出发，习近平2010年4月调研海南的重要讲话，对建设国际旅游岛背景下的海南优势和产业发展趋势，已经做了全新的认识、判断和概括。这些是他后来论述海南最强优势、独特优势的基础，也是他亲自谋划、亲自部署、亲自推动海南全面深化改革开放，全岛建设自由贸易试验区，逐步探索、稳步推进中国特色自由贸易港建设的发端。

2013年4月在海南考察的重要讲话中，习近平又特别强调海南对外开放基础较好，具有面向东盟最前沿的区位优势，又是一个独立的地理单元，应该在开放方面先走一步。他希望海南积极探索，也希望中央有关部门和海南一道研究，实施更加开放的投资、贸易、旅游等政策，为全国发展开放型经济提供新鲜经验。

这表明，海南突出的区位优势，正是打造我国面向太平洋和印度洋的重要对外开放门户的“天然条件”。

这是习近平对海南独特优势的观察与阐述，指出海南具有面向东盟最前沿的区位优势，是独立的地理单元，这也表明他此时就在思考谋划海南如何“在开放方面先走一步”。

整整五年之后，“谜底”揭开。2018年4月13日，习近平在海南郑重宣布：“党中央决定支持海南全岛建设自由贸易试验区，支持海南逐步探索、稳步推进中国特色自由贸易港建设，分步骤、分阶段建立自由贸易港政策和制度体系。”

习近平指出：“海南是我国最大的经济特区，地理位置独特，拥有全国最好的生态环境，同时又是相对独立的地理单元，具有成为全国改革开放试验田的独特优势。海南在我国改革开放和社会主义现代化建设大局中具有特殊地位和重要作用。”

如此强调海南岛是“独立的地理单元”或“相对独立的地理单元”，并由此要求“在开放方面先走一步”，体现的是深厚的历史情怀与远大的战略眼光。

在前两次阐述海南优势的基础上，习近平这次则强调海南地理位置独特的优势，就是讲海南地缘的新优势，并把这种优势同“全国改革开放试验田”结合起来，为海南全面深化改革开放国家重大战略的出台，做了很好的铺垫。按照“优势+举措”的思维方法来观察，从大的方面看，可以2018年“4·13”为分界，解读为“优势+举措”与新“优势+举措”。在“4·13”之前，是海南已经存在的“优势+经济特区举措”；在“4·13”之后，是海南新增加的“优势+自由贸易港举措”。

经过四年的生动实践，“一本三基四梁八柱”战略框架形成，这是海南新的政治制度、领导制度、管理制度优势，就是新的“优势+举措”。从这个层面上理解，有助于认识海南的“1348”战略框架，相当于浙江的八八战略。

“4·13”重要讲话改变海南。这种改变不只是表现在经济社会发展的层面，更关键的是，在制度层面发生了深刻性，甚至是革命性的变化。它开启于习近平总书记2018年的“4·13”重要讲话，焦点是在中国特色社会主义的政治版图上，海南全面深化改革开放和中国特色自由贸易港建设。这项前无古人的事业，坚持以习近平总书记关于海南工作的系列重要讲话和指示批示为根本遵循，以《中共中央 国务院关于支持海南全面深化改革开放的指导意见》《海南自由贸易港建设总体方案》《中华人民共和国海南自由贸易港法》为制度基石，以全面深化改革开放试验区、国家生态文明试验区、国际旅游消费中心、国家重大战略服务保障区为目标定位，以政策环境、法治环境、营商环境、生态环境、经济发展体系、社会治理体系、风险防控体系、组织领导体系为稳固支撑，指导在全面建设社会主义现代化国家、实现第二个百年奋斗目标的新征程上书写海南精彩篇章。

从这些内容可以看出，“1348”战略框架具有整体性、关联性、时代性的特点。就是说一本、三基、四梁、八柱，作为一个整体，统一于一个战略框架中；当中的每一部分都是相互联系、相互作用的；随着时间的推进，尤其随着自由贸易港建设进入封关运作和各个阶段目标的实现，这个战略框架会注入新的内容、新的生命力。

这就是我们说的海南新优势，是政治制度、领导制度、管理制度方面的新优势，区别于自然条件的优势。借助这个新优势，海南向加快建设具有世界影响力的中国特色自由贸易港前进。“1348”战略框架就是这个新优势的总概括，儋州洋浦一体化发展，打造海南高质量发展第三极。“三极一带一区”的区域协调发展格局，是依托新优势而提出的具体举措，因而得到习近平总书记的赞赏。

从“优势+举措”，到新“优势+举措”，折射海南正在发生的历史性、深刻性、重构性变化。基于此，我们就可以明白：“1348”战略框架是海南自由贸易港建设过程中管方向、管全局、管长远的大战略、总战略。

香港特别行政区行政长官李家超在2022年7月1日的就职致辞中，说到香港的两大优势，一是“一国两制”给予香港作为特别行政区的独特优势，既是融入国家发展大局的特区，也是联通世界的国际城市以及最有效联结国家和世界的通道；二是香港的自身优势、香港人的韧力和意志，社会各界的共同力量。

以此来对照，海南有中国特色自由贸易港的制度优势，可打造成国内国际双循环的重要交汇点。着眼把海南打造成为我国面向太平洋和印度洋的重要对外开放门户，发挥海南处于东南亚和中国大陆两个最活跃市场交汇点的优势，积极融入泛珠三角和北部湾城市群，实现与粤港澳大湾区、长三角一体化等重大国家战略联动发展。扩大与“一带一路”沿线国家和地区特别是东南亚国家的合作，成为国内企业走出国门、外商外资进入中国市场的重要门户。凭借海南本身的生态环境等优势，致力建设生态一流、绿色低碳的自由贸易港，让良好的生态环境成为海南子孙后代的“金饭碗”。

管方向、管全局、管长远的总战略

2015年5月，习近平重回浙江考察时指出，八八战略不是拍脑瓜的产物，而是经过大量调查研究提出来的发展战略。八八战略不是随意提出的口号，不是对浙江某一时期发展的导向，而是在深刻把握实践要求的基础上作出的战略决策。这里的实践，既包括对国际国内宏观背景的分析，又包括对浙江省情阶段变化的考察，还包括在已有发展经验上对未来发展思路的创新。实践已经证明，八八战略总结的优势和举措，符合浙江经济社会发展规律，是一个管方向、管全局、管长远的总战略。

2018年4月13日以来，习近平总书记多次就海南工作作出重要指示批示。在他亲自谋划、亲自部署、亲自推动下，在中央推进海南全面深化改革开放领导小组的正确领导和各有关方面的大力支持下，海南全面深化改革开放和中国特色自由贸易港建设蓬勃展开、进展明显，整体推进蹄疾步稳、有力有序，并在实践中清晰形成“1348”战略框架。因此，我们要看到，“1348”战略框架是指引海南加快建设具有世界影响力的中国特色自由贸易港的总纲，是一个管方向、管全局、管长远的大战略、总战略。管方向就是逐步探索、稳步推进中国特色自由贸易港建设，管全局就是加快建设具有世界影响力的中国特色自由贸易港，管长远就是到本世纪中叶建成经济繁荣、社会文明、生态宜居、人民幸福的美好新海南。

总括地说，“1348”战略框架是海南的人间正道。这是对新时代中国特色自由贸易港建设伟大实践成果形成的共识，是升华了的认识水平。这个战略框架得到习近平总书记的高度评价和充分肯定，对海南加快建设具有世界影响力的中国特色自由贸易港必将产生广泛而深刻的影响。

习近平总书记在2018年“4·13”重要讲话中寄语海南的广大干部群众，要不忘初心、牢记使命，以“功成不必在我”的精神境界和“功成必定有我”的历史担当，保持历史耐心，发扬钉钉子精神，一张蓝图绘到底，一任接着一任干，在实现“两个一百年”奋斗目标、实现中华民族伟大复兴中国梦的新征程上努力创造无愧于时代的新业绩；四年后的2022年再到海南考察，指出海南省委提出的“1348”战略框架相当于浙江的八八战略，这是高度肯定，更是巨大鞭策，海南的干部群众要沿着知道了的“人间正道”，“就这么坚定走下去”，把海南自由贸易港打造成展示中国风范的靓丽名片。

十四、让海南成为新时代中国改革开放的示范

“我这次来接触到方方面面各级干部群众，精神面貌都是好的，可以说是朝气蓬勃、精神抖擞。而且干事创业热情高涨。”

“海南岛好好发展起来，是很了不起的。”2018年那次来海南，习近平总书记回忆起筹创之际，邓小平同志在1987年6月12日会见外宾时说的这句话。

此次考察，海南之南、之中、之西北、之东北，总书记乘车一路疾驰，调研足迹环岛一周。“海”的潜力、“陆”的活力，处处涌动着雄心壮志。“解放思想、开拓创新，团结奋斗、攻坚克难，加快建设具有世界影响力的中国特色自由贸易港，让海南成为新时代中国改革开放的示范。”党中央和总书记对海南寄予厚望。(《“探索试验蹚出来一条路子”——记习近平总书记赴海南考察调研》，《人民日报》2022年4月15日)

《人民日报》这篇通讯，特别写到习近平总书记2018年到海南考察时，回忆起邓小平在1987年6月12日会见外宾时说的这句话：“海南岛好好发展起来，是很了不起的。”然后，写到总书记此次考察，从海南之南、之中、之西北、之东北，环岛一周调研，看到“海”的潜力、“陆”的活力，琼州大地“处处涌动着雄心壮志”。这种朝气蓬勃、精神抖擞的喜人局面，让总书记对海南寄予厚望：加快建设具有世界影响力的中国特色自由贸易港，让海南成为新时

代中国改革开放的示范！

为什么要这样写？这是告诉我们，从“海南岛好好发展起来”，到“海南岛更好发展起来”，这里面蕴含着中国共产党人的雄心壮志。

从“迅速发展”到“好好发展”

1984年1月24日至2月5日，时任中央政治局常委、中顾委主任邓小平到广东视察。尔后他又视察了厦门、上海。2月24日上午，邓小平在北京邀中央领导人谈话，内容是关于增加对外开放的沿海港口城市问题。

在讲完一些“放”的设想之后，邓小平话锋一转，说出一句给海南带来重大影响的话：“如果用二十年时间把海南岛的经济发展到台湾的水平，那就是很大的胜利。”但是，这句话后来公开出版时修改为：“我们还要开发海南岛，如果能把海南岛的经济发展起来，那就是很大的胜利。”

1984年4月29日上午，邓小平会见阿曼德·哈默博士率领的美国西方石油公司和美国基威特公司代表团。在谈到开采南海石油时，邓小平又指出：“我们决定开发海南岛。海南岛自然条件不比台湾差，面积相当于台湾。”

到了1993年，89岁高龄的邓小平逐篇审定《邓小平文选》第三卷时，又将“把海南岛的经济发展起来”改为“把海南岛的经济迅速发展起来”，增加“迅速”两字，变为：“我们还要开发海南岛，如果能把海南岛的经济迅速发展起来，那就是很大的胜利。”这充分表达了我国改革开放的总设计师希望把海南岛迅速发展起来的强烈愿望。

1987年6月12日，邓小平在北京对应邀来访的南斯拉夫共产主义者联盟中央主席团委员科罗舍茨宣布："我们正在搞一个更大的特区，这就是海南岛经济特区。海南岛和台湾的面积差不多，那里有许多资源，有富铁矿，有石油天然气，还有橡胶和别的热带亚热带作物。海南岛好好发展起来，是很了不起的"。

回想邓小平关于开发海南岛的重要讲话，有以下三个显著特点。

一是把海南岛同台湾相联系。1984年与中央领导同志谈话，提出"用二十年时间把海南岛的经济发展到台湾的水平"的设想；同哈默博士的谈话，指出"海南岛自然条件不比台湾差，面积相当于台湾"；1987年同南斯拉夫客人的讲话又指出，"海南岛和台湾的面积差不多，那里有许多资源"。他每一次谈海南都会联系到台湾，从"很大的胜利"，到"不比台湾差"，再到"很了不起的"，真的可以说他老人家心中既有"海南情结"，又有"台湾心结"。

二是把海南与加快中国的改革开放相联系。邓小平总是在他要加快中国改革开放步伐时，想到海南、关心海南、支持海南。1984年2月，他提出实行开放政策，"有个指导思想要明确，就是不是收，而是放"，要求办好经济特区，增加对外开放城市，此时他即发出"我们还要开发海南岛"的号召，提出"用二十年时间把海南岛的经济发展到台湾的水平"的设想。正是这个号召和设想，推动了海南的一次大开放。1987年6月他提出"改革的步子要加快"，说"最近我们中央正在考虑，在总结经验的基础上，加快一点改革、开放的步子"，于是他便决定"搞一个更大的特区，这就是海南岛经济特区"。海南岛由此成为真正的经济特区，而不是1983年时说的那样"不是特区的特区"，这使海南的对外开放和开发建设经历了历史性的跨越。

三是把海南岛同经济特区建设成就相联系。如何迅速发展海南岛？在邓小平看来，最好的方式就是建立经济特区。邓小平总是在谈到经济特区建设成就时谈到海南岛。1984年邓小平是在谈到“这次我到深圳一看，给我的印象是一片兴旺发达”时，接着提出“我们还要开发海南岛”；1987年他又在谈到“最近有的同志告诉我，厦门经济特区的发展速度比深圳还理想”的情况后，向世界宣告“我们正在搞一个更大的特区，这就是海南岛经济特区”。

邓小平曾经指出：“我们一定要、也一定能拿今后的大量事实来证明，社会主义制度优于资本主义制度。这要表现在许多方面，但首先要表现在经济发展的速度和效果方面。没有这一条，再吹牛也没有用。”在海南办大特区，就是我们要拿出的一个证明社会主义制度优于资本主义制度的大事实。

作为改革开放的总设计师，邓小平更加关注的是改革开放的历史进程。在他决定在海南搞经济特区的时候，深圳等经济特区的建设已经取得很大成绩，正是基于“我们建立经济特区的决定不仅是正确的，而且是成功的”的判断，才使邓小平决定接下来在海南岛搞“更大的特区”，以便实现他一直盼望的“把海南岛的经济迅速发展起来”的美好愿望。

海南岛地理位置十分优越，它位于亚太经济圈的环形地带和我国东南沿海黄金海岸，是进出亚太地区的重要门户，可成为我国联结国际市场特别是联结亚太经济圈的桥梁和纽带，经济发展的区位优势极为明显，因而在我国对外开放格局中具有不可替代的作用；海南面积与台湾相近，是一个完整、独立的地理单元，岛上既有沿海平原又有腹地山区，既有城市又有广阔乡村，既有汉族又有少数民族，与大陆四个城市化特区相比有显著不同，是一个城乡兼具的典型的发展中地区，是一个具有省级规模的更大的综合性改革试验区，如果能把海南的改革开放和开发建设搞成功，使原来贫穷落后的海南迅速发展起来，那么，这里的经验将有更大的推广价值，对全国定将产生更大的示范效应和辐射效应；同时把海南的经济迅速发展起来，充分体现有中国特色社会主义的优越性，对推动祖国和平统一，也具有深远的意义。（阮崇武：《情系天涯——纪念邓小平同志逝世一周年》，《回忆邓小平》（下），中央文献出版社，1998年）

其实，在海南的广大干部群众中，把海南好好发展起来是很有思想基础和感情因素的。

1994年，时任海南省委副书记、海口市委书记的陈玉益就撰文说，邓小平建设有中国特色的社会主义理论的一个重要组成部分就是发展理论，小平同志特别重视发展问题，认为“发展才是硬道理”。他几次谈到海南，每一次谈的也都是发展问题。1984年2月24日，小平同志与中央几位负责同志座谈特区问题时说：“我们还要开发海南岛，如果能把海南岛的经济迅速发展起来，那就是很大的胜利。”1987年6月接见外宾时又说：“海南岛好好发展起来，是很了不起的。”小平同志对海南发展的要求，不是一般的发展，而是“迅速发展”“好好发展”。海南迅速发展的意义，小平同志提得很高，说“那是很大的胜利”，“很了不起”。

海南大特区所处的特定地理位置和所具有的丰富资源，赋予它的发展更为重要的意义。海南靠近东南亚，毗邻港澳台，东南亚各国和港澳台地区经济迅速发展，尤其是台湾，与海南岛有许多相同的条件。如果海南岛老是发展不起来，老是贫穷落后，甚至越来越落后，那我们搞社会主义的优越性怎么体现？人民怎么拥护我们？1984年2月24日，小平同志还提出：“用20年的时间把海南岛的经济发展到台湾的水平。”海南是与台湾联系起来谈的，海南发达起来了，台湾同胞对祖国的向心力就会增强，这将对促进祖国统一起到重大作用。

海南迅速发展又可以为全国经济的发展积累经验，提供示范。我们是在一个贫穷的大国发展经济、搞现代化，海南岛是中国最贫穷的地区之一，海南经济迅速发展起来，其经验可供其他地区借鉴。同时，海南岛有许多资源，有富铁矿，有石油天然气，还有橡胶和别的热带亚热带作物，这样一个海洋和热作资源大省发展起来，可以极大地支援国家经济建设，增强国家的综合经济实力。所以说，海南好好发展起来，“很了不起”。（陈玉益：《加快发展 再造海口》，《海南内参》1994年第5期，1994年2月15日）

小平未了心愿：“开发中国最大特区”

同样是纪念邓小平100周年诞辰，国内新锐报纸的角度全然不同。这就有了传诵一时的“小平未了心愿：开发中国最大特区”。

2004年8月19日，《南方周末》推出大型报道《邓小平五大未了心愿》。编者说：“作为一位雄心勃勃的设计者，邓小平的改革蓝图从一开始就包含着自己的理想、期许和心愿。最近二十多年，大多数梦想已被这位‘打不垮的矮个子’魔术般地变成了现实。然而，历史的发展有时会超出设计者的想象，现实的复杂性又增加了实现梦想的难度。”“邓小平的最后时刻，仍然留下了一些未了心愿，比如政治体制改革，比如共同富裕，比如亲眼看到香港的回归，比如希望中国足球的崛起。这些未了心愿，实际上在提醒人们，中国改革的路还很长很长，要解决的问题还很多很多。这些未了心愿，有些也是改革最困难的地方，它实际上留给了后人一个重大的社会实践课题。我们纪念邓小平百年诞辰，不仅是为了回忆和表达尊敬，更是为了从他的伟大思想中吸取力量和智慧，从而坚定地前行。”所说“小平未了心愿”依次是：“处于进行时的政治体制改革”“从‘先富’到‘共富’”“开发中国最大特区”“‘一国两制’：已完成的与未完成的”和“足球要从娃娃抓起”。

凭借当时《南方周末》一纸风行的影响力，“开发中国最大特区”是邓小平未了的一个心愿，成为热点——它让人不情愿去看中国最大经济特区海南极其尴尬的一面。

报道说，在建立了4个经济特区、开放了14个沿海港口城市后，邓小平把开放的焦点对准了海南岛。开发海南岛、建立海南经济特区，成为他反复考虑的一个中心问题。邓小平的设想针对的是和海南面积相当，但是经济发展远走在海南前头的宝岛台湾，“如果能把海南岛的经济迅速发展起来，那就是很大的胜利”。同时，他更为看重的是占全国海洋面积三分之二的南海，那里有丰富的油气和海洋资源。1987年6月12日，邓小平会见外宾时，第一次提到将海南变为特区的设想：“我们正在搞一个更大的特区，这就是海南岛经济特区。海南岛和台湾的面积差不多，那里有许多资源，有富铁矿，有石油天然气，还有橡胶和别的热带亚热带经济作物。海南岛好好发展起来，是很了不起的。”

报道说，泡沫经济是海南错过一个绝好的发展时期的一个原因。到建省办特区后的泡沫经济，成为海南房地产热潮的最后注脚，从海口到三亚，一幢幢烂尾楼成为海南最为触目惊心的“风景”。房地产业的狂热与产业导向不明确有直接联系。建省以来，海南省先后在工业主导和农业主导、海洋经济主导、贸易主导、旅游（生态）主导问题上摇摆不定，一段时间内出现几种导向轮流坐庄的局面。海南经济由此错过了一个绝好的发展时期。

报道说到“洋浦实验”，称“改革”还是“卖国”的争论，使洋浦实验停了下来。无奈洋浦"生不逢时"。1989年遇上争论，1992年开始起步，花3年时间完成基本建设，却撞上国内的治理整顿、银根紧缩，随后1997年又遭遇东南亚金融危机。洋浦的痛也是海南的痛，而海南的开发无疑也是邓小平未了的心愿。

报道称，作为中国最大的特区，海南陆地面积是其他四个特区的数倍，又是全国最大的海洋省，资源富饶，生态优越。然而办特区14年来，海南的发展速度和经济实力都落后于其他特区。一些专家和实际工作者认为，这背后的重要原因是海南错过了一些最佳战略机遇期。在最初几年，海南因为政策优势吸引了大量的资金和劳动力，但最后导致了房地产泡沫。洋浦本来准备实行中国最开放的政策，有望成为带动海南整体发展的突破口，但是囿于意识形态的争论，它的发展一拖再拖。随着时光的流转，中国进入全面开放阶段，市场经济的确立又要求全国必须实行统一的规则。这样，特区不"特"，一些优惠政策不只有特区才能享受，海南不可能再走依靠特殊政策"后来居上"的道路了。这个时候，失去政策优势的海南与中西部欠发达地区更为相似，它面临的已不是单个特区的发展问题，而是普遍的后发地区如何赶超的问题。

由这篇重要节点"纪念"文章也可见，把"更大的特区"办好、把海南岛好好发展起来，意义是多么重大。

到底有多重大？实际上，作为我国第二大岛的海南，面积只比台湾小2000平方公里，与台湾在地理、自然环境方面有着相似之处，但经济发展水平相差悬殊。由于长期在战火威胁之下，海南没有投资开发，经济发展远远落后于内地大多数地区。1987年海南人均国内生产总值939元，仅为全国人均国内生产总值的83%，全岛近六分之一的人口还处于贫困线以下。特区的实践已向人们展示了党的改革开放政策的威力，如果对海南岛实行特殊政策，就有可能在较短时间内改变整个海南的面貌，使海南迎头赶上。这对祖国的统一大业，也将产生深远影响。（阮崇武：《情系天涯——纪念邓小平同志逝世一周年》，《回忆邓小平》（下），中央文献出版社，1998年）

我们要有这样的雄心壮志

我们再来看习近平总书记对邓小平同志拿海南同台湾比较的深情诠释。

2013年4月，习近平考察海南，在提出办好经济特区，争创中国特色社会主义实践范例时指出，1987年，邓小平同志曾经说过，我们正在搞一个更大的特区，这就是海南岛经济特区，海南岛和台湾的面积差不多，海南岛好好发展起来，是很了不起的。邓小平同志拿海南同台湾比较，意味深长。海南和台湾是祖国的两大宝岛，台湾3.62万平方公里、2332万人，海南3.54万平方公里、901万人，人文、资源多有相似之处。如果把海南岛好好发展起来，中国特色社会主义就很有说服力，就能够增强人们对中国特色社会主义的信心，也就能促进祖国和平统一进程。

习近平强调，从现在的情况看，经过20多年开发建设，海南与台湾的发展差距已相对缩小。1987年至2012年，地区生产总值差距由58倍缩小为10倍（2012年海南是453.95亿美元，台湾是4740.89亿美元），进出口总额差距由303倍缩小为39倍（2012年海南是143.3亿美元，台湾是5716.54亿美元）。台湾早在20世纪六七十年代就抓住国际产业转移的机会完成了工业化。与之相比，海南开发建设起步晚、起点低，取得这样的成绩殊为不易。

习近平指出，从中央决定海南建省办经济特区开始，我们就决心把海南岛好好发展起来。海南的同志一定要埋头苦干、奋起直追，使海南成为实践中国特色社会主义的生动范例，我们要有这样的雄心壮志。

1980年至1988年，围绕加快海南岛的开发建设和建省办经济特区，中央先后出台了三个重要文件，不断书写了中国改革开放的海南篇章。这三个文件都联系到台湾。

1980年7月24日，国务院批转的《海南岛问题座谈会纪要》（国发〔1980〕202号）中说："海南岛是我国少有的热带宝地之一，面积同台湾岛相近，全岛农林牧用地三千多万亩，沿海渔场面积七万八千平方海里，矿产和盐业资源也很丰富。"这是我们党的文件中，第一次将海南岛与台湾岛联系比较，意义重大。

1983年4月1日，中共中央、国务院批转《关于加快海南岛开发建设问题讨论纪要》（中发〔1983〕11号）中说："加快海南的开发建设，是全党全国的一项重要任务。它对于支援全国的四化建设，加强民族团结，巩固祖国南海国防，促进台湾回归、完成祖国统一大业，都具有重大意义。"这是中央文件中，第一次将加快海南的开发建设与促进台湾回归、完成祖国统一大业联系起来论述，彰显加快开发建设海南岛的意义非常重大。其提出有一个大背景，就是邓小平在党的十二大开幕词中指出："加紧社会主义现代化建设，争取实现包括台湾在内的祖国统一，反对霸权主义、维护世界和平，是我国人民在八十年代的三大任务。这三大任务中，核心是经济建设，它是解决国际国内问题的基础。"

1988年4月14日，国务院批转的《关于海南岛进一步对外开放加快经济开发建设的座谈会纪要》（国发〔1988〕24号）中写道："海南岛地处南海前沿，战略地位十分重要，具有独特的资源优势，是我国的宝岛，又是著名的老革命根据地，有黎、苗等兄弟民族的聚居区。把这里的经济和文教科技事业尽快搞上去，对于实现社会主义现代化，加强民族团结，巩固国防，完成祖国统一大业，有着深远的意义。”这基本上延续了中央1983年11号文件的说法，而“深远的意义”表达的含义又深了一层。

而在2018年4月14日公布的《中共中央 国务院关于支持海南全面深化改革开放的指导意见》（中发〔2018〕12号），则是这样写道：“在中国特色社会主义进入新时代的大背景下，赋予海南经济特区改革开放新的使命，是习近平总书记亲自谋划、亲自部署、亲自推动的重大国家战略，必将对构建我国改革开放新格局产生重大而深远的影响。支持海南全面深化改革开放有利于探索可复制可推广的经验，压茬拓展改革广度和深度，完善和发展中国特色社会主义制度；有利于我国主动参与和推动经济全球化进程，发展更高层次的开放型经济，加快推动形成全面开放新格局；有利于推动海南加快实现社会主义现代化，打造成新时代中国特色社会主义新亮点，彰显中国特色社会主义制度优越性，增强中华民族的凝聚力和向心力。”

这是从实现中华民族伟大复兴的中国梦的时代高度，阐述支持海南全面深化改革开放对于增强中华民族的凝聚力和向心力的重要意义。虽然没有再说到台湾，但“中华民族的凝聚力和向心力”已说明一切。

因此，海南的干部群众需要站在党和国家事业发展的战略高度，拿出雄心壮志，把海南全面深化改革开放作为一项重大的政治任务来抓实抓好，勇当改革开放尖兵、树立改革开放标杆。

我们要有什么样的雄心壮志？

“海南岛的面积三万二千二百多平方公里，比台湾才少三千平方公里，人口不及台湾三分之一，自然条件比台湾要好，又是革命老根据地，但目前经济建设落后，市场紧张，群众生活贫困，这不能不值得我们深思。”1978年底习仲勋在中央工作会议上提出这个“深思”的结果，就是建议国家把海南的开发作为重点，提出要放手开发海南的思想。

比较台湾，深思海南，目的就是把海南的开发建设搞好，把老百姓的生活搞好。1979年1月，习仲勋考察海南后指出：“把老百姓生活搞好。我们搞好也是给台湾看看。”这是共产党人一心为民的真情流露！

一句“我们搞好也是给台湾看看”，道尽了老一辈无产阶级革命家的炽热情怀和崇高的革命、建设理想。当然，习仲勋说这句话的含义是把老百姓生活搞好，我们给台湾看的是老百姓的美好生活。

习仲勋“给台湾看看”思想的完整表达，是随后在肇庆地委常委会扩大会议上所指出的：“我们要集中主要精力搞四个现代化，对绝大多数同志来说是个崭新的问题。究竟四个现代化是什么样子？中央也不清楚，因为没有经过实践，不能光凭书本，所以派了很多人到日本去，到欧洲去。新加坡、南朝鲜、台湾、香港都能当经济‘四小霸’，我们这样一个大国家还不行？当然，我们不搞霸权主义，但在搞经济方面我们要争一争。中国人民有最古老的文化，最聪明，最有智慧，为什么在这一点上搞不过人家？中美已建交了，台湾要回归祖国。当然一下子就回归不行，但这工作要做好。现在有一个问题，就是台湾的生活水平比我们高。所以现在我们对台湾的政策，就是要回归祖国，领土统一，外交统一，其他的一切都照旧，这样对我们有利。现在我们要努力，赶快搞好生产，提高生活，超过它，到那个时候，整个中国就真正地、完全地统一。所以搞四个现代化是一场空前的、广泛的、伟大的、深刻的革命。”（《在肇庆地委常委扩大会议上的讲话（1979年2月7日）》，

《习仲勋文集》，中共党史出版社，2013年）

“现在有一个问题，就是台湾的生活水平比我们高。”“现在我们要努力，赶快搞好生产，提高生活，超过它，到那个时候，整个中国就真正地、完全地统一。”这是多么精辟的见解！海南之所以对外开放，在几年当中，从“准特区”到“不是特区的特区”，再到建省办全国最大的经济特区，这都是深思“台湾因素”起的作用。这始于习仲勋，后由邓小平一锤定音。

1986年10月5日至11日，时任中央顾问委员会副主任王震到海南考察。王震充分肯定海南实行对外开放以来所取得的成就。10月10日，他在考察海南农垦工作时发表讲话：“海南岛现在已经开发了大东海、牙龙湾（即亚龙湾）、天涯海角、榆林港等地。要发展旅游中心，把世界各地的游客都吸引到这里来。据说牙龙湾这样的海滩在世界上是少有的，不是夏威夷，胜似夏威夷！我们还要引进外国的先进技术，开发我们宝岛的资源，如铁矿石、钛、石油、天然气等。总之，我们要有雄心壮志，要把我们的海南岛建设好，要赶上台湾。我们不仅要完成祖国统一的任务，还要争取世界和平。我们中国要强盛起来，这就是增加了世界和平的力量。这是我们的三大任务呵！用句老话说，国家兴亡，匹夫有责。中国有十亿多炎黄子孙，世界兴亡，中华民族也有这个责任。我们只有强盛起来，才能对世界和平作出更大的贡献。”王震老将军热爱海南，盼望海南赶上台湾的心溢于言表。

1992年春天，邓小平在南方谈话中说：“从国际经验来看，一些国家在发展过程中，都曾经有过高速发展时期，或若干高速发展阶段。日本、南朝鲜、东南亚一些国家和地区，就是如此。现在，我们国内条件具备，国际环境有利，再加上发挥社会主义制度能够集中力量办大事的优势，在今后的现代化建设长过程中，出现若干个发展速度比较快、效益比较好的阶段，是必要的，也是能够办到的。我们就是要有这个雄心壮志！”

1998年12月，时任国务院总理朱镕基在海南考察时表示：海南建设得很美丽，中央一定支持。为什么超不过台湾？要有点志气。

海南岛，中国雄心的橱窗

历史又让海南迎来“面朝大海，春暖花开”的时刻。

2018年4月13日，习近平总书记在庆祝海南建省办经济特区30周年大会上发表重要讲话指出，1984年，邓小平同志在视察深圳、珠海、厦门经济特区后提出：“我们还要开发海南岛，如果能把海南岛的经济迅速发展起来，那就是很大的胜利。”1987年，邓小平同志会见外宾时说：“我们正在搞一个更大的特区，这就是海南岛经济特区。海南岛和台湾的面积差不多”，“海南岛好好发展起来，是很了不起的”。根据党中央决策，1988年4月，七届全国人大一次会议正式批准设立海南省，划定海南岛为经济特区。从此，海南这个祖国美丽的海岛获得了前所未有的发展机遇，进入了深化改革、扩大开放的历史新阶段。

习近平又强调：“三十而立，蓄势待发。党中央从决定设立海南经济特区开始，就决心把海南岛好好发展起来。如果海南岛更好发展起来，中国特色社会主义就更有说服力，更能够增强人们对中国特色社会主义的信心。”

习近平宣布：“党中央对海南改革开放发展寄予厚望，最近研究制定了《关于支持海南全面深化改革开放的指导意见》，赋予海南经济特区改革开放新的重大责任和使命，也为海南深化改革开放注入了强大动力。这是海南发展面临的新的重大历史机遇。”

这个“海南发展面临的新的重大历史机遇”，就是逐步探索、稳步推进中国特色自由贸易港建设。至此，我们就可以全面理解“由海南来完成这项历史性任务，这也是中国特色社会主义经济特区建设的一个战略安排，不断摸索、大胆试验，现在蹚出来一条路子”这个期待的深刻含义。

我们要看到，解放以来，海南每一次开发开放热潮的出现，都受到国际社会的关注，而且大都与台湾联系起来。最早是在1959年，合众国际社报道我国大力建设海南岛。这是该社当年1月13日发自东京的专电：

共产党中国有一切迹象表明它正把中国南部的海南岛建设成为一个“展览品”，以和美国帮助发展的福摩萨（台湾）相匹敌。西方也许没有注意到这些迹象。

这个岛是向亚洲和世界其他地方显示下面一点的理想地方，至少在物质方面，共产党的方式也许比非共产党的要好。

海南岛和福摩萨在面积上几乎是一样大的。

美国除了为了军事目的给福摩萨数以百万计的美元以外，还施给它数以百万美元计的经济援助，以使福摩萨成为亚洲的“民主橱窗”。同时，共产党也正以人力和物力建设海南。共产党目前在海南岛所做的努力集中在一个大坝（这是这个国家最大的堤坝之一）和一个巨大的水库，水电站和灌溉渠道。

共产党为了完成这个工程不惜快马加鞭。它本来是计划在1961年完成的。现在计划要求今年5月完成这个大坝，灌溉和电站的工程今年冬天开始。

共产党报道，加快速度是为了促进工业发展和乡村电气化。

过去几年以来大陆派了“志愿”队到这个岛上，志愿人员的总数数以千计。新华社骄傲地报道，大部分“志愿者”现在“的生活水平已经比他们没有来以前的生活水平提高”，这些人原来是广州地区的非农民。

这个岛现在有了130个国营农场。

海南岛的迅速发展除了有明显的宣传价值外，那里的任何发展将给共产党带来巨大的好处。

这个岛矿藏丰富——金、银、铝、铁和锡。它出口大米。那里还出产橡胶、棉花、椰子、棕榈油、西沙尔麻、龙舌兰、咖啡、可可、丁香、雄刈萱和金鸡纳树。

但是这个岛即便是没有什么宣传和经济价值，它仍然是极为重要的。

假如东南亚发生任何大规模的军事战争，这个岛在战略上和福摩萨是同等重要的，假如不是更重要的话。

当年海南还只是建设一座松涛水库，就让外国人产生“展览品”的联想；一甲子之后，海南建设自由贸易港，外媒中又出现了“橱窗”论。

2021年2月17日，法国《快报》发表一篇题为《海南岛，中国雄心的橱窗》的文章，指出海南岛位于中国南海，无论从经济上还是从军事上来讲，对北京都具有战略意义：

新冠肺炎疫情暴发后的第一个假期，在石油行业工作的俞（音）先生为自己放了个“天堂假”，飞往距北京4小时航程的海南岛度假。这位穿着夏威夷衫、戴太阳镜的36岁男子说，因为疫情，欧洲游不再可能。在北方经历酷寒之际，能在“中国夏威夷”度假是种福气。海南只有900万居民，却拥有9个免税购物中心。俞先生兴奋地说："有时不得不排队一小时才能进入商店购物。但这值得。"

欧美因疫情陷入瘫痪，国际大品牌希望在海南占据一席之地。法国LVMH集团估计，目前全球80%的免税品都在海南售出，"海南是疫情中的一线生机"。2020年全球奢侈品销售额下降23%，在中国却增长48%，海南贡献了其中一半业绩。

但这里不仅是商业天堂，还集合了中国在激烈（国际）竞争中争取领导权的种种雄心。海南岛注定将成为中国的国家名片，是众多领域的中国橱窗和榜样。

就军事而言，这里部署了中国的舰队和侦察机部队。在区域局势紧张的情况下，这可以封锁美国舰船进入中国南海的通道。专门研究全球军事安全的一家事务所表示，海南对中国具有战略意义。海南岛还是中国实现太空雄心的重要土地。月球和火星探测任务多次从海南文昌启动，一冲向天。

北京还希望将海南岛打造成经济特区。特斯拉将在此建立世界最大的电动汽车工厂。当地政府正在建设生物技术研究中心、深水港和第三个国际机场。蓬勃的商机吸引了更多投资。去年9月的中欧商会上，银行家史凯文说："对于希望在华设立分部的跨国公司而言，海南岛已成为一个非常重要的选择。"

不过，"中国橱窗"的实现并不容易。政府对资本转移和当地房地产购置的管控越来越严格。在中央政府的严格注视下成长，海南岛被寄予超越中国香港、纽约或巴黎的期望，同时不能偏离党确定的方向。

把海南自由贸易港打造成展示中国风范的靓丽名片

2022年4月，在海南自由贸易港建设进入全岛封关运作准备工作加快推进的关键时刻，习近平总书记来海南考察工作，要求解放思想、开拓创新、团结奋斗、攻坚克难，加快建设具有世界影响力的中国特色自由贸易港，让海南成为新时代中国改革开放的示范，把海南自由贸易港打造成展示中国风范的靓丽名片。

加快建设具有世界影响力的中国特色自由贸易港，把海南自由贸易港打造成展示中国风范的靓丽名片，就是我们的雄心壮志！

2013年4月，习近平总书记要求海南的同志埋头苦干、奋起直追，使海南成为实践中国特色社会主义的生动范例；在2018年“4·13”重要讲话中又指出如果海南岛更好发展起来，中国特色社会主义就更有说服力，更能够增强人们对中国特色社会主义的信心。

当年习近平总书记要求海南的同志要有雄心壮志，如今的海南处处涌动着雄心壮志。这次在海南考察，在海南之南、之中、之西北、之东北，习近平的调研足迹环岛一周。在海南，他接触到了方方面面的各级干部群众，看到大家精神面貌都很好，是一种朝气蓬勃、精神抖擞的局面。真的是“海”的潜力、“陆”的活力，处处涌动着雄心壮志。正是琼州大地处处涌动的这种热情高涨的干事创业气氛，让习近平总书记感到高兴，饱含期待：“由海南来完成这项历史性任务，这也是中国特色社会主义经济特区建设的一个战略安排，不断摸索、大胆试验，现在蹚出来一条路子。”他对海南寄予厚望：解放思想、开拓创新，团结奋斗、攻坚克难，加快建设具有世界影响力的中国特色自由贸易港，让海南成为新时代中国改革开放的示范！

“我们要有这样的雄心壮志。”随着习近平总书记这次考察海南，我们的雄心壮志有了更鲜明的指向：建设具有世界影响力的中国特色自由贸易港。

加快建设具有世界影响力的中国特色自由贸易港的伟大号召已经发出，我们正在朝着伟大的目标奋进。把美好愿景变成美好实景，要按照海南省第八次党代会关于抓落实的要求，以舍我其谁的雄心壮志狠抓落实，瞄准目标要求和时间节点，敢想过去没有想过的问题，敢干前人没有干过的事情，敢走别人没有走过的路子，以实事求是的态度、冲锋在前的勇气和善抓落实的智慧，排除万难、争取胜利，完善容错纠错机制，推动创造性抓落实在琼州大地蔚然成风。

从“海南岛好好发展起来”到“海南岛更好发展起来”，从“更大的特区”到中国特色自由贸易港，这表明习近平总书记心中装着把邓小平同志创办的中国最大经济特区办得更好、办出水平的雄心壮志。

紧跟习近平总书记2022年考察海南的步伐前进，我们的雄心壮志越来越清晰：从“到本世纪中叶，全面建成具有较强国际影响力的高水平自由贸易港”，到“加快建设具有世界影响力的中国特色自由贸易港，让海南成为新时代中国改革开放的示范”。以“功成不必在我”的精神境界和“功成必定有我”的历史担当，把海南自由贸易港打造成展示中国风范的靓丽名片。这就是我们应有的雄心壮志！

十五、要坚持党的领导不动摇

13日上午，习近平在参观海南全面深化改革开放和中国特色自由贸易港建设成果展后，听取了海南省委和省政府工作汇报，对海南各项工作取得的成绩给予肯定，希望海南以“功成不必在我”的精神境界和“功成必定有我”的历史担当，把海南自由贸易港打造成展示中国风范的靓丽名片。

习近平指出，推进自由贸易港建设是一个复杂的系统工程，要做好长期奋斗的思想准备和工作准备。要继续抓好海南自由贸易港建设总体方案和海南自由贸易港法贯彻落实，把制度集成创新摆在突出位置，强化“中央统筹、部门支持、省抓落实”的工作推进机制，确保海南自由贸易港如期顺利封关运作。要坚持党的领导不动摇，自觉站在党和国家大局上想问题、办事情，始终坚持正确政治方向。要坚持中国特色社会主义制度不动摇，牢牢把握中国特色社会主义这个定性。要坚持维护国家安全不动摇，加强重大风险识别和防范，统筹改革发展稳定，坚持先立后破、不立不破。（**《习近平在海南考察时强调 解放思想 开拓创新 团结奋斗 攻坚克难 加快建设具有世界影响力的中国特色自由贸易港》，《人民日报》2022年4月14日**）

一个拥抱世界的海南，也引发了世界探求其发展成就的好奇。海南省负责同志告诉总书记：“海南自由贸易港的中国特色，不少外宾来请教怎样理解‘中国特色’。”

主持召开省委和省政府工作汇报会时，习近平总书记强调了三个“不动摇”：坚持党的领导不动摇，坚持中国特色社会主义制度不动摇，坚持维护国家安全不动摇。

“‘慎终如始，则无败事。’百年变局，一件事一件事出来，一会儿灰犀牛，一会儿黑天鹅。对变化莫测的形势要有一种底线意识、危机意识，确保海南自由贸易港建设行稳致远。诸葛一生唯谨慎，吕端大事不糊涂。有位革命前辈曾说过这样的话，‘时时放心不下’。我听了很有共鸣。”（《“探索试验蹚出来一条路子”——记习近平总书记赴海南考察调研》，《人民日报》2022年4月15日）

习近平总书记主持召开海南省委和省政府工作汇报会时，强调了三个“不动摇”：坚持党的领导不动摇，坚持中国特色社会主义制度不动摇，坚持维护国家安全不动摇。这是确保海南自由贸易港“中国特色”的根本要义。

“中国式现代化，是中国共产党领导的社会主义现代化，既有各国现代化的共同特征，更有基于自己国情的中国特色。”习近平总书记在党的二十大报告中强调：“中国式现代化的本质要求是：坚持中国共产党领导，坚持中国特色社会主义，实现高质量发展，发展全过程人民民主，丰富人民精神世界，实现全体人民共同富裕，促进人与自然和谐共生，推动构建人类命运共同体，创造人类文明新形态。”

认真总结海南改革开放几十年来的经验和教训可知，“要坚持党的领导不动摇”是颠扑不破的真理。

“重大问题，要多向中央和省委请示报告”

1980年6月23日全天、6月24日上午、6月25日全天、6月26日上午，习仲勋用两个全天、两个半天时间主持广东省委常委会会议，进行思想大交锋，专门讨论解决海南问题。常委就如何解决海南的发展方针、体制和场社关系等重大问题，听取了广东省农垦总局、海南区党委、海南黎族苗族自治州委和省直其他部门的汇报，研究了向中央汇报的意见。经过几天的会议，通过充分讨论，广东省常委在海南发展方针等重大问题上形成了共识，为向中央汇报解决海南岛问题做了充分的准备。

6月26日上午，在综合研究了海南发展方针、场社关系、自治州与区党委关系等问题后，习仲勋在总结会议时指出：海南问题，主要是场社纠纷。在场社纠纷下，破坏就大了。无政府现象非常严重。要加强、改善党的领导。海南发生的问题，归根结底是这个问题。这也是普遍存在的问题。

十一届五中全会为什么提改善党的领导？这是强调突出加强、改善党的领导对搞好海南开发建设的极端重要性。这在当时都是非常有针对性的。海南“无政府现象非常严重”就说明了这一点。

10月3日，海南黎族干部王越丰向习仲勋汇报工作。在听汇报的过程中，习仲勋强调解决场社纠纷和加强党的领导问题。汇报结束时，习仲勋表示同意王越丰的汇报及意见。他又补充说，首先要把场社纠纷停止下来，不解决场社纠纷，安定不了。另外再加一条，加强党的领导，改善党的领导，特别是对基层组织的领导。

11月9日，习仲勋调中央工作。习仲勋主政广东的最后一次讲话是在10月11日，当时他在广东省地市委书记座谈会上讲话，对特区问题讲三点意见，其中有：“广东的三个经济特区，不光是广东的特区，也是为全国创造经验的，中央很关心。重大问题，要多向中央和省委请示报告，最好能定期（例如每个季度）向中央、省委作一简单明了的汇报。”

“重大问题，要多向中央和省委请示报告。”这可以说是习仲勋的重要政治经验，也是他对广东领导干部的政治交代。

习仲勋人在广东，心向中央，遇重要事情必向中央请示报告，这几乎成为他的工作作风、工作习惯、工作品格。时任广东省委副秘书长张汉青后来回忆说，习仲勋同志多年来养成一个习惯，做了什么工作，总要向中央写报告。他来广东以后，隔一段时间就要向中央汇报一次。老人家做事的认真、严谨和敬业精神，是很值得我们学习的。省委工作中的问题，他自己有机会自己讲，有时候也会请省委书记李坚真大姐去讲，因为她和中央各方面都很熟悉，有时候习仲勋同志会说：“大姐，你去讲一下吧！”有些问题，省委做了决定，他还不放心，还要向中央汇报，他很重视这个过程。

我们梳理习仲勋主政广东期间的海南工作，发现“多向中央请示报告”是习仲勋的政治品格、政治态度。

1979年1月19日下午，习仲勋主持省委常委会会议，向常委会汇报当前海南的情况，及对搞好海南各方面工作的设想。会议中他说，有些问题，这次会议可以解决，有的要请示中央解决。

1979年5月24日，省委四届三次常委会扩大会议地书组会议召开，讨论研究海南需要解决的问题。在讨论机构体制问题，尤其是海南区党委和自治州关系如何处理时，习仲勋说：“海南区解放近30年，你们都熟悉情况，要很好总结，研究报中央。特别是党的统一领导和干部问题。这个问题，今天谈谈，你们搞搞，给中央写个报告，主要是统一领导问题，这是为了加强对自治州的领导，不是削弱，任何削弱都是错误的。”他又要求省委其他领导和海南同志谈谈，给中央写个报告。

1979年6月11日上午，习仲勋主持省委常委会会议，研究委托刘田夫赴京参加五届人大二次会议期间办理的一些事情和省委当前几项工作安排。其中，常委会决定将《关于加快海南经济建设几个问题的提议（草案）》中需报请中央、国务院解决的问题，由刘田夫带去汇报。

1980年5月10日上午，习仲勋主持召开省委常委会会议，通报他陪同叶剑英元帅去海南视察情况，并研究海南问题。他说："我这次去了，如大家都同意了，我们向中央写个报告，对海南重新搞个规划。农垦体制，我认为很好，双重领导，以省为主。具体意见，把我去这次海南的情况向中央、国务院写个报告。"在讨论解决好场社关系问题时，习仲勋说："就此问题，我准备给书记处通个电话，这个问题不能再拖了。"

1980年8月11日上午，习仲勋、杨尚昆主持召开省委常委会会议研究贯彻国务院批转《海南岛问题座谈会纪要》会议，会议于8月14日至18日继续讨论，并决定以省委、省人民政府名义就贯彻国务院批转《海南岛问题座谈会纪要》的问题，分别写一决定和给中央、国务院的报告。

"重大问题，要多向中央和省委请示报告，最好能定期（例如每个季度）向中央、省委作一简单明了的汇报。"如果都能做到这一点，可以想象，海南"汽车事件"这样的全局性错误便不会发生，海南的改革开放也就不会走那么大的弯路、产生那么多教训。

"放弃党的领导，是海南出问题的症结所在"

发生于1985年的海南"汽车事件"，被认为是"我国实行对外开放以来的一个重大事件”。当年7月31日新华社的报道说，海南岛大量进口倒卖汽车问题已经查实，中纪委等单位组成的联合调查组提出的调查报告指出，海南岛大量进口汽车等物资倒卖出岛，冲击了国家计划，冲击了市场，违反了外汇管理规定，破坏了信贷政策，败坏了党风和社会风气，错误是十分严重的。其性质是严重违背中央的方针政策、明知故犯、弄虚作假、欺骗上级的政治性错误，是无组织无纪律，违反组织原则，严重违反党纪、政纪的错误。

1985年8月24日至30日，海南区党委召开常委会扩大会议，在省委常委会扩大会议精神的指导下，联系大量进口倒卖汽车等物资所犯的严重错误，分析原因，总结教训，端正党风，增强党性，加强党纪，进一步统一思想认识，端正业务指导思想，明确建岛方针。与会同志决心振作精神，发愤图强，开拓前进，开创海南岛开发建设的新局面。

会议总结的六个方面的教训，条条与坚持还是与放弃党的领导密切相关。因为这些教训实在是太深刻，今天读来依然振聋发聩，惊醒世人，故特列于下，以鉴未来。

正确处理局部利益与全局利益的关系，牢牢树立全局利益的观念。在1984年下半年的几个月里，海南进口倒卖汽车等物资达到如疯似狂的地步，以致置党的政策和纪律于不顾，经上级多次批评也未能制止，甚至说了假话、打了假报告，根本原因，就是忘记了全局利益，一心想到的只是海南岛如何赚钱。如果心中时时刻刻装着国家这个大局，想到进口那么多汽车和其他物资，会冲击国家的计划，会损害国家的利益，是不会那样严重地违反党的政策和纪律的。所以，共产党员特别是党的领导干部，有没有全局观念，这的确是一个根本的问题。作为一名对人民负责的党员领导干部，如果有损于全局利益，即使还没有任何一条政策禁止这样做，上级也没有来制止，也应当自觉地用党性的要求，绝对不能去干损害国家利益的事。可是，我们非但没有做到这一点，连明明有政策规定不能做的事，也干起来了。这正是颠倒了全局利益与局部利益这一关系所造成的。其教训是十分深刻的。

牢牢树立政策观念，任何时候都要严肃地执行党和国家的政策。对照中央11号文件的规定，海南在进口倒卖汽车等物资时，至少在三个方面严重违反了党的政策。第一，中央11号文件规定，海南可以用地方留成外汇进口若干海南市场短缺的消费品（包括国家控制进口的17种商品），以活跃市场、保证旅游和侨汇物资的供应。可是，我们却无视这一规定，大量进口汽车等物资，达到如疯似狂的地步。第二，中央11号文件规定，上述进口物资和商品只限在海南岛使用和销售，不得倒卖到岛外，可是我们却采取种种手法，将这些物资倒卖到岛外去。第三，中央11号文件规定，海南岛进口上述物资和商品，只能使用地方留成外汇。可是为了大量进口汽车等物资，我们竟然违反外汇管理条例，大量炒买炒卖外汇。这充分暴露了我们在对待党和国家的政策上所采取的错误态度，它从反面教育我们，在任何时候、任何情况下，都必须严肃认真地、不折不扣地贯彻执行党的政策。尤其是党的领导干部更要身体力行，自觉地维护党的政策，做带头执行党的政策的模范。

加强党性和组织纪律性，自觉遵守党的纪律。在“汽车事件”中自行其是，不听招呼，无视党的组织纪律，令不行、禁不止，这是导致犯错误的另一个重要原因。错误的实践告诉我们，越是开放、改革和搞活经济，中央给予我们的自主权越大，就越要加强组织纪律性。因为在开放、改革和搞活经济的过程中，既没有现成的答案可依，我们又缺乏经验。因此，如果不加强请示汇报，甚至滥用中央给予的权力，就必然闹出乱子。在开拓前进中，难免发生某些偏差和错误；出现了偏差和错误之后，一经上级指出，就应当坚决改正。

健全党内民主生活，严格执行民主集中制的组织原则。海南批准进口那么多的汽车和其他物资，既没有在政府的党组会议上讨论，也没有在区党委常委会上讨论，只是由少数领导同志拍板决定，这个教训也是十分深刻的。这个问题恰恰暴露了我们党内民主生活不正常，没有正确处理民主与集中的关系。一定要通过这次整党，健全党的民主生活制度，开展批评与自我批评，正确处理民主与集中、个人分工与集体领导的关系，严格按照民主集中制的组织原则办事。

在对外开放和搞活经济中，一定要坚持社会主义方向，不可忘记反腐蚀斗争。我们搞四个现代化，是搞社会主义现代化，我们所采取的所有开放、搞活、改革等方面的政策，目的都是为了发展社会主义经济。因此，在对外开放和搞活经济中，必须坚持社会主义方向，坚持四项基本原则。同时，应该清醒地看到，在引进国外资金、先进科学技术和经营管理知识的同时，西方资本主义的腐朽思想和生活方式不可避免地要随之进来。海南在“汽车事件”中发生的一系列严重经济犯罪活动以及淫秽录像、黄色书刊在一些地方的严重泛滥，正是资本主义腐朽思想对我们进行破坏、腐蚀的反映。所以，我们一定要有清醒的认识。这样，我们的对外开放才能顺利进行，我国的社会主义现代化建设才能立于不败之地。

在新的历史条件下，必须加强党的领导，改善党的领导。“汽车事件”还暴露了海南各级党组织这几年来在工作中存在的薄弱环节：一是忽视了干部队伍中世界观改造的工作；二是党的工作重心转移以后，思想政治工作跟不上形势发展的要求，未能做到“两个文明”建设一起抓；三是在对外开放中，强调了引进，忽视了对资本主义腐朽思想和生活方式的抵制；四是制度不健全，管理混乱。为此，在开放改革和搞活经济中，一定要加强党的领导，改善党的领导。要在这次整党中，认真解决党内存在的组织不纯、思想不纯、作风不纯的问题，把党组织建设成为领导社会主义现代化建设的坚强核心。

“汽车事件”发生半年多之后，中央理论刊物《红旗》杂志刊登署名钟纪伍的文章《海南汽车事件的教训》，就申明“必须加强党的领导，坚持民主集中制”。文章说：

原海南区党委作为一级党组织，之所以犯如此严重的错误，还有一个重要原因，就是他们忽视、放弃党对经济工作的领导，党内缺少或没有严格执行民主集中制的原则。

海南用这么多的贷款和外汇，大量进口倒卖汽车等物资，这是一件关系到海南开发、建设的重大政策性问题。但是，海南区党委常委却从未开会研究，只是由负责政府工作的同志自行决定。汽车事件发生后，中央、国务院、广东省委、省政府要求迅速制止此事的电报、电话，接连传到海南。对这么严肃的问题，区党委却不予重视，不进行讨论，任由区政府自行处理。

在总结汽车事件的教训时，原区党委主要负责同志在自我检查中说，我对党政分工问题有片面理解，认为党委要尽量少过问政府的事，放手让他们去搞。在很多重大问题上，违反党的民主集中制的原则，往往由一个人说了算，以致最后酿成了严重的错误。他沉痛地说，放弃党的领导，是海南出问题的症结所在。

另一方面，区政府在接受党委领导方面也存在严重问题。原区政府主要负责人在主持政府工作的两年多时间里，重大问题从未向区党委提交过正式报告，我行我素，自己说了算。他认为，政府工作中不存在集体领导和少数服从多数的问题，正职与副职的关系，就是副职对正职负责。所以，在进口、倒卖汽车等物资这个重大原则问题上，他不仅没有提交区党委认真研究，也没有在政府办公会上进行讨论，只是同个别人商量一下，就由他自己拍板定案。

实行党政分工，绝不意味着党委对政府的事情可以撒手不管，也绝不意味着政府可以摆脱党委的领导。原海南区党委、区政府的负责同志，忽视、放弃党的领导，抛弃民主集中制的原则，犯了错误。这个教训太深刻了！

在建设中国特色自由贸易港的时代大背景下，按照习近平总书记关于“要坚持党的领导不动摇，自觉站在党和国家大局上想问题、办事情，始终坚持正确政治方向”的要求，海南省第八次党代会部署“坚持和加强党的全面领导，建设党建引领、风清气正的自由贸易港”任务，提出海南自由贸易港处于改革开放最前沿，对全面加强党的领导和党的建设有着更高要求。要不断提高党把方向、谋大局、定政策、促改革的能力和定力，发挥党建引领作用，确保自由贸易港建设沿着正确方向阔步前行。一是持之以恒加强党的政治建设。二是持之以恒用党的创新理论武装头脑。三是持之以恒打造高素质专业化干部队伍。四是持之以恒做好人才工作。五是持之以恒夯实基层基础。六是持之以恒狠抓作风建设。七是持之以恒推进清廉自贸港建设。这充分表明了海南的党组织在政治上的清醒、自觉和坚定。

“在北京也没有一个综合部门帮助你们解决问题”

“中央统筹、部门支持、省抓落实”的工作机制，是中央为推进中国特色自由贸易港建设而作出的一项非常重要的制度安排。遵循这样的工作机制，就能确保海南自由贸易港建设始终沿着正确健康的方向前进，行稳致远。

这项重要制度的政治优势是：海南自由贸易港建设重大改革事项由党中央决定，整体工作进度由党中央把握，政策实施情况及时向党中央报告。

回顾海南改革开放的历程，我们会真切感到，党中央的直接部署领导指挥，是无比巨大的政治优势。我们对这项工作机制的感受越深，对建设中国特色自由贸易港的信心就越大。

1983年1月21日上午，国务委员谷牧在海南听取海南区党委汇报工作时指出：“国发〔1980〕202号文件，是个好文件。昨天我又找来看了一遍，今天所谈的问题，有许多在那个文件上都提到了。但是回过头来检查一下，基本上没有贯彻，没有具体落实，在北京也没有一个综合部门帮助你们解决问题。比如说，可以参照深圳、珠海的做法，解决什么问题，这条就没有落实。”

此后，谷牧两次召集中央各部门会议，研究解决海南开发建设和办大特区问题。

1983年3月12日，谷牧在北京召开会议，听取国务院各有关部门对海南岛开发建设问题的讨论意见并作出指示。参加会议的有国家计委等19部门的领导同志。

对此，《世界经济导报》1983年3月28日报道：中央决心很大，各方支援有力，海南宝岛即将起飞。报道说，记者从此间获悉，18日上午国务院召开了常务会议，加快海南岛开发建设问题的讨论纪要已获通过。国务院领导在会议上说，海南情况特殊，不放宽政策无法搞上去；现在尚未搞起来，不要担心会出什么问题；林业是海南的重点，不搞好一切都无从谈起；以及对外开放要强调严格遵守国家法律、法令，坚决按照党的政策办事，抵制资产阶级的腐蚀，并严厉打击一切违法犯罪活动等四点重要意见。据透露，3月5日和12日，国务委员谷牧主持了由19个部门领导人参加的联合办公会议，专题讨论开发海南问题。两周之内，国务院连开三次会议，充分反映了中央对加速开发海南的高度重视。会上，谷牧说，解决海南岛的问题势不可挡。意见都是统一的，应该有信心。谷牧要求各部委在解决海南问题上也要有个责任制，从3月中旬到年底，能干的一点也不能拖。谷牧认为，这次解决海南问题条件很有利，前不久，总理和总书记都到海南进行了视察，国务院工作组又在海南调查了半个月，因此，解决海南问题可以说是有思想准备、组织准备，也有一定的工作准备的。

鉴于这次会议的成效，谷牧会后对参会的海南行政区公署负责人说："你们也可以回去向省里宣传。参照国务院的办法，（指开办公会议）各部当场拍板，这样效率不错。海南的事，省委谁管，用什么办法来领导，要考虑。海南岛这么大的事情，不能随随便便。现在是我们逼你们，主要是省委，我那天在广州建议，至少要有个副省长与我们联系，今年落实得怎么样，有什么问题，不断通通消息，力争把纪要贯彻执行好。"

1987年9月26日，海南建省筹备组正式成立，许士杰和梁湘分任组长、副组长。根据国务院领导同志的指示，进一步抓紧政策文件的起草。为了充分吸收海南建省的意见，先由海南建省筹备组和国务院特区办分头研究，各自提出一个文稿。10月底，这两家分别交了一个本子。11月2日，谷牧召集国务院有关部门开会，发出这两个本子，请这些部门一并研究，提出意见。谷牧因奉命出访澳大利亚和新西兰，委托两位同志分头找这些部门听取意见，然后再整理成一个稿子。此后一个月内，他们按这个办法，开过七次会议，集中了从外交到公安边防，从经济综合部门到专业管理机构，从工业交通到农、林、水共25个部、委、办、局、署的意见，还同几位经济专家进行了座谈，写出了《关于海南岛进一步开放加快经济开发的意见》。12月8日，谷牧完成出访任务后由香港直接飞到海口，主持开了三天会，讨论建立海南经济特区问题。到会的有国务院16个部门、海南建省筹备组的负责干部，还有港澳工委和香港中资集团的同志，共70多人。三天的讨论，好意见不少，争论也不少。在大的原则上，大家的意见是一致的。但是，海南的同志还要求再"特"些。会上，海南的同志反复强烈提出，有关部门到会同志一再解释说明不可行的道理，花费了较多的时间。谷牧也认为单从海南出发，不从全局上考虑，也是不恰当的，决定这些问题不再讨论，拿到中央研究。回到北京后，谷牧向党中央和国务院作了汇报。考虑到内外有别，把讨论定下来的问题分写为两个文件，一件是《关于海南岛进一步对外开放加快经济开发建设的座谈会纪要》，作为内部文件下达；另一件是《关于鼓励投资开发海南岛的规定》，对外公布。1988年1月17日，党中央、国务院正式审议通过以上两件。当年4月13日，第七届全国人民代表大会第一次会议通过了国务院提出的关于设立海南省和建立海南经济特区的两个议案。随后国务院分别下达和公布了上述《纪要》和《规定》。由此，揭开了海南对外开放和经济开发新的一页。

从这两次中央各部门的会议看，由于有谷牧主抓，海南改革开放和办特区工作推进得很顺利，可见有制度性解决问题的安排，对搞好海南岛的开发建设有多么好啊。

建议中央成立一个加快海南开发建设领导小组

在习仲勋与任仲夷分别主政广东的时候，就有成立海南开发建设领导小组的想法与决定。当然，那时主要是要解决岛内的“不统一”问题。

1980年7月11日在北京结束的海南岛问题座谈会，对解决海南岛问题，解决好海南岛农业生产建设的方针和场社关系问题认识是一致的，但在解决海南体制等问题上还有较大的争议。因此，习仲勋曾经提出是不是再成立一个海南开发指挥部。

2013年是习仲勋100周年诞辰，央视纪录频道承制的六集文献纪录片《习仲勋》第四集《主政南粤》主要讲述中共十一届三中全会前后，习仲勋担任广东省委第一书记期间，拨乱反正，大刀阔斧地平反冤假错案。曾任习仲勋秘书的贾延岩在片中说（2002年采访）：“除了考虑深圳以外，当时他还考虑了海南。我记得他说过，怎么加速海南的开放。当时海南是广东的一个行政区，是个边远地方，经济各方面非常落后。他曾经提过，是不是再成立一个海南开发指挥部。在当时的情况下，那是相当早了。”

这类似成立一个海南开发指挥部的设想，后来也写进广东省委的文件之中，说是可考虑成立海南经济领导小组。要解决经济建设多头领导问题。海南区党委和行署是省委、省政府的派出机关，代表省对岛内的党、政工作实行统一领导。自治州在开发建设海南岛中占有重要的地位，区党委、行署及所属各部门要更多地发挥自治州的作用，更多地照顾他们的实际困难，在各个方面给予他们更多的支持。为了加强全岛经济建设的统一规划和统一布局，在行政体制不变的情况下，可成立海南经济领导小组，负责全岛的经济规划和协调。这个领导小组，在区党委领导下，由区党委书记牵头，自治州、农垦部门、海南军区和有关方面的主要负责同志参加。经济领导小组下可设一个精干的办事机构，负责日常工作。在海南岛的国营农场、中央和省属企业，以及公安、边防、海关、港口、机场、银行等部门，在执行上级主管部门的有关规定时，如遇到矛盾，则要服从经济领导小组的仲裁。（《中共广东省委、广东省人民政府关于加快海南岛开发建设几个问题的决定》（1981年11月9日），粤发〔1981〕71号）

当时有专家学者呼吁改革经济管理体制，解决海南生产建设中多头领导、力量分散的问题，也提出成立领导小组的建议：海南的行政体制和经营管理体制错综复杂，条条块块多，有中央和省属企业，有海南行政区和海南黎族、苗族自治州等几个系统，缺乏集中统一的领导，不同部门和不同所有制间对问题往往从局部利益出发，缺乏全局观点，遇到矛盾，互相扯皮，难于协调。为了加快海南建设的步伐，建议中央和广东省委对海南的管理体制要认真研究，进行改革。目前未改革之前可考虑成立海南经济领导小组，负责全岛的经济规划和协作工作。农垦的领导体制，接受过去多次改变领导体制造成损失的教训，还是稳定目前实行的中央和省双重领导较合适，不宜搞层层下放，不宜把一个大企业进行打乱、分割。为了支援地方建设，可采取向地方交纳税款或利润留成的办法，并在技术、资金、物资等方面支援社队发展生产，更好地发挥国营农场的示范作用。（孙秀禄：《海南岛开发建设中的几个经济问题》，《四川日报》1982年10月25日）

最终解决对海南实行统一领导问题的唯一办法，就是设立海南省，直属中央。正如习仲勋1986年5月写给中央领导同志的《关于海南岛行政体制的意见》的信中说的："从长远考虑，海南岛迟早要从广东省分出来独立建省。”这个重大判断，有力地推动了海南建省的历史进程。

专家学者们的看法与习仲勋的判断是一样的，由于他们地位“超然”，所以当时就能提出海南脱离广东、成立直属中央的海南特区的建议。

为了更加合理地开发利用我国宝贵的热带地区土地资源，1979年底，农垦部邀请中国科学院植物研究所、北京农业大学等单位的专家、教授，去海南岛进行考察。他们本着对国家负责的态度和实事求是的原则，从各自的专业进行了调查研究，1980年6月写出了考察报告。报告提出建立海南特区的建议。

从海南战略地位、自然资源出发，应该考虑如何更充分地发挥其生产潜力。我们建议成立海南特区，由中央统一领导，全岛政令统一，否则如粮食调配，物资供应，产品统购，森林法的落实，场社矛盾的调解等一系列问题无法解决。只有根据自然、技术、经济、国防等条件，由特区领导科学合理地统一部署、统一规划，全岛一盘棋，安定团结，朝着一个方向，才能使地尽其能，物尽其用，充分利用宝岛的资源；才能在经济上供销畅通，繁荣兴旺，生活富裕。

由于“现在海南很多矛盾解决不了，优势长期不能发挥，生产落后，农民很穷”，因而建议“成立海南特区，由中央领导，统一政令、部署，合理规划，使人尽其才，地尽其利，物尽其用”。可见，他们提出成立的海南特区，不是指经济特区，而是指特别行政区。

他们建议：“海南岛是我国珍贵的宝岛，过去由于体制不统一，协商不易，各方面的矛盾都很多，大大影响了生产的发展和场社关系。土地纠纷，砍林的纠纷，割胶、收胶的纠纷等，使农场经营遇到很大困难。从海南岛的战略地位出发，从充分发挥我国这一热带土地的生产潜力出发，从重要战略物资橡胶的发展出发，必须使全岛政令统一，安定团结，繁荣兴旺。建议成立海南岛特区，由中央直接领导，统一研究和领导全岛的工作。”

他们深有感触地说：“总之，海南岛确实是我国一个名副其实的热带宝岛。可惜由于经营管理方针长期不明确，又不能统一规划，统一领导，统一管理，本来发展热作和其他农林牧副渔业是不矛盾的，而且还是相互促进的。但是目前却是矛盾的，水田单产低，没能统一考虑加强管理，许多农场和公社大片适宜发展橡胶的土地却在荒废着，或者刀耕火种，或者费很大力气改为农田，本来想要求各场粮油肉菜都自给，但又大力发展橡胶，实际上这样下去，橡胶不能发展，粮食也难以自给，人力、土地纠纷、肥料等矛盾无法解决。甚至造成防护林带大片被砍，橡胶产品被偷，也无人敢认真过问和制止，生产怎能发展起来呢？关键的问题是把海南划为特区，统一领导，统一规划，这样农林牧副渔业和热带作物的发展都能做到互不争地，各得其所，并且相互配合，相互支持，那时橡胶既能最大限度地发展，粮油肉菜糖等也有自给的可能，工业才能得到发展。”（《农垦部向国家农委报送海南岛土地利用的考察报告（1980年6月4日）》，《农垦工作文件资料选编》，农业出版社内部发行，1983年）

梁湘在习仲勋当广东省委第一书记时就是省委常委，对海南情况很了解。1986年11月，受王震委托，他到海南进行调研，并就加快海南开发建设问题给王震写报告，当中建议有要实行更加优惠的政策，允许海南实行类似自由港的某些政策；要扩大自主权，把海南升格为省一级的体制等。在报告的最后，梁湘建议中央成立一个加快海南开发建设领导小组，以实行强有力的领导，提高工作效率。

建议中央成立一个加快海南开发建设领导小组，目的就是对海南开发建设实行强有力的领导，提高决策和工作效率，解决谷牧所说的“在北京也没有一个综合部门帮助你们解决问题”的问题。

中央统筹、部门支持、省抓落实

海南全面深化改革开放是重大国家战略，习近平总书记在2018年“4·13”重要讲话中就要求：“中央和国家有关部门要从全局高度出发，会同海南省做好顶层设计，坚持先谋后动，积极研究制定支持举措，共同推动各项政策落地见效。”

中央12号文件中明确，海南要毫不动摇加强党对改革开放的领导，进一步强化政策支持，建立健全“中央统筹、部门支持、省抓落实”的工作机制，坚定自觉地把党中央、国务院的决策部署落到实处。

这十二字的工作机制，进一步彰显了中国特色，更进一步彰显了中国精神、中国价值、中国力量、中国格局，让海南全面深化改革开放、全岛建设自由贸易试验区和探索建设中国特色自由贸易港的重大国家战略顺利实施。

（一）从中央统筹看

第一，习近平总书记不但在海南亲自宣布海南建设自由贸易港，而且亲自推动海南全岛建设自由贸易试验区和加快探索建设中国特色自由贸易港进程。

2018年11月14日，习近平总书记主持召开中央全面深化改革委员会第五次会议，一次就审议通过了关乎海南未来发展的5个重要文件，就是《海南省创新驱动发展战略实施方案》《海南省建设国际旅游消费中心的实施方案》《关于支持海南全面深化改革开放有关财税政策的实施方案》《关于支持海南全面深化改革开放综合财力补助资金的管理办法》《关于调整海南离岛旅客免税购物政策工作方案》。

2019年1月23日，习近平总书记主持召开中央全面深化改革委员会第六次会议，会议审议通过了《国家生态文明试验区（海南）实施方案》《海南热带雨林国家公园体制试点方案》等文件。

2019年2月25日，习近平总书记主持召开中央全面依法治国委员会第二次会议，会议审议通过了《关于全面推进海南法治建设、支持海南全面深化改革开放的意见》等文件稿。

习近平总书记还多次要求加快探索建设中国特色自由贸易港进程。按照体现中国特色、对标当今世界最高水平开放形态、分步骤分阶段推进等原则，研究探索自由贸易港政策和制度体系，不断取得阶段性成果。海南探索建设中国特色自由贸易港的进程不断加快。

第二，搭建海南全面深化改革开放的“四梁八柱”。

为全面贯彻党的十九大精神和习近平总书记重要批示精神，进一步凸显我国改革开放40年的重大意义，更进一步彰显党的十八大以来习近平总书记带领全国各族人民全面深化改革开放的重大意义，推动海南成为新时代全面深化改革开放的新标杆，形成更高层次改革开放新格局，探索实现更高质量、更有效率、更加公平、更可持续的发展，2018年4月14日，《中共中央 国务院关于支持海南全面深化改革开放的指导意见》（中央12号文件）印发。

为深入贯彻习近平总书记在庆祝海南建省办经济特区30周年大会上的重要讲话精神，落实《中共中央 国务院关于支持海南全面深化改革开放的指导意见》要求，高标准高质量建设自贸试验区，2018年10月16日，国务院印发《中国（海南）自由贸易试验区总体方案》（国发〔2018〕34号）。

党中央和国务院分别印发2018年12号文件和34号文件，为海南全面深化改革开放、加快探索建设中国特色自由贸易港做好顶层设计和路径安排，并由此形成“1+N”政策体系。

第三，在中央层面成立推进海南全面深化改革开放领导小组。

2018年7月1日至3日，中共中央政治局常委、国务院副总理、推进海南全面深化改革开放领导小组组长韩正在海南省调研并主持召开推进海南全面深化改革开放领导小组会议。这是韩正以推进海南全面深化改革开放领导小组组长的身份首次出现在新闻中。

关于中央成立全面深化改革领导小组，习近平总书记曾进行过说明，指出全面深化改革是一个复杂的系统工程，单靠某一个或某几个部门往往力不从心，这就需要建立更高层面的领导机制。中央成立全面深化改革领导小组，负责改革总体设计、统筹协调、整体推进、督促落实。这是为了更好发挥党总揽全局、协调各方的领导核心作用，保证改革顺利推进和各项改革任务落实。领导小组的主要职责是统一部署全国性重大改革，统筹推进各领域改革，协调各方力量形成推进改革合力，加强督促检查，推动全面落实改革目标任务。可见，在中央层面成立推进海南全面深化改革开放领导小组，也应是出自同样的理由：只有建立更高层面的领导机制，才能有效确保海南全面深化改革开放这个重大国家战略的顺利推进。

在中央层面成立一个省的工作领导小组，这是史无前例的；而小组的组长由政治局常委来兼任，也是史无前例的。由此可见，习近平总书记亲自谋划、亲自部署、亲自推动的海南全面深化改革开放起点之高、决心之大、格局之恢宏、考虑之周详，也是史无前例的。

加强中央统筹，成立推进海南全面深化改革开放领导小组，下设办公室和工作专班，这是海南自由贸易港建设至关重要的制度优势。海南自由贸易港建设顺利开局、蓬勃展开；海南自由贸易港建设进展明显，整体推进蹄疾步稳、有力有序，这与这种重大制度安排是密切相关的。

第四，海南自由贸易港法立法工作被提上国家立法日程。

党中央支持海南逐步探索、稳步推进中国特色自由贸易港建设，分步骤、分阶段建立自由贸易港政策和制度体系，这方面的工作在全面推进。

2019年3月8日，时任全国人民代表大会常务委员会委员长栗战书受全国人大常委会委托向大会作工作报告，提出开展生物安全法、长江保护法、海南自由贸易港法等立法调研、起草，确保如期完成立法。这意味着海南自由贸易港法立法工作正式纳入全国人大常委会工作计划、提上国家立法日程。海南自由贸易港法立法工作提上国家立法日程，这是海南走向中国特色自由贸易港的又一历史性一步。在国家层面上，为一个地区立法，这是极其罕见的。国家为海南自贸港单独立法，这是史无前例的。

在人们的印象中，迄今为止，只有香港和澳门两个特别行政区享受过这种待遇，这是由历史原因导致的。无论是深圳特区、上海浦东新区，还是雄安新区，都没有在国家层面上单独立法的例子。由此可见，国家决定调研起草制定海南自由贸易港法，的确是一件具有深远意义的大事，将为探索建设中国特色自由贸易港提供基础性、根本性的法治保障，彰显了以习近平同志为核心的党中央全面依法治国、重大改革于法有据的战略思想和治国理念。

第五，强调敢于监督、善于监督，为党中央重大战略推进实施提供有力保障。

2019年10月17日至19日，时任中共中央政治局常委、中央纪委书记赵乐际到海南调研。他强调，纪检监察机关要持续学懂弄通做实习近平新时代中国特色社会主义思想，认真贯彻中央纪委三次全会精神，把监督摆在更加突出位置，敢于监督、善于监督，以有力有效监督促进广大党员、干部增强“四个意识”、坚定“四个自信”、做到“两个维护”，高质量推进实施党中央确定的重大战略。他指出，要深入贯彻落实习近平总书记在庆祝海南建省办经济特区30周年大会上重要讲话、对海南工作重要指示批示精神和党中央国务院支持海南全面深化改革开放指导意见，自觉把廉洁建设贯穿于自由贸易试验区和中国特色自由贸易港建设之中，从规划开始就要加强监督，全过程都要跟踪监督，重点项目还要重点监督，特别要监督“关键少数”，确保每一项工程建设质量过关、干干净净。要在深化全面从严治党中强化监督，把着力点放在建设良好政治生态、优化营商环境上，主动监督、精准监督，促进形成风清气正干事环境和亲清政商关系。

（二）从部门支持看

海南全面深化改革开放是重大国家战略，习近平总书记要求“中央和国家有关部门要从全局高度出发，会同海南省做好顶层设计，坚持先谋后动，积极研究制定支持举措，共同推动各项政策落地见效”。

中央12号文件强调，要研究建立重大问题协调机制，统筹推进海南全面深化改革开放工作。中央有关部门要真放真改真支持，切实贯彻落实本意见提出的各项任务和政策措施，会同海南省抓紧制定实施方案。国家发展改革委要加强综合协调，强化督促检查，适时组织对本意见实施情况进行评估，及时发现问题并提出整改建议，重大事项向党中央、国务院报告。

从一开始，中央各部门就高度重视新时代海南全面深化改革开放和中国特色自由贸易港建设，财政部、交通运输部、农业农村部、科技部、自然资源部、生态环境部、公安部、人民银行、海关总署及教育部、中国民航局等部门，针对海南积极推动制定一系列政策措施文件，全力推进海南全面深化改革开放各项工作，有力支持海南自贸港建设。

（三）从省抓落实看

落实海南全面深化改革开放的主体责任在海南省。中央12号文件明确指出：海南省要发挥主体责任，主动作为、真抓实干，敢为人先、大胆探索，以“功成不必在我”的精神境界和“功成必定有我”的历史担当，一任接着一任干，一茬接着一茬干，将蓝图一绘到底。

我们看到，海南全省上下深入学习贯彻落实习近平总书记2018年“4·13”重要讲话和中央12号文件精神，凝心聚力、谋定而动、蹄疾步稳，以“一天当三天用”的精神干劲，加快建设全岛自由贸易试验区和探索建设中国特色自由贸易港，实现了良好开局。如今对外开放持续扩大，经济结构不断优化，发展质量明显提升，市场主体迅速增长，各类人才纷至沓来，并不断取得制度创新成果。（钟业昌著《弄清什么是中国特色自由贸易港》，海南出版社，2019年）

“要继续抓好海南自由贸易港建设总体方案和海南自由贸易港法的贯彻落实，把制度集成创新摆在突出位置，强化‘中央统筹、部门支持、省抓落实’的工作推进机制，确保海南自由贸易港如期顺利封关运作。”可以预见，以习近平总书记2022年4月考察海南为新起点，不断强化“中央统筹、部门支持、省抓落实”的工作推进机制，海南自由贸易港建设将稳健推进，如期顺利封关运作。

十六、越是深化改革、扩大开放，越要加强精神文明建设

习近平强调，越是深化改革、扩大开放，越要加强精神文明建设。要持之以恒抓好理想信念教育，培育和弘扬社会主义核心价值观，广泛开展群众性精神文明创建活动，不断提升人民文明素养和社会文明程度。要加强诚信建设，倡导遵纪守法、诚实守信的社会风尚。（《习近平在海南考察时强调 解放思想 开拓创新 团结奋斗 攻坚克难 加快建设具有世界影响力的中国特色自由贸易港》，《人民日报》2022年4月14日）

习近平总书记强调“越是深化改革、扩大开放，越要加强精神文明建设”时，是结合海南改革开放历史上的教训来讲的。他指出：“改革开放以后海南曾经走了一些弯路，很重要的一个原因是一段时间里精神文明建设抓得不好”“越是深化改革、扩大开放，越要加强精神文明建设”。如此强调重视精神文明建设，对于中国特色自由贸易港建设来说是非常有针对性的。

我们现在结合海南“汽车事件”等一些弯路的深刻教训，来谈谈加强精神文明建设有多么重要。对改革开放的海南来说，精神文明建设既有一般属性，又有其特别之处。由这些独特之处，可以深刻理解什么是海南的“人间正道”。

“一切向钱看”是“汽车事件”的思想根源

海南“汽车事件”发生后，各级党委在总结教训时，无不指向“一切向钱看”的思想根源。

广东省委召开常委会扩大会议，指出：“对照海南汽车事件，摆了我省从去年第四季度以来出现的一些十分值得注意的问题。……（7）‘一切向钱看’的资本主义思想，在一部分干部和群众中滋长蔓延。到会同志对‘一切向钱看’的思想进行了剖析，指出它与劳动致富、正当盈利是根本不同的两回事。我们必须通过经常性的强有力的共产主义思想教育来防止‘一切向钱看’思想的滋生。”

海南区党委总结说：“‘一切向钱看’的思想已深入到不少人的中枢神经里去了。有些人想问题、办事情，只是从钱出发，为了钱，可以不顾原则，不顾政策，不讲党性，不讲道德。这种‘一切向钱看’、为了钱不顾一切的思想，是资产阶级的金钱拜物教在我们队伍中的反映，如不认真解决，任其发展下去，势必危害我们的社会主义现代化建设。”

“一切向钱看”是海南“汽车事件”的思想根源。1985年9月25日，《羊城晚报》在《求是》专栏发表两篇署名文章，就海南进口倒卖汽车事件的教训发表见解。其中，署名彭孝纪的作者在《一切向钱看是海南岛汽车事件的思想根源》一文中指出，海南“汽车事件”的思想根源是“一切向钱看”。其一，是“一切向钱看”思想促使他们在处理眼前利益和长远利益的关系上采取了急功近利的做法，走了一条企图靠贸易致富的道路。其二，是“一切向钱看”思想使他们在处理某些局部利益和全局利益的关系时，采取了损人利己、损国利己的做法，不惜违反党和国家政策。

《红旗》杂志1986年第7期中署名钟纪伍的文章《海南汽车事件的教训》，更是剖析深刻，指出在“汽车事件”中，“一切向钱看”的拜金主义思想达到了登峰造极的程度。为了钱，有的党员干部不顾政策，不择手段，不讲道德，严重地违反了党纪国法。一些党政机关，从局部和眼前利益出发，违反党的政策，经商办企业，倒卖进口货赚钱，滥发奖金。为了钱，有的党员干部蜕化变质，走上犯罪道路，堕入法网。为了钱，有的单位把社会渣滓视为“能人”，起用流氓、赌徒、惯偷、劳改释放人员当“经理”“顾问”，做“代销员”。

文章指出，“一切向钱看”的思想急剧发展，造成了严重恶果，同海南的党组织和政府部门放松党的建设，忽视精神文明建设和思想政治工作有着密切的关系。原区党委很少专门开会研究加强党的建设和党性党风党纪教育问题。政治工作未能被提到党委的议事日程上来。原区党委有四个副书记，却无一人分管党群工作，各县、市的情况也大致如此。政工队伍配备不齐，素质较差，致使党的组织涣散，党员党性不强、政策观念淡薄。临高县纪委调查了76个支部，其中有64个支部不能正常过组织生活。原澄迈县委书记搞严重不正之风，讨论给他党纪处分时，却不知他在哪一个支部。

陈云曾指出：“忽视社会主义精神文明，我们的整个事业就可能偏离马克思主义，偏离社会主义道路。”文章据此指出，海南“汽车事件”，就是一个证明。只有在思想上、行动上纠正忽视精神文明建设的现象，坚持社会主义物质文明建设和精神文明建设一起抓，才能保证我们的建设事业沿着社会主义的正确方向健康发展。

这样的重要结论，仍然适用于海南建设中国特色自由贸易港的当下。切实抓好精神文明建设，坚决摒弃“一切向钱看”的思想。

“黄”“赌”“毒”的玩艺要坚决取缔

蜈蚑洲岛又名牛奇洲岛、蜈支洲岛，位于三亚海棠湾内，距陆地2.4公里，岛长1500米，宽1100米，面积1.48平方公里。山峰最高海拔78.3米，地势东高西低，岛上植被环境良好，乔灌参差，椰子林随处可见，海底珊瑚多彩多姿。小岛俯看像一只自由飞翔的蝴蝶，堪称“海上桃源”。其西部海岸平缓延伸入海，被开辟为海上乐园，可供游人进行日光浴、海水浴、沙滩排球等活动，还可开展潜水观光、海上垂钓等娱乐活动。西北青山可供开展登山沐浴热带雨林活动。

1992年9月19日，三亚市蜈蚑洲海景国际乐园开工典礼在蜈蚑洲岛举行。这个项目投资2亿美元，是当时海南省旅游开发的最大项目。

当时为了高标准开发蜈蚑洲岛，海南海景乐园国际有限公司通过招标，委托美国贝尔高林景观设计公司、夏威夷DGH设计顾问公司和海南都市规划设计研究所联手制定项目总体规划（修编）暨修建性详细规划，要把蜈蚊洲岛建成一处生态健全、环境优美、内容独特、设施完备、管理先进、国内首创、世界少有、极富热带海岛情调的国际海岛旅游度假胜地。

据最初由海南省建设厅主持通过的专家评审会评审的中国海景国际乐园总体规划，中国海景国际乐园是新加坡海南联合企业（私人）公司合作开发的一个大型旅游项目，总投资2亿美元。该项目位于三亚市蜈蚑洲岛，规划建设用地1.5平方公里；旨在创建一个独特、新奇、高档次、多文化内涵，集旅游、度假、疗养、娱乐、会议、商务于一身的国际性海上乐园。预计一期工程在1993年底交付使用，投入运营，全部工程3—5年完成。

当时曾有人提议，为吸引外国人来投资创业和旅游度假，在三亚的海上找个小岛设赌场，单凭外国人的护照进入。照此设想，蜈蚑洲岛开赌场条件是最好的了。

这里提及这个项目的意义在于，大概就是从这个“海上桃源”蜈蚑洲岛的开发开始，就有自然人和企业法人开始做起海南博彩业的“梦”，至今未断。但是，海南的“教训”反复告诉我们：这可是与社会主义精神文明建设格格不入的梦！

1990年，海南省政府研究部门接到一项特殊任务——就海南是否可以兴办赛马项目做一次调研。那时很多地方都在酝酿搞赛马，海南也有一些考虑，希望先行做一些探索。调研是应海南省政府领导和相关部门要求展开的。

赛马是当今国际上最普及化和大众化的博彩项目，根据1987年的统计，在全世界146个国家和地区中有88个国家和地区设立了赛马场。海南作为中国最大的经济特区，能否适应外商的投资要求，准许外商来海南兴办赛马项目，是一个需要及时研究和决策的紧迫问题。为此，他们广泛搜集材料，查阅国际惯例，多方征求意见，进行了认真、慎重的研究。他们还专程前往广州、香港考察，并与香港赛马会深入交流。研究认为，准许外商在海南投资兴办赛马项目，对于改善海南投资环境、加快引进外资的速度和扩大引进外资的规模，对于推动海南旅游资源的开发、带动海南旅游业的发展，对于增加地方财政收入，兴办其他社会文化事业等，都具有积极意义。作为特区的海南应当解放思想，遵照国际惯例，大胆批准和引进赛马项目，准许外商在海南兴建赛马场，开展赛马博彩活动。

研究认为，海南具有发展赛马业的有利条件。作为经济特区和改革、开放的超前试验区，海南享有比沿海其他地区更加优惠的政策。“凡是国家法律、法规及省政府的条例、规章没有明文禁止的，有利于生产力发展的生产经营活动，企业事业单位、团体和个人均可放开经营，大胆试验。”就开展赛马活动的条件来看，海南至少在如下四个方面占有优势：第一，境外人员可以在海南“落地签证”或“一次签证，多次往返”，便于境外人员来海南参与赛马活动；第二，海南目前可以开辟为赛马场所的用地十分广阔，且地价低廉，对外商来琼兴办赛马场具有一定的吸引力；第三，海南居民典型浓厚的博彩心理使赛马活动具有广泛的社会基础；第四，海南相对独立的地理单元，使它有条件试办赛马业，而不至于造成全国性的影响。

研究提出，让外商在海南建赛马场，举办赛马博彩活动，不影响大特区的社会性质。如果有外商愿意在海南投资举办赛马项目，我们认为是可以批准和支持的。海南作为全国最大的经济特区，可以率先举办赛马业。根据民众的认识、接受程度和经济发展水平，采取循序渐进的方式，分阶段开放。例如，可以设想分成三个阶段推进。第一步，允许境外人士投注博彩，参博对象只限海外人士，包括境内的海外投资者、海外旅游者。第二步，参博对象扩大到境内某些阶层人士，例如，允许国内旅游者和国内投资者参加。第三步，向全社会开放。分阶段开放便于管理和总结经验，避免走弯路。总之，在海南建赛马场，开展赛马博彩活动，既有可能，也有必要，其积极作用是主要的，只要加强控制与管理，制定切实可行的法规，其消极方面是可以被克服的。

1992年，一个名为“海南省赛马娱乐中心”的项目在桂林洋农场落地。这是第一个获官方批准的赛马场项目。它又被称为桂林洋马场，规划占地2000亩，预计投资数亿元。当年6月28日，由海南省旅游局牵头，海南省财税厅、海南省文体厅、桂林洋经济开发区、海南银通国际房地产有限公司就组建“海南赛马游乐活动中心”一事，在海口召开筹备会议。该项目选址在琼山县桂林洋海滨（后划归海口市美兰区），预计总投资3亿—5亿元，争取1993年开跑。会议还决定成立筹备领导小组，由一位副省长担任组长。4个月后，“海南省赛马娱乐中心”经海南省计划厅（琼计社会〔1992〕1347号文）批准立项。

为了更好地运作海南省赛马娱乐中心，一家名为“海南赛马娱乐有限公司”的企业于1992年10月成立。该公司注册资本为3000万元。最早有5个股东，分别是海南省信托投资公司、海南省国营桂林洋农场、海南银通国际房地产有限公司、海南省中国国际旅行社和海南省体育服务开发公司。

眼看海南大特区就要开张赛马、投彩了。

1993年4月，海南迎来建省办特区五周年，也迎来国家领导人的考察。考察中，时任国家主要领导人对海南发展赛马有如下表述：“关于跑马场的事，中央已作过专门研究，不能搞。希望大家都要遵守和维护中央的决定。”他还指出：“无论在国内哪个地方，要发展旅游，都应该在如何更好地兴办有中国特色的旅游业上多下功夫，而不要在建跑马场之类的事上打主意。”

如此，当年5月海南省计划厅对海南省赛马娱乐中心作出调整。项目更名为“海南国际体育村”，配套游乐场、室内外网球场馆、体育活动中心、购物中心、培训中心、露天剧场、国际性赛车场、摩托车障碍赛场、马术表演场等，总投资1.9亿元人民币，建设年限为1993—1995年。

以海南国际体育娱乐有限公司名义申请的海南省赛马协会成功获批。桂林洋马场初见雏形，其中包括三条国际标准的跑道和能养900匹马的马厩区，仅剩下可容纳5万人的观众看台和行政服务区尚未建成。当时也饲养了一大群马匹。后来，桂林洋的赛马场荒废了，聚集的马匹也遣散了，造成的经济损失当然很大。

“我看赛马海南就先不要搞吧!”中央领导人当时说的这句话，至今仍值得回味。海南的发展，还是走“人间正道”吧!

1993年5月底，广州一家报纸发表题为有关海南“红灯区”的报道，说：“前些日子到海南转悠了一趟，发现自己其实孤陋寡闻得很。别的姑且不言，就拿不少猛男老马识途的‘红灯区’来说吧，在海口仿佛是人都知道有这么个光怪陆离的去处。”“在职业好奇心的驱使下，记者由二位朋友保驾来到所谓‘红灯区’驻足一望，只见从海口宾馆到望江楼大酒店一带几百米地段上，人来人往，煞是热闹。按理说这一区域既非商业闹市又非娱乐中心，没有理由麇集这么多红男绿女，除了朋友所说‘色为媒’之外，确实很难找到更好的解释。”“记者抖擞精神横穿‘红灯区’，真是战战兢兢汗不敢出，‘土老帽’一个。不时有妆浓得面目全非的女子眉目传‘情’，有些称得上是花容月貌风情万种，幸亏记者道行颇深守心如玉，否则一不小心真可能一失足成千古恨。护驾的二位朋友为了让记者更真实地了解‘红灯区’的行规，有时也偶露峥嵘，和一些风尘女子搭讪几句，更把记者惊出一身冷汗。”“记者于是一走了之不再回首。”

该记者还议论说：“‘黄色娘子军’肆行宝岛，固然在一定程度上刺激了海岛旅游业的发展，但其潜伏的危机也已日露端倪。一个有趣的现象是，海口许多良家妇女对自己的丈夫越来越不敢放任自流，比如我一位挚友的妻子便几乎成了丈夫的影子。老朋友几年不见想出外喝一个痛快，她也非要在旁监督。虽说是清者自清、浊者自浊，但未雨绸缪，亦不失为稳定家庭安定团结的良策。一笑之余，我想她的警觉的确有点道理。”（朱德付：《走马“红灯区”》，《南方周末》1993年5月28日）

这是当时一篇对海南“伤害”很深的报道，也可说是建省办特区以来，海南首次面对内地媒体的“舆论监督”。此报道“出街”三天之后，海南的主流媒体不得不出来“说话”，并以署名评论直指媒体不能靠制造“红灯区”新闻提高“知名度”。

这篇评论说，也不能完全否认《走马“红灯区”》一文中描述现象的存在。此地确像改革开放较早的广东的某些地方一样，时常出现一些丑恶现象，因此确需有关部门下大力气再行整顿。但作为新闻报道不能攻其一点而不及其余，特别是用“大红灯笼高高挂”“‘黄色娘子军’肆行宝岛”这些大话来概括个别社会现象，就不能不让人敬佩作者创造事件包括在纸上制造“红灯区”的风格、勇气和胆识；也不能不使人对该报的宣传“品位”心生疑窦。

评论指出，海南建省办特区，实行改革开放，促进了经济、文化和社会生活的初步繁荣，精神文明建设也呈现出良好势头。但和全国各特区及沿海开放地区一样，窗子打开了，进来了新鲜空气，也难免飞进一些尘埃杂质，出现了某些丑恶现象。对此，海南各有关部门一直在下大力气整治并取得了一定效果。客观地说，在这个地方，从来就没有允许过“大红灯笼高高挂”的现象存在；过去没有，现在仍然没有什么“红灯区”。当然，越是繁荣就越要正视并整治各种丑恶现象。对此，倒是应该感谢该文以及其他善良人们的提醒。但新闻宣传的原则是客观公正，如果看不到海南这些年翻天覆地的变化，而把个别现象加以夸大、堆积、渲染，造成一种剪贴布条而成老虎之势，无非是想迎合一些低级趣味，造成所谓轰动效应，提高一些知名度，多推销几张报纸而已。（海棠：《能靠制造“红灯区”新闻提高“知名度”吗？》，《海南日报》1993年5月31日）

此文针对岛外报纸捏造“‘黄色娘子军’肆行宝岛”等夸大其

词说法加以驳斥，直指一些媒体靠制造“轰动效应”，来增加发行量的做法。今天读来，体会到“越是深化改革、扩大开放，越要加强精神文明建设”的道理，可看出坚决禁止“黄赌毒”就是题中应有之义，模糊不得，动摇不得。

当时，海南省委、省政府主要负责人就亮明态度：“黄”“赌”“毒”的玩艺要坚决取缔！

针对“黄”“赌”“毒”玩艺屡禁不止的实际情况，这位负责人专门强调在海南特区要坚决取缔这类社会丑恶现象。他指出：“对在社会主义市场经济体制建设当中出现的黄业、赌业和贩毒吸毒问题究竟怎么认识？采取什么态度？经常在一些会议上听到一些议论，上次中央领导人来的时候还有人在会上提出说，特区为什么不能够做这种事情？”

他指出：“黄业、赌业和贩毒吸毒都是以少数人得益而多数人受害为特征的。短期内可能有一点好处，长远看大家肯定都是受害者。我们作为社会主义国家，一定要保护绝大多数人的利益，而不能保护少数开赌场的、搞色情行业的人的利益。这桩事情如果我们不能很好地去抓，那就会引起泛滥。当然，在市场经济下全部消灭这种问题有一定困难，但是决不能让它合法存在。这个态度要非常坚决。要经常检查，看到了就要取缔，否则，这种东西一旦泛滥了，就会出现社会治安的大乱。因为赌钱输了就要偷、就要抢。不仅参与这种事的人受害，而且祸及别人。色情活动还会带出传染病的问题，芭堤雅就非常明显，艾滋病等传染病搞得太厉害了。进一步，黑社会就来了，因为这些行业没有警察去保护，他靠谁保护？就是靠黑社会。黑社会靠谁去养活？就靠这三样东西。只要黑社会一成了型，警察就是花几倍的力量也弄不了他。因为第一，他有钱，比你钱还多；第二，他腿比你‘长’，他可以在国际上到处乱跑，警察却不能随便出国。这就使这些问题变得非常难以制止。有些地方是靠赌业发了家的，像拉斯维加斯、澳门。但是，这么很少数的一点地方发了财以后，就殃及别人了，电影、电视上一演到黑社会就是澳门。赌这个东西，有一个‘高值曲线’，是规定好了的，获取率就是那么大，搞得越多输得越多，参与人最后肯定是要输的，能赚钱的就是赌场的老板。”

针对有人说：“这种行业我们可以让外国人来，不让中国人来。”这位负责人指出：“这个很难做到。你不让他去参与，他千方百计地去参与。世界上大赌场里就是中国人多，我觉得这是不好的传统习惯。所以，我的认识是这样的：在我们社会主义国家，应该把它消灭掉，坚决取缔。在咱们海南特区，坚决不搞‘黄’‘赌’‘毒’这些玩艺，坚决不能让它合法存在！一定要加以取缔，态度一定要坚决。”（《阮崇武同志再次指出：“黄”“赌”“毒”的玩艺要坚决取缔！》，《海南内参》1994年第10期）

思想深刻，态度鲜明，是这篇报道给人的强烈印象。当时人们不但经常在一些会议上听到一些放开“黄赌毒”的议论（笔者在写此书时，在一些公众场合还继续听到这种议论），甚至中央领导人来海南的时候还有人在会上提出，这说明“黄赌毒”的思想在一些领导干部心中是多么根深蒂固！

为了开“赌”，还有人造出“曲线”言论，就是“这种行业我们可以让外国人来，不让中国人来”，但是“这个很难做到”，“在我们社会主义国家，应该把它消灭掉，坚决取缔”。这真可谓一针见血、一剑封喉。此后，1997年10月召开的中共海南省委二届七次全体会议明确指出：“扩大开放更不是开放‘黄’‘赌’‘毒’。对此，各级党委政府和各级领导干部必须统一认识，保持清醒的头脑。”

“即开彩票绝对不是说海南要开赌场”

2009年12月31日，让人们充满期待的《国务院关于推进海南国际旅游岛建设发展的若干意见》（国发〔2009〕44号）印发。当中，有这样令很多自然人和企业法人感到无比兴奋的内容：“在海南试办一些国际通行的旅游体育娱乐项目，探索发展竞猜型体育彩票和大型国际赛事即开彩票。”

由此，海南建设国际旅游岛在旅游项目的设置上开放到什么程度？有严格管理的赌博、赛马的博彩业能不能放开？这成了当时人们私下议论和试探较多的热点话题。甚至有论者谓，从字面上看，赌业还不敢直说，但修建赛马场、试办跑马博彩业恐怕是可以“破冰”而出了。其“理论”很充分。

看齐香港赛马业。要开办赛马博彩业，海南还没有经验，首先要就近去考察香港赛马会。香港赛马会是世界上最大的马会之一，有着国际一流赛事，年投注额为650亿港币，在世界上排名第六，仅次于日本、英国、美国、澳大利亚和法国；若论人均投注额和场均投注额，香港赛马会是当之无愧的世界第一。香港赛马会每年为香港贡献的税收超过全港税收的10%，10年来向香港社会捐助超过110亿元慈善款。并且，它是一个纯粹的非营利机构，盈余的每一分钱，都进入慈善基金。它已经成为世界上最大的慈善机构之一，排名与洛克菲勒基金会相近。

看到周边国家。在中国的周边国家，比如在俄罗斯、日本、马来西亚、菲律宾、泰国、缅甸等国家赌博都是合法的。为了“开发”中国的市场，外国的赌场纷纷在与中国接壤的地区开设赌场。在中缅边境的勐拉和中越边境附近的芒街赌场林立，而来这里赌博的九成以上都是中国人，这就是“赌资外流”。据公安部的统计，每年内地通过境外赌博、网络赌博及地下六合彩等各种渠道流失到境外的赌博资金已超过6000亿元，相当于2003年全国福利彩和体彩发行总额的15倍，也相当于中国近年GDP的2%，这也是一种损失。

看上海南福彩。我国开办的全国福利彩票也是博彩业的一种形式。据有关报道透露，2009年全国福利彩票总销量达755亿元，92人得千万元以上的福彩巨奖。广东省全年销售福利彩票83.39亿元，人均年购买额83元，成为全国首个彩票年销量超过80亿元的省份。海南福彩的年销售量有多少，未看到具体数字，加上海南地下私彩泛滥，屡禁不止，这个数字也不小。既然难以有效堵截大量流向境外的赌博资金，我们何不想方设法变“堵”为“疏”，开源引“流”，让这些赌博资金在国内消化呢？海南试水博彩业其实未尝不是“肥水不流外人田”的明智选择。何况在国际旅游岛试水博彩业，外国的赌资流入还是主要的，对于增加国家和地方的税收是大大有利的。海南要打造国际旅游岛，适度放开博彩业的呼声渐起。当然，要真想下决心让这个行业向前走，就必须及早从立法上明确博彩业的法律地位和管理办法。

建设国际旅游岛，有好事者就这样“盯”上了博彩业。他们不知道，这些与社会主义精神文明建设要求是格格不入的。海南省委对此就保持着清醒的态度。时任海南省委书记卫留成在国新办新闻发布会及央视《面对面》采访等多个场合明确表示，海南的博彩业还处于探索阶段，不会开设赌场及赛马场。

针对海南国际旅游岛建设引发的一系列舆论焦点，中央电视台《面对面》栏目主持人独家专访卫留成，节目于2010年1月17日晚9点30分在新闻频道播出。其中的一个内容是“海南将试水博彩业?‘即开彩票绝对不是说海南要开赌场’”。

解说:按照国际旅游岛战略,海南将建成我国旅游业改革创新的试验区,充分发挥海南的经济特区优势,积极探索,提出要在海南试办一些国际通行的旅游体育娱乐项目,探索发展竞猜型体育彩票和大型国际赛事即开彩票,一些舆论认为海南将在中国率先试水博彩业。

记者:有人问得很直接,说海南要建国际旅游岛是不是就要开放赌业?

卫留成:这恐怕是一个误解或者是一个误读。我想这里边的含义有两点。第一,体育彩票探索发展,是一个探索设计论证批准的过程,不是说一哄而上;第二,它是体育彩票一种新玩法,新玩法没有脱离国家说的体育彩票这个范畴。

记者:我看到已经有媒体在披露,李嘉诚已经在海南开始建马场了?

卫留成:这肯定是误传,两三年以前有香港的一些人士来海南,说中国其他地方,什么地方什么地方建了马场,大城市都建了,想在这儿做,我们没有同意。当年确实是有这事,但也不是李嘉诚先生,我跟李嘉诚先生很熟悉,没有这回事。即开型只是说调动大家的兴致,多一些快乐的东西,但它绝对不是说海南要开赌场。

记者:这是不是您一个阶段性的策略说法?

卫留成:我相信这不是一个阶段性的说法,即使将来我不当省委书记,新的省委同志同样会有这种决策。赌这个东西,像拉斯维加斯,成了他们一个支柱的产业,带动旅游带动得很厉害,这是事实。但是它同时也带来很多负面的东西。要靠旅游业本身的、特色的、精品的旅游产品、旅游服务去促进旅游发展,我想这才能够持久、能够健康。

“网上有的议论要开赌场、搞博彩、放开跑马……是决不允许的”

在中国特色社会主义的新时代，《中共中央 国务院关于支持海南全面深化改革开放的指导意见》（2018年4月11日）明确：“支持在海南建设国家体育训练南方基地和省级体育中心，鼓励发展沙滩运动、水上运动、赛马运动等项目，支持打造国家体育旅游示范区。探索发展竞猜型体育彩票和大型国际赛事即开彩票。”

因为中央红头文件中出现“赛马运动”“即开彩票”等字眼，又有众多企业、协会等打起赛马主意来了。三个月的时间内，海南以“赛马”“马术”“马文化”等关键词命名或以此作为经营范围的企业超过30家，至少有10家涉及赛马小镇、马文化园项目。以至于海南相关部门表示，外界传闻的各类赛马小镇、马文化园项目都属于“企业行为”，并不代表官方。《海南省赛马运动发展规划》还在紧锣密鼓编制中。

至当年10月11日，海南省有关部门针对《海南省赛马运动发展规划》信访事项作出答复。相关复函（文件号“琼旅文便函〔2018〕8号”）中指出，开展赛马运动在海南省是全新的项目，政策性很强。中央文件印发后，有关部门马上组织专家制定《海南省赛马运动发展规划》，多次召开研讨会，就场地、无疫区、马匹骑手训练、赛事活动体系等方面进行了深入研究。

“赛马”始终是民间关注海南的热点。2020年4月1日，针对当时个别媒体连续报道海南省制定《海南省赛马运动发展规划》问题，记者采访了有关部门负责人，该负责人表示：海南省制定的是《海南省国家体育旅游示范区发展规划》，不是《海南省赛马运动发展规划》。《海南省国家体育旅游示范区发展规划》已经省委、省政府批准，即将出台，不涉及赛马运动内容。该负责人强调，海南体育基础差、底子薄，发展要分轻重缓急，循序渐进，目前优先发展水上运动、沙滩运动。海南没有赛马运动的传统和历史，需要更加广泛地进行调研和论证，谋定而后动，目前没有《赛马运动发展规划》出台的时间表。必须明确，海南的赛马运动与“赌马”无关，坚决不搞“黄赌毒”。

其实，在这个不断燃起的热点问题上，海南省委保持一如建省办特区、建设国际旅游岛之时的清醒与坚定。

2018年5月13日，时任海南省委书记刘赐贵在海南省委七届四次全会上指出，海南建设自贸区（港）要坚决防止不切实际、头脑发热的倾向，要坚决守住房地产、金融、地方政府债务、生态环境保护等底线，禁止“黄赌毒”，大力发展旅游业、现代服务业、高新技术产业，不是什么项目都要。要坚决防止投机取巧、一夜暴富的倾向。海南历史上出现的“汽车事件”、房地产泡沫、金融风险、炒房炒地、天价酒店以及屡禁不止的私彩等现象，都反映出海南还存在想一夜暴富的社会投机心理，决不能放任这种投机取巧、不劳而获、浑水摸鱼的行为破坏海南发展大局，要多管齐下进行治理，堵住漏洞、防范风险。

在学习习近平总书记“4·13”重要讲话精神时，刘赐贵还有针对性地指出：比如网上有的议论要开赌场、搞博彩、放开跑马，或照搬资本主义那一套、搞全盘私有制，这些都是脱离国情和实际的，是决不允许的。

现在，我们尤其要明确：建设中国特色自由贸易港，一定要牢牢把握中国特色社会主义这个定性，我们可以借鉴国际上其他自由贸易港的有益做法，但不能简单照搬西方自由贸易制度。海南自由贸易港的“自由”是指贸易投资自由、指生产要素自由，而不是政治的“自由”、意识形态的“自由”和精神文明的“自由”。“越是深化改革、扩大开放，越要加强精神文明建设”这根弦始终要绷紧，不能有丝毫马虎和犹豫。想在海南投资的自然人和企业法人，也要想通这一点。不然，任何投资都会逃脱不了“打水漂”“烂尾”的历史宿命。这是一定的。

党的二十大报告中指出：“中国式现代化是物质文明和精神文明相协调的现代化。物质富足、精神富有是社会主义现代化的根本要求。物质贫困不是社会主义，精神贫乏也不是社会主义。我们不断厚植现代化的物质基础，不断夯实人民幸福生活的物质条件，同时大力发展社会主义先进文化，加强理想信念教育，传承中华文明，促进物的全面丰富和人的全面发展。”经历了建省办经济特区、建设国际旅游岛，又正在经历建设具有世界影响力的中国特色自由贸易港，我们应更加毫不含糊地认识到“越是深化改革、扩大开放，越要加强精神文明建设”，这是海南发展的人间正道。

“马儿跑”，不是海南自由贸易港的梦！

2022年8月6日，财经新媒体平台“时代财经”发布林心林写的长篇报道《海南赛马难产四年：股民曾开大奔来参观，如今小镇人走楼空》，生动再现了2018年至2022年4年间国人做“赛马梦”的众生相；这也是难得一见的海南“赛马梦”的全景式报道，读之再次警醒世人。我们全文照录于此，也当是一种关于投资建设海南的“立此存照”吧。

“一晃四五年过去，连一匹马都没看到。”赛马文化爱好者陈德感叹道。

因为父母工作原因，9年前陈德曾在西藏拉萨生活过一段时间。西藏自古以来就有各种节日，而在大部分传统节日中几乎都少不了赛马运动。

那时陈德一有机会就蹲守在赛场边拍摄马匹驰骋的画面，吃一脸马蹄扬起的灰，时间一久心里也埋下了关于赛马的种子。

5年前，陈德回到家乡海口。一年后（2018年），全国的新闻都在铺天盖地宣传海南要开展博彩赛马产业。尽管陈德心里清楚，海南的赛马产业远比自己过往接触到的复杂得多，但他没有料想到的是，如今马蹄声似乎离这片热土越来越远。

“别说香港了，广州、玉龙、武汉都时不时有动静。”陈德形容海南的赛马产业为“跑得快，歇得也快。”他透露，自己还曾组队“慕名”去看过罗牛山赛马小镇。

陈德提到的小镇是赛马概念股罗牛山在2018年提出打造的赛马项目。2022年7月底，时代财经实地走访发现，这些曾冠上“赛马”名号的海南小镇项目，三四年过去仍只存在于多年前的规划图中。

如今，除了朝九晚五的工作外，陈德的社交账号上偶尔还更新有关各地赛马运动的讯息。8月2日的更新中，陈德转发了一条关于“海南召开会议研究全岛封关运作准备工作”的报道，配文是“海南适时启动全岛封关运作，或将利好赛马等马产业”。

指挥部建在农场边，股民开宝马大奔来参观

2018年，一句“鼓励海南发展赛马运动”的提法将海南岛瞬间点燃。

那年是海南建省30年，此举被认为是国家送给海南的一份大礼。中共中央、国务院发布的《关于支持海南全面深化改革开放的

指导意见》提出，鼓励海南“发展沙滩运动、水上运动、赛马运动等项目，支持打造国家体育旅游示范区。同时探索发展竞猜型体育彩票和大型国际赛事即开彩票”。

风口一开，海南赛马的序幕就此拉开。

据了解，彼时包括《海南省赛马运动发展规划》《中国海南赛马产业白皮书》等相关指导文件正在同步酝酿。当年6月，海南省旅游和文化广电体育厅表示，正在和相关学术研究机构及专业机构进行商谈，拟尽快研究制定出台《海南省赛马运动发展规划》，为海南省发展赛马运动提供科学指导。据第一财经报道，这份规划由上海体育学院参与制定，光是涉及赛马产业的风险评估内容就有10万多字。

“马蹄一响，黄金万两”，比规划跑得更快的是资本——赛马概念在A股横空出世，海南瑞泽、罗牛山、永泰能源、平潭发展、新华都等近20家上市公司被纳入赛马概念股，涉马匹繁殖、饲养及马术、赛马、彩票等细分产业。

以海南瑞泽、罗牛山为代表的一众海南上市公司，则明确提出布局海南赛马项目。其中，罗牛山于2018年5月宣布旗下“海南国际赛马娱乐文化小镇”项目已获得海南省企业投资项目备案证明，建设内容包括海南国际马术中心、国际赛马公园、行政办公配套等，总投资额高达287.8亿元，此后罗牛山的股价一个月涨幅高达104%。

按照罗牛山的计划，项目选址海口市美兰区三江镇罗牛山农场，为公司自有土地。罗牛山农场老员工王刚至今记得，2018年至2019年的时候，好多股民跑来罗牛山农场，拿着手机导航的地点向当地居民问路。

“一堆奔驰宝马停到农场里，对着几千亩的农地，问赛马场在哪里。”王刚对时代财经的记者说道。

相比罗牛山赛马小镇，200多公里外的海垦南田马术文化小镇项目泛起的水花更大一些。据悉，海垦南田马术文化小镇项目为海南瑞泽于2019年2月宣布投资的赛马项目，同样获得海南省企业投资项目备案证明，建设内容为国际赛马中心、赛马马术俱乐部、赛马产业、农业综合开发及度假小镇等，投资总额将高达30亿元。

根据当时的口径，海南瑞泽已找好合作方，即深圳市跃华马术文化产业有限公司、海南农垦神泉集团有限公司。其中，农垦神泉集团有限公司提供海南省国营南田农场的土地使用权或土地权益。

海垦南田马术文化小镇项目就位于南田农场的海燕片区，计划使用的土地面积约2000亩。农场附近的一间商铺的店主李强回忆道，当时本地人都在讨论赛马小镇，还有大巴车载着考察团过来查看场地。

神泉集团工作人员钟伟也表示，当时投资方曾派数十位工作人员在此办公，还有工作人员在丈量一些土地数据。不仅地都量好了，还有无人机在空中转来转去。

尚未开工、人走楼空，赛马小镇“只在天上跑”

钟伟指着北面方向称，半山腰那栋办公楼就是赛马小镇的项目指挥部。

往山上的方向步行，穿过一片芒果树林，时代财经记者来到了所谓的项目指挥部。大门口处竖立着一块写着“海垦·南田马术文化小镇项目指挥部”的牌子，上面的字已经有些斑驳不清；门禁收缩门也基本拉上了，仅剩一人大小的空位可以通行。穿过门禁继续往里面走，三四分钟后抵达了位于山腰的一栋有着前后庭院的二层小楼，当地人称之为“望海楼”。

不过，整座小院里空无一人，仅有两只狗守门。时代财经记者观察发现，指挥部里并不是没有办公生活的痕迹，比如后庭院里停着两辆小轿车，前庭院里摆着一套精致的茶具，且均没有太多落灰的迹象；二层小楼一扇扇紧闭的门内，既有挂着马术小镇规划图的办公室，也有摆放着餐饮厨具的厨房，以及用于休息的卧室。

“前几年是有人在指挥部上班的，但现在可能就剩一两个人了，整队人基本都撤了。”钟伟说道。据他了解，马术小镇规划图上不仅有符合国际标准的赛马场，还有马文化主题公园和度假区，吃喝玩乐相关项目都有。

钟伟还表示，除了望海楼，原本指挥部还有另外一栋办公楼，但因为被相邻的陵水边界认定为违规建筑，已经被拆了。

“项目现在其实已经停了。”钟伟透露。在2019年前后南田农场海燕分场确实规划了一两千亩地用于建赛马小镇，当时也准备进场施工，但如今因各方面原因，项目已经没有继续推进了。

据了解，海南瑞泽2019年宣布投资赛马小镇时曾表示建设期为72个月，但如今来看，三年时间过去，小镇还只停留在一张规划图中。另据一位当地居民表示，原本农场有一块指示牌提示所在地是马术小镇，但后面也被拆掉了。

罗牛山农场面临同样的处境，原计划在2020年建成的赛马小镇至今仍不见踪影。

农场老员工王刚打趣道，说好的赛马小镇一直都没什么动静，这两年也没有人过来参观了，“在天上跑着呢”。王刚称，罗牛山农场曾经是养猪场，如今以种植花卉为主，许多种植户以此为生。

而这些曾经大张旗鼓宣称做赛马小镇的概念股如今已变得低调。

2022年5月17日，海南瑞泽在投资者互动平台上回应了赛马小镇项目的相关问题，称公司参与的该合作项目已经终止。此前海南瑞泽也曾表示项目区域无上位规划，也无实质性建设进展。罗牛山则在多次收到有关赛马小镇的问询函之后，将原“海南国际赛马娱乐文化小镇项目”更名为“海南国际竞技体育娱乐文化项目”，但如今也无疾而终。

最近一次关于赛马方面的积极表态发生在2021年1月，据海南瑞泽公众号消息，中国马术协会速度赛马委员会第一次工作会议暨中国速度赛马竞赛规则修订研讨会已圆满结束，会议对中国速度赛马竞赛规则进行充分讨论和修改，与会人员初步达成共识。文中还提及，海南省旅游和文化广电体育厅二级调研员陈琦提出，赛马产业应为“赛马”与“旅游产业”的结合，探索体育与彩票结合的可能性。

受该消息影响，当天赛马概念股股价直线拉升、多只股票涨停，随后文章被火速删除，因此海南瑞泽也被质疑炒作股价。

有人因赛马失望而归，有人仍在“等风来”

经历多次起伏之后，海南赛马产业至今仍无实质的推动和落地项目，曾经那些开着奔驰车、宝马车来的股民也都带着失望离开。

那些做过“赛马梦”的当地居民也坦言“现在很少听到有人提赛马小镇了”。

南田农场商户李强就称，自己曾经计划买下农场旁边的一块地用于开发民宿，他说：“如果当时赛马小镇能够做起来的话，周边的酒店、餐饮店肯定都会爆火，我们这里发展也好。”不过，现在他已经搁置了这个想法。

曾接触瑞泽赛马项目的沈明也感慨，这几年因为海南赛马业失望而归的人太多了。其向时代财经记者表示，南田赛马项目做不下去有诸多原因，其一是需要庞大的资金实力和关系网，完整的赛马小镇没有数百亿拿不下来；其二则是农场属于两地交界的地方，且经过考察之后农场土地并不完全具备做跑马场的条件。

“一个赛马场不是轻易就能落地的，林业局、体育总局、海关、环保部等都可能参与，一个环节做错，这些部门都可能喊停。”沈明说道。

除此之外，赛马产业涉及博彩毕竟有些敏感，政府批文下不来，而且整个海南省政府目前也尚未出台有关赛马运动项目的政策。

可以察觉到的是，近几年来官方关于海南赛马产业的口径也变得愈发谨慎。

2020年4月，海南省旅文厅主要负责人曾表示：海南没有赛马运动的传统和历史，需要更加广泛地进行调研和论证，谋定而后动，目前没有赛马运动发展规划出台的时间表。必须明确，海南的赛马运动与“赌马”无关，坚决不搞“黄赌毒”。2020年6月份，海南省委书记在回答未来海南是否会发展赛马业时也明确表示“没有”。

一盆盆冷水之下，原定于2019年5月开办的海南马博会“流产”，原定于2020年8月1日举办的一场民间赛马赛事“2020海南快马速度锦标赛（第一赛季）”被迫叫停，此外不少申办的赛马经济论坛、赛马耐力赛也难获批准。

海南赛马产业还有很长一段路要走。但在沈明看来，这些赛马项目并没有完全夭折，只是在等待政策规划落地和风向改变。

沈明提到，目前海南走到了一个新的发展关口，随着全岛封关运作的推进，未来海南的体育旅游产业将会继续发展。沙滩运动、水上运动已经发展起来了，接下来就看有没有马儿跑了。

十七、用好海南琼崖纵队纪念场所、红色娘子军纪念园等红色资源

习近平强调，要坚持严的主基调，深入推进全面从严治党，以党的政治建设为统领推进党的各方面建设。要巩固拓展党史学习教育成果，弘扬伟大建党精神，用好海南琼崖纵队纪念场所、红色娘子军纪念园等红色资源，引导广大党员、干部坚定理想信念，传承红色基因，赓续红色血脉。（《习近平在海南考察时强调 解放思想 开拓创新 团结奋斗 攻坚克难 加快建设具有世界影响力的中国特色自由贸易港》，《人民日报》2022年4月14日）

2022年4月13日上午，习近平总书记在听取海南省委和省政府工作汇报后强调，要巩固拓展党史学习教育成果，弘扬伟大建党精神，用好海南琼崖纵队纪念场所、红色娘子军纪念园等红色资源，引导广大党员、干部坚定理想信念，传承红色基因，赓续红色血脉。

在建设中国特色自由贸易港的时代背景下，提出用好海南琼崖纵队纪念场所、红色娘子军纪念园等红色资源，目的是对广大党员、干部进行坚定理想信念的教育，加强党的领导，营造良好的政治生态，为加快建设具有世界影响力的中国特色自由贸易港作出贡献。

海南“四大文化”

习近平对海南的历史文化非常熟悉。2010年4月，他在海南考察时就指出，海南虽然建省时间不长，却拥有悠久的历史文化积淀和丰厚的民族文化底蕴。苏东坡、海瑞等历史名人都在这里生活过，留下了不少故事。一个“天涯海角”的爱情传说、一个红色娘子军的剧目、一首《我爱五指山，我爱万泉河》的歌曲使无数人认识了海南，记住了海南，对海南充满了神往。由此可见文化的魅力、文化的亲和力，文化对于一个地区发展和知名度的影响力、提升力。海南要大力推动旅游与文化的有力结合，充分挖掘、有效激活和合理运用优秀历史文化、革命传统文化、民族民间文化、海洋生态文化等资源，着力增加文化要素、提高文化含量、彰显文化品位，为国际旅游岛建设注入灵魂。

海南虽然孤悬海外，远离中土，僻处海疆，但文明之散播、文化之演进并未为大海所阻隔，海南反而因独特的地理单元，特殊的历史机缘，兼容并包、东西兼收，通过吸纳中原文化，形成独特的海南文化。

海南在历史上经济文化落后，因而经常被人说是“文化沙漠”，至今此说仍时起时伏。因此，习近平总书记对海南优秀历史文化、革命传统文化、民族民间文化、海洋生态文化这“四大文化”的精辟概括，感慨至深。对于海南历史文化，习近平总书记这些重要论述和要求，起到了为我们发展繁荣海南文化明方向、划重点、指路径的重要作用。

习近平总书记在激活海南文化方面又为我们带了好头、树了榜样。他在博鳌亚洲论坛2018年年会开幕式上引用海南黎族民歌

《久久不见久久见》歌词，让黎族民歌为世界所熟知；他在庆祝海建省办经济特区30周年大会上引用丘浚的诗句“五峰如指翠相连，撑起炎荒半壁天，夜盥银河摘星斗，朝探碧落弄云烟”，既让人神往海南宛如仙境的美丽景色，也把海南的历史文化名人丘浚推向了世界。

毛泽东：“白驹同志，你那里有谁会写电影的？”

在用好琼崖红色资源方面，毛泽东为我们树立了良好榜样。

1950年11月2日，冯白驹随同叶剑英到北京，向党中央和中央军委汇报工作。11月5日，周恩来陪他去向毛泽东汇报工作。

汇报过程中，毛泽东说了一段话：“记得1939年5月，我们在延安时，决定派一批干部到海南去工作，恩来同志找庄田同志谈话时，就指出‘冯白驹是琼崖人民的一面旗帜’的话，我当时说过，第二次国内革命战争时期，红军长征后，中央苏区几乎丧失殆尽，江西、福建及其他红色区域处在极端困难的环境下，只有陕北的刘志丹和琼崖的冯白驹，仍坚持着武装斗争。所以党中央和中央红军便长征到陕北来，因为陕北有刘志丹这面旗不倒。南方，就是琼崖有你冯白驹这面旗不倒。所以我赞成恩来同志的说法，你是琼崖人民的一面旗帜。”

忽然，毛泽东又问冯白驹：“白驹同志，你那里有谁会写电影的？”

冯白驹来不及领会毛泽东的问话，便如实地说：“主席，我们在战争环境里，连看电影的机会也没有。解放后进城来，刚看过几部无声电影，还有几部黑白片，有些还看不懂。没有写电影的人。”

毛泽东又问：“谁搞宣传？”

冯白驹回答："我们的宣传部部长叫李英敏同志，是北海人，还是少数民族，只有高中文化程度，人倒聪明。是1940年从广西到广东，又从广东雷州半岛偷渡到海南参加抗战的。他还办过报纸……"

毛泽东听了，便命令似的说："好吧，就叫他来，叫他写电影。"

冯白驹向毛泽东告辞，回到住处时，周恩来才告诉他，毛主席要求把琼崖坚持长期武装斗争的事迹宣传出去，以便增强我人民志愿军取得抗美援朝的胜利的信心。因为出兵朝鲜抗美援朝，有人怀疑我们派几十万兵到朝鲜去能坚持多久。毛主席说过，海南岛比朝鲜小，却能坚持20多年武装斗争；朝鲜比海南岛大，肯定能坚持长期的抗美斗争。

李英敏后来到北京任中央电影局支部书记、局长，中共中央宣传部文艺局局长等职。他创作的电影文学剧本《南岛风云》（已拍摄发行），获1956年文化部优秀电影奖。

潘鹤：从《艰苦岁月》到《冯白驹》

著名雕塑家潘鹤同样是用好琼崖红色资源的好榜样。

关于琼崖纵队的革命故事，经过各种艺术形式的广泛宣传，广为人知。一段鲜为人知而又让人感慨的故事，发生在著名雕塑家潘鹤身上。那是在20世纪50年代，他创作了现代雕塑史上的经典之作《艰苦岁月》。这件取材于琼崖纵队故事的作品，却戏剧性地被诠释为表现长征岁月的作品。

1956年，为纪念建军30周年，有关部门安排中国美术家协会理事潘鹤创作一幅表现我军第四野战军南下解放海南的油画。他为此拜访了冯白驹。冯白驹向他介绍了琼崖纵队“二十三年红旗不倒”的悲壮经历。特别讲到一位炊事员，说他生性诙谐，善于苦中寻乐，常常唱山歌、说笑话为大家排遣因没吃没穿带来的愁闷。潘鹤听后感动不已。于是以其为原型，绘就油画《琼崖游击队》草图送上审查，但遭到否决。

然而，潘鹤无法抹去冯白驹叙述所留下的深刻印象，于是又根据油画草图创作了一尊雕塑，取名《艰苦岁月》。由于时间仓促，来不及将雕塑小样送京审查，只好直接参加预展。没想到，置于展厅一角的《艰苦岁月》受到参观预展的元帅、将军们的一致好评。他们说，《艰苦岁月》让他们想起了当年艰苦卓绝的两万五千里长征。评论家则认为，《艰苦岁月》歌颂了革命理想主义精神……《艰苦岁月》因此一鸣惊人，全国有200多家报刊对它作了介绍。潘鹤则任由人们去把它诠释为表现长征的作品，而一直不去点破实情。

潘鹤脑海里的形象与实际操作，达到高度一致：战斗空隙，一老战士席地吹笛，一小战士倚靠在其身旁出神倾听。“那个老战士，就是冯白驹的形象。当年不允许宣传个人，我只能用间接的方法来表达我的感情。”潘鹤后来回忆说。

这尊名为《艰苦岁月》的雕塑，先后被陈列在北京的军事博物馆、革命历史博物馆，以及全国20多个地方博物馆中。1957年9月出版的《解放军文艺》，以潘鹤的《艰苦岁月》雕塑作品为封面，但标题是《在艰苦的岁月里》。

1988年海南建省时，在海南华侨宾馆中央草坪上，就矗立着这座红色经典雕塑：1988年，潘鹤将按原样铸造的《艰苦岁月》铜塑，作为海南建省及华侨宾馆开业的贺礼。如今，这尊红色经典雕塑作品，已移至母瑞山革命纪念馆展出。

《艰苦岁月》在20世纪百年美术回顾中，成了代表之作。

外国一家博物馆力图收藏这一艺术珍品，他们如是说："我们以为，任何人的一生，都有艰苦的时刻与亢奋激进的时刻，无论是政治家，还是实业家，其事业免不了会有低潮的阶段。重要的是，失败不消沉，对未来要有信心——正是在这一点上，《艰苦岁月》是谁都可以接受的，它揭示了一种永恒的人性。作为世界各地博物馆的藏品，什么流派都基本齐全，甚至中国各个朝代的珍品都有了。缺的正是20世纪中国革命时代的现实主义藏品——它恰恰填补了这一空白。"

有一位意大利的著名导演，在这尊雕塑面前驻足良久，迟迟不愿离去，显然是有什么触发了他内心的东西，当有人问起他的感受，他这么说："无疑，这里面包含一种永远可以唤起人们激情的东西，是不为任何时间与空间所限制的。无论何时何地，它给予人们的启迪总是难以说尽的。一百年之后是这样，一千年之后也是这样。谁不会遇到挫折，遭受打击，面对失败呢？无论是艺术创作，还是科学发明，都是这样。它可以唤起失败者的斗志，给黑暗以光明的曙色，这是一种无形的，也是无所不在的人类的力量。看到它，我们就会对未来充满了自信。"

在潘鹤的心中，有一个埋在心底30年的夙愿，就是为冯白驹塑像。

海南建省后，许士杰、梁湘两位开明的新任省领导，认为潘鹤有政治头脑，塑像正是求之不得的机遇，可以趁势振奋地方老同志的精神，搞好地方干部的团结工作，更好地开发海南岛的精神资源，于是立即邀请潘鹤到海南省接受任务。潘鹤依照五指山造型，用13块花岗岩石料，雕成了八米高的《冯白驹》胸像：这样，冯白驹显得很高大，也更集中地表现出了他面部严峻、忧郁、凝重而不屈的表情，令人同时想起他创立的奇勋和蒙受的奇冤——这与《艰苦岁月》中老战士的乐观自信形象形成了鲜明的对照。两个不同的雕塑，记录着同一部不寻常的历史。

《冯白驹》雕塑线条粗犷、洗练，显示了人物的品格与节操，也寓含着雕塑家对英雄的独特理解。老同志趁此机会到北京请邓小平为石像题词，邓小平题了“冯白驹将军”五个大字，此举等于为冯白驹恢复名誉了。一时间，许多老同志垂泪像前，海南地方干部精神为之一振。后来许士杰对潘鹤说，你帮我做了一件很不易做的事，我身为“一岛之长”，对地方精神财富的发扬已束手无策。这下子问题解决了，我代表宝岛的地方干部感谢你。

从《艰苦岁月》到《冯白驹》，整整30年，这是怎样一部苦难辉煌的历史，又是怎样一部赓续红色血脉的历史！

娘子军是革命典范

2001年，海南省琼海市的红色娘子军纪念园被确定为全国爱国主义教育示范基地。如今这座纪念园已经成为海南省的一个旅游胜地，接受着全国各地群众和海外游客的瞻仰。

“红色娘子军”的原型，是1931年5月1日在乐会县第四区赤赤乡内园村（今海南省琼海市阳江镇内园村）成立的中国工农红军第二独立师第三团女子军特务连。女子军特务连连长为庞琼花（后为冯增敏），指导员为王时香。全连有三个排，一排长冯增敏（后为卢赛香），二排长庞学莲（后为李昌香），三排长黄墩英（后为曹家英）。每排三班，每个班有十名战士，全连九个班，加上连部的传令兵、旗兵、号兵、庶务、挑夫和三个膳食员，全连共有103人。

该连扬名琼岛是因为1931年的纱帽岭战斗。当年6月，国民党乐会县“剿共”总指挥陈贵苑率领地方民团向乐万苏区进攻时，红军第三团为消灭这股国民党军，决定由该团女子军特务连引诱国民党军向纱帽岭方向深入，红三团主力部队到纱帽岭伏击陈贵苑部。后来经过一个小时的战斗，红军毙伤国民党军20余人，俘“剿共”总指挥及其中队长以下70余人，缴获长、短枪90余支。女子军机智灵活地配合红军主力英勇作战的事迹受到根据地军民的赞扬。

1933年，该连队王时香、冯增敏、庞学莲、黄墩英、庞琼花等五人先后被捕，在海南琼山监狱关了两年后，国民党将她们与林尤新、蒙汉强、王学葵三位红军女干部一起，押送到广州国民党监狱。当时，国民党为了宣传其“剿共”成果，拍下监狱中的八位姐妹。在狱中，她们坚贞不屈，共同度过三年艰难的铁窗生活。1937年，蒋介石被迫抗日，释放被关押的共产党人及爱国人士，她们才恢复了自由。

解放后，琼崖纵队2000多名女战士被遣散，没有什么依靠，生活相当艰难。1980年，习仲勋以广东省委名义上报中央有关解决琼纵女战士待遇问题的报告。胡耀邦在报告上批复广东省委每年拨给海南琼纵复员女战士生活补助费40万元。据后来查实，琼纵女战士有3000多人。

1953年，一个周六的晚上，由新凤霞领衔主演的评剧在北京马列学院礼堂上演。前来进修的琼崖纵队老干部王雁秋激动不已，因为毛泽东主席和周恩来总理也会前来观戏。更令他激动的是，学院的教育长杨献珍把他介绍给了主席和总理。他赶紧把琼崖纵队的革命历史告诉了周恩来，并提及了乐会县女子军特务连的斗争事迹。周恩来听完后，紧紧握住他的手，然后又把该事迹转告给毛泽东。毛主席听了后，连对王雁秋说了两个“很好”：“琼崖纵队有娘子军，听说打得很好，又是革命典范。很好。”

毛泽东评价女子军为“革命典范”，这是很高的荣誉。当时，女子军特务连的事迹仅有琼崖纵队少数人知道，“红色娘子军”的说法尚未提出。据说，周恩来1953年接见王雁秋时，第一次表达了把娘子军的故事拍成电影的想法。

报告文学《红色娘子军》

发掘“红色娘子军”历史的第一人是刘文韶。

1957年8月，时任海南军区宣传干事的刘文韶，首次在《解放军文艺》上发表了报告文学《红色娘子军》。2004年5月，《中共党史资料》刊登了刘文韶写的《采写红色娘子军的回忆》，正式确认了“红色娘子军”这一称谓源于他创作的报告文学《红色娘子军》。

1956年，总政治部和广州军区政治部发出开展建军30周年征文活动的通知。刘文韶当时在海南军区政治部做宣传工作，军区就让他负责这次征文。他注意到过去宣传琼崖纵队的文章较少。有一天，他猛然间发现了一本油印的讲琼崖纵队战史的小册子。小册子上有这样一句话：“在中国工农红军琼崖独立师师部属下有一个女兵连，全连有120人。”这句话给了他很大的震撼，因为在中国工农红军的历史上，女指挥员和女英雄是很多的，可是作为成建制的完整的女兵战斗连队，过去很少听说。他觉得这是一个重大题材，为慎重起见，他先向时任海南军区副司令员的马白山询问是否有这样一个女兵连。马白山说当年在乐会县一带确实有这样一个连队。他又问了海南区党委书记肖焕辉，肖焕辉也表示确有此事。

经过这一番确认后，刘文韶带着海南区党委的介绍信来到乐会县委机关，向相关负责人打听有关女兵连的事，但他们表示没有听说过这样一个连队。不过他们说县里的妇联主任冯增敏是个老红军，或许她能提供一些线索。于是他就找到了县妇联主任的办公室，而冯增敏正是女兵连连长。冯增敏把女兵连的整个历程详细地跟刘文韶讲了。在冯增敏的介绍下，刘文韶在乐会县又采访了十来个女兵连的战士，还有当时革命根据地的老乡。

在乐会县进行采访的一个多月中，刘文韶得到了许多第一手的资料。后来他到广州后又采访了一些相关领导同志，并专门拜访了当年琼崖纵队的负责人冯白驹。冯白驹当时是广东省副省长。他向刘文韶提供了很多关于女兵连的珍贵史料。

在材料翔实的基础上，刘文韶满怀创作的激情，没用几天就把文章写完了。按照征文的要求，他写了一篇三万多字的报告文学。至于这篇报告文学的标题，使刘文韶陷入了深思。

刘文韶看到那本小册子上写的是“女兵连”，冯白驹说是“女子特务连”，他觉得这些还不够反映女兵连的特性和本质，应该从更大的主题和背景来考虑，把它作为解放军的一个建制连队的代表来定位。考虑到中国历史上从花木兰到杨家将，一直以来就有娘子军的说法，所以刘文韶觉得应该叫娘子军，这显得非常响亮、威武。为了区别于以前的娘子军，更好地说明这支部队是在中国共产党领导下的，他就在娘子军前加了“红色”两个字。最后把报告文学的标题定为《红色娘子军》。

当时他把这个标题跟马白山等有关领导讲了，他们都表示赞成。于是这篇报告文学就作为海南军区的征文被送到了广州军区，再由广州军区送到了总政治部。1957年8月的《解放军文艺》刊登了这篇报告文学《红色娘子军》。

该文以自述的方式展开，是为开篇语：

一九三〇年夏至一九三二年冬，在中国工农红军琼崖独立师里，有一支妇女组成的战斗连队——“娘子军连”。全连一百二十人，从连长到士兵，大都是十七八岁的姑娘，最大的不过二十岁，最小的只有十五岁。二十七年前，她们就站在革命斗争的前列，英勇地和敌人战斗！虽然，这支红色娘子军仅存在两年多，但她们那艰苦卓绝的斗争事迹，却永远是我国妇女的光荣和骄傲，永远是我军历史上光辉的一页。

当年的连长冯增敏同志，现任广东省乐会县妇联会主任，还是县人民代表大会代表、人民委员会委员、青年团工作委员会委员。今年四十三岁了，身体很健康。她有一个温暖朴素的家庭，女儿在中学读书。

这篇报告文学发表后立即引起了广泛的关注。上海文艺出版社随后出版了单行本《红色娘子军》。当时参加过长征的女将军李贞专门为该书写了书评：“《红色娘子军》是一本革命回忆录，是一本富有教育意义的好书。它叙述在第二次国内革命战争时期，在中国共产党琼崖党组织领导之下，一个全部由女同志组成的连队的战斗故事。这本书的口述者是冯增敏同志，她就是当时这个娘子军连的连长。这本书的最大特点是，没有一点渲染和虚构的地方，每章每节都能使人深思、使人感动。”

报告文学的第一人称主人公“我”的原型是娘子军连连长冯增敏。随着娘子军越来越广为人知，冯增敏的名气也越来越大。

1960年，冯增敏曾作为特邀代表参加了全国民兵代表大会，受到毛泽东、朱德、邓小平等领导人的亲切接见。到北京后，冯增敏从中央军委获得了一支五六式半自动步枪、200发子弹的奖励。4月18日，冯增敏参加了代表大会。23日，他们突然被告知，中央领导同志要在中南海怀仁堂接见他们并同他们合影。参加合影的代表共有5500多人。领导们坐在前排中间，海南的代表团被安排在毛主席的正后方，目睹革命领袖风采的冯增敏激动得热泪盈眶。

电影与芭蕾舞剧《红色娘子军》

1961年7月1日，上海电影制片厂出品，由梁信编剧，谢晋导演，祝希娟、王心刚等主演的电影《红色娘子军》全国公映，海南的蕉风椰雨深入人心，“向前进，向前进”的旋律更是响彻大江南北。

该片讲述了第二次国内革命战争时期，吴琼花从奴隶成长为共产主义战士的经历和海南红色娘子军的战斗故事。该片一上映，立即引起轰动效应，在全国掀起了“娘子军热”。该片创下了六亿人次观看的盛况。

1962年5月22日，首届大众电影“百花奖”授奖仪式在北京举行，《红色娘子军》一举揽获最佳故事片奖、最佳导演奖、最佳电影女演员奖和最佳配角奖四项殊荣。周恩来、陈毅、郭沫若、周扬等出席了授奖仪式。郭沫若更是亲笔为《红色娘子军》题词：“海南岛上碧血潮声的琼花，在东风中开遍了泱泱中华。红色的气韵真正壮美无瑕，众口同声说：最佳、最佳、最佳！”电影《红色娘子军》，代表了那个历史时期电影的最高水准。

1963年的秋天，中央芭蕾舞团在天桥剧场演出《巴黎圣母院》。周恩来第二次前来观看，剧终后特意邀请剧团领导和主要演职员到休息室座谈。他肯定了这几年我国芭蕾事业的发展后说：“你们演了不少外国名剧了，学到了不少东西，能不能在这个基础上搞好革命化、大众化的作品……当然，芭蕾是外来艺术，一开始就完全民族化比较困难。可以一边排演外国的舞剧，一边尝试创作新的、革命题材的舞剧嘛。”周恩来还委托主管舞台艺术的林默涵抓这件事情。

革命题材现代芭蕾舞剧《红色娘子军》，就是遵照周恩来关于“要创作革命题材的舞剧”的精神指示，在同名电影的基础上改编创作出来的。同年12月，林默涵经多方了解情况、收集资料后，在北京舞校召开了创作会议。大家一致赞同改编电影《红色娘子军》。因为娘子军女同志多，符合芭蕾舞的特点；背景是海南风光，山清水秀，很美；电影故事人们熟悉，十分感人；主题音乐很动听，值得搞。

1964年2月，虽然春节将临，但《红色娘子军》舞剧创作组——作曲吴祖强、杜鸣心等人，编导李承祥、蒋祖慧、王希贤，舞美马运洪等人，以及主演白淑湘、钟润良等人，已踏上南下列车。到了广州，他们先去拜访了电影《红色娘子军》编剧梁信，接着马不停蹄地直奔海南万泉河、天涯海角、五指山等地深入生活。4月回到海口时，创作组已基本完成了六场的舞剧脚本。5月中旬便开始排练。7月中旬完成全剧首次连排，然后下连队当兵锻炼半个月。9月下旬进入彩排阶段。9月23日，周恩来到天桥剧场观看彩排。剧终时，他的眼眶湿润了，一边鼓着掌，一边走上舞台，亲切地与演员见面，祝贺他们彩排成功。当周恩来发现演职员中不见演奏员，忙向乐池招手，请指挥黎国荃和演奏员们上台，与他们一一握手，说：“你们辛苦了……”

芭蕾舞剧《红色娘子军》于9月26日在北京天桥剧场正式公演。周恩来观看演出后走上台，对演出人员给予了肯定，高兴地说：“我的思想比你们保守了。我原来想，芭蕾舞要马上表现中国的现代生活恐怕有困难，需要过渡一下，先演外国革命题材的剧目，没想到你们演出得这样成功。”该剧在天桥剧场连演了三天，整个北京为之沸腾，熟悉的历史记忆、动人的形象和精湛的舞技使无数观众为之倾倒。

在周恩来的安排下，现代芭蕾舞剧《红色娘子军》被搬到人民大会堂的小礼堂演出。10月8日，当小礼堂的大幕徐徐拉开时，毛泽东、刘少奇、朱德等中央领导坐在台下。演出结束后，掌声经久不息。毛泽东上台与演员合影，并表扬舞剧“方向是对头的，革命是成功的，艺术上也是好的”。芭蕾舞剧《红色娘子军》从此深入人心。

1965年，《红色娘子军》被摄制成同名舞剧电影在全国发行，1966年被移植到阿尔巴尼亚。该剧还以中国第一部民族芭蕾舞的崭新面貌，出访阿尔巴尼亚、罗马尼亚、南斯拉夫和西德，在国内外产生重大影响。

1970年，芭蕾舞剧《红色娘子军》被拍成电影作为“样板戏”在全国公演，风靡全国。“文化大革命”后，这部舞剧曾一度停演，1993年由中央芭蕾舞团复排演出后，再度得到肯定。

《红色娘子军》将西方芭蕾的技巧与中国民族舞蹈的表现手法相结合，在芭蕾艺术领域融合了中西文化。《红色娘子军》中的音乐有脍炙人心的《娘子军连歌》《万泉河水清又清》等。自1964年首演成功至2021年，《红色娘子军》在国内外已经演出接近5000场次，创造了中国芭蕾舞史上的一段传奇。

《中国共产党简史》中写道：“优秀文学艺术作品大量涌现，如小说《青春之歌》《创业史》，电影和舞台剧《红色娘子军》《霓虹灯下的哨兵》，歌剧《江姐》等。大型音乐舞蹈史诗《东方红》更是这一时期的经典。”这里面出现了电影和舞台剧《红色娘子军》，是对这部海南题材的红色经典剧目的深情致敬。从中我们也读懂，在海南众多的红色资源中，习近平总书记为什么特别讲到红色娘子军。

“海南各族人民是很好的”

习近平成长在一个纯正的革命家庭里，父亲习仲勋是优秀的老一辈无产阶级革命家，为我国新民主主义革命、社会主义革命作出了卓越贡献，母亲齐心也是一位积极投身革命的共产主义战士。他们与琼崖革命都有割舍不了的联系。在海南改革开放之初，或者说在冯白驹还没有恢复名誉之前，习仲勋就很重视琼崖革命历史。

1980年5月，习仲勋陪同叶剑英到海南三亚视察。此时正值农场和社队之间的纠纷日趋严重、关系十分紧张之际，是以这次到海南成为习仲勋广东任上最重要的一次海南之行。为了了解场社纠纷问题的历史和现状，听取各方面的意见，习仲勋在三亚先后分别找县、社和农垦方面的负责同志开了三天座谈会，并亲自交代罗天报道好《一定要把场社关系搞好》一文。

在座谈会上，习仲勋高度赞扬海南各族人民的光荣斗争历史和在社会主义建设中作出的贡献。他说，海南各族人民是很好的。在战争年代，他们在党中央、毛主席和海南党组织的领导下，坚持武装斗争，二十三年红旗不倒，最后配合人民解放军渡海作战，解放了海南岛。解放以来，在海南各族人民的支持下，建立了这么多国营农场，发展了这么多橡胶和经济作物，这是海南各族人民和广大农场职工对国家作出的重要贡献。

红色血脉流淌琼崖。1990年7月，冯白驹的传记出版前夕，由于习仲勋曾主持冯白驹的平反工作，海南省党史办的同志试着给时任全国人大常委会副委员长的习仲勋写了一封信，请求他为该书题个词，没想到仅仅过了一周左右，就收到了习仲勋的亲笔题词：“冯白驹同志为创建琼崖革命武装和革命根据地所建树的功勋永垂青史。”题词印在当代中国出版社1996年出版的吴之、贺朗著的《冯白驹传》一书中。创建“琼崖革命武装”和“革命根据地”，习仲勋的题词准确概括了冯白驹的革命历史和贡献。

1998年“八一”建军节，王时香、庞学莲、黄墩英三位年逾古稀的红色娘子军老战士，被邀往北京参加纪念活动。

新中国成立50周年时，已是86岁高龄的黄墩英老人应邀到北京参加隆重的庆典活动，受到中央领导人的接见并合影留念。

王运梅是原红色娘子军的一名排长，曾长期在园里当红色教员，园内展示着不少她受到各级领导慰问的照片，其中有一张彩色照尤为引人注目。

那是新华社摄影记者樊如钧捕捉到的精彩瞬间：2010年4月13日，时任国家副主席的习近平在海口与参加海南解放60周年纪念活动的老战士、老同志代表座谈时，一位身穿红军军装的百岁老妪突然站直身子，给习近平敬了一个端正的军礼，习近平也回敬军礼，随后又关切地问候了老人的身体状况。

王运梅回到园里后对照顾她生活的工作人员说，习副主席在回礼后，又紧紧握住她的双手，问她的身体还好吗。当时她激动得说不出话来。

深厚的革命情愫十分珍贵，历久弥新，并带着温度传递，影响至今。2017年6月29日，全国红军小学建设工程理事会在定安县母瑞山，为海南定安母瑞山革命根据地红军小学和中国工农红军第二独立师红军小学正式授旗授牌，两所红军小学正式落户定安。这是全国红军小学建设工程理事会在海南省授旗授牌的第三和第四所红军小学。仪式上，全国红军小学建设工程理事会为两所红军小学授旗授牌，并授习近平总书记题词牌，为母瑞山革命根据地纪念馆授红军小学爱国主义教育基地铜牌。同时，多个单位和陕西籍老一辈革命家亲属向两所红军小学捐赠了体育设备、服装、图书、学习用品和数字电影放映设备以及60部红色影片。见诸报道中说到的“陕西籍老一辈革命家亲属”，她就是与习仲勋风雨相伴55个春秋的齐心大姐。

胡耀邦题写“红色娘子军”

在红色娘子军的故乡琼海，市中心有一座花岗岩雕像。雕像中，一位少女战士背着斗笠，昂首向前，柔美而坚毅。下书“红色娘子军”五字，苍秀凝重，为胡耀邦所题。这就是著名的红色娘子军雕像。

在琼海市南门街街心，一座以红色娘子军战士为原型竖立的雕像，吸引南来北往客驻足瞻仰，这座雕像上的碑铭题字由胡耀邦题写，并由我国著名的雕刻师陆三男和他的弟子林鸿京两人共同完成。

为了纪念红色娘子军的革命精神，当年的琼海县决定在市内的南门街街心为红色娘子军连竖立花岗石塑像。1985年初，红色娘子军塑像建造工程开工。琼海县负责这项工程的相关领导和工作人员经过讨论后，一致认为应该请时任中共中央总书记的胡耀邦为塑像题字，因为这最能代表党中央对红色娘子军革命精神的肯定。

时任琼海县委党史办主任林鸿范通过正在中央党校学习的琼海人黎良端帮忙联系胡耀邦。黎良端曾任海南区党委常委，她想起时任中央党校副校长陈维仁曾与胡耀邦一起工作过，有条件联系到胡耀邦办公室的秘书。但黎良端没有十足的把握，她表示愿意试试看。那年春节过后，回校上课的黎良端专程拜访陈维仁，闲聊中借机提起题字一事。陈维仁热情地答应了，但要琼海县委、县政府写个报告给总书记，清楚地写明题字的理由。黎良端随即给林鸿范打了电话，把陈维仁的要求陈述了一遍。林鸿范立即让写得一手好字的党史办工作人员崔修健用毛笔书写一份报告，并将红色娘子军的资料和塑像图样随报告一起寄给黎良端。4月7日，黎良端收到报告后马上就送到陈维仁的办公室，陈维仁答应以最快的速度联系胡耀邦。

陈维仁通过电话征得胡耀邦的同意后，就按照约定的时间将报告和资料送到他的办公室。胡耀邦在看完资料和报告后，对陈维仁说，为红色娘子军建造塑像是一件有意义的事，他非常乐意题写碑铭。说完，他就取出笔墨砚，在宣纸上写下了“红色娘子军”五个大字，并签下了自己的名字。

黎良端清楚记得拿到胡耀邦题字的时间：1985年4月11日。为了让琼海能以最快最安全的方式收到这幅题字，黎良端向陈维仁建议，请中央党校用机要信件寄给琼海县委。几天后，琼海县机要室就收到了这幅具有历史意义的题字。随后，琼海县负责人又找来资深雕塑家把题字刻到雕像下方，并用金箔上色。娘子军雕像的碑铭完成。8月1日，雕像正式揭幕。如今，这座红色娘子军的塑像已成了琼海的象征之一，而胡耀邦题写的碑铭也成了永久的纪念。

红色娘子军塑像前期的设计工作，凝聚了一批雕塑名家的心血。著名雕塑家崔开宏为塑像设计了泥塑小样，卢鸿基教授在塑像的设计过程中也提出了宝贵意见。

1984年3月，负责塑像筹备工作的琼海县委党史办向卢鸿基、崔开宏及海口市文化部门的一些艺术家发函征稿，但寄来的初稿不尽如人意。7月下旬，借着因公到北京的机会，当时琼海党史办主任林鸿范前去拜访了崔开宏，他承诺愿意回琼海参加设计工作。8月中旬，崔开宏回到琼海，在对南门广场和长坡的花岗岩石料进行实地考察后，设计出了红色娘子军的泥塑小样稿。9月15日，崔开宏将初稿带回北京，征求刘开渠、刘林等雕塑名家的意见，对设计作了修改和补充。随后，娘子军塑像就按照这个设计开始建造。

今天看到的红色娘子军塑像，是以一整块重数十吨的巨石雕刻而成的。当时为塑像选材时，参与设计制作的工作人员对琼海当地的气候环境作了分析，根据海南气温高、光线强等特点，决定选取花岗岩作为雕刻材质。同时还决定只能采取一整块石料进行雕刻，不采取内地常见的用小块雕刻再拼凑成整像的办法，以防出现因年长日久在拼凑处出现苔迹的现象。出于成本考虑，琼海县委党史办决定就在琼海长坡地区的多异岭上就地取材。当时想要寻到这样一块巨大的石头并不容易，县委党史办的工作人员与多异岭石场的采石工人费了好大一番功夫，几乎翻遍了整个山岭，才找到了一块符合要求的石料。经过2个多月的开采加工，这块40余吨重的巨型石料被加工成20吨的粗坯石料。粗坯加工完成后，将石料运回县城进行细部的雕刻加工也非易事，林鸿范说，幸亏当时他打听到琼海有一个石料场有两辆巨型吊车，可胜任这项工作。1985年4月16日，吊车将这块20吨重的粗坯石料运回了琼海县委新大院。

如今展现在人们面前的红色娘子军塑像，是崔开宏和陆三男根据琼海当地妇女的面部和体型特征构思而成的。据了解，崔开宏初期设计的娘子军头像，缺少了海南女性特有的纯朴的地域容貌特征，气质上偏向北方女性，在征求大家的意见后，崔开宏决定重新设计头像。但是，要有满意的头像，就必须有满意的模特。因此，林鸿范把这个任务托给了海南日报社琼海籍的摄影记者陈德雄。

接到任务后，陈德雄在心里为模特设立了一个标准，就是既要表现出娘子军高大的形象，又要有健康、纯朴的气质，就是要美得带点“泥土气”。因此，陈德雄把选取模特的地点主要定在了琼海农村。经过数日奔波和筛选，四位带有海南妇女面部特质的琼海女性成为他镜头下的模特。崔开宏根据陈德雄提供的相片，设计出了这个栩栩如生的头像。为了刻好这个塑像，当时陆三男师傅连续几天都守在琼海的街头观察当地妇女的体型，再回去对塑像进行修改，最后终于雕出了现今这座集中体现海南妇女特点的塑像。

红色娘子军的革命传奇，既源于历史和文艺工作者的发掘，更倾注了各个时期中央领导集体的殷切关怀，已经成为“中国故事”的重要篇章，永远铭刻在中华人民共和国的历史丰碑上，并将永远激励来者传承好红色基因，赓续红色血脉。

红色娘子军——这可是中国革命很好的典范啊！

十八、我们共产党人应该做得更好

要加强干部教育培训，引导广大党员、干部用党的创新理论武装头脑，自觉践行初心使命，着力解决“本领恐慌”、能力不足的问题，着力克服形式主义、官僚主义。要夯实基层基础，持续扩大党组织有效覆盖，把各领域基层党组织建设成为坚强战斗堡垒。要保持反腐败的高压态势，准确把握反腐败斗争新的阶段性特征，一体推进不敢腐、不能腐、不想腐，在土地批租、房地产开发、招商引资、项目建设等方面健全制度、堵塞漏洞，营造良好政治生态。（《习近平在海南考察时强调 解放思想 开拓创新 团结奋斗 攻坚克难 加快建设具有世界影响力的中国特色自由贸易港》，《人民日报》2022年4月14日）

2022年4月13日上午，习近平总书记在听取海南省委和省政府工作汇报后的讲话中，一开始就强调要坚持党的领导不动摇，最后又强调坚持全面从严治党。他指出，要坚持严的主基调，深入推进全面从严治党，要保持反腐败的高压态势，准确把握反腐败斗争新的阶段性特征，一体推进不敢腐、不能腐、不想腐，在土地批租、房地产开发、招商引资、项目建设等方面健全制度、堵塞漏洞，营造良好政治生态。

这是在为中国特色自由贸易港建设的反腐倡廉工作划重点、明方向。

海瑞：人无奋志，治功不兴

这时，习近平总书记讲到了海南的著名历史人物海瑞：海南历史名人海瑞之所以受到后人称赞，是因为他刚正不阿、清正廉洁。他在明朝南京都察院右都御史任上去世时仅存俸银八两和旧衣数件。封建时代尚且有这样的廉吏，我们共产党人应该做得更好。

在开始讲推进海南自由贸易港建设时，习近平总书记还引用了海瑞所说的“人无奋志，治功不兴”。

“人无奋志，治功不兴”，见于明隆庆四年（1570年）春海瑞上《告养病疏》：“人无奋志，治功不兴。国俗民风，日就颓敝。”说的是人没有发奋图强的志向，治国兴邦的大业就不能成功，国俗民风就一天天走向衰败。

海瑞（1514—1587年），字汝贤，号刚峰，学者称他为刚峰先生，海南琼山县（今海口市）人。海瑞37岁中举，官至都察院右都御史，是明代著名的政治家，我国古代著名的清官。嘉靖四十五年（1566年），海瑞目睹朝廷纲纪败坏，社会陷入危机，愤然备棺，与妻诀别，向嘉靖皇帝上《治安疏》，冒死进谏，使朝野震动。他一生为官刚直，不附权贵，又体恤民情，爱护百姓，世人称之“南包公”“海青天”，几百年来一直为后人所敬仰。

海瑞在历史上具有很大影响力的一件事，是提出“开道立县”的开发海南五指山少数民族地区的主张，这也是他早年就有“奋志”、追求“治功”的表现。

嘉靖二十八年（1549年）秋，海瑞以《治黎策》中乡举，传颂一时。他说：“愚生以为今日之计，不过坚持开十字道之心，固执立州县之计而已。”海瑞早期的政治思想和他对海南社会现实的关注，在《治黎策》中有集中的表现。又第二年春月，海瑞到京师参加会试时，向嘉靖皇帝呈上《平黎疏》，又称："从而计久长，开通十字道路，设县所城池，中峙参将府兵备道，则立犄角之形，成蚕食之势矣。"

当年海瑞的开海南"十字路"的主张，早已在中国共产党的领导下得到实现，而且已向"丰字形"发展，涵盖了从公路、高速公路到高速铁路，乃至环岛旅游公路的交通形态。

《万历琼州府志》这样记这位乡贤："瑞清苦异常，始终如一，虽官历六卿，编茅自处，环堵萧然，俸禄所人自给之外，悉周族属之贫者。"

海瑞清廉到什么地步呢？《明史·海瑞传》中记载了浙江总督胡宗宪曾经说过的一句话："昨闻海令为母寿，市肉二斤矣。"一位官员买二斤肉为母亲祝寿，这件事情即便放到现在寻常百姓家也绝非难事，然而就是这样一件小事，却被写入了"字字如金"的正史当中。海瑞也因为此事得到胡总督"转发"，获得了极大的关注度，堪称当时的"网红"。

明万历十五年（1587年），海瑞在明朝南京都察院右都御史任上去世。《明史·海瑞传》上说，海瑞死时，当时任南京佥都御史的王用汲去照顾他，只见海瑞屋内仅有用葛布制成的帷帐和破旧的竹器，这些是有些穷苦的士子也不愿使用的。见此情景王用汲禁不住落下了眼泪，凑钱为海瑞办理了丧事。海瑞的死讯传出，老百姓停止做生意。海瑞的灵柩被抬出到江上，穿着白衣戴着白帽送丧的人站满两岸，哭着祭奠的人百里不断。

海瑞逝世后，朝廷派行人许子伟护柩归葬于琼山县滨涯村（今属海口市），命江浙地方建专祠。琼州府城小北门外也建有海瑞专祠。万历十七年（1589年）二月廿二日，钦差督造建成海瑞墓，墓前有碑："皇明敕葬资善大夫南京都察院右都御史赠太子少保谥忠介海公之墓"。墓园门口高耸着石牌，上书四个遒劲的大字："粤东正气"。墓与碑均带封建色彩，但"粤东正气"四字，却昭示了千秋万代的历史。

蒋星煜在海口讲海瑞

海瑞作为历史上的名臣，亦是大明王朝的清官，他的清廉之德风穿透历史，至今为人所颂扬。在改革开放初期，很多文人墨客造访海南海瑞故居、海瑞墓，留下很多好的诗篇，让我们感受这位明代后期著名政治人物的卓然风采。

1982年4月，著名戏曲史家、作家蒋星煜访问海瑞的故乡海南岛琼山县，并拜谒当时正在重建的海瑞墓。蒋星煜在1957年就著有历史人物传记《海瑞》。他所保存的有关海瑞的若干文物，被"红卫兵"封在书橱中十年之久，这次到海南岛，他向海口市五公祠赠送了有关海瑞的文物。

当时海南区党委领导罗天曾亲自到招待所看望他，对他捐献文物的举动表示了由衷的谢意。

时任海口市委书记周训堂和蒋星煜接触了多次，他们谈了一个严肃问题：经过"十年动乱"，有关海瑞的文物均被破坏无遗，海瑞墓被挖开，"造反派"没有找到什么殉葬的金银财宝，恰恰又一次证明了海瑞确是清官，但他们却更为怨恨，所以做了毁灭性的破坏；另一方面，即使在"文化大革命"期间，海外侨胞回海南探亲时，仍念念不忘这位正气凛然的乡贤，还是在墓园前面较远的地方焚香膜拜，这令人感动。

当时极"左"思潮仍甚嚣张，"四人帮"的余孽以海瑞先后娶妾为借口，反对重修海瑞墓，并散播种种谬论，造成了一部分人思想上的混乱。周训堂要求蒋星煜就海瑞的生平经历及其所作出的贡献做一次专题报告，说得异常恳切。蒋星煜接受了邀请，在市委大礼堂为海南行政区、海口市的党政干部作了一次关于海瑞生平事迹的报告。

根据周训堂的提示，蒋星煜特别在将结束报告时讲了海瑞的婚姻问题：海瑞是一个历史人物，不可能是完人，他有他的局限性，尤其在婚姻问题上显然是大男子主义者，对女性很不尊重。他曾不止一次娶妾，也是事实。当时没有现在这样的婚姻法，在封建社会娶妾并不违法，高级官员娶妾那就更普遍了。再说，我们研究海瑞、提倡海瑞精神都是肯定海瑞的不畏强权、廉洁奉公并尽力为老百姓办实事的精神，从未有任何人歌颂他的娶妾行为。

报告会开完，周训堂认为蒋星煜讲得很好，许多问题也省得他一遍一遍地解释了。此外，蒋星煜也搜集到了一些资料，后来又对《海瑞》一书加以修订补充。

作家秦似（1917—1986年，广西博白人），1984年1月海南行，他在散文中写道：

琼山县在明代出了两个鼎鼎大名的人物，也是有史以来海南岛最早的名人，其中一个便是海瑞。

海瑞，是有名的“海青天”，一部《海瑞罢官》，吴晗受尽了灾殃，海瑞却更加名闻宇宙了。有一天，同几位琼山的同志在街上溜，看到一条巷子，叫“金花村”。我说，这个名儿很有点意思，青年朋友小陈却想起来了，他说：“这儿转进去，便是海瑞的故居，你要不要去看看？”我反正没事，便请他引路找去。果然，不到二里地，来到一个湖边，正处在街市尽头的地方，有一间已残败的小院子，便是海瑞的老家。门口还有一块大石牌，写着“海忠介公故居”，是清代一个什么大官题的字。

另一位名人，则是比海瑞早上百年，在弘治年间以文渊阁学士参预机务，为明代学士掌政之嚆矢的丘濬。丘濬的故居也在附近，那房子虽也不大，却保存得非常完好。檐柱榱桷，还全部是原来的，现在住着他的后代，厅堂里还挂了几首他写海南风物的诗。诗写得不怎么好，但比起海瑞来要好一些。论读书声望，丘濬在地方上都较海瑞受重视。丘濬的耿介廉洁，也是有名的。据《琼州志》载，他虽身跻相位，而在北京只是租苏州巷一间民房居住，“规模简陋，聊蔽风雨”而已。《明史》则说到，他正直，但脾气不大好，“常与刘键议事不合，至投冠于地。”看来，海瑞的性格和为人，很受他这位乡前辈的一些影响。

海瑞反对豪绅侵吞平民，主张为官廉洁，都是事实，特别是他准备好了棺材，给嘉靖皇帝上的那本疏，是需要有大勇气的。

他直指“陛下之误多矣”，并说“无一人肯为陛下正言者，谀之甚也”。嘉靖皇帝看了，把疏掷于地，海瑞也自以为必死。要不是不久后嘉靖皇帝便登遐，他的性命是保不了的。（秦似：《海南行》，《文汇》1984年第6期）

习近平谈海瑞

习近平总书记2022年考察海南，两次说到海瑞，这并不是偶然的。1965年，12岁的习近平升入初中，当时的语文老师陈秋影上课时，不照本宣科，还经常在课上给同学们读报纸上的文章。有一次，读报时提到海瑞罢官，习近平举手提问：“海瑞是好官还是坏官？”他的同学郭小明回忆说：“长大后我才知道海瑞是谁，这说明近平当时就已经有深入思考了。”

1990年3月，习近平在《从政杂谈》中说到海瑞：“一个县也可以说是一个小社会。‘麻雀虽小，五脏俱全’，中央有什么机构，县一般也有与其大体相对应的部门。县一级工作，从政治、经济、文化到老百姓的衣食住行、生老病死，无所不及。有人说，县级工作，除了外交活动外，国家各项事务无所不有。其实，有时候县里也会遇到接待外宾的事情，随着开放程度的提高，外宾比肩接踵而来也是可期待的。县级领导还得真懂一点外交。一个县小则十几万人，大则百把万人，一个决策下去，其影响非同小可，来不得半点含糊。海瑞在他的《令箴》中说：‘官之至难者，令也。’此意即最难做的官是县官。因此，县级领导必须有各方面的知识和很强的能力，否则难以胜任。”

“官之至难者，令也。”语出海瑞《令箴——示进士奚铭》，意思是最难做的官是县官。此文通篇讲的是做县令的戒规，倡导廉、明、慎、勤，其言：“一邑之事，无非己事，早夜孜孜，毋苟安以图一时之幸也。百里之民，无非吾人，念念在兹，惟恐一夫或病也。”

2015年1月，习近平在中央党校第一期县委书记研修班学员座谈会上作《做焦裕禄式的县委书记》的重要讲话，指出：“历朝历代都高度重视县级官员选拔任用。古人早就总结出‘宰相起于州部，猛将发于卒伍’这一历史现象。历史上，许多名人志士为官从政是从县一级起步的。北宋政治家王安石，二十七岁担任浙江鄞县（今宁波市鄞州区）知县，任职三年，‘治绩大举，民称其德’，为以后革新变法打下了基础。清代郑板桥长期在河南范县、山东潍县担任知县，其诗句‘衙斋卧听萧萧竹，疑是民间疾苦声。些小吾曹州县吏，一枝一叶总关情’千古流传。陶渊明、狄仁杰、包拯、海瑞等很多人都当过县令、知县。”

从王安石、郑板桥讲到陶渊明、狄仁杰、包拯、海瑞，说明古代许多名人志士，都在知县这个岗位上作出成绩、名垂青史。习近平所重视的这六位“古代县官”当中，就有海南的海瑞。这六位古代知县各有特点：王安石大胆革新、陶渊明风骨难得、郑板桥两袖清风、狄仁杰体察民情、包拯为政清廉、海瑞刚正不阿。

海瑞的刚正不阿，《明史》中写到胡宗宪之子过境淳安的故事，就是极好的说明。

黄仁宇在所著《万历十五年》一书中说，海瑞以举人出身而进入仕途，最开始被委任为福建一个县的儒学教授，任期四年。到1558年升任浙江淳安知县的时候，他已经45岁。

这淳安县，乃是往来三省的孔道。交通发达，本县人民的负担也随之加重，原因是按照本朝立国时所订立的财政制度，政府中的预算并无旅费项，全国1040个驿站，名义上由兵部掌管，实际上一切费用，即过境官员本人及其随从所需的食物，马匹和船轿挑夫，全部由该地方负责。兵部只发给旅行人员一纸物合，驿站所在之处，即须按照规定供应，七品官海瑞的声名开始为人所知，就是因为他能够严厉而巧妙地拒绝官员滥用这种权力而增加地方上的负担。

这一段故事说，当日以文官而出任总督的胡宗宪，兼负防御倭寇的职责，居官风厉，境内的官民无不凛然畏惧。一次，他的儿子道经淳安，随带大批人员和行李，作威作福，对驿站的款待百般挑剔，并且凌辱驿丞。县令海瑞立即命令衙役皂去拘捕这位公子，将其押解至总督衙门，并且没收了他携带的大量现银。他在呈报总督的公文内声称，这个胡公子必系假冒，因为总督大人节望清高，不可能有这样的不肖之子，也不可能拥有这么多的金银财物。

“这种作风差不多同国民党一样腐败”

习近平总书记是在强调坚持全面从严治党时说到海瑞的。他说：“封建时代尚且有这样的廉吏，我们共产党人应该做得更好。”这里我们再说说海南改革开放进程中必须“坚持全面从严治党”的经验教训。

都说群众的眼睛是雪亮的。1979年6月10日，韶关市总工会温良、超然给广东省委主要领导写信说：“澄迈县委领导带头建私房，现在从县委机关到基层单位处处在建私房，已成了一股风。严重地影响了广大干部、群众建设社会主义的积极性，广大干部群众不满地说：‘党中央号召我们搞四化建设，而县委领导却在建自己的定乐窝。’”信中反映，1978年澄迈县委以关心干部职工住宿为名，在县委办公楼附近申请了一百多亩稻田建宿舍。劳动部门用国家下达的劳动力指标，征用一亩地，招收一农民到城市工作。但地征用后，县委不是兴建干部职工宿舍，而是把地分给个人。县委书记要了一百多平方米，还有一位新提拔的青年副书记，每月才领几十元工资，也要了一百多平方米建新房。县委中除了一名常委外，全都在为建自己的新房而努力奋战。他们叫自己的老婆带工安排劳动。群众称她们是“工头”。县委领导利用职权动用国家物资、调动人力财力，动用县运输部门的车辆为他们运送材料。光县委书记，就有二三十人为他建房。当地干部、群众气愤地说：“真没想到，国民党都不敢干的事，而共产党的县委书记却干出来了。”

6月30日，广东省委办公厅编印的《信访摘报》，以《澄迈县委领导带头建私房已成了一股风》为题，刊发了这封来信。

接着，此事又上了广东省委办公厅信访处编印的《信访反映》

第31期（1979年7月30日），就是《澄迈县委不正之风严重》，摘报了“未经核实”的“大搞计划外招工，严重破坏了国家计划情况”“乱批大批农村人口到城镇入户”“随意征用生产队的耕地，以非法手段获取建筑材料和劳力，大建领导干部宿舍”等情况，指出：“最近，群众来信及海南区革委会办公室信访材料反映：澄迈县委主要领导严重违反党的政策，走后门，搞计划外招工和擅自征用土地，兴建私人住房等问题，影响极坏。”“澄迈县委的不正之风，在群众中造成了极坏的影响。不少群众说：‘这种作风差不多同国民党一样腐败。’来信要求上级党委派人调查，严肃处理。”

对澄迈县委领导大搞不正之风的情况，1980年5月10日，广东省委主要领导在省委常委会议上，要求海南区党委严肃处理。指出：“对澄迈盖常委房子，要严肃处理。现在不要打击情绪，鼓励向好的方面搞，打击邪气。”

1980年8月，海南区党委作出决定，并经中共广东省委批准，对澄迈县原县委书记、革委会主任王岳青，县委副书记、革委会副主任曾祥辑，县委原常委、革委会副主任吴显明等同志在职期间，严重无组织无纪律，违反党的政策，利用职权，非法征地，占用国家三大建筑材料，兴建私人住宅和滥批粮食、户口等错误，进行严肃的处理：

一、给予王岳青撤销县委书记职务的处分；给予曾祥辑、吴显明党内严重警告的处分。

二、将王岳青、曾祥辑、吴显明3位同志兴建的私人房子收归公有，由房产部门管理。对其建筑费用，按实际开支由县房产部门给回。

三、对澄迈县违反政策规定批的进城户口、转吃商品粮和计划外用工问题，应按照中央和省的有关文件规定的精神，进行妥善的处理。

四、将王岳青、曾祥辑、吴显明同志所犯错误的处理情况通报党内外。结合《准则》的学习和贯彻，对广大党员和干部认真进行教育，以刹住这股歪风，搞好党风。

处理通报表明，王岳青、曾祥辑、吴显明等原住单门独院的公房，但他们还利用职权，非法征地，占用国家三大建筑材料，兴建了单门独院的私人住宅。王岳青占地339.56平方米，建房面积228.17平方米；曾祥辑占地328.9平方米，建房面积157.55平方米；吴显明占地387.79平方米，建房面积254.8平方米。

1971年，广东省革委会已明确规定：征用10亩以上农田要报省革委会审批。但王岳青等却仅在一些常委中议论后，就擅自以“建设干部、职工宿舍”为名，以减免公购粮4.1052万斤等为条件，非法征用澄城公社钟寨大队的42.49亩土地（其中水田15亩），给他们自己和其他干部兴建私人住宅（按面积收回地皮款）。事后，才向省、区革委会报告。省、区革委会均有明确答复，不同意他们征用此地，但他们还是无视上级的意见，自行其是。他们的房子尚未兴建和刚刚动工的时候，1979年3月，区党委主要领导同志就一再对他们给予批评制止。但他们目无组织纪律，一方面向县一级机关局以上干部传达区党委领导同志的意见，还以县革委会名义发出通知，要求干部停止在所征地上建私房；另一方面，他们却继续兴建自己的住宅。

建房中，他们利用职权，损公肥私，通过各种渠道和以公用名义，按公用价格甚至无偿动用国家、集体的三大材料、车辆和劳力。王岳青要水泥29吨，钢筋1.27吨，木材9.44立方米；曾祥辑用水泥16吨，钢筋860公斤，木材2.02立方米；吴显明用水泥25吨，钢筋4.48吨，木材5.71立方米。他们所要的这些材料，绝大部分都是按公用价格购买，免付按规定私人购买水泥、钢筋的加价费。他们动用工厂、公社、农场、机关、部队、石油队等单位的车辆为自己运材料，有的尚未付运费，有的只付油费，有的是无偿占用。如王岳青、吴显明多次从南海石油队要车，都不付运费，仅一次各要一部15吨大卡车到叉河水泥厂运水泥，往返336公里，每部运费达450多元（不计空程费），都分文不付。此外，还无偿占用一些农场、社队的木料等。

党中央三令五申，要严格控制农业人口进城。但王岳青、曾祥辑、吴显明等却无视这些有关规定，利用职权，滥批粮食、户口等。从1978年以来，由王岳青等3位同志批条子给有关部门办理农业人口进城入户的就有66户、224人；转吃商品粮的有69户、231人；计划外用工42人。他们所批的这些粮食、户口、计划外用工，绝大部分都不符合政策规定，其中有些是为了徇私情、拉关系、谋私利的。在王岳青等同志的影响下，县委其他领导同志（除个别外）也都随便批条子。特别是1979年4月，上级粮食部门发现该县农业人口进城问题严重，已及时向县委指出，但他们还继续滥批。5月份，在一位县委副书记主持下，一次就突击批了107户、280人入户。因此，造成大批农业人口进城，仅1979年头8个月，进城人数就超过全年控制指标的15倍，计划外用工也超计划1000多人。此外，王岳青、吴显明还利用职权，占用公物，化公为私。王岳青占用公家收音机2部、电风扇2台、三用机一部，还以值500多元的一块手表及凤凰牌单车一辆和一位刚落实政策后回工作的医生换取价值900多元的手表一块，占其便宜。吴显明占用三用机一部（现已退回）和低音柜一个。

王岳青等3位同志所犯的错误，经海南区党委纪律检查委员会会同有关部门反复调查落实。区党委常委对此进行了两次认真的讨论，作出处理决定，并上报省委批准。决定指出，王岳青、曾祥辑、吴显明等同志身为县委领导干部，在党中央反复强调恢复和发扬党的优良传统和作风，在全党工作着重点转移到社会主义四化建设上来的时候，不是很好地带领群众同心同德搞四化建设，而是热衷于利用职权谋私利，严重无组织无纪律，违反党的政策规定，致使澄迈县干部利用职权建私人住宅和农业人口进城成风，严重地败坏党风，损害党的威信，造成极为恶劣的影响，其错误是严重的。作为县委主要领导的王岳青同志对此应负主要责任，曾祥辑、吴显明同志也负有一定责任。经组织对他们进行批评帮助，他们对自己的错误有所认识，在经济上也做了一些退赔。鉴于他们的错误和认识态度，为了教育本人，教育广大党员、干部，搞好党风，严肃党纪，提高党的战斗力，决定对他们作严肃处理。区党委要求各级党组织结合学习《关于党内政治生活的若干准则》和新党章修改草案开展讨论，对广大党员进行一次政治思想教育和党风党纪教育。对党员干部特别是党的领导干部利用职权谋私利，损公肥私，兴建私人住宅和滥批粮食、户口等违纪行为，要认真检查，严肃处理。

决定还指出，澄迈县委其他两名副书记在非法征地和滥批粮食、户口等问题上，也负有一定责任，责成他们做深刻的检讨。

决定最后要求各级党组织和党员特别是领导干部，都要从王岳青等同志的错误中汲取教训，引以为戒，认真学习《关于党内政治生活的若干准则》和新党章修改草案，对照、检查自己的工作、思想和作风，凡不符合要求的都要主动改正。对那些错误严重而又坚持不改的要从严处理。（《无视党的纪律 利用职权谋私利 原澄迈县委书记王岳青等受到严肃处理》，《海南日报》1980年8月19日）

对澄迈县委原书记王岳青等同志利用职权谋取私利的错误行为作出严肃处理，《海南日报》的发表评论员文章指出“维护了党的纪律、伸张了无产阶级正气，反映了广大群众的要求，很得人心”。文章指出，“有权就有一切”“有权不用过期作废”等腐朽思想还在我们一些同志的头脑中起作用。在我们党内确实还有那么一些同志，他们头脑中“私”字膨胀，想利用执政党的地位捞到“好处”，以为“当官时朋友多，无官亲戚少”，把党和人民所赋予的职权当作营私的资本，损公肥私，不以为耻，反以为荣。什么党的利益、人民的利益、国家的利益，什么党纪国法，通通不放在眼里。尽管党中央三令五申严禁利用职权谋私利，但他们充耳不闻，还是一意孤行。有的以权揽物，内外勾结，倒卖国家物资，牟取暴利；有的利用批钱批物，批粮食、户口，招工，批出港出国的权力，收礼受贿；有的非法占地，按公用价格甚至无偿动用国家、集体的材料、车辆和劳力兴建私人住宅；有的违反政策规定，把家属亲友从农村迁进城镇入户，吃商品粮，为家属亲友升学、就业、晋级谋求特殊照顾；有的动用公款，请客送礼，大吃大喝；有的化公为私，占用公物；等等。对这种损害党和国家利益的违法乱纪行为，必须检举揭发，进行坚决的斗争，严肃处理，绝不能姑息迁就。

文章要求，各级党组织都要把省委、区党委关于王岳青等同志所犯错误的处理决定向全体党员传达，结合贯彻党的十一届五中全会精神，学习《关于党内政治生活的若干准则》和党章修改草案，认真开展讨论，对广大党员和干部进行一次党风党纪教育。每个共产党员特别是党的领导干部，都要从中汲取教训，引以为戒，对照、检查自己的工作、思想和作风，凡不符合要求的都要主动改正，努力做个合格的党员。对那些错误严重而又坚持不改的，要作严肃处理。（《决不容许利用职权谋私利》，《海南日报》1980年8月19日）

当时，《海南日报》还收到了许多读者来信，对王岳青等同志违反党的纪律和国家的政策，利用职权谋私利的错误行为表示愤慨，坚决拥护和支持省委、区党委的正确决定。该报8月31日刊登两封读者来信，一封是《严肃党纪 搞好党风》，表示："省委、区党委对原澄迈县委书记王岳青等同志犯错误的处理决定，维护了党的纪律，反映了广大群众的要求，很得人心，对于贯彻执行《准则》，整顿党风，严肃党纪，将会起到促进作用。"另一封是《决不容许利用职权谋私利》，表示："我们应该从王岳青等同志所犯的错误中引以为戒，认真贯彻党的十一届三中、四中、五中全会精神，恢复和发扬党的优良传统和作风，反对特权，不谋私利，全心全意，同心同德地为加速建设海南的步伐而奋斗。"

一年多后的1981年10月20日至31日，澄迈县召开县委常委会会议。为了解决县委存在的严重涣散软弱状态和解决县机关各部委办局、各公社领导班子的突出问题，以便今后能够坚定地贯彻六中全会精神和三中全会以来党的路线、方针、政策，领导全县人民同心同德搞四化，把澄迈的工作搞上去，海南区党委决定在召开县委常委会会议的基础上，再召开这一次县委常委会扩大会议，而且是把大家请到区党委来召开。

11月18日，时任海南区党委书记罗天在海南区党委召开的澄迈县委常委会扩大会议上讲话说，区党委认为党的三中全会以来，澄迈县的各级领导、全体干部、全县人民做了很多工作，取得了一定的成绩，但是还存在不少问题，有些问题甚至是很重要的。县委常委领导核心成员对若干重大问题有严重的意见分歧，党风不正，很不团结，影响了各方面的工作。特别是贯彻党的三中全会以来路线、方针、政策，很不理想。近一年来，澄迈整个工作没有跟上队，落后了。区党委认为这种状况不能再继续下去了。

11月22日，罗天又在会上讲三个主要问题。

第一个问题是：为什么澄迈一年多来在工作上发生了这么多严重的问题？

主要是一年多来贯彻三中全会的路线、方针、政策不理想。比如一些党员、干部对三中全会确定的路线、方针、政策有怀疑、不满情绪，甚至出现污蔑中央个别领导同志的错误言论。清除“左”的思想影响做得很不够。在放宽农村经济政策特别是实行多种责任制的问题上，县委一些同志和一部分干部，开始是怀疑、反对，后来群众自己起来冲破了旧的框框，领导则放任自流，因此，部分社队出现要祖宗田、分田单干的严重现象得不到及时纠正，影响了农业生产。在党风问题上，县委一些同志和机关一些干部存在着严重不正之风，不能及时地、有力地加以纠正。党风不正，在某些问题上表现得越来越严重。在团结问题上，少数别有用心的人，破坏县委领导之间、党员之间、干部之间的团结的错误言论，没有受到应有的批评、制止和严肃处理，造成党员、干部思想混乱和严重的不团结，严重干扰了县党代会、人代会的准备工作。在社会治安问题上，社会治安没有得到较大的好转，仍然存在不少问题，妨碍了六中全会精神和三中全会以来的路线、方针、政策的顺利贯彻执行。问题很多，问题成堆。

澄迈县一年多来为什么发生了这么多严重的问题？

原因有多种多样，但最根本的是县委常委存在涣散软弱状态，其主要表现为三方面。第一，没有完全按照三中全会和六中全会精神，对全县发生的若干重大问题坚决给予处理。如1980年9月县委召开的贯彻国务院202号文件的公社书记会议没有开好，会议没有集中精力，联系本县实际，研究如何贯彻202号文件的问题。又如县委对少数人违反组织原则，进行非法的宗派活动，严重破坏团结，干扰县党代会、人代会准备工作的情况，没有认真将情况集中起来，集体进行讨论，采取有力措施，进行严肃处理。这严重地损害了党的团结，严重地影响了全县各项工作的开展。针对上述情况，罗天表示，这都说明了县委的涣散软弱。第二，在县委常委之间，特别是几位正副书记之间，存在着严重的不团结。县委常委在若干重大问题上有严重分歧，又没有及时讨论研究，以达到统一认识、统一指挥、统一行动。比如选举党代会、人代会代表，对少数人进行非法活动，互不通气、互不信任、互不支持、互相猜疑，加上平时又缺乏主动搞好团结的观念，没有形成坚强有力的领导核心以统一领导全县工作。第三，县委常委当中，部分同志存在着严重的私心杂念，没有尽到一个常委应尽的责任。个别常委利用职权谋私利，党风不正，受到纪律处分后思想不通，也不顾场合讲了一些不利于团结的话。还有一些常委“怕”字当头，回避问题，不主动解决问题。

罗天表示，在澄迈工作问题上，区党委也有责任，在某种意义上，还有重大责任。主要的责任应由他来负责，对一些重大问题的处理，区党委没有帮助县委坚决贯彻落实省委和区党委的正确指示。有的同志说区党委软弱，他接受这个批评。

第二个问题是：一年多来澄迈工作问题的主要经验教训是什么？

有这么五点。第一，始终坚定地在政治上同中央保持一致。实践证明：什么时候、什么问题在政治上同中央保持一致，工作就主动，就取得成绩；什么时候、什么问题违背中央的指示，工作就被动，就遭受损失。第二，坚决贯彻实行党的民主集中制原则。澄迈县委常委领导涣散软弱的主要经验教训之一，就是因为没有健全民主集中制的原则，对一些重大问题没有进行认真讨论，没有充分发扬民主，缺乏集体讨论研究决定，以致造成思想不统一、行动不一致，不能有效地解决工作中所遇到的重大问题。第三，要搞好四化建设，必须坚持党的四项基本原则。要坚持党的四项基本原则，每个党员，特别是党的领导干部，应不断提高共产主义觉悟，克服私心杂念。只有这样，才能够有勇气同违反和破坏四项基本原则的言行作坚决的斗争。第四，坚持在三中全会和六中全会精神的基础上，不断增强党的团结、党同人民的团结。作为一个县来说，县委领导核心不团结，党内不团结，会给工作带来很大的危害。这是澄迈工作问题中一个很重要的经验教训。第五，运用批评和自我批评的武器，纠正不正之风，发扬党的优良传统。县委常委过去没有很好地运用这一武器，即有时进行批评和自我批评时，一些同志往往不能正确运用这个武器，批评别人不是从团结的愿望出发，或者是对别人的批评意见听不进去。

第三个问题是：当前澄迈工作问题如何解决？

认真搞好党的团结、党和人民的团结。要正确对待和严肃处理极少数人违反党的原则，进行非法宗派活动问题，增强党的团结、党和人民的团结，坚持党性，根绝派性。坚持党的干部路线，调整好领导班子，坚决纠正不正之风。

在那个时代，澄迈县委就成为一个“涣散软弱”的典型，最根本的是县委常委存在涣散软弱状态。我们今天借助当时群众来信、报纸的报道和海南区党委书记罗天两次在澄迈县委常委会扩大会议上的讲话来还原事情的经过，彰显的是那时就体现出的“严肃处理”“打击邪气”的鲜明治党态度。今天来看，仍不失警醒意义。在中国特色自由贸易港建设过程中，要坚持党的领导不动摇、坚持全面从严治党不动摇。

“几百年了老百姓还称颂他，这值得我们琢磨”

2002年7月23日，琼中黎族苗族自治县长征镇原党委书记王国雄因劳累过度而猝然倒在岗位上，时年44岁。10月16日，《海南日报》发表长篇通讯《燃烧生命——追记琼中黎族苗族自治县长征镇原党委书记王国雄》，引起社会各界的强烈反响。

这篇通讯发表两天后，2022年10月18日下午3时，海南省委举行了一次特别的常委会会议。

那天，宽敞的会议室里一片安静，与会的常委们正在全神贯注地观看电视专题片《黎母山的儿子》。深沉的音乐声缓缓响起，苍莽的黎母山出现了，王国雄与群众一起劳动的场景出现了……常委们的思潮随着画面的切换涌动，情感随着抑扬的音乐跌宕。下午3时40分，最后一个音符缓缓消失……“最近，《海南日报》发表了长篇通讯，海南电视台也播放了专题片，对王国雄的事迹进行了宣传……”主持会议的时任省委书记白克明饱含深情的声音把常委们从沉痛中唤了回来。

以下是这次特别常委会会议与海瑞及“我们共产党人应该做得更好”相关的内容。

主持人语：那天从医院看病回来途中，我花10块钱买了一张门票，看咱们的海瑞纪念馆，看了之后感慨颇深。海瑞晚年做官的时间实际上很短，任南京都察院右都御史，就相当于现在的检察院副检察长，只有两年时间，但是他为江苏、浙江、福建、安徽的老百姓干了一些实实在在的事。就这两年，几百年了老百姓还称颂他，这值得我们琢磨。中国有句古话叫作“哀莫大于心死”。今天中午我也没怎么睡好觉，我就琢磨这个事。古人发明的这个“人”字，一撇一捺，就这么简单。但是这一撇一捺，几乎所有的汉字里面都有。我又在联想，这一撇一捺是什么意思？这一撇就是个“情”字，这一捺就是个“义”字。有情有义才是人哪。对我们来说，这个“情”就是对老百姓的感情，这个“义”就是共产党人的正义，就是我们常讲的舍生取义的“义”。有了对老百姓的感情，有了共产党人的正义，这才是真正的共产党人。有情有义的人，心中装着老百姓，心里想着党的事业。而那些无情无义的人，那些贪得无厌、道德沦丧的人，他心里又装着什么呢？三个字：孔方兄。

共　鸣：老百姓从王国雄的身上看到了什么叫共产党员，这个人格魅力很了不起。王国雄是真模范，是真模范就要大力宣传。我们就是要大树王国雄这样的正面典型，要强调一切为民的思想，弘扬一切为民的精神。我们的老百姓是很善良的，只要你为他们做好事，你就是死了，他们都会给你送行。你不为老百姓着想，就是活着他们也会骂你——当面不骂背后骂。王国雄死后为什么那么多人自发地去送他呢？就是因为他为老百姓办事，是老百姓利益的代表。王国雄到一个村扶贫，全村人的名字他都叫得出来，不容易啊。哪个人有病，他就送钱打针买药。哪个小孩上不了学，哪个老百姓没有鞋穿，老百姓种花生没有种子，他都想办法解决。这样的人老百姓哪能不惦念他呢？王国雄的精神可贵呀！

主持人语：我在想，一个人怎么样才能做到常在河边走就是不湿鞋？王国雄过硬就在于他硬是不湿鞋。这就非常难得。我们现在有些干部花钱买官、跑官，当官以后再去捞钱。所以我讲正气不树的时候，歪风邪气就容易盛行起来，我们现在就是要树立正气，让老百姓充满对我们的信任。树立王国雄这样的典型，意义就在这儿。让老百姓看到我们党的伟大，我们党内绝大多数干部是好的。

共　鸣：王国雄兢兢业业、忘我工作，一身正气、甘于清贫，心系群众、鞠躬尽瘁，把满腔的热情和毕生的精力献给了贫困山区。他是我们身边涌现出来的具有时代特征的先进典型。他用生命回答了一个共产党人“参加革命是为什么、现在当干部应该做什么、将来身后应该留点什么”的时代课题。他的事迹可信、可敬、可亲、可学。

共　鸣：当前海南确实需要王国雄这样的好干部，确实需要这样一心为民、舍家忘我，俯下身子给老百姓办事的好干部。我们党、我们社会需要高扬正气。影响海南软环境的一个重大症结是干部队伍的作风问题，当前树立这样的正面典型，很有现实意义。王国雄的精神，概括起来就是平凡之中见伟大，细微之处见精神，一言一行见信念。

共　鸣：学习王国雄要见行动。我们全省35万党员干部，如果一个人一年做一件好事，就是35万件；一个人做两件，就是70万件。如果我们共产党员一年为老百姓办几十万件好事，老百姓能有意见吗？对老百姓的困难和来信来访要重视。好多具体的事要一件件去解决，比如说有的地方到现在还没喝上卫生水。我们一定要保住共产党与人民群众的血肉联系，这个保住了，咱们执政之基就稳固了。离开老百姓，离开群众，那就很危险！

主持人语：中国有句古训：“子不教，父之过。”那咱们的干部不教，我们有没有责任呢？同样生长在这块土地上，同样都是共产党员，同样都是国家干部，但王国雄去世后上千名群众自发地哭着为他送葬，而我们有的人官做得还大呢，但最终成了阶下囚；还有的同志在市县当领导，老百姓请求不要把他调走，而对有些干部，老百姓求求我们早点把他调走，这是多么巨大的反差和鲜明的对比呀！所以今天请常委们专门研究一下，怎么样在全省党员干部队伍中开展学习王国雄同志先进事迹的活动，怎么样把我省的党风廉政建设、干部队伍建设工作进一步抓好。海南的发展关键在人。我想来想去，点、横、直、撇、捺，关键的还是这一撇一捺，把这个“人”抓好，把这支队伍建设好，这是关键。我们要借十六大召开的东风，下点大力气，一方面大树正气，一方面狠刹歪风。有一支好的队伍，有一批像王国雄这样真正为老百姓干实事的干部，很多的怪事、坏事就不会有了。我们一方面要召开全省党员干部的警示教育大会，同时要召开王国雄先进事迹报告会，以此来震撼一些人麻木的心。我们有些人确实是麻木了，于是一些不好的风气才滋长了起来。一个示范教育，一个警示教育，对于干部队伍建设是很有必要的。

共　鸣：树立王国雄这个正面典型，对干部进行示范教育，很有意义。最近我们查处了几起领导干部严重违法违纪典型案件，要充分利用这些反面材料进行警示教育。这两方面结合起来，就是“双示”教育。这都是为了一个目的，就是建设好海南的这支干部队伍。王国雄最感人的是他在平凡的岗位中干出了不平凡的事，平凡中见思想品德的高尚。尽管他的职务不高，但也有实权，要安置他的亲戚也并不是完全做不到，可是他始终坚持他的信念不变。这是非常不容易的。正因为他平凡，所以大家更容易学。谁都容易碰到这些事，但是怎样去处理，并非都能做得像他那样好。从他身上，可以看出“靠得住、有本事、爱海南”的用人标准，是非常正确的。

共　鸣：要在全省干部中掀起学习王国雄同志的活动，高扬正气，让我们的领导干部做到廉洁自律，情系百姓，舍家忘我地工作。我每接触一次王国雄的事迹，灵魂都受一次冲击、一次净化、一次震动。他44岁就走完了一生，他的那种舍家忘我的精神，那种情系百姓的境界，跟那些贪污腐化、跑官要官、买官卖官的人有天壤之别。王国雄的先进事迹是我们一笔宝贵的精神财富，我们要深入宣传，让他的精神深入人心，让人受到震撼，受到教育。

共　鸣：要通过学习王国雄，在党员干部中进一步开展理想信念教育，开展牢记为人民服务宗旨的教育，开展廉政勤政建设的教育，开展艰苦奋斗、艰苦创业精神的教育，开展情系百姓、为民办事的教育。要教育我们的干部，时刻不忘党的宗旨及富于自我牺牲、乐于奉献的精神，使理想信念进一步坚定，增强爱民之情，发扬一天也不耽误的工作精神，增强事业心和责任感，使大家的思想作风、工作作风有一个明显的变化。

主持人语：我提一个建议，我们从党费中拿一些关照一下王国雄的家属。他的家里相当困难哪，他倒下去了，也是顶梁柱倒了。拿党费补助家属，表明我们全省的党员不会忘记他这样的好同志、好干部。我们不能让辛辛苦苦累死在岗位上的干部身后家里穷困潦倒，日子过不下去呀！

共　鸣：从党费中拿出一点资金抚恤王国雄同志家属，这是我们共产党人有情有义的体现。

常委会会议结束了，步出会场，人们心潮依然难平。一个普通的乡镇党委书记，竟然牵动了这么多领导人的心！（钟业昌、廖述毅：《真情感动——记一次特别的省委常委会》，《海南日报》2002年10月24日）

10月22日，海南省委作出了向党的模范基层干部、优秀共产党员王国雄同志学习的决定。

10月26日，海南省召开王国雄同志先进事迹报告会，在全省掀起了学习宣传王国雄精神的高潮。

要保持反腐败的高压态势

1981年的澄迈县委常委会扩大会议“开”到海南区党委；整整40后的2021年，海南省纪委监委则把会“开”到临高县。这说明什么？说明当今临高县的腐败要比当年澄迈县的腐败严重得多，对中国特色自由贸易港建设的警示教育意义更大。

位于海南岛西北部的临高县，农业渔业资源丰富，素有海南“鱼米之乡”的美誉。一段时间以来，临高县全面从严治党主体责任缺失，县委、县政府多名前任“一把手”自身不正、任性用权、带头贪腐、拉帮结派，严重破坏当地营商环境和政治生态。

海南省纪委监委临高专案组自2019年成立以来，对36名涉案公职人员立案审查调查，其中厅局级2人、县处级11人、乡科级及以下23人，已移送司法机关22人；查明涉案金额2.3亿元，追回涉案财物1.2亿余元，挽回国家经济损失7亿余元，推动有关部门依法收回了金牌港东港码头和解放海南岛渡海战役纪念馆管理权，推进长岛蓝湾房地产项目侵占海岸带和破坏红色景区风貌问题综合治理。

2020年10月底，在海南省纪委监委督促下，临高县委、县政府组织多部门联合行动，依法拆除了毗邻临高角的长岛蓝湾房地产项目的3栋违章高层建筑，拆除违建总面积4.1万平方米。违建高楼应声倒下，一批违纪违法党员干部也纷纷落马。

从监督检查和审查调查情况来看，临高系列腐败案件涉及工程领域的比例达九成，普遍存在泄露底标、明招暗定、围标串标、违法分包、非法转包、违规挂靠等问题，涉及从立项、招标到施工、资金拨付、验收等各个环节。其涉案人数之多、涉案金额之大、涉及领域之广，特别是一些党员干部在党的十八大甚至是十九大后仍然明目张胆、大肆敛财，让人十分震惊。

为落实“惩前毖后、治病救人”方针，教育和挽救大多数党员干部，2021年9月23日，海南省纪委监委在临高县召开全县副科级以上党员干部警示教育大会，通报临高系列腐败案有关情况。会议结束后，海南省纪委监委立即成立专项工作小组，接受违纪违法党员干部主动投案、说明问题。

在海南省纪委监委统筹指导下，临高县纪委监委对主动投案的干部适用宽严相济政策，使一些涉案人员能够拥有改过自新的机会，卸下包袱、轻装上阵。

临高西邻儋洋经济圈，东接海口经济圈，区位优势明显，土地肥沃、水资源丰富，更有122.95公里长的优质海岸线和金牌、新盈等天然良港，自然资源优越，发展潜力巨大，本应是海南自由贸易港建设的“先锋队”“排头兵”。但在过去一段时间，临高管党治党宽松，腐败问题频发，政治生态受到污染，经济社会发展滞后，教训十分深刻。一方面，权力市场化、商品化问题突出。一些领导干部把秉公用权、廉洁用权抛在脑后，利用手中掌握的公共权力和资源，大搞权力寻租、利益输送。另一方面，团团伙伙、“圈子文化”盛行。一些领导干部在其位不谋其政，潜心投机钻营，结成一个个“小圈子”，严重污染政治生态，破坏党群干群关系。还有一些党员干部不思进取、安于现状、作风漂浮，有的一门心思想着捞好处、混日子、软着陆，形式主义、官僚主义问题突出。

在查处临高系列腐败案件过程中，海南省纪委监委一体推进不敢腐、不能腐、不想腐，坚持边查处，边整改，既把案件查透，又把根源挖深，推动问题同步整改。专案组多次与临高县委、县纪委监委主要领导座谈，督促其深刻汲取案件教训，做到正本清源、激浊扬清，推动全面从严治党“两个责任”落实落细。

2022年6月1日，海南省纪委监委再次到临高召开全县干部警示教育大会，又一次释放明确态度：坚决肃清腐败流毒，深化标本兼治，净化政治生态。6月20日起，临高县四套班子和县纪委监委班子陆续召开以案促改专题民主生活会，班子成员结合案件暴露出来的问题，进行深刻剖析和反思，讲清楚自己有无违规干预插手工程项目、有无与涉案老板不正当交往等问题，严肃开展批评和自我批评，进一步强化领导干部的政治意识、规矩意识、纪律意识，筑牢拒腐防变的思想防线。（李灵娜：《深挖圈海占地背后腐败 36名公职人员被审查调查 挽回国家经济损失7亿余元》，《中国纪检监察报》2022年7月19日）

2022年12月30日，位于海口市丘海大道的海瑞文化公园正式开园。作为海南廉洁文化的新地标，海瑞文化公园以海瑞墓为核心进行修建，是全国首个以海瑞生平事迹为展示主线、弘扬廉政文化的文旅综合体。开园后的海瑞文化公园园林绿化、游览动线、景观设计得到全面优化，并通过权威全面、生动活泼的展陈设计，讲好“洁己洁人、不畏权贵”的海瑞故事，弘扬“海青天”“南包公”的清廉文化。这是落实海南省第八次党代会关于“保护和利用好东坡文化、海瑞廉政文化等文化遗存”要求的一项重要成果，是进行“我们共产党人应该做得更好”思想教育的一个难得文化场景。

反腐倡廉永远在路上。从1980年的澄迈到2021年的临高，事实再一次告诉我们，保持反腐败的高压态势、营造良好政治生态，事关中国特色自由贸易港建设的成败。建设清廉自由贸易港，必须坚定不移保持反腐败的高压态势，准确把握反腐败斗争新的阶段性特征，一体推进不敢腐、不能腐、不想腐，在土地批租、房地产开发、招商引资、项目建设等方面健全制度、堵塞漏洞，营造良好政治生态。

“人无奋志，治功不兴。”习近平总书记2022年考察海南，两次讲到海南的历史名人海瑞，具有非常强的现实意义和教育意义。在奋力建设清廉自由贸易港的时代大背景下，让我们产生见贤思齐的力量、奋发有为的干劲，让海瑞刚正不阿、清正廉洁的精神在新时代的海南绽放异彩！

后　记

在海南全岛封关运作准备工作加快推进的重要时刻，2022年4月10日至13日，习近平总书记亲临海南考察，要求加快建设具有世界影响力的中国特色自由贸易港，让海南成为新时代中国改革开放的示范；希望海南以“功成不必在我”的精神境界和“功成必定有我”的历史担当，把海南自由贸易港打造成展示中国风范的靓丽名片。

习近平总书记的重要讲话立意高远、思想深刻、内涵丰富、影响深远。我结合学习党的二十大精神和海南省第八次党议会精神，反复研读《人民日报》2022年4月14日、4月15日三篇关于习近平总书记考察海南的报道，体会更深刻、感受更真切，尤其对“1348”战略框架相当于浙江的八八战略、 坚定走好海南发展的“人间正道”等重要论断印象至深，浮想联翩，文思泉涌流淌于笔端。

这几年来，我出版过《走向中国特色自由贸易港——十论学习习近平总书记“4·13”重要讲话精神》《为什么是海南——海南自由贸易港十讲》等书，对习仲勋同志于1978—1980年间主政广东时的海南工作，以及自那时开始的海南改革开放历史也做了深入研究，结合这些研究心得再来学习习近平总书记2022年考察海南的重要讲话精神，就产生了读者面前的这本《海南之路》。

在本书中，我选择从“大历史”的角度，试图从历史深处回答什么是海南的人间正道、海南发展如何走好人间正道的时代命题，深刻体味“由海南来完成这项历史性任务，这也是中国特色社会主义经济特区建设的一个战略安排，不断摸索、大胆试验，现在蹚出来一条路子”这份寄托的深沉厚重。

全书以《人民日报》关于习近平总书记2022年考察海南的报道（两篇主体消息和一篇长篇通讯）为蓝本，大致按考察路线时序梳理出18个题目（全是习近平总书记的原话），结合海南改革开放40多年来的宝贵经验和深刻教训，逐一展开解读，剖析“人间正道”，以理解其深刻内涵、现实意义、长远作用。我也希望这种努力能够有助于人们加深理解习近平新时代中国特色社会主义思想，正确领会党中央关于建设海南自由贸易港的科学决策及方针政策、产业布局，做到以史为鉴、凝聚共识，全身心投入中国式现代化和海南自由贸易港建设的伟业中去。

这本书能够在较短时间内顺利面世，我要特别感谢海南省人大常委会党组书记、副主任李军，在本书初稿出来之后就及时给予充分肯定与鼓励，使我能以最好的精神状态去做进一步的修改完善。中共海南省委党史研究室副主任赖永生、中共海南省委全面深化改革委员会办公室政策法规处副处长郭晋等提出了非常宝贵的修改意见。我曾经应邀以“人间正道——海南“1348”战略框架的历史解读”为题讲课，与学员们互动，也非常感谢他们期待本书的出版。海南出版社社长王景霞、总编辑谭丽琳和经济社会分社社长杨国祥等对本书的出版十分重视，使之得以在习近平总书记“4·13”重要讲话发表五周年之际与大家见面，荣幸之至。

我有幸见证了40多年海南改革开放风云激荡、潮落潮起的壮阔历程，其中出现的大量的人与事，仍然历历在目；当中产生的很多经验与教训，犹觉弥足珍贵。限于篇幅，一些内容一时难以囊入其中，我将在下一部有关海南封关题材的书中加以呈现，以镌刻当下、铭志未来。

钟业昌

2023年3月18日

于六开书房